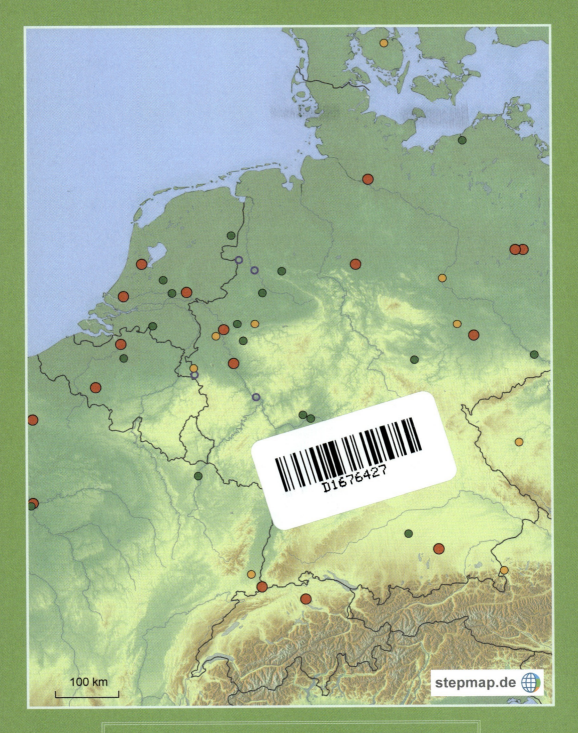

Legende

Rot	Gruppe A	1.000.000+ Besucher
Grün	Gruppe B	500.000+ Besucher
Orange	Gruppe C	250.000+ Besucher
Lila	Gruppe E	Deutschland Spezial

Europas Zoos unter der Lupe

Sheridans Handbuch der Zoos in Europa 2010 - 2025

Anthony Sheridan

Anthony Sheridan

Europas Zoos unter der Lupe
Sheridans Handbuch der Zoos in Europa 2010 - 2025

Schüling Verlag
ISBN 978-3-86523-110-9
Münster, 2016

Besonderer Dank

Ich muss mich bei sehr vielen Menschen für Ihre Unterstützung beim Schreiben dieses Buches bedanken; sie sind auf Seite 473 aufgelistet. Mein aufrichtiger Dank gilt jedoch meinem leidensfähigen Verleger, Dr. Klaus Schüling, für die Zusammenarbeit mit einem Autor, der voll Enthusiasmus für sein Projekt, auf eine etwas willkürliche Art und Weise Material einreicht und dennoch fordert, dass knappe Fristen eingehalten werden!

Darüber hinaus hätte dieses Buch nicht ohne die unermüdliche Unterstützung meiner Frau Jane produziert werden können: sie übernahm viel der Computerarbeit, einschließlich komplexer Tabellen; sie kontrollierte und verbesserte meine Texte, schoss und sortierte Fotos und agierte wie ein Resonanzboden, um mir beim Ordnen meiner Ideen zu helfen. Ihre Arbeit ermöglichte es mir, mich einen Großteil der Zeit einzig dem Schreiben des Buches, aber auch der Fortsetzung von Zoobesuchen und -treffen zu widmen.

Jane hat Kapitel 12 (Micropia) geschrieben, um ihrer Begeisterung für diese einzigartige, innovative und hoch ausgebildete Entwicklung in Artis Amsterdam Ausdruck zu verleihen.

Ich danke außerdem meinem langjährigen Freund, David Clark, für sein außergewöhnliches Zeitmanagement und die große Sorgfalt beim Korrekturlesen meines Manuskriptes und den Recherchearbeiten im Internet.

Außerdem gilt mein Dank Hermann Reichenbach für seine maßgebliche Unterstützung.

Schließlich danke ich den mehreren hundert engagierten Leuten, die ich in den vergangenen acht Jahren in den 124 Zoos, die dieses Buch beinhaltet, getroffen habe, die mich zu meiner freiwillige Arbeit ermutigt haben. Und ich hoffe, dass dieses Buch von wirklichem Interesse für sie ist und sich als Hilfe für die breite europäische Zoo-Gemeinschaft erweist.

Anthony D. Sheridan,

Radlett,
April 2016

Inhaltsverzeichnis

Kapitel 1	Einleitung	5
Kapitel 2	Auswahl der zoologischen Gärten	7
Kapitel 3	Zoologische und Botanische Gärten	11
Kapitel 4	Bedeutung von Landschaftsarchitektur und Design	17
Kapitel 5	Zoodirektoren	27
Kapitel 6	Vier herausragende Zoodirektoren	33
Kapitel 7	Tierpfleger	47
Kapitel 8	Bildung	53
Kapitel 9	In-Situ Artenschutz	59
Kapitel 10	Ex-Situ Artenschutz	65
Kapitel 11	Beschilderung	89
Kapitel 12	Micropia	97
Kapitel 13	Fördervereine	103
Kapitel 14	Finanzierungs- und Marketingstrategie	121
Kapitel 15	Elefanten in europäischen Zoos	125
Kapitel 16	EAZA	131
Kapitel 17	Zooverbände	135
Kapitel 18	Die besten Zoos in Europa	147
Kapitel 19	Entwicklung osteuropäischer Zoos	169

Kapitel 20	Spezialzoos von besonderer Bedeutung	175
Kapitel 21	Zoo-Profile	183
Kapitel 22	Ranglisten: Die „Stars" unter den Tierarten	425
Kapitel 23	Ranglisten 2015 – Europas führende Tiergärten	439
Kapitel 24	Interessante Zoo-Fakten	455
Kapitel 25	Das Gibbon-Artenschutzprogramm in Vietnam	467
Kapitel 26	Danksagung	473
Anhang	Bildverzeichnis	475

Kapitel 1

Einleitung

Auch in Zeiten der internationalen Finanzkrise und anderer Schwierigkeiten ist es den europäischen Zoos gelungen, in den fünf Jahren seit der Veröffentlichung meines ersten Buches im Mai 2011 große Fortschritte zu machen. In diesem Zeitraum wurde über 1 Mrd. € in die von mir untersuchten Zoos investiert, so dass in den letzten fünf Jahren aufregende, innovative und dramatische Anlagen eröffnet werden konnten wie das Gondwanaland in Leipzig, das Afrykarium in Wrocław, Chester's Island, der Kaeng Krachan Elefanten Park Zürich, Yukon Bay in Hannover, die Lagune in Nürnberg, das Darwineum in Rostock, Micropia in Amsterdam und der Magic Mountain in Budapest. Neben diesen Großprojekten bin ich aber auch sehr beeindruckt von den weniger sichtbaren Fortschritten, die in beinahe allen untersuchten Zoos gemacht wurden. Die Zoos haben sich gut an die explosionsartig angestiegene Nutzung der sozialen Medien angepasst, neue Wege der Finanzierung beschritten und auch die Herausforderungen bewältigt, die durch immer höhere Mindestanforderungen an die Haltung von großen Säugetieren entstanden sind.

In diesem neuen Buch analysiere ich die vergangenen fünf Jahre und gebe einen Ausblick auf das kommende Jahrzehnt in Europas führenden Zoos. Die grundlegenden Kriterien, die Zoos erfüllen müssen, um in meiner Untersuchung berücksichtigt zu werden, sind unverändert geblieben. Aber ich habe wichtige Zoos aus Ländern aufgenommen, in denen Zoos noch weniger gut entwickelt sind, bei denen ich aber großes Potential sehe und zuversichtlich bin, dass diese innerhalb der nächsten zehn Jahre die hohen Standards der anderen europäischen Zoos erreichen können. Insgesamt werden 123 Zoos untersucht, im Vergleich zu 85 Zoos im ersten Buch, und diese befinden sich in nun 28 statt zuvor 21 verschiedenen europäischen Ländern.

Anthony und Jane Sheridan im Tierpark Nordhorn

Einleitung

Bei meinen mehr als 650 Zoobesuchen hatte ich beinahe bei jedem Besuch auch das Glück, den Zoodirektor persönlich zu treffen. Diesen und ihren leitenden Angestellten gebührt mein herzlicher Dank dafür, dass sie mir ihre kostbare Zeit schenkten, mir ermöglichten mehr über die Stärken und Schwächen ihres Zoos zu erfahren und mir Einblicke in ihre Zukunftspläne und deren finanzielle Grundlagen gewährten.

Ich konnte bei vielen Veranstaltungen von Fördervereinen Vorträge halten und bin nachhaltig vom Enthusiasmus ihrer Mitglieder und den vielfältigen Anstrengungen beeindruckt, die diese auf sich nehmen, um ihren Zoo bei anstehenden finanziellen Großinvestitionen zu unterstützen und ein positives Bild von der Einrichtung Zoo zu verbreiten.

Ranglisten gibt es in jedem Lebensbereich. Diese werden häufig zitiert, und sie sind stets umstritten! In den letzten sechs Jahren habe ich alle zwei Jahre Ranglisten veröffentlicht. In dieser Zeit hat sich die Anzahl der Zoos und der berücksichtigten Bewertungsfaktoren um 50 % erhöht. Die Einteilung in die drei Tätigkeitsbereiche ist jedoch gleich geblieben: Besucherfaktoren, Bildung und Natur- und Artenschutz sowie Wirtschaft und Organisation. Diese Ranglisten sind in der europäischen Zoowelt einzigartig und werden auch von den Medien immer wieder zitiert. Es ist mir eine besondere Freude, dass sie nun auch von der deutschen Stiftung Warentest zitiert werden (26. 11. 15), der Verbraucherschutzorgansiation, welche innerhalb Europas am weitesten verbreitet ist. Es bleibt mein Ziel, die europäischen Zoos bei ihrer Weiterentwicklung durch positive Anregungen zu unterstützen.

Die kommenden zehn Jahre werden kaum einfacher werden als die vergangenen fünf. Die Entschlossenheit der Zoos, im Zeitraum von 2016 bis 2020 weiterhin mindestens 1 Mrd. € in neue und verbesserte Anlagen für Tiere und Besucher gleichermaßen zu investieren, lässt zusammen mit dem stetig steigenden öffentlichen Bewusstsein um die Wichtigkeit guter Zoos, nicht nur als Publikumsattraktion, sondern auch in ihrer Rolle als Bewahrer biologischer Artenvielfalt, auf eine gute Zukunft hoffen, den Anti-Zooaktivisten zum Trotz.

Anthony Sheridan

Mai 2016

Später Nachtrag:
Ich möchte allen Lesern dieses Buches versichern, dass ich mich nach wie vor in erster Linie als Europäer fühle und das Ergebnis des Brexit Referendums vom 23. Juni 2016 überaus bedauere.

KAPITEL 2

AUSWAHL DER ZOOLOGISCHEN GÄRTEN

Zoologische Gärten

Der Großteil der europäischen Zoobesucher zieht den Besuch eines zoologischen Gartens dem eines Safariparks oder einer ähnlichen Einrichtung vor. Daher habe ich meine Untersuchung auf zoologische Gärten im weiteren Sinne beschränkt. Ein echter zoologischer Garten zeichnet sich durch einen großen Tierbestand aus, mit einem Schwerpunkt auf Säugetieren, Vögeln und Reptilien, der in einer ansprechenden und botanisch vielfältigen Landschaft angesiedelt ist, mit einem guten Baumbestand und Teichen, Seen oder fließenden Gewässern. Die Gebäude sollten sauber und angenehm, die Tiergehege attraktiv und gut gestaltet sein, so dass auch ein Stadtzoo seinen Besuchern eine Oase der Ruhe und Entspannung ist, der zum Treffpunkt und bevorzugten Ausflugsziel wird und eine große Zahl an Jahreskartenbesitzern anzieht.

Zoo Berlin, Flusspferdhaus

Tierbestand

Aus praktischen Gründen musste ich die Tierarten, die ich in die Analyse einbeziehen konnte, begrenzen und habe mich daher entschieden, nur Säugetiere, Vögel und Reptilien zu berücksichtigen, da diese auch die meisten Besucher in die Zoos bringen. Natürlich sind auch Amphibien, Fische und Wirbellose von ebenso großer Bedeutung und durchaus von Interesse, aber für diese Gruppen gibt es andere, spezialisierte Einrichtungen.

Jeder Zoo in meiner Untersuchung besitzt eine umfassende Anzahl von „Stars unter den Tierarten", welche ich in Kapitel 21 genauer definiert habe.

Auswahl der Zoologischen Gärten

München Hellabrunn, Zwillinge bei den Eisbären

Standort: Europa

Für den Zweck meiner Untersuchung habe ich alle Länder innerhalb der EU sowie des Europäischen Wirtschaftsraums als „Europa" definiert. Zukünftig ist geplant, auch die übrigen Länder des Balkans einzuschließen, die planen, zu gegebener Zeit der EU beizutreten. Zoos anderer Länder werden nicht berücksichtigt, auch nicht, wenn sie Mitglieder der EAZA sind.

Auf der Karte der behandelten Zoos zeigt sich ein deutliches Übergewicht der nördlichen Hälfte Europas mit nur sehr wenigen guten Zoos südlich der Alpen.

EAZA Mitgliedschaft

Alle Zoos, die in diesem Buch aufgeführt werden, sind entweder bereits Vollmitglied bei der EAZA oder Kandidaten für eine Mitgliedschaft. Dies ist für einen „guten Zoo" notwendig. Die Re-Akkreditierungsprogramme sorgen zudem dafür, dass die Qualitätsstandards, die heute schon bei weitem höher sind als im Gründungsjahr der EAZA 1988, eingehalten werden.

Besucherzahlen

Die Besucherzahlen sind von großer Bedeutung: Sie entscheiden über die Einnahmen und zeigen außerdem, wie beliebt und angesehen der Zoo in seiner Umgebung ist. Auch die Aufmerksamkeit der Medien, das Interesse der Sponsoren und Stifter, sowie die Zahl der direkt und indirekt beim Zoo beschäftigten Mitarbeiter und deren Karrierechancen hängen von den Besucherzahlen ab.

In den großen europäischen Ländern sollten Zoos mindestens 500.000 Besucher im Jahr anziehen, in kleineren Ländern und unter gewissen Ausnahmesituationen immer noch mindestens 250.000 Besucher. Die Einordnung der Zoos in Gruppen basiert auf den Besucherzahlen: 1.000.000+ (Gruppe A), 500.000+ (Gruppe B), und 250.000+ (Gruppe C).

AUSWAHL DER ZOOLOGISCHEN GÄRTEN

Der Zoo als Arbeitgeber

Ich habe alle Mitarbeiter gezählt, die im Zoo arbeiten, unabhängig ob in Vollzeit oder Teilzeit, ganzjährig oder saisonal, ob bei Subunternehmern oder als direkte Zooangestellte. Denn sie alle sind als Arbeitnehmer vom Zoo abhängig. Ein Zoo der Gruppe A sollte mindestens 100, ein Zoo der Gruppe C mindesten 50 Personen beschäftigen.

Ausnahmen

Es ist immer eine schwierige Entscheidung, bestimmte Zoos einzubeziehen oder auszuschließen, welche vielleicht nicht der Definition eines zoologischen Gartens entsprechen, oder eines der anderen oben genannten Kriterien nicht erfüllen. Ich habe jeden Fall einzeln sorgfältig geprüft und möchte folgende Bemerkungen machen:

Emmen (Niederlande). Der Zoo in Emmen wurde Ende des Jahres 2015 geschlossen, ist aber dennoch in meiner Rangliste in Kapitel 23 aufgeführt, da für diese als Frist der 31. 12. 2014 galt. Auch im Kapitel 22, in dem die wichtigsten Tierarten der Zoos bewertet werden, ist Emmen noch enthalten. Nachfolger des Zoos Emmen ist der Wildlands Adventure Zoo, der am 18. 3. 2016 eröffnet wurde und bei meiner Untersuchung leider nicht mehr berücksichtigt werden konnte. Daher findet sich in Kapitel 21 weder ein Zooprofil für Emmen noch für den Wildlife Adventure Zoo.

Kolmården (Schweden). Das Tropicarium, das einen eigenen Besitzer hat, sich aber auf dem gleichen Grundstück befindet, habe ich berücksichtigt, da dieses die Reptiliensammlung beherbergt.

Amnéville (Frankreich). Obwohl der Zoo momentan nur eine temporäre Mitgliedschaft in der EAZA hat, erfüllt er doch alle Kriterien und ist einer der wichtigsten Zoos in Frankreich.

Dvůr Králové (Tschechische Republik). Obwohl der Zoo momentan nur eine temporäre Mitgliedschaft in der EAZA hat, erfüllt er doch alle Kriterien und ist einer der wichtigsten Zoos Tschechiens.

Kristiansand (Norwegen). Der Zoo ist zwar Teil eines größeren Vergnügungsparks, wird aber eigenständig betrieben. Er ist die einzige Einrichtung mit erwähnenswertem Tierbestand in Norwegen.

Beekse Bergen (Niederlande). Obwohl der Safaripark Beekse Bergen ursprünglich als reiner Safaripark gegründet wurde, entwickelt er sich mehr und mehr zu einem zoologischen Garten.

Eskilstuna (Schweden). Der Zoo ist zwar Teil eines größeren Vergnügungsparks, wird aber eigenständig betrieben. Er ist seit Langem als führender Zoo Schwedens fest etabliert.

Palić (Serbien). Dieser Zoo liegt zwar als einziger untersuchter Zoo außerhalb der EU und des Europäischen Wirtschaftsraums, jedoch nahe der ungarischen Grenze. Ein großer Teil des Personals spricht ungarisch. EAZA-Mentor ist der 30 km entfernte Szeged Zoo Palić ist der beste Zoo der Gruppe D.

Auswahl der zoologischen Gärten

Standort der ausgewählten Zoos, geordnet nach Ländern

Land	Gruppe A	Gruppe B	Gruppe C	Gruppe D	Gruppe E	Gruppe F	Summe
Belgien	2	1					3
Bulgarien				1			1
Dänemark	1		2				3
Deutschland	11	11	4		5	1	32
Estland			1				1
Finnland		1					1
Frankreich	2	3	4			2	11
Griechenland			1				1
Großbritannien	2	7	2			3	14
Irland	1						1
Italien		1	2				3
Kroatien			1				1
Lettland			1				1
Litauen				1			1
Niederlande	3	4	1			1	9
Norwegen		1					1
Österreich	1		1			1	3
Polen		2	4				6
Portugal		1					1
Rumänien				3			3
Schweden		1	2			1	4
Schweiz	2						2
Serbien				1			1
Slovakei			2	1			3
Slovenien			1				1
Spanien	3	1	1				5
Tschechien	1	3	3				7
Ungarn	1		3				4
Insgesamt	30	37	36	7	5	9	124

KAPITEL 3

ZOOLOGISCHE UND BOTANISCHE GÄRTEN

Einführung

Alle zoologischen Gärten sollten auch über eine ausgesuchte Bepflanzung und Bäume verfügen, die ansprechend in die Umgebung eingebettet sind. Aber es gibt nur wenige Einrichtungen, die die offizielle Bezeichnung „Zoologisch-Botanischer Garten" führen. Andere wiederum bieten auch ohne diesen Titel außergewöhnliche Blumen und Bäume und eröffnen den Besuchern durch die Kombination von Flora und Fauna eine weitere Dimension des Erlebens.

Dieses Kapitel soll einen kurzen Überblick über die botanischen Elemente der Zoologischen und Botanischen Gärten geben, die ich bei meiner Untersuchung berücksichtigt habe.

Wilhelma, Zoologisch-Botanischer Garten Stuttgart

Die Wilhelma zählt zu den wichtigsten botanischen Gärten Deutschlands und auch meiner Meinung nach handelt es sich hier um den besten botanischen Garten aller von mir untersuchten Einrichtungen. Ursprünglich wurde die Anlage für den schwäbischen König Wilhelm I. als privater Garten mit Gebäuden im maurischen Stil geplant. Nach ihrer Eröffnung 1837 erhielt sie schnell den Spitznamen „Alhambra am Neckar". Für die Öffentlichkeit wurde das Gelände erst 1949 zugänglich und obwohl es während des Zweiten Weltkrieges zu erheblichen Schäden kam, konnten die ursprünglichen Gebäude und Gärten größtenteils restauriert und bewahrt werden.

Wilhelma Stuttgart, Fuchsien

Zoologische und Botanische Gärten

Zu den beeindruckenden Gewächshäusern, die teils Vögel und kleinere Säugetiere beherbergen, gehört das große Palmenhaus, in dem sich zahlreiche verschiedene Palmen-, Bananen- und Eukalyptusarten befinden. Außerdem erwähnenswert ist das Fuchsienhaus mit über 260 unterschiedlichen Fuchsiensorten und 100 Kamelienarten, das Kakteen- und Sukkulentenhaus mit über 1.000 Arten sowie das Azaleenhaus. Kürzlich neu hinzugekommen ist das Amazonienhaus, in dem die Besucher eine große Auswahl der Pflanzenwelt Südamerikas kennenlernen können.

Wilhelma Stuttgart, Magnolien

Auf dem Gelände der Wilhelma steht die größte Sammlung von Magnolienbäumen Deutschlands. Jedes Frühjahr zur Blütezeit bietet sich ein überwältigendes Bild. Ein weiteres Highlight sind die tropischen Seerosen, die auf dem 650 m² großen See zu betrachten sind, der sich im Herzen der ursprünglichen Anlage befindet. Insgesamt gibt es laut Zooführer 345 Pflanzenarten zu entdecken.

Hinter den Kulissen befinden sich weitere Gewächshäuser, in denen zahlreiche Gewächse nicht nur für den eigenen Bedarf kultiviert werden, denn viele europäische Zoos erhalten ihre ungewöhnlichen tropischen Pflanzen aus den Stuttgarter Beständen. 27 Gärtner sind allein für das Gelände der Wilhelma fest angestellt, und auch die Pflege von weiteren 230 ha an Parks und Grünflächen der Stadt obliegt dem Verantwortungsbereich der Zooverwaltung.

Zoologische und Botanische Gärten

Zoologisch-Botanischer Garten Mulhouse

Der umfassende Zooführer des Mulhouse Zoos enthält detaillierte Informationen über den im Zoo integrierten botanischen Garten, der aus neun Einzelanlagen besteht. Hier wachsen unter anderem Hortensien, Schwertlilien, Rhododendren, Tulpen, Dahlien, Pfingstrosen, Taglilien und einheimische Wildpflanzen. Die sehr gut beschriebenen Besonderheiten im Baumbestand umfassen 19 verschiedene Arten, darunter Riesenmammutbäume.

Zoologisch-Botanischer Garten Budapest

Der botanische Teil spielte während der gesamten Entwicklungsgeschichte der Stadt Budapest eine wichtige Rolle. Der 0,5 ha große See, der mit einem hohen Wasserfall ausgestattet ist, beheimatet über 200 Pflanzenarten und ist ein wichtiger Lebensraum sowohl für die Pflanzen wie auch für die Vögel. Hier findet sich zudem das größte Palmenhaus Ungarns, in dem dank seiner hohen Kuppel auch ausgewachsene Palmen stehen können. In den Gängen der Gewächshäuser findet man eine große Vielfalt von Pflanzen, Sträuchern und Bäumen aus Gegenden mit tropischem, subtropischem und gemäßigtem Klima, die hier aufgrund der unterschiedlichen Temperierung prächtig gedeihen, darunter Orchideeen, Bromelien, tropische Nutzpflanzen, Farne und Moose, Kakteen und Sumpfgewächse. Die Gestaltung des japanischen Gartens, für die speziell ein japanischer Experte engagiert wurde, folgt der traditionellen Symbolik, die sich über viele Jahrhunderte hinweg entwickelt hat. Mit dem Bonsaihaus, das die nationale Sammlung dieser Pflanzen enthält, erwartet die Besucher ein nur für diesen Zweck entworfener Pavillon, der die Miniaturbäume in bestem Licht erscheinen lässt. Die weiteren Gärten zeigen hauptsächlich die charakteristische Vegetation der ungarischen Heimat.

Zoologisch-Botanischer Garten Pilsen

Der botanische Garten wurde 1961 eröffnet. 20 Jahre später, 1981, erfolgte der Zusammenschluss mit dem zoologischen Garten. In Pilsen sind über 9.000 Pflanzenarten zu besichtigen, die die Tiergehege sehr bereichern. Beispielsweise sind in dem kürzlich eröffneten Afrikabereich im Wald beheimatete Gewächse aus Natal und Gebirgspflanzen Südafrikas zu sehen, alle für den Besucher gut ausgeschildert. Im Sukkulentenhaus erwarten den Besucher mehr als 1.000 verschiedene Pflanzenarten aus Madagaskar und den Kanarischen Inseln. Außerdem werden mediterrane Pflanzen gezeigt, sowie solche aus dem Kaukasus, dem westlichen China und den Bergen des Himalaya. Des Weiteren gibt es asiatisch gestaltete Gärten, inklusive eines sogenannten Sowa-En, eines japanischen Gartens, der die Symbolik japanischer Tradition und Philosophie aufgreift. Die Vegetation der südamerikanischen Pampas ist ebenso repräsentiert wie die des australischen Waldes, zusammen mit Beispielen ihrer jeweiligen Tierwelt.

Zoologischer Stadtgarten Karlsruhe

Zusätzlich zu zahlreichen Blütenbeeten, angelegt um einen großen See herum, gibt es separate japanische Gärten sowie zwei Rosengärten. Während einer den kultivierten Zuchtrosen vorbehalten ist, wachsen in dem anderen wilde Rosen. Beide zusammen enthalten insgesamt über 15.000 Rosenstöcke aus 130 verschiedenen Sorten. Hinzu kommt noch ein Kräutergarten. Zudem können Besucher unter 800 Bäumen aus unterschiedlichsten Ländern spazierengehen.

Zoologische und Botanische Gärten

Königlicher Zoologisch-Botanische Garten Rotterdam

Dies ist der volle Name des berühmten Zoos in Blijdorp, auf dessen Gelände die Botanischen Gärten integraler Bestandteil des Tierparks sind und häufig die Tiergehege ideal ergänzen. Die berühmteste Attraktion ist der Chinesische Garten, in dem zwei aus China stammende Pavillons stehen, die Rotterdam von seiner chinesischen Partnerstadt Shanghai als Geschenk erhalten hat. Betritt der Besucher den Garten durch das Bambustor, findet er sich in einem typisch chinesischen Garten wieder, ausgestattet mit einer Zick-Zack-Brücke, einem kleinen Wasserfall und echten Steinen aus dem See Taihu. Strauch-Pfingstrosen und sieben verschiedene Bambusarten runden das fernöstliche Ambiente ab. Das Tropenhaus beherbergt viele unterschiedliche Pflanzen, darunter auch die gigantischen schwimmenden Blätter der Amazonas-Riesenseerose, *Victoria amazonica*, die auch die Königin der Seerosen genannt wird. Den Teich umgeben außerdem verschiedene Regenschirmbäume, Feigenbäume sowie Kletter- und Bananenpflanzen. Kürzlich wurde die botanische Sammlung durch Pflanzen und Sträucher aus der Demokratischen Republik Kongo erweitert, die im Okapi Haus angesiedelt wurden, und durch weitere tropische Vertreter im „Amazonica". Auf einer Fläche von 2.800 m², gekrönt von einer gläsernen Kuppel, bilden die Pflanzen hier eine ideale Umgebung für etwa 3.000 Schmetterlinge aus Costa Rica.

Andere Zoos

Artis - Königlicher Zoo Amsterdam

Da die Natur im Fokus des Artis Zoo in Amsterdam steht, kommt auch der botanische Aspekt im Zoo nicht zu kurz. So beherbergt er wunderbare Gärten mit 100.000 Dahlien und anderen Frühjahrsblühern. In den japanischen Gärten, die 1981 eingerichtet und 1999 umgebaut wurden, erwarten die Besucher ein original japanischer Buddha, Bonsai-Bäume und japanische Pflanzen und Sträucher. Das Gärtnerteam wird regelmäßig durch eine größere Zahl von Teilzeitarbeitskräften und Saisonarbeitern unterstützt. Auch in den kürzlich renovierten Vogel- und Affenhäusern finden sich hervorragend beschriebene tropische Pflanzen.

Zoologisch-Botanischer Garten Ostrava

Bereits berühmt für seine große Sammlung von Rhododendren und Azaleen hat Ostrava in den letzten Jahren auch eine beachtliche botanische Sammlung aufgebaut, so dass man sich nun zur Umbenennung entschieden hat und zukünftig als Zoologisch-Botanischer Garten auftritt. Dem chinesischen Garten hat man große neue Gärten hinzugefügt und mit vorbildlicher Beschriftung versehen, um den hervorragenden Baumbestand zu ergänzen. Inzwischen sind auch die Gewächshäuser für Pflanzen aus tropischen und subtropischen Regionen im Rahmen von geführten Touren für die Besucher zugänglich.

Zoologische und Botanische Gärten

Bristol Zoo Gardens

Neben seinem Tierbestand kann Bristol auch auf eine lange Tradition auf dem botanischen Gebiet zurückblicken. Das Gelände enthält außergewöhnliche Bäume, Sträucher und Pflanzen aus vielen verschiedenen Ländern, wie beispielsweise den Affenschwanzbaum, Baumfarne, Wollemien und Flachslilien. 2010 gewann Bristol Zoo Gardens sogar den „Britain in Bloom" Preis der Royal Horticultural Society in der Kategorie „Bester öffentlicher Park" für seine herausragenden gartenbaulichen Leistungen, namentlich einer nachhaltigen Bepflanzung mit pädagogischer Zielsetzung. 2012 folgte eine weitere Auszeichnung: Die Verleihung einer Goldmedaille bei der berühmten Hampton Court Palace Flower Show, die als größte Blumenausstellung der Welt gilt.

Weltvogelpark Walsrode

Obwohl Walsrode in diesem Buch nur im Kapitel der Spezialzoos beschrieben ist, muss ich den Weltvogelpark auch wegen seiner berühmten botanischen Sammlung erwähnen. Ein ganz besonderes Highlight ist die deutschlandweit größte Präsentation prachtvoller Frühjahrsblüher, darunter 70 verschiedene Tulpen- und 40 Narzissenarten. Später im Jahr können Besucher die Blütenpracht von über 5.000 Rhododendron- und Azaleenbüschen genießen. Zudem verfügt der Park neben weiteren botanischen Attraktionen über eine umfassende Sammlung von 70 Rosenarten und Fuchsien, von denen einige bereits über 50 Jahre alt und bis zu 2 m hoch sind. Im Baumbestand sind besonders die Mammutbäume, die Grasbäume, die Wollemi und die *Juglans mandshuria* aus der Familie der Walnussgewächse erwähnenswert. All diese Arten sind hervorragend beschildert.

Zoologische und Botanische Gärten

Pairi Daiza

Pairi Daiza ist vermutlich der Zoo, der von allen im Buch untersuchten Zoos in kürzester Zeit die größten Entwicklungen macht. Auf dem Gelände finden sich in den jeweiligen geozoologischen Bereichen beeindruckende botanische Attraktionen. So wurden in dem von China geprägten Areal mehr als 3.000 Teepflanzen gepflanzt und Chinesische Gärten mit diversen Schmuckelementen angelegt, die ein realistisches Ensemble bilden. Der Australien gewidmete Bereich ist mit landestypischer Vegetation bepflanzt, unter anderem mit aus Tasmanien importierten Bäumen und auch das Indonesien gewidmete Areal ist beeindruckend.

Zlín

Dieser Zoo ist Mitglied der UBZCR (Verband der Botanischen Gärten der Tschechischen Republik) und besonders bekannt für seine Sammlung von Rhododendren und Azaleen. Es gibt insgesamt mehr als 1.100 verschiedene Pflanzenarten, die einen Eindruck von Biotopen der Kontinente vermitteln. Aus botanischer Sicht stellt die Vegetation der Yucatan Tropical Hall ein außerordentliches Highlight dar. Bemerkenswert auch das Schloß, Lesna Château, welches in das Zoogelände integriert und von einem berühmten historischen Park umgeben ist.

Es gibt noch viele andere Zoos in diesem Buch, die ebenfalls über ausgezeichnete Gartenanlagen verfügen. Möglicherweise ziehen diese zusätzliche Besucher an, besonders, wenn es in der Nähe keinen ausgewiesenen Botanischen Garten gibt.

Zoo Chester

KAPITEL 4

BEDEUTUNG VON LANDSCHAFTSARCHITEKTUR UND DESIGN

Eine besondere Freude beim Besuch verschiedener Zoos besteht darin, dass jeder über sein ganz eigenes, charakteristisches Gelände, sowie unterschiedliche Tiergehege und Innenanlagen verfügt. Keine natürliche Landschaft gleicht der anderen und jeder Zoo muss mit den Gegebenheiten seines Standorts arbeiten, d. h. Vorteile gewinnbringend einsetzen und Nachteile nach besten Möglichkeiten abbauen oder kompensieren. So ist es beispielsweise äußerst wichtig, die lokalen klimatischen Bedingungen in die Planung miteinzubeziehen, nicht zuletzt im Hinblick auf die Bereitstellung teurer Innenanlagen.

Idealerweise sollte das perfekte Zoogelände leicht hügelig sein, nicht zu steil, aber mit genügend Gefälle für die Gehege bestimmter Tierarten. Eine gute Mischung aus Laub- und Nadelbaumbewuchs, großzügige Wasserversorgung – Seen, Bäche und frei fließende Gewässer eingeschlossen – wären optimal. Die Bodenbeschaffenheit sollte auf dem Gelände variieren und über verschiedene Substrate und natürliche Felsen verfügen, um einer Vielzahl unterschiedlicher Büsche, Bambusarten, Blumen und anderer Pflanzen ideale Wachstumsbedingungen zu bieten.

Artis Amsterdam

LANDSCHAFTSARCHITEKTUR UND DESIGN

In der Praxis ist so ein Gelände nur äußerst selten zu finden und vieles muss künstlich geschaffen werden. Viele der untersuchten Zoos liegen auf flachen Geländen mit unzureichender Wasserversorgung. Im Allgemeinen scheint es, als sei Wasser ein ernstes Problem in vielen, wenn nicht in den meisten von mir analysierten Zoos, beeinträchtigt dies doch nachhaltig die Qualität vieler Außenanlagen. Obwohl Wasserelemente offenkundig teuer im Unterhalt sind, steigern sie doch maßgeblich sowohl das Wohlergehen der Tiere als auch das Erlebnis der Besucher. Daher sollte man diesen meines Erachtens eine höhere Priorität einräumen. Denn es reicht nicht aus, dem Tier lediglich eine Tränke im Gehege zur Verfügung zu stellen.

Einige Zoos verfügen über große Garten- und Landschaftsbauabteilungen und bei wenigen gibt es sogar spezielle Baumpfleger, deren Aufgabe es ist, die Sicherheit und den optimalen Nutzen gesunder Bäume zu gewährleisten. Das botanische Erscheinungsbild eines Zoos ist besonders wichtig, um mehrere, im idealen Fall regelmäßige Besuche anzuregen bzw. den Verkauf von Jahreskarten zu fördern. Dazu sollte die Vegetation den Besuchern je nach Jahreszeit unterschiedliche optische Reize und damit immer neue Eindrücke bieten. Die Dahlien des Rostocker Zoos oder die Rhododendren im Zoo von Zlín sind besonders geeignete Beispiele für solche saisonalen Attraktionen, die dem Zooerlebnis eine zusätzliche Dimension geben.

Die große Mehrzahl der Zoobesucher möchte die Tiere in einer natürlichen Umgebung erleben, die zudem deren einheimischem Lebensraum möglichst nahe kommt. Dabei sollten die Gehege ihren Bewohnern einerseits ausreichend Raum bieten, es andererseits aber auch den Besuchern ermöglichen, einen Eindruck der Tiere zu gewinnen und sie für die Lebensweise begeistern. Daher sind weit ausgedehnte Anlagen nicht notwendiger Weise die beste Lösung. Vielmehr kommt es darauf an, die Gehege so zu gestalten, dass sie Interesse wecken und gleichzeitig die Natur der in ihnen lebenden Arten realistisch darstellen. Bei der Konzeption der Anlage der Buntmarder in Nürnberg sind diese Prinzipien einer naturalistischen Gestaltung außerordentlich gut umgesetzt worden: das Gelände bietet den Tieren sowohl hohe Bäume, Wasser- und Pflanzenelemente als auch Steine und begrünte Flächen.

Andere Beispiele gelungener Tiergehege finden sich unter anderem in Pairi Daiza. Dort wurde besonders großer Wert auf die kulturelle Bedeutung und die völkerkundlichen Aspekte der jeweiligen Bereiche gelegt. Die Chinesische, Indonesische oder Afrikanische Themenwelt sind hierfür ebenso gute Beispiele wie die Unterbringung der Asiatischen Elefanten in Hannover oder die der Mantelpaviane in Amersfoort.

LANDSCHAFTSARCHITEKTUR UND DESIGN

Die Bedeutung der Zoodesigner und Architekten

Bei jeder wesentlichen Investition in eine neue Anlage oder bei der Überarbeitung und Verbesserung einer Anlage, ist es unerlässlich, ein professionelles und anerkanntes Unternehmen hinzuzuziehen, das über einschlägige Erfahrung verfügt. Mir sind leider viele Beispiele bekannt, bei denen zwar große Summen investiert wurden, aber die Auftragsvergabe, fast immer durch die Stadt als Besitzer des Zoos, an unerfahrene Architekten erfolgte. Dies führte in der Mehrzahl der Fälle zu Gebäuden, die für ihren eigentlichen Zweck vollkommen ungeeignet waren. Häufig handelt es sich um große Betonbauten, welche an die 1970er Jahre erinnern. Beispiele sind in Tîrgu-Mureș und Brașov zu sehen.

Daher ist es unabdingbar, dass Designer und Architekten vom Zoo ausgesucht werden und der Zoodirektor während des gesamten Bauprozesses in engem Kontakt mit einem Projektteam aus Mitarbeitern des eigenen Zoos steht, um jederzeit über alle Anforderungen des Vorhabens im Detail informiert zu sein. Auf diese Weise sollten Kuratoren und Tierpfleger, Marketing und Zoopädagogik eingebunden werden, bevor Entscheidungen von außenstehenden Designern und Architekten getroffen werden.

Glücklicherweise gibt es mehrere europäische Architekturbüros, die sich auf die Arbeit in Zoos spezialisiert haben, darunter die renommierten deutschen Büros Rasbach® Architekten und dan pearlman.

Literaturempfehlung

Es gibt auch andere Bücher zu dieser Thematik, aber an dieser Stelle möchte ich zwei Bücher empfehlen, die kürzlich in englischer Sprache beim Schüling Verlag erschienen sind, wobei die Originalausgabe von Wolfgang Salzerts „Making Zoos Attractive" auch in der deutschen Originalausgabe „Was macht Tiergärten attraktiv?" erhältlich ist.

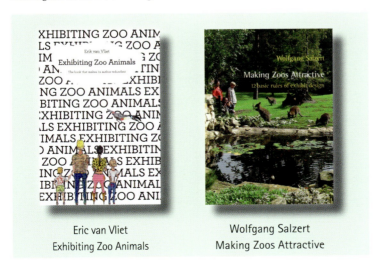

Eric van Vliet
Exhibiting Zoo Animals

Wolfgang Salzert
Making Zoos Attractive

Landschaftsarchitektur und Design

Folgendes sollten gut konzipierte Anlagen berücksichtigen:

- das typische Habitat der gezeigten Art im Freiland
- die Tiere sollten sich auf natürliche Weise bewegen, verstecken und fortpflanzen können
- die artgerechte Unterbringung und das Wohlbefinden der Tiere muss in Bezug auf Schutz, Schatten, Wasserversorgung, Bäume und Pflanzen, Substrate, Steine und Klettermöglichkeiten gewährleistet sein
- die Innenanlagen oder Unterstände in Bezug auf die lokalen klimatischen Bedingungen
- die Einrichtung der Innenanlagen sollte den Außenanlagen weitestgehend ähneln
- maximales Platzangebot für die Tiere
- Versorgung mit natürlichem Licht
- den Besuchern sollte die Möglichkeit gegeben werden, möglichst ungehindert durch Absperrungen oder Zäune die Tiere zu fotografieren
- Außenanlagen mit unregelmäßigem, interessantem Geländeverlauf
- gute Sichtmöglichkeiten für die Besucher auch in den Innenanlagen
- die Notwendigkeit überdachter Beobachtungsposten an den Außengehegen
- die Verwendung natürlicher Baumaterialien, besonders von Holz als Verkleidung sichtbarer Gehegegrenzen innen und außen
- saubere Sichtfenster für die Besucher
- Reflektion der Sonne
- Sitzplätze, die den Besucher einladen, sich am Gehege länger aufzuhalten
- unterschiedliche Substrate
- den Einbau von Wasserelementen auf den Geländen
- mehrere Beobachtungsstellen für Besucher
- attraktive Bepflanzung innerhalb und außerhalb der Gehege
- besonders für Primaten sind Inseln mit entsprechenden Bäumen und entsprechender Bepflanzung sehr gut geeignet
- wann immer dies sinnvoll durchführbar ist, Gemeinschaftshaltung verschiedener Arten, auch wenn dies in der Praxis häufig mit Problemen verbunden ist
- attraktive, hochgelegte Gehwege aus Holz

Landschaftsarchitektur und Design

Es gibt viele Beispiele für besonders gute Anlagen und daher ist es schwierig, alle hier entsprechend zu würdigen, aber die Folgenden haben mich als Zoobesucher besonders angesprochen, wobei die Reihenfolge der Aufzählung nicht von Bedeutung ist:

- Die Kiwarah Savanne in Leipzig ist eine ausgezeichnet konzipierte und erst kürzlich erweiterte Afrika-Savanne, mit einem ausgewogenen Bestand von Huftieren und mehreren Aussichtspunkten über die endlos wirkende Fläche. Die Besucher können die Tiere aus ungewöhnlich großer Nähe erleben, sie jedoch auch in weiter Ferne sehen – wie in der Wildnis. Die Bepflanzung in und um die Anlage unterstützt geschickt die Wirkung. Andere besonders einprägsame Afrika-Savannen finden sich im Burger's Zoo in Arnheim, dort gewährt ein erhöhter Besucherweg Einblick in die Anlage aus mehreren verschiedenen Blickwinkeln und in Odense, wo sich dem Besucher das erhebende Bild der Sitatunga bietet, die aus dem hohen Gras hervortritt.

Zoo Leipzig, Kiwara Savanne

Landschaftsarchitektur und Design

- Das begehbare Gehege der Guerezas in Münster ist aus Sicht seiner Bewohner und der Besucher besonders gelungen. Die hohen Bäume und verschieden angelegten Fütterungsplätze entsprechen den Bedürfnissen der Tiere, und dem Besucher erlaubt eine Aussichtsplattform große Nähe zu der Gruppe schwarz-weißer Stummelaffen aller Altersgruppen.

Allwetterzoo Münster, Guerezas

- Die Großen Pandas in Beauval haben eine wunderbar abwechslungsreiche und naturnah gestaltete Innen- und Außenanlagen mit sorgfältig abgestimmten chinesischen Elementen. Der Außenbereich in Wien ist vom Design her absolut gleichwertig, jedoch etwas kleiner. Beide Gehege verfügen über großartige Bepflanzung und tiergerechte Einrichtungen.
  In Wien macht man sich Hoffnungen auf die bereits vierte natürliche Geburt und Aufzucht eines Pandas im August 2016.

Zooparc de Beauval, Großer Panda

LANDSCHAFTSARCHITEKTUR UND DESIGN

- Die Buntmarder in Nürnberg leben in einer hervorragenden Anlage, die nicht von einem spezialisierten Architekten, sondern von Zoodirektor Dr. Dag Encke selbst konzipiert wurde. Den Tieren steht ein naturalistisches Gelände mit großzügiger Graslandschaft und großen Laubbäumen zur Verfügung. Wunderbare Wasserelemente mit passenden Pflanzen, die allerlei Insekten anziehen, verleihen der von mehreren Punkten einsehbaren Anlage einen durch und durch nordeuropäischen Charakter.
- Auch das Gehege der Sibirischen Tiger in Kristiansand überzeugt durch seine zahlreichen Aussichtspunkte für Besucher. Die Tiger leben in einer geradezu idealen, weiträumigen Landschaft mit Wäldern und sanften Hügeln. Es gibt ausgezeichnete Schwimmmöglichkeiten, die für diese Tiere lebensnotwendig sind. Weitere bemerkenswert naturnahe Tigeranlagen befinden sich in Ljubljana und Kolmården.
- Den Braunbären in Wrocław steht ein großes und ihrem natürlichen Lebensraum sehr gut nachempfundenes Areal zur Verfügung. Der lange erhöhte Besuchersteg erlaubt einen exzellenten Blick über die Anlage. Im Herbst können die Besucher beobachten, wie die Bären beispielsweise auf die Holunderbeerbäume klettern, um dort Beeren zu pflücken.
- Der Kaeng Krachan Elefanten-Park im Zürcher Zoo zeichnet sich durch seine vielfältig gestaltete Innenanlage aus, welche durch ihre sehr gute Bepflanzung und natürlichen Lichteinfall die Ruhe innerhalb der Herde fördert. Auch der Außenbereich ist abwechslungsreich gestaltet, unter anderem mit herrlichen Wasserelementen. Ebenfalls erwähnenswert sind die Elefantenanlagen in Köln, Kopenhagen und Poznań, sowie die etwas kleinere in Dublin, die in ihrer Konzeption die Bedürfnisse der Bewohner sowie der Besucher in hervorragender Weise berücksichtigen.
- In Osnabrück erfreuen sich die Schimpansen in Takamanda an einem gut ausgestatteten Haus, dass eine exzellente Bemalung der Rückwand mit einem Dschungelmotiv, sowie eine vielfältig gestaltete Außenanlage mit zahlreichen Beobachtungspunkten auf verschiedenen Ebenen aufweist.
- Die Eisbären in Aalborg leben zwar in einem etwas begrenzten, dafür aber ausgezeichnet konzipierten Areal, dessen abwechslungsreiche gestaltete Felslandschaft den Besucher zum Verweilen an einer der zahlreichen Beobachtungsstellen einlädt. Auch die Eisbäranlagen in Wien, München und Karlsruhe sind empfehlenswert.
- Die Riesenotter in Chester genießen ihr enormes Becken, das früher von Seelöwen bewohnt wurde, und die umgebende Vegetation. In keinem anderen Zoo konnte ich Riesenottern beim Klettern in den Bäumen zuschauen - ein ungewöhnliches Erlebnis.
- Im Darwineum in Rostock stehen den Orang-Utans und Gorillas schöne Innen- und weitläufige Außenanlagen zur Verfügung, besonders den Orang-Utans und Gibbons, die dort in den Bäumen klettern können. Trotzdem bleibt das Leipziger Pongoland die eindrucksvollste Haltung von Menschanaffen.
- Die Brillenbären leben in Zürich zusammen mit den Nasenbären auf einem Gelände, das schon von Natur aus sehr schön strukturiert ist und über hervorragende Wasserelemente verfügt. Der Panoramablick dieser ausgedehnten Anlage ist bemerkenswert und belegt nachdrücklich die Wichtigkeit der guten Konzeption und Gestaltung eines solchen Geheges. In Duisburg und Chester finden sich ebenfalls sehr gut konzipierte Brillenbäranlagen.

Landschaftsarchitektur und Design

- Die Kattas in Opole leben auf einer begehbaren Insel, die über eine spektakuläre Bepflanzung verfügt. Gut konzipierte Anlagen für diese charismatischen Tiere finden sich unter anderem auch in Pairi Daiza, Prag, Dresden und Duisburg, aber auch in vielen weiteren Zoos.

- Das „Sanctuaire des Okapis" im Zoo von Doué la Fontaine Teil des „Kongo Dschungels", ist die naturnahste Anlage für Okapis, die ich bisher gesehen habe. Das Gehege ist 20 m hoch und erstreckt sich über eine Fläche von 0,5 ha. Durch die Überspannung mit einem Netz können Vögel frei fliegen. Vom Besucherweg bieten sich den Besuchern tolle Gelegenheiten zum Fotografieren oder zur Beobachtung der Tiere. Auch das neue Okapi-Gehege in Rotterdam, das kürzlich eröffnet wurde, ist eine vorzüglich konzipierte Anlage.

- Die Nördlichen Weißwangen-Schopfgibbons in Wrocław leben auf einer wundervollen, bewaldete Insel, die hervorragend belegt, wie ein Zoo seine von Natur gegebenes Potential ausschöpfen kann. Das Gibbon-Gehege in Wien mit seinem gut geplanten Haus, sowie den hohen Bäumen und Seilwegen für die Tiere bleibt, wenn auch auf begrenzter Fläche, eines der besten, teils wegen der Freude, welche die Tiere aus ihrer Umgebung schöpfen, teils wegen der Bereicherung durch so viele exzellente Ausblicke auf andere interessante Gehegen der Nachbarschaft.

Tiergarten Schönbrunn, Wien, Humboldt Pinguine

Landschaftsarchitektur und Design

- Auch die Pinguine in Wien können von verschiedenen Aussichtspunkten betrachtet werden. Ihr Gehege in Hanglage beinhaltet einen beeindruckenden Wasserfall und verschiedene Höhenebenen. Viele andere Zoos haben sehr interessante Pinguinanlagen, wie zum Beispiel die neue, begehbare Anlage in Krefeld mit herausragender Bepflanzung und freifliegenden Inka-Seeschwalben oder das große Gehege im Bioparc Turin oder die gute Anlage in Beauval.

Meine Liste wäre endlos, würde ich alle Anlagen aufführen wollen, die meinen Anforderungen an Design und Landschaftsgestaltung entsprechen! Kurz möchte ich noch einige der ausgezeichneten begehbaren Volieren der europäischen Zoos erwähnen, in denen Besucher eingeladen werden, zu verweilen und das wunderbare Gefühl zu genießen, das der Anblick der freifliegenden Vögel, der Wasserelemente und der reichhaltigen Vegetation vermittelt. Bei der richtigen Gestaltung der Voliere ist das Netz beinahe unsichtbar, wie die Beispiele in München, Doué la Fontaine, Pairi Daiza und Odense eindrucksvoll zeigen.

Viele weitere neue und spannende Entwicklungen sind für die nächsten Jahre zu erwarten. Wir können uns in Europa glücklich schätzen, über eine solche Anzahl an ausgezeichneten Zooanlagen zu verfügen.

Kapitel 5

ZOODIREKTOREN

Die Ernennung eines Zoodirektors, ebenso wie in anderen großen Organisationen, ist die wichtigste Entscheidung, die von den Besitzern des Zoos oder einem Aufsichtsrat getroffen wird. Der Zoodirektor muss nicht nur betriebswirtschaftlich und fachlich kompetent sein, er bzw. sie muss auch in der Lage sein, sich an der öffentlichen Diskussion über die Rolle und Bedeutung eines modernen Zoos zu beteiligen. Er muss sich bei unerwarteten Ereignissen spontan den Vertretern der Medien stellen und ein gutes Gespür für die Führung des immer besser ausgebildeten Personals entwickeln.

Vor allem in großen Zoos ist es besonders schwierig, geeignete Kandidaten zu finden, die ein derartig breitgefächertes Profil aufweisen. Es wird verlangt, den Zoo zu jeder Zeit zu repräsentieren, detaillierte Kenntnisse in allen Bereiche ihres Zoos mitzubringen, sicher im Umgang mit den Medien, Sponsoren, Politikern und der Öffentlichkeit zu sein und gleichzeitig die Fähigkeit zu besitzen, mehr als 200 Mitarbeiter effektiv zu managen. Die europäische Zoolandschaft kann sich jedoch glücklich schätzen, dass sie über so viele fähige und engagierte Zoodirektoren verfügt, die diese Vorraussetzungen erfüllen. In den letzten acht Jahren hatte ich das Privileg, viele dieser Zoodirektoren kennenlernen zu dürfen.

Der finanzielle Hintergrund ist in den letzten fünf Jahren noch einmal schwieriger geworden. Viele städtische Einrichtungen mussten Etatkürzungen ebenso wie die gestiegenen Anforderungen, Anlagen für einige Säugetierarten zu vergrößern, verkraften. Zusätzlich üben wachsende Marketinganforderungen, wie z. B. die Notwendigkeit, auch in den sozialen Medien aktiv zu sein, neue Technologien, verbesserte Umweltstandards, In-situ Artenschutzprojekte und verbesserte Infrastruktur, wozu beispielsweise auch die Beschilderung gehört, Druck auf die Zoodirektoren bzw. deren Budget aus.

In Zukunft werden Finanzierungsfragen sicherlich noch schwieriger zu beantworten sein, da immer weniger öffentliche Mittel für die Zoos bereitgestellt werden. Dies betrifft sowohl die Zuschüsse zu den Betriebskosten als auch die Mittel für Investitionen. EU-Gelder spielen vor allem in der Entwicklung der osteuropäischen Zoos eine große Rolle. Allerdings ist davon auszugehen, dass auch diese Mittel, nicht zuletzt wegen der großen Anzahl an Flüchtlingen und Migranten, die nach Europa strömen, gekürzt werden. Daher wird es immer wichtiger, auch auf dem privaten Sektor Gelder zu akquirieren. Für den Zoodirektor bedeutet das, dass er umso charismatischer auftreten muss.

Zoomanagement und Unabhängigkeit

Ungefähr 40 % der untersuchten Zoos sind direkt der öffentlichen Hand, meistens der Stadt, unterstellt. Das bedeutet, dass der Direktor dem Bürgermeister oder Dezernenten Rede und Antwort stehen muss. Als Folge daraus liegen häufig essentielle Managemententscheidungen wie beispielsweise die Höhe des Eintrittsgeldes, die Auswahl von Subunternehmern, Ausgaben für Marketing und Artenschutz, bis hin zu Entscheidungen des Zooalltags nicht mehr nur bei den Zoodirektoren.

Zoodirektoren

Wenn Zoos so effizient wie möglich geführt werden sollen, muss den Direktoren wieder mehr Unabhängigkeit zurückgegeben werden. Typischerweise wird dies in städtisch geführten Zoos dadurch erzielt, dass eine Zoogesellschaft gegründet wird, die für den Zoo verantwortlich ist. Natürlich sollte der öffentliche Besitzer des Zoos im Vorstand oder Aufsichtsrat ausreichend repräsentiert werden, allerdings sollten auch Unterstützer und andere Partner, die ein Interesse an dem Zoo haben, nicht fehlen. Dazu gehören beispielsweise Universitäten, Sponsoren (z. B. Sparkasse) und die Zoofreunde.

Diese Entwicklung ist insbesondere in den osteuropäischen Zoos dringlich, die in öffentlicher Hand sind und bei denen derartige Gesellschaften noch selten sind. Möglicherweise ist die Gesellschaft des Zoos in Wrocław ein gutes Vorbild für andere Zoos in einer ähnlichen Lage.

Zooleitung und Trägerschaft

Die Situation und Unabhängigkeit des Zoodirektors hängt hauptsächlich vom Eigentümer des Zoos ab. In Zoos, die sich in öffentlicher Trägerschaft befinden, findet der Direktor eine komplexere Situation vor, in der er nur über einen eingeschränkten Gestaltungsspielraum verfügt. Er muss gute Beziehungen zu den verschiedenen Parteien im Stadtrat o. ä. pflegen und sich an zahlreichen relevanten Diskussionen auf dieser Ebene beteiligen. Auch die Bewilligung von Geldern dauert deutlich länger. Trotzdem stehen sowohl EU-Mittel als auch nationale Zuschüsse in erster Linie Zoos zur Verfügung, die sich in öffentlicher Hand befinden.

Für Privatzoos ist die Situation oft einfacher. Ein Zoo kann schneller agieren, insbesondere wenn er sich im Familienbesitz befindet. Allerdings kann die Finanzierung von großen Investitionen frustrierend lange dauern, vor allem, wenn der Besitzer einen Bankkredit umgehen möchte.

Von den 115 Zoos in diesem Buch befinden sich 60 % in öffentlicher Hand. Dabei gibt es große Unterschiede zwischen den verschiedenen Ländern. Die Zoos in osteuropäischen Ländern befinden sich alle in öffentlicher Trägerschaft, während die meisten Zoos in Großbritannien, Frankreich oder den Beneluxstaaten private Eigentümer haben. Im Vergleich zu den 80 Zoos aus meinem ersten Buch, hat sich das Verhältnis von öffentlichen zu privaten Zoos innerhalb der 115 Einrichtungen stark verändert:

Eigentümer der Zoos

Direkt kommunal (Zoo ist direkt dem Stadtrat unterstellt)	41
Indirekt kommunal (Zoo ist einer kommunal kontrollierten Gesellschaft unterstellt)	22
Direkt regional (Zoo befindet sich in Trägerschaft des Bundeslandes oder der Region)	2
Indirekt regional (Zoo ist einer regional kontrollierten Gesellschaft unterstellt)	1
Direkt national (Zoo wird staatlich kontrolliert)	3
Indirekt national (Zoo ist einer staatlich kontrollierten Gesellschaft unterstellt)	2
ÖFFENTLICHE HAND insgesamt	71

Zoodirektoren

Gemeinnützige Gesellschaft (unabhängig)	8
Gemeinnützige Gesellschaft (mit öffentlicher finanzieller Unterstützung)	9
Private Eigentümer (Familie)	6
Private Gesellschaft (gemeinnützig)	4
Private Gesellschaft	13
Börsennotierte Gesellschaft	4
PRIVATBESITZ insgesamt	44

Qualifikation der Zoodirektoren

Traditionsgemäß waren Zoodirektoren Tierärzte, Zoologen bzw. Biologen oder brachten vergleichbare Qualifikationen mit. Heute hat sich das drastisch geändert, obwohl meistens nach einem Kandidaten gesucht wird, der Erfahrungen auf zoologischem und wirtschaftlichem Gebiet vereint. Es gibt einen Trend dazu, witschaftlicher Kompetenz einen immer höheren Stellenwert einzuräumen. Wenn ein Zoodirektor ohne relevante zoologische Qualifikation eingestellt wird, muss in der oberen Führungsebene eine Person mit derartigen Qualifikationen vorhanden sein.

In den 115 Zoos werden Zoodirektoren mit folgendem Hintergrund eingesetzt:

Tierarzt	26
Zoologe/Biologe	28
Kaufmann, Betriebswirt	34
Andere	27

Im Vergleich zu den 80 Zoos, die vor fünf Jahren betrachtet wurden, ist der Anteil an Zoodirektoren mit einer betriebswirtschaftlichen Ausbildung von 20 % auf 30 % angestiegen. Ich gehe davon aus, dass sich dieser Trend noch weiter fortsetzen wird.

Neue Zoodirektoren

In den fünf Jahren bis Januar 2016 haben sich in 44 der 115 erwähnten Zoos personelle Veränderungen auf den Zoodirektorenposten ergeben. Die meisten sind darauf zurückzuführen, dass der vorherige Zoodirektor in Rente gegangen ist.

Geschlechterverhältnis

Nur in elf der 115 Zoos ist der Zoodirektor eine Frau. Das stimmt mit dem Bild überein, welches sich bereits vor fünf Jahren ergeben hat. Damals wurden von den 80 Zoos nur zehn von Direktorinnen geführt. Eine Rate von 10 % weiblichen Führungskräften ist insbesondere auch im Vergleich zu anderen Sparten, in denen oft 20 % oder mehr Frauen in der Führungsebene zu finden sind, für heutige Verhältnisse sehr gering. Wenn man bedenkt, dass unter den Kuratoren und in der Managementebene durchaus ein hoher Anteil an Frauen zu finden ist, gehe ich davon aus, dass auch der Anteil an Zoodirektorinnen in den nächsten fünf Jahren deutlich zunehmen wird.

Zoodirektoren

Einige erwähnenswerte Zoodirektoren

Jeder Zoodirektor hat seine oder ihre Stärken auf einem anderen Gebiet. Mein nächstes Kapitel ist vier herausragenden Zoodirektoren gewidmet, die diesen Posten schon viele Jahre inne haben, die in ihren Ländern bekannt und aufgrund von enormen Leistungen für die Zoowelt respektiert sind.

Dennoch möchte ich hier noch einige andere erwähnen, die meiner Meinung nach besondere Qualitäten mitbringen.

Haig Balian, der 2003 zum Direktor des Artis Zoo in Amsterdam ernannt wurde, hat einen eher untypischen Werdegang in der Filmindustrie. Haig stellt diesen historischen Zoo, welcher auch ein Museum und historische Gebäude umfasst, mit viel Erfindungsreichtum wieder her. Durch harte Arbeit konnte er gegen viele Widerstände große Finanzierungsmittel sichern, um so einen ehrgeizigen Masterplan umzusetzen. Er wird immer in Erinnerung bleiben als derjenige, der sein Traumprojekt Micropia (siehe Kapitel 12), welches im September 2014 von Ihrer Majestät Königin Maxima der Niederlande eröffnet wurde, realisiert hat.

Andreas Busemann ist seit 2012 der alleinige Direktor im Zoo Osnabrück. Sein wirtschaftlich ausgerichtetes Engagement für den Zoo resultierte in über 150 Werbesponsoren. Dies führte dazu, dass der Zoo seine Besucherzahlen in den letzten zehn Jahren auf über eine Millionen Besucher beinahe verdoppeln konnte. Mit Prof. Dr. Michael Böer als zoologischer Leiter an seiner Seite etwickelt sich der Zoo seit 2012 systematisch weiter, sodass er in den letzten Jahren auch auf den Rankinglisten immer weiter nach oben kletterte. Andreas Busemann ist unbestreitbar der wohl konkurrenzbetonteste Direktor. Er verfolgt zielstrebig ein professionelles Marketingkonzept für den Zoo. Nachdem er zuvor ganz der Stadt gehörte, wurde der Zoo im Jahr 2012 in eine kommunale Gesellschaft umgewandelt, die unter Busemanns rigoroser finanzieller Kontrolle steht.

Dag Encke ist seit 2005 Direktor des Tiergarten Nürnberg und sein Hang zu naturgetreuer Gestaltung ist überall im Zoo zu sehen. Meine erste Begegnung mit Dag Anfang 2008 hat mich schnell von seinem Engagement für den Tiergarten und seinen planerischen Fähigkeiten überzeugt. Dies zeigt sich vor allem an der von Dag selbst geplanten, vorbildlichen Anlage für Buntmarder, welche immer noch die beste in ganz Europa ist. Durch sein Auge für Details und den Instinkt für das echte Zooerlebnis, hebt er sich von Direktoren vieler großer europäischer Zoos ab. Obwohl er von den Entscheidungen des Stadtrats abhängig war, konnte das Team im August 2011 unter seiner Führung die 30 Millionen € teure Lagune eröffnen, inklusive der hervorragenden Manati-Anlage.

Pierre Gay ist der Besitzer und Direktor des Bioparc Doué la Fontaine. Pierres zielstrebige Hingabe für den Artenschutz in Kombination mit dem ungewöhnlichen Fingerspitzengefühl, einen Tierpark in einem stillgelegten Steinbruch zu erschaffen, welcher natürliche Mauern und Höhlen bietet, haben zu einem einzigartigen Zoo geführt.

ZOODIREKTOREN

Viele der von ihm gebauten Gehege, vor allem für stark bedrohte Arten, haben einen dramatischen Effekt auf die Besucher und sind weitläufig, naturnah und abwechslungsreich für ihre tierischen Bewohner. Das kürzlich eröffnete Okapigehege und die Südamerika-Voliere sind Beispiele, dass sowohl er als auch sein Sohn das Gespür dafür haben, in ganz großem Stil Gehege zu planen.

Andreas Knieriem ist seit April 2014 der Direktor des Zoos und des Tierparks Berlin, der größten Zooorganisation Europas. Andreas zeichnen sein zielstrebiger Ehrgeiz, Antrieb und seine Hartnäckigkeit aus. Er möchte die beiden Zoos zu den besten und erfolgreichsten Europas machen. Seine Masterpläne, die die größten Einzelinvestitionen in den nächsten 20 Jahren in Europa beinhalten, sind beeindruckend. Bevor er Direktor in Berlin wurde, war Andreas seit November 2009 Zoodirektor im Münchner Tierpark Hellabrunn. Dort war er maßgeblich daran beteiligt, erhebliche Investitionsmittel für die Umsetzung großer Projekte seines Masterplans zu sichern.

Udo Nagel ist ein Direktor, der eine Gabe dafür hat, den Zoobesuchern Wissen zu vermitteln. Er ist seit 1992 Direktor des Zoo Rostock. Unter seiner geduldigen Führung wurde der Zoo durch die Eröffnung des Darwineums im September 2012 durch einen Nachfahren von Charles Darwin berühmt. Dieses 28 Millionen € teure Projekt, welches von Udo Nagel mit Hilfe der Kuratorin Antje Zimmermann konzipiert wurde, kombiniert seine Entschlossenheit, bestmögliche Gorilla- und Orang-Utan-Gehege zu erhalten mit seiner Hingabe für Wissensvermittlung. Diese wird im Darwineum mittels Schautafeln und interaktiver Displays zur Evolution des Lebens eindrucksvoll in Szene gesetzt.

Theo Pagel ist seit 2007 Vorstandsvorsitzender und überall beliebter und respektierter Zoodirektor des Kölner Zoo. Bis Mai 2016 war er zudem Präsident des VdZ, zu dem die Hälfte der Zoos aus Gruppe A in diesem Buch gehören. Unter seinem Vorsitz gelang dem Verband der deutschsprachigen Zoos durch Reform von Struktur, Organisation und Finanzierung eine erfolgreiche Neuorientierung. Mit Charme und Effizienz schafft er es auch in einer schwierigen kommunalen Situation, den Masterplan für den Kölner Zoo zu realisieren.

Prof. Dr. Miklos Persanyi war zwischen 1994 und 2003 und nun wieder seit 2007 Direktor des Zoos in Budapest und des Botanischen Gartens. Der ehemalige, sozialdemokratische Minister, der er geschafft hat, den allgemeinen Umbruch in den politischen Führungsetagen Ungarns, der durch die Fidesz-Regierung herbeigeführt wurde, zu überstehen, zeigt eine beeindruckende Hingabe, wenn es darum geht, den Zoo Budapest zu verbessern und zu erweitern und die markanten historischen Gebäude zu bewahren. Er hat sich außerdem der Wissensvermittlung verschrieben. Die gewaltige Zooerweiterung, welche eine Investitionssumme von 100 Millionen € vorsieht, ist ein direktes Ergebnis seiner Beteiligung im größten europäischen Zooprojekt zum Zeitpunkt der Veröffentlichung dieses Buches.

Prof. Dr. Dagmar Schratter ist die Nachfolgerin des legendären Prof. Dr. Helmut Pechlaner und seit 2007 Direktorin und Geschäftsführerin des Tiergarten Schönbrunn in Wien.

Zoodirektoren

Obwohl die jetzige Direktorin kein leichtes Erbe antreten musste, konnte Dagmar Schratter die hohen Erwartungen erfüllen und die Arbeit Ihres Vorgängers weiterführen. Unter ihrer Aufsicht wurde der sehr erfolgreiche Umbau der Anlagen für Orang-Utans, Stummelaffen und andere Primaten, südamerikanische Arten und Eisbären durchgeführt, ohne dabei die Traditionen, Qualität oder das Ambiente des ältesten Zoologischen Gartens Europas in Frage zu stellen. Sie überzeugt mit Charme, Hingabe und effektiven Präsentationen und hat das erstklassige Managementteam des Zoos weiterentwickelt. Dagmar Schratter hat den Tiergarten Schönbrunn während ihrer bisherigen Amtszeit an der Spitze meiner Ranking-Liste gehalten.

KAPITEL 6

VIER HERAUSRAGENDE ZOODIREKTOREN

Anschließend an mein letztes Kapitel habe ich vier herausragende Zoodirektoren ausgewählt. Meine Auswahl beruht auf deren Errungenschaften der letzten Jahre, die sich im Erfolg des Zoos heute im Vergleich zu der Zeit des Amtsantritts des jeweiligen Direktors zeigen. Zusätzlich habe ich auch das jeweilige Engagement in der europäischen und internationalen Zoogemeinschaft berücksichtigt.

Die vier Zoos, aus denen die Direktoren kommen, haben alle ganz unterschiedliche Entwicklungen genommen und stellen somit auch ganz unterschiedliche Herausforderungen an die Direktoren.

Beauval ist als einziger der vier Zoos in Privatbesitz und hat sich von einem kleinen Vogelpark zum besten Zoo Frankreichs und in den Augen vieler zu einem der besten Zoos weltweit entwickelt.

Wrocław in Osteuropa hat eine einzigartige Verwandlung von einem typischen, städtisch geführten Zoo zu einem Tiergarten vollzogen, der sich im Besitz einer kommunalen Gesellschaft befindet. Erst kürzlich wurde das Afrykarium eröffnet, welches den stärksten Zuwachs an Besucherzahlen in einem europäischen Zoo erfährt.

Leipzig, ebenfalls ein städtischer Zoo, wurde von Grund auf erneuert und durch seine weltweit beachtete Metamorphose zum „Zoo der Zukunft" unbestreitbar zum führenden Zoo in Deutschland.

Zürich mit beinahe 10.000 Aktionären, wurde zur größten Besucherattraktion in der Schweiz. Es ist ein Paradebeispiel für ein erfolgreiches Zusammenwirken von städtischer Beteiligung und privaten Aktionären. Alle vier dieser Zoos haben es unter ihren Direktoren geschafft, enorme finanzielle Mittel für Investitionen bereitzustellen.

Alle vier Direktoren, die in diesem Kapitel vorgestellt werden, sind außergewöhnliche Persönlichkeiten, sehr bekannt und respektiert in ihrem Heimatland sowie ausgezeichnete Repräsentanten der besten Zoos in Europa.

Vier herausragende Zoodirektoren

FRANÇOISE DELORD

Kurz nachdem ich mich im Jahre 2008 dazu entschieden hatte, ein Ranking der führenden europäischen Tiergärten zu erstellen, machte mich Dominique Tropeano, damals Direktor des Colchester Zoo, auf Françoise Delord und ihren Zooparc Beauval aufmerksam. Ihr herausragender Ruf und Erfolg haben mich dazu veranlasst, umgehend dem Zooparc Beauval einen Besuch abzustatten und diese berühmte Direktorin zu treffen.

Mein erster Besuch war im Juni 2008 und sie hat freundlicherweise sofort einem Treffen mit mir zugestimmt, obwohl ich damals noch ein Neuling und Außenseiter auf dem Gebiet der europäischen Zoos war. Françoise Delords Leidenschaft für ihren Zoo und jedes einzelne dort lebende Tier war sofort deutlich spürbar. Ihr Stolz und ihre Freude an dem, was sie mit diesem Zoo erreicht hat, waren offensichtlich. Im Restaurant an ihrer Seite sowie auch bei jedem anderen unserer jährlichen Treffen war ihr Hund Gribouille. Sie erzählte mir, dass in ihrem Haus, welches sich ebenfalls auf dem Zoogelände befindet, noch weitere Hunde und Katzen leben. Mein erster Eindruck des Zoos war, dass sie einen Tierpark mit wunderschönen Gehegen, einer herausragenden Tiersammlung, reizvoller Bepflanzung und einem ungewöhnlichen Ambiente geschaffen hat. Ich verließ den Tierpark an diesem Tag mit dem Gefühl, dass Beauval eine große Zukunft bevorsteht und dass Françoise Delord eine besondere Persönlichkeit ist.

Auch im Nachhinein bewundere ich, dass Françoise Delord eine außergewöhnliche und untypische Direktorin ist. Sie hat eine Ausbildung für das Theater genossen. Zusammen mir ihrem Sohn und ihrer Tochter führt sie ein beachtliches, privates Unternehmen, welches aus einem 57 Hektar großen Tiergarten sowie drei angeschlossenen Hotels besteht und in der Hauptsaison bis zu 500 Mitarbeiter beschäftigt. Wie hat sie es geschafft, so weit zu kommen, ohne relevante zoologische Ausbildung und mit begrenzten finanziellen Mitteln?

Françoise Delord (geborene Doucet) stammt aus Paris und träumte davon, Schauspielerin am klassischen Theater zu werden. Um diesen Traum zu verwirklichen, besuchte sie eine Schauspielschule. Sie trat in verschiedenen Theatern auf, bevor sie längere Zeit als Präsentatorin in der berühmen Bobino Music Hall in Montparnasse tätig war. Dort traf sie den bekannten Magier und Illusionisten Jaques Delord, den sie später heiratete. Sie bekamen zwei gemeinsame Kinder, Delphine, die 1967 zur Welt kam, und den vier Jahre jüngeren Rodolphe.

Neben dem Theater hatte Françoise eine Leidenschaft für Vögel. Sie wurde auch durch die Freude ihrer Tochter Delphine an Vögeln dazu ermuntert, ihre Sammlung an exotischen Vögeln zu vergrößern und so begann sie, in ihrer großen Pariser Wohnung Volieren zu bauen. Sie schrieb ihr erstes erfolgreiches Buch „Mes Oiseaux et Moi" und es war schon bald ersichtlich, dass Vögel zu ihrem übergeordneten Interesse wurden und dass man 300 bis 400 Individuen nicht in einem Apartment in Paris halten konnte!

Obwohl ihr ihre Freunde davon abrieten, machte sich Françoise Delord auf die Suche nach einem Gelände außerhalb von Paris, auf dem sie einen Vogelpark errichten könnte. Nach einigem Suchen kaufte sie schließlich auf den Rat ihrer Schwiegereltern ein fünf Hektar großes Grundstück in Beauval, drei Kilometer von dem Dorf St. Aignan-sur-Cher und 220 km südlich von Paris gelegen.

Vier herausragende Zoodirektoren

Der Vorteil dieses Geländes besteht darin, dass es von zwei Flüssen durchzogen wird und Wiesen sowie bewaldete Areale aufweist. In ihren eigenen Worten brachte sie ein drittes Kind zur Welt – den Zoo! Es folgte ein weiteres Buch, „Perruches et Perroquets", in dem es darum geht, wie man exotische Vögel auswählt, sie aufzieht und sich um sie kümmert. Der Schwerpunkt liegt hierbei darauf, dem Leser zu verdeutlichen, dass man die lebenslange Verantwortung für ein Lebewesen übernimmt und nicht für ein Spielzeug!

Mitte Juni im Jahr 1980 wurde Le Parc de Beauval für die Öffentlichkeit zugänglich gemacht. Dieser war damals nur ein Vogelpark in einer idyllischen Umgebung. Anfänglich war der Park für 1.200 Vögel geplant, welche in verschiedenen Volieren und Vogelhäusern untergebracht wurden. Die stolze Besitzerin konnte im ersten Jahr 17.000 Besucher begrüßen. 1988 zog der Vogelpark schon bis zu 50.000 Besucher jährlich an, allerdings schien hier das Maximum erreicht zu sein, obwohl viel Aufmerksamkeit der Bepflanzung geschenkt wurde. Schließlich musste sich Françoise Delord eingestehen, dass sie auf den Rat ihres Freundes Claude Caillé, Direktor des Zoo La Palmyre hören sollte. Der einzige Weg, die Besucherzahlen und damit auch die Einnahmen zu erhöhen, besteht darin, auch einige beliebte Säugetiere zu zeigen. Vögel allein könnten dies niemals schaffen.

Françoise Delord, Direktorin des Zooparc de Beauval

Also entschied sich Françoise Delord Anfang 1989 dazu, den Leoparden „Leopardo" – sie war schon immer eine Katzenliebhaberin –, Berberaffen und Braunbären nach Beauval zu bringen. Diese Entscheidung zur Erweiterung des Zoos hatte zur Folge, dass Rodolphe die Schule verließ und seiner Mutter bei der Verwandlung des Parc des Beauval zum ZooParc de Beauval half. Sie setzten sich zum Ziel, die Besucherzahlen bis Ende des Jahres 1990 auf 150.000 Besucher zu steigern.

Vier herausragende Zoodirektoren

Da Françoise Delord mit der Säugetierauswahl für ihren neuen Zoo nicht zufrieden war und sie für mutige, neue Ideen bekannt ist, ging sie mit der nächsten Entscheidung wohl das größte Risiko ihres Lebens ein. Nachdem sie eine Anzeige für ein Paar weiße Tiger in den USA gesehen hatte, in die sie sich sofort verliebte, flog sie mit Delphine dorthin, um sich die Tiere anzusehen. Als sie wieder nach Paris zurückkehrte, besuchte sie Kollegen am MNHN (Natural History Museum /Paris Zoo und Paris Ménagerie), um ihren Plan zu besprechen, die beiden weißen Tiger nach Beauval zu bringen. Obwohl ihr in Paris widersprüchliche Meinungen entgegenschlugen, entschied sie sich dazu, ihren Plan in die Tat umzusetzen. Der Charme und auch die Entschlossenheit von Françoise Delord waren vor allem bei den Finanzierungsverhandlungen mit der Bank „La Societé Générale" gefragt.

Die beiden jungen weißen Tiger names Gorby und Raissa kamen mit Françoise und Rodolphe mithilfe eines Spezialflugs nach Paris, wo sie von Presse und Öffentlichkeit begrüßt wurden. Das Risiko, welches Françoise Delord eingegangen war, erwies sich als Wendepunkt für die Entwicklung von Beauval. Mit den weißen Tigern hatte sie sich für die kommerzielle Logik und gegen die Argumente der Zoologen entschieden.

Sie investierte außerdem in Werbetafeln in der Umgebung von Beauval, so zum Beispiel in den Großstädten von Tours und Blois, was sich als kosteneffektive Methode erwies, um die Besucherzahlen zu steigern.

Vier herausragende Zoodirektoren

Delphine blieb zunächst mit ihrer kleinen Familie in Paris, folgte ihrer Mutter und ihrem Bruder dann aber 1991, um die Öffentlichkeitsarbeit und das Marketing zu übernehmen. Das war gerade rechtzeitig. Nachdem die weißen Tiger in Beauval ankamen, wuchs der Zoo noch um viele weitere Säugetierarten, was einen Anstieg der Besucherzahlen in den nächsten 15 Jahren zur Folge hatte: Von 150.000 im Jahre 1991 über 280.000 fünf Jahre später bis zu 500.000 Besuchern im Jahr 2006. Françoise Delord hat viele ihrer Ansichten zu artgerechter Tierhaltung in die Praxis umgesetzt. Ihrer Meinung nach benötigt jeder einzelne Elefant mindestens einen Hektar für sich. Aus diesem Grund steht der fünfköpfigen Elefantenherde in Beauval eine fünf Hektar große Außenanlage und dazu ein großes Elefantenhaus zur Verfügung.

Glücklicherweise konnte Françoise Delord beide ihrer Kinder dafür begeistern, ihr bei diesem Großprojekt zur Seite zu stehen.

Während all dieser Jahre investierte Françoise Delord Zeit und Mittel in In-situ-Artenschutzprojekte auf der ganzen Welt. Beauval unterstützt zur Zeit mehr als 35 Projekte mit hunderttausenden von Euro jährlich durch den Verein „Beauval Nature". Ihr Interesse gilt verschiedenen Forschungsfeldern, darunter auch eines der größten Forschungszentren in Europa, welches Ende 2016 eröffnet werden soll.

2006 hatte Françoise Delord den Traum, Große Pandas aus China nach Beauval zu bringen (zu der Zeit konnte diese Spezies in ganz Europa nur in Berlin beobachtet werden). Es dauerte sechs Jahre und brauchte ungemeine Entschlossenheit und Charme sowie die Einbindung der französischen Regierung und zahllose Besuche in China, um diesen Traum mit der Eröffnung der Großen Panda-Anlage im Januar 2012 wahr werden zu lassen. In jedem Detail der Anlage ist das persönliche Engagement von Françoise Delord bei der Planung zu sehen. Die neue Anlage, welche Chinesische Artefakte und Kultur gekonnt integriert, kam beim Publikum hervorragend an. Die Besucherzahlen stiegen um 500.000 Besucher für das Jahr und durchbrachen damit die eine Million-Marke. Seither besuchen mehr als eine Million Gäste jährlich Beauval.

Die Wichtigkeit des Parks wurde durch Präsidentenbesuche unterstrichen. Präsident Sarkozy besuchte Beauval im Jahr 2011 und Präsident Hollande 2015.

Ihre Autobiographie „Instinct" wurde 2010 veröffentlicht und in ganz Frankreich erfolgreich angenommen. Ich habe bereits dutzende Zoobesucher beobachtet, die nach dem Erwerb der Biographie um ein Autogramm der Autorin gebeten haben. Dies findet meistens im Hotelrestaurant statt, in dem Françoise Delord oft zu Mittag isst. Der Titel „Instinct" ist sehr gut gewählt, da sie viele Entscheidungen instinktiv trifft und diese sich später als richtig herausstellen, was dazu geführt hat, dass ihr „drittes Kind" äußerst erfolgreich wurde. Mut, Courage, Zielstrebigkeit und Entschlossenheit kombiniert mit weiblichem Charme und Bescheidenheit machen Françoise Delord zu der wohl bekanntesten und erfolgreichsten Unternehmerin in der europäischen Zoolandschaft.

Vier herausragende Zoodirektoren

PROFESSOR DR. JÖRG JUNHOLD

Wenn man die Errungenschaften und das Ansehen heutiger europäischer Zoodirektoren betrachtet, sticht Jörg Junhold als einer der erfolgreichsten und international bekanntesten heraus. Meiner Meinung nach gehört er zu den Top drei Zoodirektoren Europas und ist sicherlich der erfolgreichste unter den Zoodirektoren von europäischen Zoos in öffentlichem Besitz.

Der Sohn eines Veterinärmediziners wurde in Sachsen in der ehemaligen DDR geboren und studierte Veterinärmedizin an der Universität von Leipzig. Anschließend vertiefte er sein Studium an der Chirurgischen Tierklinik der Universität Leipzig und machte 1994 seinen Doktor in Tiermedizin.

Zwischen 1992 und 1997 arbeitete er in der Marketing Management Abteilung der Effem GmbH, einer Tochtergesellschaft der Mars Inc., die Tierfutter herstellt. Dort war er für den externen Verkaufsbereich in Deutschland und im europäischen Ausland sowie für die Marktforschung und die Vetcare Marketing Abteilung zuständig. Diese Erfahrungen in der Wirtschaft haben sich in seiner späteren Position als Zoodirektor als sehr nützlich erwiesen.

Jörg Junhold wurde von der Stadt Leipzig unter 50 Mitbewerbern für den Posten des Zoodirektors ausgewählt. Er trat das Amt am 1. 11. 1997 an und überwachte sofort mehrere, große Entwicklungsprojekte sowie den Bau des weltbekannten Pongolands. Pongoland ist eine 16,5 Millionen € teure Anlage für Menschenaffen mit Außengehegen, die eine Fläche von drei Hektar einnehmen. In Zusammenarbeit mit dem Max-Planck-Institut für Evolutionäre Anthropologie in Leipzig wurde dieses bahnbrechende Entwicklungsprojekt im April 2001 eröffnet. Es hat bis heute seine Bedeutung für Anthropologiestudenten und Zoobesucher gleichermaßen behalten.

Gleichzeitig arbeitete Jörg Junhold an seinem Entwicklungsplan für den Zoo Leipzig, welcher in dem Masterplan „Zoo der Zukunft" mündete. Dieser Masterplan fußt auf sechs thematischen und geographischen Gebieten (Pongoland, Gondwanaland, Gründergarten, Afrika, Asien, Südamerika). All dies basiert auf dem Gedanken „Tiere als Botschafter ihrer in Freiheit lebenden Verwandten" zu sehen. Dieses Prinzip ist auch ein wichtiger Bestandteil der Welt-Zoo und Aquarium-Naturschutzstrategie des Weltzooverbandes WAZA.

Nach langen Diskussionen mit dem Stadtrat der Stadt Leipzig konnte Jörg Junhold im August 2000 die Gründung der Zoo Leipzig GmbH durchsetzen und wurde damit nicht nur Zoodirektor, sondern auch Vorstandsvorsitzender. Er überzeugte den Stadtrat, dass massive Investitionen in den „Zoo der Zukunft" im Rahmen von 200 Millionen € im Verlauf der nächsten fast 20 Jahre bis 2020 nötig sein würden. Dies beinhaltet auch die Restauration der Kongresshalle, die 2015 pünktlich zum 1.000 jährigen Jubiläum der Stadt wiedereröffnet wurde.

Die Durchführung und Finanzierung der enormen Modernisierungsprojekte des Zoos ist ein fantastischer Erfolg, der durch die Vision, Energie und Hingabe von Jörg Junhold ermöglicht wurde. Dieser Masterplan machte den Zoo Leipzig aus einem mittelmäßigen, Traditionszoo zum führenden Zoo Deutschlands und einem der besten in ganz Europa mit einem beneidenswerten internationalen Ruf. Die mutige Entscheidung des Stadtrats am 14. 6. 2000 den „Zoo der Zu-

Vier herausragende Zoodirektoren

kunft" zu unterstützen, wird durch den Zustrom an Besuchern, von 750.000 im Jahr 2000 auf 1.8 Millionen aktuell, gerechtfertigt. 75 % von diesen Besuchern kommen nicht aus Leipzig. Der ökonomische Nutzen durch Touristen ist für die Stadt Leipzig immens. Dies ist eine der größten Erfolgsgeschichten unter den europäischen Zoos im 21. Jahrhundert.

Diese Erfolgsgeschichte ist zum Teil auf die Eröffnung von Gondwanaland, dem mit einer Investitionssumme von 67 Millionen € größten Tropenhaus in Europa, im Jahr 2011 zurückzuführen. Die Bauzeit betrug mehr als 3 Jahre. Das Haus umfasst auf einer Fläche von 16.500 m² die Themenbereiche Afrika, Asien und Südamerika, eine Bootsfahrt und Besucherwege durch tropische Vegetation auf mehreren Ebenen bis zu einer Höhe von 34 Metern. Unter anderem teilen sich Schabrackentapire, Zwergflusspferde, Riesenotter, Komodowarane, Sunda-Gaviale und freilebende Totenkopfaffen diesen Lebensraum. Jörg Junhold's visionäre Bauprojekte hatten eine anhaltende Steigerung der Besucherzahlen zur Folge.

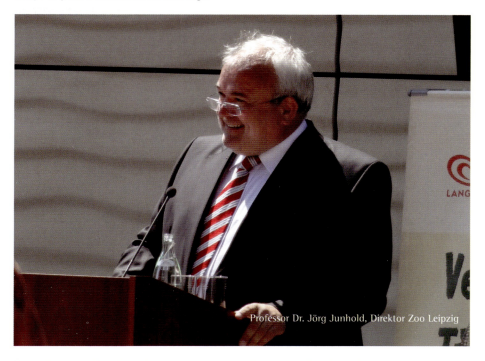

Professor Dr. Jörg Junhold, Direktor Zoo Leipzig

Unter den vielen Projekten, die in den ersten zwei Phasen des „Zoo der Zukunft" verwirklicht wurden, ist die Kiwara-Savanne (meine Lieblingsanlage im Zoo Leipzig!) das beste Savannengehege, welches ich je gesehen habe. Diese Savanne wurde gebaut, um den Besuchern ein einzigartiges Beobachtungserlebnis von verschiedenen Höhenleveln zu bieten. Dabei können zehn afrikanische Arten, darunter eine Giraffen- und eine Antilopenherde, beobachtet werden.

Momentan läuft die letzte der drei Phasen für den „Zoo der Zukunft". Trotz der zunehmend schwieriger werdenden finanziellen Lage für Zoos in öffentlicher Trägerschaft, denke ich, dass auch die dritte Phase, genauso wie die anderen beiden Abschnitte dieses ambitionierten Projektes, zeitnah vollendet werden kann.

Vier herausragende Zoodirektoren

Die Wiedereröffnung der Kongresshalle mit einem Investitionsvolumen von 37,5 Millionen € im Jahre 2015 war ein weiterer Meilenstein in der Entwicklungsgeschichte des Zoos, obwohl diese Maßnahme nicht Teil des Masterplans ist. Da das Gebäude zwar zum Zoo gehört, aber von der Leipziger Messe geführt wird, waren hier erhebliche Anstrengungen und Engagement durch Jörg Junhold nötig. Der Zoo hat sich finanziell am Umbau des Gebäudes beteiligt, welches nun zu einem echten Teil des Zoos geworden ist. Die Räume wurden in Anlehnung an die Originalsäle des 19. Jahrhunderts restauriert und auch das Restaurant Palmensaal zieht neue Besucher zu Kongressen, Konferenzen, Ausstellungen und anderen Events an. Die Besucherzahlen und damit verbunden auch die Einnahmen des Zoos werden von einigen dieser zusätzlichen Besucher profitieren. Das unterstützt auch die enorme Wichtigkeit der Verschränkung von Zoo und Kongresshalle für die Stadt Leipzig.

Man könnte meinen, dass diese großen und anspruchsvollen Projekte alle Zeit des Zoodirektors in den letzten 15 Jahren in Anspruch genommen haben, aber Jörg Junhold fand dennoch die Zeit, sich weiteren Leidenschaften zu widmen. Sein Interesse am Artenschutz hat dazu geführt, dass sich der Zoo Leipzig auch in vielen In-situ-Projekten auf der ganzen Welt engagiert. Dafür werden jährlich mindestens 3 % der Einnahmen bereitgestellt. Sein Interesse an Bildung spiegelt sich in zahlreichen interaktiven Infopunkten und einer hervorragenden Zooschule wider. Sein Engagement für die Stadt Leipzig und nicht zuletzt für die veterinärmedizinische Fakultät der Universität Leipzig sowie für andere kulturelle Aktivitäten führen zu einem vollen Terminkalender. Durch seinen Respekt für den Naturschutz engagierte er sich für eine EMAS-Zertifizierung für Eco-Management, welche der Zoo Leipzig, als erster Zoo Deutschlands, auch erreichte.

Jörg Junhold wurde verdientermaßen von 2011 bis 2013 zum Präsidenten der World Association of Zoos und Aquariums (WAZA) ernannt, was zur Folge hatte, dass er zu Zoos und Konferenzen in der ganzen Welt reisen musste. Er war auch an Publikationen der WAZA beteiligt, exemplarisch sind hier die World Zoo und Aquarium Conservation Strategy (WZACS) und die Animal Welfare Strategy 2015 zu nennen. Er war ebenfalls mit dem International Species Information System (ISIS) betraut. Zusätzlich ist Jörg Junhold Mitglied in der Euopean Association of Zoos und Aquaria (EAZA) und dem Verband der Zoologischen Gärten (VdZ) aktiv.

2013 verlieh ihm die veterinärmedizinische Fakultät der Universität Leipzig, an der er studiert hatte, eine Honorarprofessur.

Jörg Junhold wird von seinen mehr als 200 Mitarbeitern respektiert und von seinem erstklassigen Managementteam, das er seit seinem Amtsantritt aufgebaut hat, unterstützt. Er vereint auf beeindruckende Art und Weise zoologische und wirtschaftliche Kompetenz, was ihn zu einem der Besten seines Berufsfeldes macht.

Vier herausragende Zoodirektoren

RADOSLAW RATAJSZCZAK

Radoslaw Ratajszczak ist Direktor von Polens beliebtester Besucherattraktion des Jahres 2015 – dem Zoo Wrocław. Er ist der bekannteste und wohl erfolgreichste Zoodirektor der osteuropäischen Länder.

Ich habe ihn das erste Mal im August 2008 im Zoo Wrocław getroffen, ungefähr 18 Monate nachdem er Direktor des Zoos geworden war. Anschließend traf ich ihn noch bei sieben weiteren Besuchen des Zoo Wrocław. Ich war und bin noch stets verblüfft über die Leistungen dieser herausragenden Persönlichkeit, die ungemein engagiert eine erstaunliche Wandlung in Wrocław angestoßen hat.

Radoslaw Ratajszczak, Direktor Zoo Wrocław

Vier herausragende Zoodirektoren

Vorher arbeitete Radoslaw Ratajszczak als stellvertretender Direktor im Zoo Poznań. In Poznań beendete er 1976 sein Biologiestudium, arbeitete dann als Tierpfleger im Zoo Poznań bis 1981 und wurde schließlich 1995 zum stellvertretenden Zoodirektor befördert.

Bevor er den Zoo in Poznań verließ, war er mit der Planung und Ausführung der größten Elefantenanlage in Polen, einer der größten Europas, betraut. Dieses zehn Millionen € teure Projekt wurde im August 2008 eröffnet.

Radoslaw Ratajszczak hat eine der herausragendsten Zootransformationen in Europa angestoßen. Als er in Wrocław ankam, fand er einen Zoo in eher notdürftigem Zustand vor, in dem viele Tiere in beklagenswerten Anlagen untergebracht waren, was die fehlenden Investitionen der letzten Jahre widerspiegelte. Er nahm die Herausforderung an, den bekannten, alten Zoo, der 1896 als Zoo Breslau eröffnet wurde, in seinen erwarteten 15 Jahren als Zoodirektor zu einem der besten Zoos Europas zu machen. Ein Jahr nach seiner Amtseinführung präsentierte er dem damaligen Besitzer des Zoos, dem Stadtrat von Wrocław, einen Masterplan mit einem Investitionsvolumen von 100 Millionen €. Darin sollte auch das Traumprojekt „Afrykarium" enthalten sein, welches damals auf 45 Millionen € geschätzt wurde und das Ansehen des Zoos in Polen und ganz Europa verändern sollte. Das war das ehrgeizigste und teuerste Projekt in einem Zoo Osteuropas.

Radoslaw Ratajszczak zeigte, wie ein anspruchsvolles und investitionsintensives Projekt zur Realität werden kann. Die meisten Beobachter hätten die Idee des „Afrykariums" 2008 noch als Wunschtraum abgetan. Aber Radoslaw Ratajszczak besitzt eine zielstrebige Entschlossenheit, Tatkraft und Persönlichkeit: Er macht das Unmögliche möglich und er akzeptiert kein „Nein". Er überredete den Stadtrat dazu, Investitionssummen von bis zu 80 Millionen € bereitzustellen. Teilweise kamen diese auch aus EU-Mitteln, welche durch die Fußballeuropameisterschaft 2012 verfügbar wurden, welche unter anderem auch in Wrocław stattfand.

Am 1. Januar 2010 erhielt Radoslaw Ratajszczak durch die Etablierung einer Zoogesellschaft auch die Entscheidungsbefugnis für die Geschäftsführung des Zoos, was für Polen bis heute einzigartig ist. Radoslaw Ratajszczak ist der Direktor der Gesellschaft, was ihm die Befugnis verleiht, das Alltagsgeschäft des Zoos zu führen und Finanzierungsmöglichkeiten für die weitere Entwicklung des Zoos zu finden.

Radoslaw Ratajszczak hat die Führungsebene des Zooteams deutlich verstärkt, indem er Personal für professionelles Marketing und Öffentlichkeitsarbeit sowie für Bildung, Arten- und Naturschutz einstellte und das Tierpflegerteam vergrößerte.

Obwohl er ein 170 Kopf starkes Team führt, ist Radoslaw Ratajszczak immer noch persönlich in die Neuplanung und Verbesserung der Anlagen involviert. Er hat ein starkes Gespür für die Bedürfnisse und Vorlieben von Tieren. Das zeigt sich unter anderem an den zwölf Säugetierarten, die freien Zugang zu Bäumen auf dem Zoogelände erhalten, darunter Gibbons, Brüllaffen, Weißschulterkapuziner, Kattas und Schwarze Riesenhörnchen. Auf der wunderschönen, naturgetreuen Anlage für Braunbären können diese Holunderbeeren finden und die Besucher können die Bären von einem erhöhten Besucherweg beobachten. Die ganze Anlage stellt das

Vier herausragende Zoodirektoren

genaue Gegenteil zu dem Betongraben dar, den ich bei meinem ersten Besuch in Wrocław vorfand. Das neue Luchsgehege ist ein weiteres Beispiel für Radoslaw Ratajszczaks Liebe zu natürlichen Umgebungen sowie sein Verständnis für die besonderen Bedürfnisse einer Art.

Auch die Infrastrukur des Zoos wie beispielsweise die 2014 komplett modernisierten Besucherwege, wurde verbessert.

Zusätzlich zu seinem zupackenden Management des Wrocław Zoo wurde Radoslaw Ratajszczak Mitglied im EAZA- und WAZA-Rat und beteiligt sich dazu an regelmäßigen Reakkreditierungsbesuchen in anderen Zoos der EAZA.

Radoslaw Ratajszczak war schon immer an In-situ-Artenschutz interessiert, insbesondere in Südostasien, weshalb er auch mehrere Male nach Vietnam reiste, zuletzt im Jahr 2015. Nichtsdestotrotz ist er ein Realist, was sich auch in seiner Äußerung, welche er der „Financial Times London" gegenüber tätigte, widerspiegelt, dass wir zwar einige Schlachten gewinnen, aber dabei sind, den Krieg um den Erhalt der Arten zu verlieren. Vietnam hat viele markante Tierarten verloren, darunter auch Elefanten, Nashörner und Tiger.

Radoslaw Ratajszczak kann stolz auf viele Errungenschaften im Wrocław Zoo zurückblicken. Gekrönt werden sie alle aber durch sein Traumprojekt des „Afrykariums" und den unglaublichen Besucherzuwachs von 800.000 auf 2.000.000 in einem einzigen Jahr – ein Rekord in der europäischen Zoogeschichte. Das „Afrykarium" eröffnete vor dem geplanten Termin am 25. Oktober 2014, lockte mehr Besucher an, als man je hätte ahnen können und war die beliebteste Attraktion in Polen im Jahr 2015.

Vier herausragende Zoodirektoren

DR. ALEX RÜBEL

Alex Rübel war schon als Kind von der Natur fasziniert. Er wurde in Zürich geboren und verbrachte dort seine Kindheit und Jugend. Auch sein Veterinärmedizinstudium absolvierte er an der Universität Zürich und schloss mit einer Promotion ab. Danach assistierte er dort zehn Jahre bei Prof. Dr. Ewald Isenbügel in der Tierklinik. Seine lange Zusammenarbeit mit dem Zoo Zürich begann so in der Funktion als Veterinärmediziner.

Er wurde 1991 Direktor des Zoo Zürich und ist mittlerweile einer der respektiertesten und international anerkanntesten Zoodirektoren. Unter seiner Führung wurde der Zoo Zürich völlig umstrukturiert und befindet sich nun beständig unter den ersten drei europäischen Zoologischen Gärten in meiner Rangliste. Alex Rübel ist ein Paradebeispiel für Professionalität. Er vereint sein Interesse und Engagement für die Tiere in seiner Obhut mit der Führung einer großer Institution in einer Stadt, die für ihre hohen Standards bekannt ist. Sein siebenköpfiges Managementteam besteht aus hochqualifizierten Mitarbeitern, zu denen, und dies ist für Zoos ungewöhnlich, ausführliche Informationen in einem Organigramm auf der Zoowebsite zugänglich sind.

Dr. Alex Rübel, Direktor Zoo Zürich

Der Zoo Zürich wird als Kulturinstitution beschrieben, die den Schwerpunkt auf Bildung legt und den Bürgern der Stadt Zürich gehört. Der Zoo ist Eigentum einer öffentlichen Gesellschaft und hat über 9.000 Aktionäre. Der Stadt und dem Kanton Zürich gehören jeweils 12,5 %, die Tiergarten-Gesellschaft Zürich (die Zoo-Freunde-Organisation, die den Zoo gründete) besitzt 5 % und 70 % verteilen sich auf die übrigen Aktionäre. Der Zoo hat sich zur führenden Besucherattraktion in der Schweiz entwickelt und wird als wesentlicher Teil

Vier herausragende Zoodirektoren

des öffentlichen Lebens in und um Zürich respektiert. Der Verwaltungsrat der Gesellschaft besteht aus neun Mitgliedern, dem der aktive und einflussreiche Martin Naville als Präsident vorsteht. Des weiteren finden sich unter den Mitgliedern des Verwaltunsgrates Repräsentanten der Stadt, des Kantons und der Universität Zürich sowie Vertreter der lokalen Industrie und Handelsbetriebe.

Als Zoodirektor fördert Alex Rübel den Kontakt mit der Öffentlichkeit, deren Mitglieder den größten Teil der finanziellen Mittel für die enormen Investitionsprogramme zur Verfügung stellen. Alle zwei Jahre wird ein Zoo-Sommerfest veranstaltet, zu dem bis zu 1.000 Gäste strömen. Dieses soziale Event, welches als eines der Highlights in Zürich gilt, bringt bis zu eine Million CHF für die Zookasse ein.

Alex Rübel initiierte sein neues Konzept für einen modernen Zoo 1992 mit einem Entwicklungsplan. Dieser wurde kürzlich in den Masterplan bis 2030 erweitert, welcher unter anderem eine Verdopplung der Zoofläche auf 28 ha sowie die Entwicklung eines Geozoos mit den Elementen Eurasien, Südamerika und Afrika inklusive Madagaskar vorsieht. Er hat unablässig daran gearbeitet, seine Visionen für den Zoo in die Realität umzusetzen. In den 25 Jahren, in denen Alex Rübel nun schon Direktor ist, wurden ungefähr 200 Millionen CHF in den Zoo Zürich investiert, die hauptsächlich durch private Spenden finanziert wurden.

Eine seiner ersten Anlagen war der südamerikanische Bergnebelwald für Brillenbären und Nasenbären, welcher der Landschaft am Vulkan Sangay in Ekuador nachempfunden ist. Es ist immernoch mein liebstes Außengehege in Zürich. Diese wunderschöne Anlage ist ein gutes Beispiel für Alex Rübels gestalterisches Talent und die Realisierung eines erstklassigen Geheges mit einem natunahen Umfeld.

Alex ist in der Zoowelt international bekannt als Präsident der WAZA (2002-2003), sowie als aktives Mitglied der EAZA und der Weltnaturschutzunion IUCN. Sein starkes Engagement für den In-situ-Naturschutz zeigt sich auch in seinem persönlichen Interesse für den Masoala Nationalpark im Nordosten von Madagaskar. Hier befindet sich das wichtigste, verbleibende Regenwaldgebiet der Insel. Er hat dieses Gebiet mehrere Male selbst besucht, ein Buch darüber geschrieben und mit dem Masoala Regenwaldhaus, welches 52 Millionen CHF kostete und 2003 eröffnet wurde, sein Traumprojekt verwirklicht. Dieses großartige Tropenhaus ermöglicht es den Besuchern, in den Regenwald von Masoala einzutauchen und fünf Säugetierarten – vier Lemurenarten und eine Flughundart – 23 Vogelarten und neun Reptilienarten frei und ohne Gehegebegrenzungen zu beobachten. Über 500 Pflanzenarten, von denen 65 % aus Madagaskar kommen, sind in diesem Tropenhaus zu finden. Das große Restaurant und der Shop bieten Spezialitäten Madagaskars. 2 % Umsatzes werden an den Masoala Nationalpark gespendet, um wichtige Arterhaltungsprojekte zu finanzieren.

Zusätzlich zu diesem einzigartigen Projekt hat Alex Rübel dafür sorgen können, dass auch die folgenden Entwicklungsschritte unmittelbar mit In-situ-Artenschutzprojekten verbunden wurden. Das wohl beeindruckendste ist dabei der Kaeng Krachan Elefantenpark. Er wurde 2014 eröffnet, kostete 57 Millionen CHF und verknüpft diese einzigartige Anlage für Asiati-

Vier herausragende Zoodirektoren

sche Elefanten mit dem gleichnamigen Nationalpark in Thailand. Das 6.800 m² große Dach des Gebäudes ist mit seinen 271 individuell angefertigten Oberlichtern, die in die Holzkonstruktion eingelassen sind, einzigartig. Das Haus, welches verschiedene Substrate, Felsen, Steine, Wasserbecken und einen Wasserfall bietet, liefert die optimalen Bedingungen sowohl für die Bewohner als auch für die Besucher, welche die Tiere von drei verschiedenen Ebenen beobachten können. Auch die angrenzenden, abwechslungsreichen Außenanlagen, welche ebenfalls auf mehreren Ebenen angelegt sind, bieten der Zuchtgruppe Elefanten Vielfalt und Bereicherung.

Die kürzlich eröffnete Mongolische Steppe für Trampeltiere und Yaks kombiniert eine natürliche und großzügige Anlage mit einer Ausstellung zur mongolischen Lebensweise. Sie gibt einen interessanten und ungewöhnlichen Überblick in die Biodiversität der Mongolei. Für die Besucher besteht die Möglichkeit, auch über Nacht zu bleiben und dadurch ihr Erlebnis noch intensiver zu gestalten.

Alex Rübel ist ein starker aber realistischer Naturschützer. Er erkennt die Schlüsselrolle der Bildung und davon, den Besucher von den Wundern der Natur zu überzeugen. Außerdem ist es ihm wichtig, den Tieren die bestmöglichen Gehege zu bieten. Er weist darauf hin, dass die Größe des Geheges nicht entscheidend ist. Die Planung und Einrichtung eines Geheges sowie kompetente Tierpfleger sind mindestens genauso oder gar wichtiger.

Alex Rübel ist der Direktor eines Zoos mit den höchsten Standards für Gebäude und Gehege für die Tiere, die das Glück haben, hier leben zu dürfen. Gleichzeitig können die Besucher des Zoo Zürich die einmalige Natur in den Gehegen erleben. Alex Rübel wird auch weiterhin den Ausbau des Zoo Zürich vorantreiben und einzigartige Ausstellungen schaffen, die unmittelbar mit Naturschutzprojekten verbunden sind. Bereits 2020 soll die lange erwartete Lewa Afrikasavanne für Giraffen, Nashörner, Zebras und Antilopen folgen.

KAPITEL 7

TIERPFLEGER

Zunehmende Professionalisierung der Tierpfleger

In den letzten Jahrzehnten konnten wir eine enorme Qualitätssteigerung der Innen- und Außenanlagen, der Fütterung und der veterinärmedizinischen Betreuung, sowie der Besucherinformation in den führenden europäischen Zoos verzeichnen.

Hingabe ist eine Voraussetzung für den Beruf des Tierpflegers, aber im Zuge der gestiegenen Standards wird auch ein entsprechend höheres Wissen, sowie mehr Professionalität von Tierpflegern verlangt. Denn sie sind es schließlich, die ausschlaggebend für die bestmögliche Versorgung der ihnen anvertrauten Zootiere sind. In den meisten Zoos, die ich in diesem Buch analysiert habe, sind die Anforderungen an die Vorbildung von Tierpfleger signifikant gestiegen. Hinzu kommt ein größerer Wettbewerb um freie Stellen. Durch die verschärfte Konkurrenz ergeben sich zusehends höhere Ansprüche an das Bildungsniveau neu eingestellter Tierpfleger.

Tierpfleger haben eine Vielzahl an Aufgabengebieten, die sich keineswegs auf das Ausmisten von Ställen und Säubern von Käfigen beschränken. Hinzu kommen die Vorbereitung des Futters und die Fütterung der Tiere. Tierpfleger sorgen dafür, dass stets frisches Wasser und Unterlagen zum Schlafen (Streu, Stroh, Heu) vorhanden sind und da sie den engsten Umgang mit den jeweiligen Tieren haben, ist es auch ihre Verantwortung, auf Verletzungen, Krankheiten oder anderen Anzeichen von Unwohlsein zu achten. Die Aufgaben eines Tierpflegers umfassen heute außerdem:

- Die Aufzeichnung und tägliche Überwachung des Gesundheitszustandes der Tiere, meistens am Computer
- Die Überwachung und Regulation der Gegebenheiten in den Innenanlagen, wie Temperatur und Luftfeuchtigkeit
- Hilfe bei der Versorgung erkrankter Tiere, unter der Anleitung oder in Zusammenarbeit mit dem Tierarzt
- Bestellung von Futter und Stallmaterialien
- Beantwortung von Besucherfragen
- Präsentation der Tierart in „Keeper-Talks" oder Vorführungen

Der Beruf des Tierpflegers ist anspruchsvoll und erfordert die Liebe zu Tieren, Engagement und Hingabe, Ausdauer, Geduld, Selbstvertrauen im Umgang mit den Tieren, eine gute Beobachtungsgabe, die Bereitschaft, bei jedem Wetter zu arbeiten und nicht zuletzt gute Kommunikationsfähigkeiten.

Viele der Tierpfleger haben als freiwillige Helfer angefangen und haben dann eine Ausbildung gemacht, bevor sie Tierpfleger wurden.

Heutzutage haben sich die Aufstiegsmöglichkeiten für erfolgreiche Tierpfleger sehr verbessert, besonders in den großen Zoos. Es gibt verschiedene Möglichkeiten, eine Karriere innerhalb des Zoos zu machen, möglicherweise bis hin zum Revierpfleger oder Kurator.

Tierpfleger

Andere Gelegenheiten können sich durch die Beteiligung im Freiland an In-situ-Artenschutzprojekten oder auf den Gebieten der Zoopädagik, veterinärmedizinischen Arbeit oder Forschung bieten. Daher ist es auch kaum erstaunlich, dass sich inzwischen viele Antwärter mit akademischen Abschlüssen ebenfalls auf Stellen als Tierpfleger bewerben, um als erfahrene Tierpfleger später Positionen einzunehmen, in denen ihre akademische Ausbildung wieder eine größere Rolle spielt.

Die Bedeutung der Tierpfleger als Fachpersonal zeigt sich auch durch die Organisationen, die diesen Berufsstand vertreten. Auf internationaler Ebene ist dies der ICZ (International Congress of Zookeepers), zu dessen europäischen Mitgliedern die nationalen Verbände aus Frankreich, Deutschland, den Niederlanden, Spanien und Großbritannien gehören.

1974 wurde die ABWAK (Association of British und Irish Wild Animal Keepers) als gemeinnützige Berufsvereinigung gegründet, welche sich an alle Personen richtet, die sich innerhalb Großbritanniens und Irlands für den Umgang mit wilden Tieren interessieren oder bereits auf diesem Gebiet tätig sind. Ziel des Verbandes ist es, höchste Standards in der Haltung von Wildtieren zu erreichen, sowie den Status des Berufs des Tierpflegers zu verbessern. Sie hat einen gewählten Vorstand, der aus sechs unbezahlten Mitgliedern besteht und verfügt über keinerlei Angestellte. Zur Aufgabe des Verbands gehört die Organisation von Treffen von Fachgruppen (z. B. Huftierpfleger), die meist jährlich stattfinden. Außerdem erscheint viermal pro Jahr die Vereinszeitschrift „Ratel".

Tierpfleger

Der 1993 gegründete deutsche Berufsverband der Zootierpfleger e.V. (BdZ) hat seine Aufgaben auf den Gebieten der Aus- und Weiterbildung seiner Mitglieder, des Informationsaustausches über die beste Haltung und Pflege von Wildtieren und der Aufklärung hinsichtlich Natur- und Artenschutz. Die Struktur des Verbandes gleicht der der ABWAK, es gibt regelmäßige Treffen von bis zu 15 Fachgruppen, meist im Jahresrhythmus. Zusätzlich werden Seminare zu allgemeinen Themen wie z. B. Tiertransport, Fütterung und Tierbeschäftigung angeboten.

Eine Besonderheit des BdZ ist der seit dem Jahr 2002 jährlich verliehene Preis „BdZ Biber". Er wird an Zoos innerhalb des deutschsprachigen Raums für besonders herausragende Tieranlagen vergeben. Dabei wird die Einhaltung der Prinzipien moderner Tierhaltung, die interessante Gestaltung des Geheges und dessen Innovativität berücksichtigt. 2015 ging der Preis an den Krefelder Zoo für das begehbare Pinguingehege, 2014 erhielt ihn der Tierpark Aachen für seine Gepardenanlage.

Zu den Publikationen des BdZ gehören unter anderem das eigene Magazin „Arbeitsplatz Zoo" und deutsche Übersetzungen von internationalen Werken, die von Interesse für Tierpfleger sind. Der BdZ hat derzeit über 1.280 Mitglieder.

Der Beruf des Tierpflegers hat einen höheren Stellenwert bekommen. Ein Beispiel dafür ist die Publikation des Wiener Zoos „Leben im Zoo", ein 150 Seiten langes, wunderbares Buch von hoher Qualität, das von 72 Tierpflegern geschrieben wurde. Jedem Pfleger sind in dem Buch zwei Seiten gewidmet. Auf der einen ist ein Bild des jeweiligen Pflegers mit einem Tier in seiner Obhut abgebildet, auf der anderen Seite finden sich persönliche Eindrücke und Stellungnahmen des Tierpflegers zu den Eindrücken im Berufsalltag, Vorlieben und Abneigungen. Dieses Buch wurde auf einer Pressekonferenz vorgestellt, bei der ich auch anwesend war. Es ist ein wegweisendes Beispiel dafür, was getan werden kann, um die Aufmerksamkeit der Öffentlichkeit auf die Wichtigkeit und Bedeutung dieses Berufes zu lenken. Und für die Tierpfleger selbst ist es eine hilfreiche Motivation.

Auch die Einbeziehung der Tierpfleger bei Berichterstattungen oder Fernsehdokumentationen zeigt, wie sehr ihr berufliches Ansehen gestiegen ist. Alle Zoos in meinem Buch sind früher oder später im Fernsehen zu sehen, einige sogar regelmäßig in serienmäßigen Reportagen, die entweder lange Zeit gelaufen sind oder sogar noch laufen. In mehreren solcher Programme werden namentlich bekannte Tierpfleger regelmäßig gezeigt, beispielsweise in „Elefant, Tiger & Co" (Zoo Leipzig), „Zoo of Love" (KMDA Zoo Antwerpen) und „The Secret Life of the Zoo" (Chester Zoo). Ich bin fest davon überzeugt, dass die positive Publizität solcher Sendungen maßgeblich dazu beiträgt, das Ansehen der Tierpfleger zu verbessern und die Besucherzahlen in guten Zoos zu steigern.

Bei der Aus- und Weiterbildung von Tierpflegern sind große Fortschritte erzielt worden. Die meisten in diesem Buch untersuchten Zoos verfügen über interne Schulungen für Lehrlinge und neue Tierpfleger, zusätzlich gibt es an vielen Hochschulen spezielle Kursangebote für die Ausbildung von Tierpflegern und anderer Berufsgruppen, die Umgang mit Tieren haben.

Tierpfleger

Ein sehr gutes Beispiel aus Großbritannien ist Sparsholt College im Süden Englands. Hier wird eine Reihe von Kursen über Tierpflege und Tierhaltung mit unterschiedlichem Anspruch unterrichtet. Bei erfolgreichem Abschluss erhalten Absolventen ein national anerkanntes Diplom. Viele der Tierpfleger aus britischen Zoos meiner Untersuchung haben an solchen Kursen teilgenommen.

Ähnliche Kurse werden auch in Deutschland und anderen europäischen Ländern mit einer größeren Anzahl von Zoos angeboten, während man in kleineren Ländern mit weniger Zoos auf Kursmaterial anderer Länder zurückgreift oder Übersetzungen von Lehrplänen verwendet, wie beispielsweise in Riga (Lettland), wo man eine übersetzte Fassung der Unterlagen vom Sparsholt College nutzt.

Ein Beispiel für ein weniger formal reguliertes Weiterbildungsprogramm für Tierpfleger, dessen Stärken dafür in der Weitergabe von persönlicher Erfahrung liegen, ist die Teilnahme an einem kurzzeitigen Lehrgang in einem der führenden europäischen Zoos mit anerkannten hohen Standards auf dem Gebiet der Tierpflege. In Wrocław fand ein solches Programm 2012/2013 statt: 41 Angestellte beteiligten sich daran, darunter 29 Tierpfleger und fünf Kuratoren, die in zehn verschiedenen großen Zoos in Deutschland, der tschechischen Republik, Großbritannien, den Niederlanden und Dänemark ein zweiwöchiges Praktikum machten. Das Projekt wurde von der EU finanziert und erwies sich im Hinblick auf die Verbesserung der jeweils angestrebten beruflichen Kompetenz als äußerst erfolgreich.

Zoo Opole

Tierpfleger

Unter den Zoos, die ich für mein Buch analysiert habe, gibt es bei den Gehältern ein großes Gefälle, bezieht man die lokalen Lebenshaltungskosten mit ein. Ganz besonders in Osteuropa bewegen sich die Gehälter oftmals nur knapp über dem absoluten Mindesteinkommen und machen den Beruf für Bewerber mit höheren Qualifikationen eher unattraktiv. Daher ist es dringend notwendig, die Gehälter der Tierpfleger in diesen Ländern zu erhöhen, um Kandidaten mit höherer Bildung für diesen Beruf begeistern und halten zu können. Nur so können die hohen Standards, die in diesem Kapitel dargelegt worden sind, erreicht werden.

In gut organisierten Zoos ist es eine Selbstverständlichkeit, auch die Tierpfleger bei der Planung und Konzeption von neuen Gehegen oder bei der Verbesserungen an Gehegen der von ihnen betreuten Tierart mit einzubeziehen. Meiner Meinung nach ist dies von größter Bedeutung, um so wirklich alle wichtigen Aspekte zu berücksichtigen und den Kostenaufwand solcher Projekten zu optimieren. Dies ist ein weiterer Aspekt des gestiegenen beruflichen Prestiges der Tierpfleger.

Die Tierpfleger sind der wichtigste Faktor bei der erfolgreichen Haltung von Wildtieren. Sehr gute Pfleger können planerische Mängel von Gehegen ausgleichen und die Qualität einer Tierhaltung in einer weniger gut gestalteten Anlage verbessern. Außerdem unterstützen sie die Aufklärung der Besucher in erheblichem Maß durch sogenannte Keeper Talks oder die Beantwortung individueller Fragen. Sie haben einen großen Anteil daran, welchen Gesamteindruck ein Zoo seinen Besuchern vermittelt.

KAPITEL 8

BILDUNG

Bildung und Aufklärung gehören zweifellos zu den wichtigsten Aufgaben eines modernen Zoos. Nicht nur Schulkinder sondern auch Erwachsene müssen auf die Probleme aufmerksam gemacht werden, die der zunehmende Verlust des Artenreichtums überall auf der Welt mit sich bringt. Zweifelsohne wird das Aussterben von Pflanzen und Tieren in großem Maße weitergehen, bedingt durch die immer schneller wachsende Weltbevölkerung, die damit einhergehende Zerstörung ursprünglicher Lebensräume und der Ausschöpfung natürlicher Ressourcen. Zoologische Gärten, deren Publikum hauptsächlich aus den Städten kommt, verfügen über die besten Voraussetzungen, ihren Besuchern die Notwendigkeit und Dringlichkeit vor Augen zu führen, diese Entwicklungen umzukehren und sie davon zu überzeugen, sich auch persönlich für den Erhalt der Artenvielfalt einzusetzen. Denn die Zoos, mit ihrem Bestand an wundervollen Tieren, verschaffen dem Besucher einen lebendigen Zugang zu dieser für ihn unbekannten Welt, der durch naturnahe Gestaltung des Geländes umso eindringlicher wird.

Bildungsziele für Zoos gemäß WAZA/EAZA

- Interesse der Menschen für die Natur wecken und begeistern
- Verständnis für Naturschutz und die individuelle Rolle der Besucher darin fördern
- Öffentliche Unterstützung und Handeln in Naturschutzfragen fördern
- Verständnis der Teilhabe des Menschen im Gefüge der Natur im täglichen Leben fördern
- Verschiedene Erfahrungen, Materialien und Quellen bieten, welche den Besuchern in die Lage versetzen, sich im Alltagsleben zugunsten von Wildtieren und Umwelt zu entscheiden

Inwieweit diese lobenswerten Ziele umgesetzt werden, variiert stark von Zoo zu Zoo.

Athens Attica Zoo

Bildung

Zoo-Schulen

Fast alle Zoos verfügen über eine Zoo-Schule bzw. ein Weiterbildungszentrum. Während der letzten fünf Jahre wurden viele von ihnen erweitert. Einige sind neu sind hinzugekommen wie beispielsweise im Tierpark Nordhorn. Die Gesamtzahl der Schulkinder, die diese Einrichtungen besucht, ist vermutlich über die Jahre hinweg konstant geblieben. So verzeichnen einige Zoos zwar einen Zuwachs bei der Anzahl der unterrichteten Schulkinder, andere registrieren hingegen allerdings eine Abnahme. Gründe dafür sind oftmals bei Kürzungen der Zuschüsse zu finden, die sich dann bei den Ausgaben für Fahrtkosten oder dem für Ausflüge benötigten Lehrpersonal auswirken.

Folgende Zoos zählen über 100.000 Schüler jährlich, die im Rahmen einer Schulveranstaltung den Zoo besuchen: Amsterdam, Budapest, Chester, London, München, Pairi Daiza, Prag, Wien und Zürich.

Hochschulen und Universitäten

Die überwiegende Mehrheit der hier besprochenen Zoos hat im Zeitraum der letzten fünf Jahre ein deutlich gestiegenes Interesse von Studenten bemerkt, die im Zoo wissenschaftliche Forschungen durchführen möchten. Solche Projekte nehmen gewöhnlicher Weise mehrere Wochen in Anspruch, in denen der Student im Zoo arbeitet und zusätzlich zu seinem akademischen Betreuer auch Unterstützung durch das Zoopersonal erhält. Dieses zunehmende Interesse zeigt, dass Themen wie Artenvielfalt, Artenschutz und Klimawandel auch unter Studierenden zunehmend als wichtig empfunden werden.

Lissabon

Bildung

Angebote für Kleinkinder

In mehreren Zoos gibt es inzwischen auch Angebote für Kinder im Vorschulalter. Besonders beeindruckt hat mich der Kinderbauernhof (KBH) des Aachener Zoos, der sich an Kinder verschiedenster Altersstufen richtet und zusätzlich auf Inklusion setzt. Das Projekt wird von einem Team freiwilliger Helfer organisiert und verwaltet, die den rund 10.000 Kindern und ihren etwa 2.000 Begleitpersonen eine professionelle Betreuung bieten. Der Bauernhof hält ein großes Spektrum unterschiedlicher Aktivitäten bereit, bei denen der Lerneffekt für die Kinder auf spielerische Weise, z.B. beim Ponyreiten, im Mittelpunkt steht. Ziel ist es, die Kinder im direkten Kontakt mit den Tieren Achtung und Verständnis vor dem Lebewesen zu lehren, sie sollen Tiere aber auch als liebe Freunde und Gefährten kennenlernen.

Der perfekte Zooführer

Immer häufiger wird gesagt, dass der Zooführer im heutigen Zeitalter digitaler Medien viel von seiner Bedeutung eingebüßt hat. Dem möchte ich widersprechen und als besonders gelungenes Beispiel auf den aktuellen Zooführer aus Zürich verweisen. Dieses Buch, 360 Seiten stark, 1,25 kg schwer, ist zu einem Preis von 22,60 € erhältlich. Es bietet weiterführende Informationen für Erwachsene, verständlich aufbereitet und anspruchsvoll präsentiert. Neben Beschreibungen aller im Züricher Zoo vorhandenen Tierarten sind sogar schon die Koalas im Buch zu finden, die der Zoo erst 2018 erwartet. Spezielle zoologische und statistische Angaben, die weit über das Maß einer kurzen Beschreibung hinausgehen, ergänzen diese großartige Publikation.

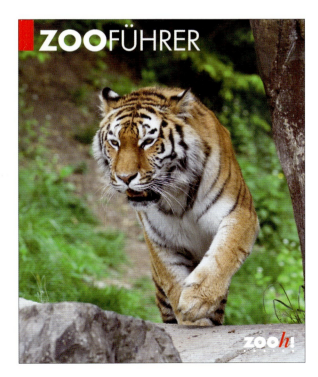

Zürich Zoo, Zoführer

Bildung

Professionelle Ausbildung des Zoopersonals

Im Jahr 2012 startete der Zoo in Wrocław mit Hilfe des EU-Bildungsprogramms „Leonardo da Vinci" ein umfassendes Weiterbildungsprojekt für seine Angestellten. Ziel des Projekts war es, Angestellten einen zweiwöchigen Aufenthalt in einem der führenden europäischen Zoos zu ermöglichen, um so die Kompetenz in ihrem jeweiligen Fachgebiet zu erweitern und dieses neue Wissen anschließend bei ihrer Tätigkeit in Wrocław einzubringen. Um maximalen Nutzen zu garantieren, wurde jeder Teilnehmer vor seinem Auslandsaufenthalt dazu verpflichtet, an einem Intensiv-Sprachkurs (Englisch oder Deutsch) teilzunehmen, der von einem auswärtigen Sprachenzentrum organisiert wurde. Nach der Rückkehr oblag es jedem Teilnehmer, einen Bericht über seine Erfahrung zu verfassen. Diese sind nun, gesammelt von Marta Zajac-Ossowska, der Marketing- und Fortbildungsmangerin des Zoos und gleichzeitig auch Ko-Ordinatorin des Projekts, in einer 46-seitigen, illustrierten Broschüre herausgegeben worden.

Es beteiligten sich 41 Angestellte: 29 Tierpfleger, sechs Kuratoren, vier Mitglieder des Marketingteams, ein Tierarzt und ein Gärtner. 21 Beschäftigte wählten für ihr Praktikum drei Zoos in Tschechien, neun Personen gingen in drei Zoos nach England, vier Personen verbrachten die zwei Wochen in zwei deutschen Zoos, vier weitere wählten einen dänischen Zoo und drei Angestellte machten ihr Auslandspraktikum in einem niederländischen Zoo.

Beispiel aus dem Zoo Wrocław für die Verwendung von EU-Mitteln im „Leonardo da Vinci"-Programm für auswärtige professionelle Fortbildung von Zoomitarbeitern

Alle anfallenden Kosten wurden durch das EU-Programm für „lebenslanges Lernen" getragen, darunter auch die Reisekosten, anfallende Kosten für Unterbringung und Verpflegung und andere Nebenkosten. Für den Zoo in Wrocław war das Programm ein großer Erfolg. Mitarbeiter und Zoo konnten unglaublich durch den Erfahrungsaustausch mit Kollegen in anderen Ländern profitieren, besonders auf dem Gebiet der Mitarbeitermotivation und Professionalisierung von Arbeitsabläufen. Auch andere Zoos, besonders im Süden und Osten Europas, sollten die Gelegenheit nutzen und dem Beispiel Wrocławs folgen.

Bildung

Nationaler Verband der Zoopädagogen

Zusätzlich zu den Tagungen der EAZA auf europäischer Ebene bilden sich in einigen Ländern zunehmend auch nationale Organisationen speziell mit dem Schwerpunkt der Zoopädagogik. So wurde der VZP, Verband deutschsprachiger Zoopädagogen, bereits im Jahr 1995 gegründet und umfasst inzwischen 160 Mitglieder zumeist aus Deutschland, Österreich und der Schweiz. Für seine Mitglieder organisiert der VZP alle zwei Jahre einen Kongress. Außerdem gehört es zu seinen Aufgaben, die Interessen der Zoopädagogen auf nationaler Ebene, z. B. im Austausch mit dem Verband der Zoologischen Gärten (VdZ) zu repräsentieren. Seinen Mitgliedern gewährleistet der VZP regelmäßige Weiterbildungen und die Umsetzung der von der EAZA vorgegebenen Standards. Kürzlich hat nun auch die BIAZA die Einrichtung einer regelmäßigen Tagung speziell für Zoopädagogik bekanntgegeben.

Informelle Formen der Besucherbildung

Viele Besucher, ganz besonders Erwachsene und Studenten, fühlen sich häufig eher durch eine lockere Kontaktaufnahme und informelle Vermittlung von Informationen angesprochen. Dafür kommen u.a. Gespräche mit den Tierpflegern und der nahe Kontakt zu Tieren, aber ebenso gute, speziell von ausgebildetem Personal oder freiwilligen Helfern angeleitete Führungen durch den Zoo in Frage. Wirkungsvoll sind auch kleine Showeinlagen mit den Tieren oder öffentliche Fütterungen. Die Umsetzung dieses Konzept setzt pädagogisch geschulte Mitarbeiter mit gutem Kommunikationsvermögen voraus und schafft so auch neue Einsatzbereiche im Zoo für eben jene sehr gut ausgebildeten Mitarbeiter, die sich dem Zoo und den Anliegen des Naturschutzes verpflichtet fühlen.

Fazit

Bildung kann viele unterschiedliche Formen annehmen. Die Herausforderung für den Zoo besteht darin, alle Möglichkeiten bestmöglich auszuschöpfen, um die Besucher von der Notwendigkeit des Artenschutzes zu überzeugen und zu begeistern.

Köln

KAPITEL 9

IN-SITU ARTENSCHUTZ – GIBBONS in VIETNAM

Als ich mein erstes Buch „Das A und O im Zoo" im Mai 2011 veröffentlichte, entschied ich mich dazu, allen Gewinn aus dem Verkauf des Buches einem Artenschutzprogramm zum Erhalt der Südlichen Gelbwangen-Schopfgibbons (*Nomascus gabriellae*) im Nam Nung Nationalpark in Südvietnam zu spenden, das von der Stiftung Artenschutz durchgeführt wird. Meine Entscheidung, gerade ein Gibbon-Projekt zu unterstützen, war durch eine Kampagne der EAZA motiviert, die dafür warb, Menschenaffen im südöstlichen Asien zu unterstützen und durch den Fakt, dass die Gibbon-Projekte relativ schlecht finanziert waren. Es freut mich daher besonders, nun bestätigen zu können, dass die Anfangsphasen des Projektes erfolgreich abgeschlossen sind und dass ich, wie in Kapitel 25 beschrieben noch ein weiteres Gibbon-Schutzprojekt in Vietnam unterstützen werde.

Mein spezielles Interesse an Gibbons rührt von deren bezaubernder Neugier und der begeisternder Sportlichkeit. Es ist eine besondere Freude, sie zu betrachten. Außerdem sind Gibbons eine der Schlüsselarten in unseren Tiergärten: In 79 der 115 Zoos in diesem Buch werden sie gehalten, damit ist keine Affenart häufiger zu sehen. In der Wildnis lebende Gibbons stellen für die lokale Bevölkerung und deren Existenzgrundlage keinerlei Bedrohung dar.

Gibbons

Bei den Gibbons handelt es sich um die kleinste Art der Menschenaffen. Sie leben nur in Südostasien, hauptsächlich in Indonesien, Malaysia, Thailand, Myanmar, Vietnam, Kambodscha und Laos. In der Systematik bilden Sie innerhalb der Primaten die Familie der Gibbons (Hylobatidae), die in vier Gattungsgruppen unterteilt wird:

Hoolock (Weißbrauengibbons): Diese leben in Myanmar und im östlichen Indien, in begrenztem Maße auch in der Yunnan Provinz in China und Bangladesch.

Hylobates (Kleine Gibbons: Weißhandgibbon, Kappengibbon, Schwarzhandgibbon, Silbergibbon oder Java-Gibbon und fünf weitere Unterarten): Sie sind heute in Indonesien, Malaysia, Thailand, Myanmar, Laos und Kambodscha zu finden, historisch aber auch in China belegt.

Symphalangus (Siamangs): Sie leben in Indonesien und Malaysia.

Nomascus (Schopfgibbons: z. B. Westlicher Schwarzer Schopfgibbon). Man findet sie in Vietnam, Kambodscha und Laos, außerdem in begrenztem Maße in China. In Vietnam leben ausschließlich Schopfgibbons.

In-Situ Artenschutz - Gibbons in Vietnam

Tierwelt Vietnams

Vietnam ist eines der bevölkerungsreichsten Länder Südostasiens. Im Frühjahr 2016 hatte es 94 Mio. Bewohner und bereits 2013 lag die Bevölkerungsdichte bei 277 Personen/km², im Vergleich zu 260 Personen/km² in Großbritannien und 231 Personen/km² in Deutschland.[1] Inzwischen ist das jährliche Bevölkerungswachstum auf 1,04 % gesunken.

Die Gesamtfläche an Wald und bewaldeten Gebieten hat sich seit dem Vietnamkrieg dramatisch verringert. Waren vor dem Krieg noch etwa 80 % des Landes mit Wäldern bedeckt, sind es heute nach Angaben von lokalen Naturschutzorganisationen nur noch 40 %, auch wenn die Regierung sich noch immer auf Statistiken aus der Vorkriegszeit beruft. Dennoch sind nur 0,7 % der Gesamtfläche in Vietnam von Primärwald bedeckt und offizielle Nationalparks nehmen nur 2,93 % des Landes ein, viel weniger als in vielen anderen tropischen Ländern.

Weltbekannt ist Vietnam für seinen großen Artenreichtum in Flora und Fauna, welcher das Land zu einem wichtigen Hotspot auf dem Gebiet der Biodiversität macht. Leider ist die Tendenz zu beobachten, dass in Vietnam trotz erheblicher Unterstützung von regierungsunabhängigen Umweltschutzorganisationen und auch trotz strengerer Gesetze zur Förderung des Artenschutzes bereits zahlreiche Tierarten ausgestorben sind und weitere folgen werden. Der Kahlschlag in den Wäldern durch illegale Abholzung und Brandrodung hat einen hohen Tribut gefordert und tut es weiterhin, wenn auch in geringerem Ausmaß.

Verfügte Vietnam einst über beträchtliche Bestände sämtlicher Säugetierarten, die typischerweise im südöstlichen Asien beheimatet sind, gibt es heute Schätzungen zufolge gerade noch 80 Asiatische Elefanten und gerade mal etwa zehn Indochinesische Tiger, während Nashörner und Orang-Utans bereits ausgestorben sind. Und auch die Gibbonbestände wurden stark dezimiert.

---

1 The Economist, *Pocket World in Figures* 2016 Edition

IN-SITU ARTENSCHUTZ - GIBBONS IN VIETNAM

Gibbons in Vietnam

Ohne die Forschungsarbeiten von Dr. Ben Rawson wäre es mir kaum möglich gewesen, mein Kapitel in dieser Form zu schreiben, daher bin ich ihm zu großem Dank verpflichtet. Als besonders hilfreich hat sich für mich der Bericht erwiesen, den Dr. Rawson und seine Mitarbeiter 2011 in „Flora & Fauna International/Conservation International" publiziert haben.[2]

Bis zu Beginn dieses Jahrhunderts gab es nur wenig Forschung zu Schopfgibbons (*Nomascus*). Sie gehörten den am wenigsten erforschten Gibbonarten an. Wissenschaftliche Erkenntnisse stammen also aus jüngster Zeit und die Erforschung dauert an. Es gibt Unterschiede zwischen den Schopfgibbons und den anderen Gibbonarten, z.B. bezüglich der Ernährung.

Aktuell geht man davon aus, dass in Vietnam noch etwa 5.500 Gibbons leben. Im Folgenden zeigen die in Klammern angegebenen Zahlen, wie sich diese auf die einzelnen Untergruppen verteilen:

Östlicher Schwarzer Schopfgibbon *Nomascus nasutus* (130)
Westlicher Schwarzer Schopfgibbon *Nomascus concolor* (70)
Nördlicher Weißwangen-Schopfgibbon *Nomascus leucogenys* (1.200)
Südlicher Weißwangen-Schopfgibbon *Nomascus siki* (770)
Nördlicher Gelbwangen-Schopfgibbon *Nomascus annamensis* (800)
Südlicher Gelbwangen-Schopfgibbon *Nomascus gabriellae* (2.500)

In Vietnam lebt die größte Anzahl von Schopfgibbons. Aber alle sechs Arten stehen auf der Roten Liste gefährdeter Tierarten, wobei die ersten vier Arten der obigen Liste sogar als „vom Aussterben bedroht" gelten!

Die größten Bedrohungen für die Gibbons sind die Folgenden:

1) Jagd mit Gewehren:
   An so gut wie allen untersuchten Orten stellt dies die hauptsächliche Bedrohung dar. Gibbons bieten sich als Ziel für die Jagd besonders an, da sie hoch in den Bäumen leben, relativ groß und agil sind, sich in oder nahe den Baumkronen bewegen und unverkennbare, laute Schreie ausstoßen. Sie werden aus rein opportunistischen Gründen gejagt: Zum Verzehr des Fleisches (sog. Bush Meat), für den Handel mit Haustieren, der eine besondere Gefahr darstellt, da hierfür erwachsene Weibchen abgeschossen werden, um so die Babys zu erhalten, die allerdings in den allermeisten Fällen nicht überleben und für die Herstellung einer großen Bandbreite verschiedener als Medikamente bezeichneter Heilmittel, von den die meisten zerstoßene und aufgekochte Primatenknochen enthalten. Es gibt nur noch sehr wenige Orte in Vietnam, an denen die Gibbongruppen vermutlich groß genug sind, um einem Jagddruck standzuhalten.

---

2 Benjamin M. Rawson und ...*The Conservation Status of Gibbons in Vietnam* Fauna & Flora Conservation International 2011

In-Situ Artenschutz - Gibbons in Vietnam

2) Lebensraumverlust durch Landverödung:
Obwohl die Nationalparks gesetzlich geschützt sind, ist der Verlust des Lebensraums noch immer eine große Bedrohung für das Überleben der Gibbons in vielen Regionen Vietnams. Abholzung oder Verödung des Waldgebietes entstehen hauptsächlich durch illegale Holzfällerei, die Entwicklung der Infrastruktur und das zunehmende Vordringen der Landwirtschaft. Lebensraumfragmentierung ebenso wie der Verlust von Lebensraum gefährden die Überlebensfähigkeit der Gibbongruppen und werden unvermeidlich dazu führen, dass sie in bestimmten Regionen aussterben.

3) Korruption und eine schwache Regierung:
Wie leider auch in den meisten anderen tropischen Gebieten, die über einen großen Artenreichtum verfügen, ist in Vietnam Korruption auf Regierungsebene, bei lokalen Behörden oder den Parkrangern ein schwerwiegendes Problem. Egal, ob wegen großer Bauprojekte, der Nachfrage nach Tropenholz, zusätzlicher landwirtschaftlicher Flächen oder auch Wilderei, stets geht es auf Kosten der Gibbons und der Tierwelt um Geld. Der offensichtlichen Versuchung, relativ schlecht bezahlte Parkangestellte und lokale Würdenträger zu bestechen, ist anscheinend kaum zu widerstehen. Eine Praxis, die stets von Erfolg gekrönt ist.

Bereits Rawson schreibt klar und deutlich in seinem Bericht „Conservation Status of Gibbons in Vietnam": „Zwar haben die Gibbons den in den Gesetzen Vietnams höchsten vorgesehenen Schutzstatus inne, doch dies ist in der Bevölkerung und sogar bei Regierungsangehörigen kaum bekannt. Die Durchsetzung der Artenschutzgesetze wird derart vernachlässigt, dass dieser Statuts im Prinzip wertlos ist."[3]

Zukunftsaussichten in Vietnam

Aufgrund der schlechten Faktenlage lassen sich kaum Aussagen über zukünftige Entwicklungen bezüglich Anzahl oder Beständen der Gibbons und anderer in Vietnam beheimateten Primaten treffen. Der Artenschutz beruht hauptsächlich auf der ausgezeichneten Arbeit externer Organisationen wie beispielsweise des WWF, der FFI, der ZGF und anderer, darunter die Stiftung Artenschutz und verschiedene Zoo-Initiativen. Die weiterhin steigende Bevölkerungsrate in Kombination mit einem geringen BIP von gerade einmal 2.000 $/Person und einem hohen Anteil der Bevölkerung, der unterhalb der Armutsgrenze lebt, lässt im Staatsbudget für Naturschutz kaum etwas übrig.

Trotz alledem besteht bei Regierung und Universitäten ein aufrichtiges Interesse daran die Tierwelt zu schützen, vermutlich nicht zuletzt auch wegen ihrer Bedeutung bei der Entwicklung der Tourismusindustrie. Es hat sich die Erkenntnis durchgesetzt, dass der dramatische Verlust des Artenreichtums der vergangenen Jahrzehnte gestoppt und wenn möglich rückgängig gemacht werden muss. Vielleicht kann auch eine Zusammenarbeit mit Laos und Kambodscha - immerhin bildeten diese drei Länder vor nicht allzu langer Zeit noch gemeinsam Indochina - Artenschutz-

---

3 Benjamin M. Rawson und ...*The Conservation Status of Gibbons in Vietnam* Fauna & Flora Conservation International 2011 Page xiv

In-Situ Artenschutz - Gibbons in Vietnam

projekte und letztendlich möglicherweise Wiederansiedlungen fördern. Aber auch dies ist nur ein schwacher Hoffnungsschimmer, denn das illegale Abholzen des Waldes und der Handel mit Wildtieren sind in Laos und Kambodscha ein noch größeres Problem als in Vietnam, begünstigt durch Korruption in noch größerem Maßstab.

Landschaft Kon Ka Kinh

Die Situation weltweit

Im Kapitel über den in-situ Artenschutz meines ersten Buches habe ich mittels einer Tabelle das damals aktuelle Bevölkerungswachstum und das für die kommenden Jahre prognostizierte Bevölkerungswachstum für 33 Länder illustriert. Dies sind die die neusten Zahlen und Prognosen[4]

1950	2.525.000.000
1970	3.713.000.000
2010	6.892.000.000
2015	7.349.000.000
2030	8.500.000.000
2050	9.725.000.000 (80 % Wahrscheinlichkeit)

---

[4] United Nations Department of Economic und Social Affairs Population Division, World Population Prospects: The 2015 Revision, Key Findings und Advance Tables

In-Situ Artenschutz - Gibbons in Vietnam

Natürlich müssen viele Variablen und Faktoren bei der Berechnung berücksichtigt werden, besonders jene, die in Verbindung mit dem Klimawandel stehen, könnten die Prognosen ernsthaft beeinflussen. Aktuelle Schätzungen scheinen jedoch hinter den tatsächlichen Entwicklungen zurückzubleiben. Vor fünf Jahren ging die UN für das Jahr 2050 noch von einer Bevölkerungszahl von 9.485.000.000 aus, inzwischen hat man dies um 2,5 % (240.000.000 Personen) nach oben korrigiert.

Auch Epidemien wie Ebola (das etwa 11.000 Todesopfer in Afrika forderte), haben inzwischen dank medizinischer Fortschritte und besser organisierter, internationaler Hilfe weniger großen Einfluss auf das weltweite Bevölkerungswachstum. Während die Lebenserwartung der Menschen zunehmend ansteigt, wird dieser Faktor nicht durch eine zurückgehende Geburtenrate ausgeglichen. Zuletzt resultierte dies in einem Bevölkerungswachstum von 90 Millionen Menschen pro Jahr (das entspricht der Gesamtbevölkerung Vietnams!) und es ist unwahrscheinlich, dass sich dies in Zukunft ändern wird.

Bereits 2005 war in der Welt-Naturschutz-Strategie der WAZA (Weltverband der Zoos und Aquarien), der kürzlich aktualisiert wurde, folgendes Statement zu lesen: „Zu viele Menschen verbrauchen einen viel zu großen Teil der auf der Erde verfügbaren natürlichen Ressourcen und lassen den nichtmenschlichen Arten nicht genug zum Überleben. Der vorausgesagte Anstieg der Weltbevölkerung und das deutliche Ungleichgewicht bei der Verteilung des Wohlstands innerhalb und zwischen den verschiedenen Nationen sind zwei der Hauptprobleme, denen sich die Menschheit und direkt oder indirekt der Schutz von Arten und Lebensräumen gegenüber sieht."[5] In den letzten zehn Jahren hat sich diese Entwicklung nur weiter beschleunigt. Die Bevölkerungsexplosion der letzten Jahrzehnte ist der Hauptgrund für den fortschreitenden Verlust tropischen Regenwaldes – jährlich durchschnittlich von der Größe Belgiens.

Auf der positiven Seite gibt es gerade in den reichen Ländern einen immer größeren Anteil junger Menschen, die diese Entwicklungen und Tendenzen erkennen, verstehen und sich für die Erhaltung der Biodiversität einsetzen wollen. All unsere Hoffnungen ruhen nun darauf, dass ihre Zahl und ihr Einfluss zugunsten des Artenschutzes weiterhin schnell wachsen.

---

3 Weltverband der Zoos und Aquarien (WAZA), 2005. „Die Welt-Zoo-und Aquarium-Naturschutzstrategie." Seite 11. http://www.waza.org/files/webcontent/1.public_site/5.conservation/conservation_strategies/building_a_future_for_wildlife/WZACS_D.pdf. Abgerufen am 22. Juli 2016, 11:24 Uhr

Kapitel 10

EX-SITU ARTENSCHUTZ

Allgemeine Prinzipien

Der Fang und Import freilebender Tiere sollte stets vermieden werden. Dies erfordert auf europäischer Ebene eine enge Zusammenarbeit in Zuchtprogammen, welches es zum Ziel haben, den Bedarf mit der Zoos mit Nachzuchttieren zu decken. Die genetische Vielfalt spielt dabei eine besondere Rolle, um einen möglichst gedunden Bestand zu erhalten. Vor diesem Hintergrund entstanden die meisten Zuchtprogramme für die klassischen Zootierarten, wie diese heute in den Zoos Europas existieren.

Dennoch gibt es auch weiterhin Situationen, die es erforderlich machen, ein Tier aus der Wildnis zu entnehmen. In den allermeisten Fällen geschieht dies, um den Genpool des Tierbestandes aufzufrischen oder um in der Wildnis überzählige Tiere sicher unterzubringen.

EEPs und ESBs

Das Europäische Erhaltungszuchtprogramm (EEP) wurde bereits 1985 und damit noch vor der ECAZA (1988), der Vorgängerorganisation der EAZA (ab 1992) begründet, ist aber seit 1993 fester Bestandteil des EAZA Rahmenvereinbarungen. Beim EEP handelt es sich um das intensivste Programm, um die Verwaltung der Bestände einer Tierart innerhalb der EAZA zu organisieren. Jedes EEP hat einen Koordinator und in der Regel ein sogenanntes Species Committee, welches diesen unterstützt. Das Species Committee setzte sich aus Fachleuten zusammen, die von den Mitgliedern der EAZA gewählt werden. Der Koordinator hat meist ein besonderes Interesse an der jeweiligen Tierart, hat weil er z.B. über große Erfahrung im Umgang mit dieser Art verfügt. In der Regel ist er in einem Mitgliedszoo der EAZA beschäftigt.

Der EEP-Koordinator

- sammelt Informationen über den Status aller in den Mitgliedzoos vorhandenen Individuen der Tierart
- erstellt ein Zuchtbuch
- erstellt einen Plan zur Bestandsentwicklung der Art, der auch eine Anleitung zur Zucht enthält
- sorgt für Veröffentlichung und Bekanntmachung von Forschungsergebnissen
- spricht in Zusammenarbeit mit dem Species Committee Empfehlungen aus, welche individuellen Tiere zur Zucht geeignet bzw. nicht geeignet sind und an einen anderen Zoo abgegeben werden sollten.

Beim ESB (Europäischen Zuchtbuches) handelt es sich um eine weniger intensive Art der Bestandsverwaltung. Der Zuchtbuchführer, der für das jeweilige Zuchtbuch verantwortlich ist, sammelt alle Daten bezüglich Geburt, Tod und Transfer einer Tierart aus den relevanten Zoos.

Ex-Situ Artenschutz

Diese Daten werden durch spezielle Computerprogramme verwaltet, z. B. ZIMS (Zoologisches Informations-Management-System) und bei der EAZA gespeichert, so dass sie für weitergehende Untersuchungen zur Verfügung stehen. Die Zuchtbuchführer sprechen auch Zuchtempfehlungen aus, welche häufig mit einem Transfer eines Tieres verbunden sind.

Bei manchen Tierarten kann es durchaus vorkommen, dass EEP Koordinator und ESB Zuchtbuchführer ein und dieselbe Person sind.

Gesamtanzahl der Tierarten, für die einzelne EAZA Zuchtprogramme existieren (Stand: 1. 2. 2016):

Säugetiere	143 EEPs und 90 ESBs
Vögel	46 EEPs und 74 ESBs
Reptilien	8 EEPs und 21 ESBs

Probleme bei der Umsetzung

Die EAZA Richtlinien, die zwar auf logischen und vernünftigen Prinzipien beruhen, werfen dennoch in der praktischen Umsetzung unvermeidbare Probleme auf:

- Ehrenamtliche Arbeit: Beide Stellen, sowohl die des ESB Zuchtbuchführers als auch die des EEP Koordinators, sind ehrenamtlich. Die verbundenen Aufgaben kommen zum normalen Arbeitspensum der Person hinzu, die einen solchen Posten übernimmt. Da die alltäglichen beruflichen Aufgaben im Zoo natürlich nach wie vor Priorität haben, bedeutet dies häufig, dass die Arbeit für das Zuchtprogramm in der freien Zeit erledigt werden muss. Bei häufigeren Tierarten, die in vielen Zoos gehalten werden, bedeutet so eine ehrenamtliche Tätigkeit einen Mehraufwand von durchschnittlich mindestens acht Stunden pro Woche.

- Kommunikationsprobleme: Fließende oder auch nur gute Englischkenntnisse können nicht automatisch vorausgesetzt werden. Die EAZA hat Mitglieder aus über 30 verschiedenen Ländern, sodass mangelnde Sprachkenntnisse unter Umständen Probleme bereiten und zu Missverständnissen führen können. Auch kann es passieren, dass vielbeschäftigte Koordinatoren selbst bei dringenden Angelegenheiten nicht immer so zeitnah wie gewünscht bzw. wie nötig reagieren.

- Zuchtpolitik: Tierbabys sind bei Zoobesuchern und Medienvertretern sehr beliebt. Zoodirektoren müssen dies berücksichtigen und sind daher nicht immer gewillt, auf die Zucht bestimmter Arten in ihren Tiergärten zu verzichten.

- Transferpolitik: Es gibt Fälle, in denen einzelne Tiere innerhalb eines Zoos besonders wertgeschätzt werden, vielleicht vom Ehepartner des Zoodirektors oder einem langjährigen Tierpfleger. Dann ist eine Empfehlung, ausgerechnet dieses Tier in einen anderen Zoo abzugeben, natürlich besonders schwer zu akzeptieren.

- Der Koordinator: Diese Position ist sehr anspruchsvoll und erfordert neben Fachwissen und Erfahrung zusätzlich gute diplomatische Fähigkeiten, Sprach- und Computerkenntnisse. Da Personen, die all dies vereinbaren, rar gesät sind, spielen sie meist auch schon in dem Zoo, in dem sie angestellt sind, eine wichtige Rolle.

- Nicht EU oder EEA-Länder: Beim Tiertransfer von Ländern, die zwar Mitglieder der EAZA sind, aber nicht zur EU oder dem europäischen Wirtschaftsraum gehören, kommt es aufgrund von Transport- und/oder Gesundheitsrichtlinien immer wieder zu Schwierigkeiten, die wichtige Transporte komplizieren oder gefährden.

- EEP-Flexibilität: Es gibt Fälle, in denen es sinnvoll wäre, auch Zoos bei Tiertransfers zu berücksichtigen, die keine Mitglieder der EAZA sind, beispielsweise bei der Verteilung von überzähligen Exemplaren. Bei solch schwierigen Transfers geraten die Zoos jedoch regelmäßig in Konflikt mit den Vorschriften und Regeln der EAZA, die so möglicherweise praktische Lösungen verhindern. Ich habe den Eindruck, dass den EEPs und ihren Koordinatoren mehr Flexibilität gewährt werden sollte.

Finanzielle Unterstützung der EEP Koordinatoren

In Fällen, in denen sich EEPs mit überaus anspruchsvollen und arbeitsintensiven Tierarten beschäftigen, bei denen typischerweise über 500 Exemplare in mehr als 100 Zoos involviert sind, sollte dem Zoo, der den EEP Koordinator beschäftigt, auch eine Vergütung für dessen freiwillige Arbeit zustehen. Hoffentlich gelingt es der EAZA, bei der EU finanzielle Unterstützung für diese Arbeiten zu erhalten, die maßgeblich dazu beiträgt, europäische Standards des Ex-situ-Artenschutzes in allen europäischen Zoos zu gewährleisten.

Beispiele für EEPs

Um die Bedeutung der Arbeit und die Wichtigkeit der EEPs zu zeigen, habe ich drei Tierarten exemplarisch ausgewählt: Orang-Utans und Giraffen, die zu meinen persönlichen Lieblingstieren gehören und deren EEPs umfangreich und komplex sind, sowie den Komodowaran, dessen EEP besonders rasch wächst.

Ex-Situ Artenschutz

Orang-Utan EEP

In den 115 Zoos meiner Untersuchung gehört der Orang-Utan wie auch die anderen Menschenaffen zu den zehn beliebtesten Säugetierarten. Sie sind sehr bekannt für ihre Intelligenz, ihre Geduld und die Fähigkeit, jede Schwachstelle in der Konstruktion ihrer Anlagen herauszufinden.

Orang-Utans in meinem Buch

- In 47 Zoos (entspricht 41 % aller von mir untersuchten Zoos), die alle am EEP teilnehmen, werden Orang-Utans gehalten. Zum 31. 12. 2014 handelte es sich dabei um insgesamt 247 Tiere, durchschnittlich nur gut fünf Tiere pro Zoo.
- Fünf Zoos, die aktuell keine Orang-Utans in ihrem Tierbestand haben, sind ebenfalls Mitglied im EEP.
- Im Zoo Chester wird die größte Gruppe von Orang-Utans gehalten (14 Tiere), es folgen Gelsenkirchen und Leipzig mit jeweils zehn Tieren. Außerdem hält Apenheul 13 Tieren, ein Zoo, der nicht in meine Analyse eingegangen ist, aber im Kapitel über spezialisierte Zoos detaillierter beschrieben wird.
- 18 von 30 Zoos der Gruppe „A" haben Orang-Utans in ihrem Tierbestand und drei weitere dieser Gruppe planen, zeitnah Orang-Utans aufzunehmen.
- In Gruppe B finden sich Orang-Utans in 19 von 37 Zoos.

Mitglieder des Orang-Utan EEPs

- Am 31. 12. 2014 nahmen 70 Zoos mit ihren Tieren am EEP teil, von denen sich neun außerhalb der EU/des EEA befinden. Weitere sechs Mitglieder des EEP halten aktuell keine Tiere.
- Am 31. 12. 2014 umfasste das innerhalb des EEP geführte ESB Zuchtbuch 347 Tiere, durchschnittlich 4,96 Exemplare pro Zoo.
- Im Zuchtbuch werden die Orang-Utans aufgeteilt in drei Gruppen geführt:
49 % gehören zur Art des Borneo-Orang-Utan, 45 % zur Art des Sumatra-Orang-Utan und bei 6 % handelt es sich um Mischlinge.
- Innerhalb der letzten 25 Jahre ist der EEP-Bestand langsam gewachsen: Die Borneo-Orang-Utans von 140 auf 170 Tiere, die Sumatra-Orang-Utans von 125 auf 156 Tiere. Lediglich die Anzahl der Hybriden wurde von 50 auf 21 Tiere reduziert.
- Während dieser Zeit lag die Rate lebendiger Geburten jährlich bei 15,6 %. Seit dem Beginn der Aufzeichnungen im Jahr 1946 wurden in Duisburg, Frankfurt, München, Berlin und Chester jeweils über 30 lebendige Orang-Utans geboren.
- Die Zahl der im Zoo geborenen Tiere ist in den letzten 25 Jahren von 72 % auf 93,4 % angestiegen.
- Der Bestand ist stabil, Geburts- und Sterberaten sind relativ ausgeglichen.
- Das genetische Profil ist robust, bei den Sumatra-Orang-Utans liegt die Rate genetischer Diversität bei 97,8 %, bei den Borneo-Orang-Utans bei 98,2 %.
- Das Orang-Utan Species Committee besteht aus 15 Mitgliedern, von denen 13 Zoos in diesem Buch beschrieben sind. Im Frühjahr 2012 wurde das Komitee für einen Zeitraum von fünf Jahren neu gewählt. Aktueller EEP-Koordinator und ESB Zuchtbuchführer ist Dr. Clemens Becker (Zoo Karlsruhe), sein Stellvertreter ist Neil Bemment (Paignton Zoo).

Ex-Situ Artenschutz

Orang-Utan Management in Zoos

Für die Haltung, Pflege und Gestaltung der Gehege der Orang-Utans ergeben sich unter anderem folgende Empfehlungen:

- Weiblichen Tieren sollte die Möglichkeit gegeben werden, zwischen verschiedenen (voneinander getrennten) männlichen Tieren zu wählen. Ebenfalls sollen sie frei darüber entscheiden können, wann sie mit dem bevorzugten Partner zusammen sein oder sich lieber von ihm getrennt aufhalten wollen.
- Für die Tiere müssen größere Einrichtungen zur Verfügung gestellt werden, die sich flexibel auf veränderte Umstände anpassen lassen und die Wahl bieten, sich innen oder außen aufzuhalten (siehe hierzu unten die neuen deutsche Haltungsrichtlinien für Primaten).
- Eine enge Zusammenarbeit zwischen benachbarten Zoos, die Orang-Utans halten, sollte eine größere Partnerauswahl für die weiblichen Tiere ermöglichen.

In den vergangenen Jahren haben die Gemeinschaftshaltungen von Orang-Utans mit anderen Säugetieren Süd-Ost Asiens zugenommen, darunter:

- mit Zwergottern (Amnéville, Chester, Hamburg, Münster)
- mit Zwergottern und Hanuman-Languren (Gelsenkirchen)
- mit Siamangs (Dublin, Sóstó, Berlin)
- mit Schabrackentapiren (Dortmund)
- mit Gibbons (hauptsächlich Weißhandgibbons) (Beauval, Lissabon, Madrid, Osnabrück, Paignton, Rostock)

Besonders bemerkenswert ist eine wunderbar entwickelte Anlage in Gelsenkirchen. Bereits im Jahr 2010 eröffnet war sie den aktuellen deutschen Mindestanforderungen an die Haltung von Primaten bereits weit voraus. Auf einer Fläche von 300 m² im Innenbereich und sogar 3.000 m² im Außenbereich leben Sumatra-Orang-Utans und Hanuman Languren zusammen mit Zwergottern auf einem hervorragend angelegten Gelände, das unter anderem auch kleine, durch Kanäle abgegrenzte Inseln bietet. Besucher können die Tiere von Holzstegen oder Besucherwegen aus beobachten. Die Auswirkungen dieser außergewöhnlichen Gemeinschaftshaltung auf das Verhalten der Tiere war Gegenstand einer Reihe von wissenschaftlichen Untersuchungen und Abschlussarbeiten unterschiedlicher Fakultäten.

Ein weiteres, herausragendes Beispiel gelungener Gemeinschaftshaltung aus jüngerer Zeit eröffnete im September 2012 im Darwineum im Zoo Rostock. Dort besteht die Anlage für die Borneo-Orang-Utans und Weißhandgibbons aus einer Innenanlage von 850 m² und einem etwa 3.700 m² großen Außengelände, das besonders durch die außergewöhnlichen Klettermöglichkeiten beeindruckt, die durch mehrere sehr hohe Bäume geschaffen worden sind.

Ex-Situ Artenschutz

Die Besucher können die Tiere in einer wunderbar naturnahen Umgebung erleben, sowohl im Außen- als auch im Innenbereich, wo zwei spezielle Bereiche für die Besucher eingerichtet wurden. Das lichtdurchlässige Dach mit einer Höhe von 17 m und die Dekoration mit Baumstämmen, Ästen sowie anderen Elementen aus der natürlichen Lebenswelt der Orang-Utans sorgen beim Besucher für ein sehr natürliches Flair.

Besonders gut konzipiert ist auch die Innenanlage für die Orang-Utans des Zoos in Hamburg, die 2004 eröffnet wurde und sich in einer Luxus Villa von 5.280 m³ befindet. Von verschiedenen Etagen aus können offensichtlich zufriedene Mitglieder einer Zuchtgruppe von Sumatra-Orang-Utans betrachtet werden, die sich ihr Zuhause mit Zwergottern teilen, für die es eine schöne Schwimm- und Badelandschaft gibt. Dominiert wird das Bild der Anlage von den hohen Bäumen, an deren Stämmen, bzw. in deren Kronen sich die Orang-Utans bevorzugt aufhalten. Das kuppelförmige Dach reicht 16 m in die Höhe und ist vollkommen lichtdurchlässig. Bei schönem Wetter kann die Kuppel vollständig geöffnet werden. Die vielfältige Vegetation und Dekoration unterstützen den Gesamteindruck einer Anlage, die im Grunde eine reine Innenanlage ist, gleichzeitig aber durchaus einen guten Ersatz für das fehlende Außengelände bietet.

Zoo Leipzig, Pongoland

Neues deutsches „Gutachten über Mindesanforderungen an die Haltung von Säugetieren" (BMEL 7. 5. 2014)

Nach über zwei Jahren intensiver Arbeit hat eine speziell gegründete Arbeitsgruppe des Bundesministerium für Ernährung und Landwirtschaft (BMEL) ein grundlegend überarbeitetes, 300 Seiten umfassendes Gutachten vorgelegt, das Standards für die Haltung von Säugetieren in Zoos und sonstiger menschlicher Obhut formuliert. Obwohl es sich bei dem Gutachten lediglich um Empfehlungen handelt, nehmen es viele Bundesländer sehr ernst. Daher werden sie die Zoos dazu verpflichten, diese nach und nach umzusetzen. Viele deutsche Zoos planen bereits schon,

Ex-Situ Artenschutz

ihre Orang-Utan Anlagen innerhalb der nächsten Jahre zu verbessern, so dass ihre Gehege den Anforderungen des Gutachtens entsprechen, oder haben solche Umbaumaßnahmen in ihre langfristigen Planungen aufgenommen.

Der VdZ, der bei der Erstellung des neuen Gutachtens als Vertreter der deutschen Zoos, die Orang-Utans halten, als Berater hinzugezogen worden war, ist mit den nun festgelegten Mindestanforderungen nicht einverstanden. Er hat einen eigenen Bericht erstellt, der dem offiziellen Gutachten des BMEL als Appendix beigefügt ist.

Die Empfehlungen von BMEL und VdZ lauten:

max. vier erwachs. Tiere	BMEL Innenanlage	BMEL Außenanlage	VdZ Innenanlage	VdZ Außenanlage
Raum	960 m³	720 m³	280 m³	420 m³
Fläche	160 m²	120 m²	70 m²	70 m²
Für jedes zusätzliche Tier	BMEL Innenanlage	BMEL Außenanlage	VdZ Innenanlage	VdZ Außenanlage
Raum	150 m³	150 m³	60 m³	60 m³
Fläche	25 m²	25 m²	10 m²	10 m²

Die Angaben der obigen Tabelle gehen von einer Mindestanzahl von vier Tieren aus, Haltungen mit weniger Tieren sind nicht berücksichtigt. Je kleiner die Anzahl der Tiere, desto weniger Platz wird in einer Anlage benötigt. Dies ist leider bei der Erstellung des Gutachtens nicht berücksichtigt worden und kann daher auch in der obigen Tabelle nicht dargestellt werden.

Neue Orang-Utan Häuser und Anlagen in Planung

In den Zoos, die ich für dieses Buch analysiert habe, sind in den folgenden Tiergärten entweder schon neue Orang-Utan Anlagen eröffnet worden oder der Bau einer solchen Anlage ist geplant:

- Im Zeitraum von 2010 bis 2015 wurden in Wien, Chester, Rostock, Basel, Gelsenkirchen, Bratislava, Sóstó, Barcelona, Rom und Blackpool neue Häuser und Anlagen für Orang-Utans eröffnet.
- 2016 ist die Eröffnung größerer und verbesserter Anlagen in Osnabrück und Dublin geplant. Eine ganz neue Anlage soll in Pairi Daiza eröffnet werden.
- 2017/2018 sollen die Haltungen in Twycross und der Ménagerie in Paris verbessert werden.
- Für die Jahre 2019 bis 2025 planen Aalborg, Paris Ménagerie, Dresden, Krefeld, Duisburg, Stuttgart und Zürich weitreichende Umbauten an ihren Anlagen. Groß angelegte neue Anlagen sollen im Berliner Tierpark, in Karlsruhe und Opole entstehen.

Ex-Situ Artenschutz

Status der Orang-Utans in der Wildnis

Die Rote Liste (2007) der IUCN (International Union for Conservation of Nature und Natural Resources) bezeichnete den Status der Orang Utans als

- „vom Aussterben bedroht" bei den Sumatra-Orang-Utans
- „stark gefährdet" bei den Borneo-Orang-Utans

Die Anzahl der wild lebenden Tiere sinkt nach wie vor dramatisch. In Sumatra gibt es gerade noch 5.000 oder weniger Orang-Utans und selbst auf einer so großen Insel wie Borneo, die politisch zerteilt in das Sultanat Brunei, die malaysischen Bundesstaaten Sabah und Sarawak und die indonesische Provinz Kalimantan, leben noch weniger als 40.000 Exemplare (in drei Unterarten).

> Gefährdungsfaktoren für Orang-Utans:
>
> - Großflächige und fortdauernde Zerstörung des Regenwalds, teilweise aufgrund der massiven Zunahme der Palmölindustrie (auf Indonesien und Malaysien entfallen 80 % der Weltproduktion). Indonesien hat eine der weltweit höchsten Entwaldungsrate. Zwischen 1990 und 2005 wurde die Fläche des Regenwaldes um 24 % verringert.
> Neueste Schätzungen gehen davon aus, dass 98 % des natürlichen Regenwaldes in Indonesien bereits im Jahr 2022 verloren sein könnte.
> - Abholzung, die zur Zerstörung und Fragmentierung des Waldgebietes führt.
> 73 - 88 % allen geschlagenen Holzes in Indonesien ist illegal.

Ex-Situ Artenschutz

- Die Jagd nach „Bush meat" für die schnell wachsende Bevölkerung
- Jagd mit dem Ziel, die Tiere als Haustiere zu verkaufen
- Schlechte Strafverfolgung, bzw. Durchsetzung der Gesetzgebung
- Der große Körper der Tiere macht sie zu einem einfachen Ziel
- Ein langes Geburtsintervall (sechs bis neun Jahre)
- Verbreitung in geringer Anzahl in großen Streifgebieten
- Beschränkung auf tiefliegende Wälder und mehr und mehr auf fragmentierte Lebensräume

[1,2] Statistics from Orangutan Foundation Indonesia Forest Facts (Updated January 2010).

Durch wissenschaftliche Forschungen konnte gezeigt werden, dass eine überlebensfähige Population aus mindestens 250 Individuen bestehen muss. Bereits im Jahr 2007 gab es in Sumatra nur noch sechs Populationen dieser Größe, auf ganz Borneo waren es insgesamt noch 32. Mit Sicherheit lässt sich sagen, dass diese Zahlen bis heute weiter gesunken sind.

In der Wildnis sind Orang-Utans Einzelgänger und erwachsene Tiere verbringen den Großteil ihres Lebens allein. Sie sind die größten und schwersten Säugetiere, die beinahe ausschließlich auf Bäumen wohnen. Dies führt dazu, dass sie große Mengen an Nahrung zu sich nehmen müssen und daher keine große Strecken zurücklegen können.

Orang-Utans haben eine komplexe Sozialstruktur. Die häufigste Art des Zusammenlebens besteht darin, dass ein männliches und ein weibliches Tier sich zu einer Art „Partnerschaft" zusammenschließen, die hauptsächlich durch regelmäßige sexuelle Aktivitäten gekennzeichnet ist. Das Paar kann Tage oder Wochen zusammen umherziehen.

Zoo Dresden

Ex-Situ Artenschutz

Es gibt zwei Arten geschlechtsreifer männlicher Tiere. Bei den einen sind die sekundären Geschlechtsmerkmale, d. h. Haarkleid, Wangenwülste und Kehlsack, voll ausgeprägt. Sie sind Einzelgänger, deren Territorien sich überschneiden können und in deren Revieren mehrere sexuell aktive weibliche Tiere leben. Daher werden weitere männliche Orang-Utans, die voll ausgereift sind, als Konkurrenten wahrgenommen und nicht geduldet.

Bei den anderen sind die sekundären Geschlechtsmerkmale nicht ausgeprägt, in der Größe gleichen sie den weiblichen Tieren und in der sozialen Rangordnung verhalten sie sich gegenüber anderen männlichen Tieren toleranter. Die Ausbildung der sekundären Geschlechtsorgane ist abhängig vom sozialen Status eines Tieres innerhalb der Gruppe und kann auch ganz plötzlich (innerhalb von Monaten) geschehen, sowohl bei heranwachsenden als auch bei bereits älteren Tieren. Weibliche Orang-Utans bevorzugen Partner mit voll ausgebildeten Geschlechtsmerkmalen, zur Paarung mit nicht ausgereiften Tieren kommt es meistens nur außerhalb einer Partnerschaft.

Zoo Rotterdam, Giraffenhaus

Ex-Situ Artenschutz

GIRAFFEN EEP

Giraffen gehören weltweit zu den beliebtesten Zootieren. Auch bei den 124 untersuchten Zoos gehören Sie zu den „Top 5". Wie man anhand zahlreicher Bücher, Fotos und Bilder in meinem Haus erkennt, ist die Giraffe auch für mich persönlich mein liebstes Huftier.

Giraffen in den untersuchten Zoos

- 85 Zoos, also 74 % der analysierten Zoos, haben Giraffen in ihrem Tierbestand. Am 31. 12. 2014 waren dies etwa 520 Tiere. Dies entsprach einem Durchschnitt von etwas über sechs Tieren pro Zoo.
- Die meisten Giraffen finden sich im Zoo von Dvůr Králové (32), gefolgt von Olomouc (19), Paris Zoo (16), Arnheim (15) und Beekse Bergen (14). In weiteren sieben Zoos bestehen die Herden jeweils aus mindesten 10 Tieren.
- In Gruppe A halten nur zwei der 30 Zoos keine Giraffen - Zürich und Loro Parque.
- In Gruppe B halten nur sieben von 37 Zoos keine Giraffen - Rostock, Bristol, Edinburgh, Wuppertal, Heidelberg, Helsinki und Paris Ménagerie.
- Alle untersuchten Zoos mit Giraffen in ihrem Tierbestand sind auch Mitglied im EEP für Giraffen.
- Einige wenige Zoos gestatten eine kontrollierte Fütterung der Giraffen durch Besucher, darunter die Zoos in Hamburg, Prag, Odense und Colchester.

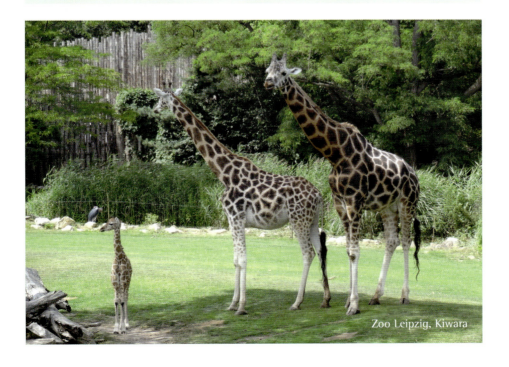
Zoo Leipzig, Kiwara

Ex-Situ Artenschutz

Mitglieder des Giraffen EEPs

- Am Stichtag, dem 31. 12. 2014 beteiligten sich 167 Zoos am EEP, von denen sieben keine Mitglieder der EAZA sind. 12 Zoos liegen in Ländern außerhalb der EU/des EEA, zum größten Teil außerhalb Europas.
- Das innerhalb des EEP geführte Giraffen-Zuchtbuch umfasste am 31. 12. 2014 insgesamt 903 Tiere, durchschnittlich 5,4 Tiere pro Zoo.
- Im Zuchtbuch werden die Giraffen systematisch in sechs Gruppen unterteilt. 48 % sind Rothschildgiraffen, 18 % Netzgiraffen, 10 % Kordofangiraffen, 7 % Angolagiraffen. Der Rest ist unklassifiziert oder hybrid.
- 2014 wurden 129 Tiere geboren (76.52.1). Es verstarben 97 Tiere (60.36.1).
- Nicht zuletzt durch die Aufnahme weiterer Haltung ist der gesamte Bestand des Zuchtbuches von 642 Tieren (2005) auf 903 Tiere (2014) kontinuierlich angewachsen, .
- Das Species Committee für das Giraffen-EEP, das im Frühjahr 2015 für eine Amtszeit von fünf Jahren neu gewählt wurde, besteht aus 15 Mitgliedern, von denen elf in Zoos beschäftigt sind, die auch in dieser Untersuchung berücksichtigt sind.
Jörg Jebram (Zoo Gelsenkirchen) ist der EEP Koordinator.

Giraffenhaltung in Zoos

Hauptziel jedes EEP ist es, einen genetisch möglichst breit aufgestellten, gesunden Zoobestand aufzubauen und zu erhalten. Zusätzlich berät und unterstützt das jeweilige EEP seine Mitgliedzoos bei Zuchtfragen, fördert wissenschaftliche Forschung zur Verbesserung der Bedingungen für Giraffen in den Zoos und stärkt die Zusammenarbeit zwischen Ex-situ- und In-situ-Artenschutz.

Obwohl sich die Lebensumstände aus der Wildnis niemals vollkommen nachahmen lassen werden, gibt es doch große Fortschritte und Entwicklungen, um der Realität möglichst nah zu kommen, beispielsweise die Gemeinschaftshaltung afrikanischer Tierarten unter savannen-ähnlichen Bedingungen. Aktuelle Forschungsergebnisse haben dazu beigetragen, dass sich die Lebensumstände der Giraffen in den von mir untersuchten Zoos hinsichtlich ihrer Ernährung, Pflege und Haltungsbedingungen stetig verbessert haben. Dieses gelang insbesondere mit dem Bau neuer, größerer und besser konzipierter Häuser, z. B. mit lichtdurchlässigen Dächern und natürlichen Bodensubstraten.

Neues deutsches „Gutachten über Mindestanforderungen an die Haltung von Säugetieren" (BMEL 7. 5. 2014)

Nach über zwei Jahren intensiver Arbeit hat eine speziell gegründete Arbeitsgruppe des Bundesministerium für Ernährung und Landwirtschaft (BMEL) ein grundlegend überarbeitetes, 300 Seiten umfassendes Gutachten vorgelegt, das Standards für die Haltung von Säugetieren in Zoos und sonstiger menschlicher Obhut formuliert. Obwohl es sich bei dem Gutachten lediglich um Empfehlungen handelt, nehmen viele Bundesländer das Gutachten sehr ernst. Daher werden sie die Zoos dazu verpflichten, diese nach und nach umzusetzen. Viele deutsche Zoos planen

Ex-Situ Artenschutz

bereits schon, ihre Orang-Utan Anlagen innerhalb der nächsten Jahre zu verbessern, so dass ihre Gehege den Anforderungen des Gutachtens entsprechen, oder haben solche Umbaumaßnahmen in ihre langfristigen Planungen aufgenommen.

Der VdZ, der bei der Erstellung des neuen Gutachtens als Vertreter der deutschen Zoos, die Orang-Utans halten, als Berater hinzugezogen worden war, ist mit den nun festgelegten Mindestanforderungen nicht einverstanden. Er hat einen eigenen Bericht erstellt, der dem offiziellen Gutachten des BMEL als Appendix beigefügt ist.

Die Empfehlungen von BMEL und VdZ lauten:

max. vier erwachs. Tiere	BMEL Innenanlage	BMEL Außenanlage	VdZ Innenanlage	VdZ Außenanlage
Einzelbox	30 m² je Box		25 m² je Box	
Gemeinschaftsfläche	200 m²	1.000 m²	80 m²	500 m²
Höhe	6 m		6 m	
Für jedes zusätzliche erwachsene Tier	BMEL Innenanlage	BMEL Außenanlage	VdZ Innenanlage	VdZ Außenanlage
Einzelbox	30 m²		25 m²	
Gemeinschaftsfläche		100 m²	25 m²	100 m²

Zoo Leipzig, Kiwara

Ex-Situ Artenschutz

Neue Giraffen Häuser und Anlagen in Planung

- Zwischen 2010 und 2015 wurden in Opole, Pilsen, Odense, München, Krakow, Paris, Twycross und Barcelona neue Giraffenhäuser und Anlagen eröffnet, in den fünf Jahren zuvor geschah dies in Riga, Dresden und Kronberg.
- Für den Zeitraum von 2016 bis 2020 ist die Eröffnung komplett neu gebauter Anlagen in Zürich, Heidelberg, Bristol Wild Palace, Emmen und Zagreb geplant. Verbesserungen sind in Wien, Hamburg, Hannover und La Fléche zu erwarten.

Anthony im Zoo Odense

Die exzellente Arbeit innerhalb des EEP und die Empfehlungen an die Mitgliedzoos beinhalten:

- Es sollte immer mindestens eine Kerngruppe bestehend aus drei Tieren gehalten werden.
- Eines der folgenden drei Modelle sollte verfolgt werden: eine kleine Herde zur Zucht, bestehend aus einem erwachsenen Bullen und zwei bis drei erwachsenen Kühen mit Jungtieren; eine große Zuchtherde aus zwei oder mehr erwachsenen Bullen und vier oder mehr erwachsenen Kühen mit Jungtieren; oder eine gleichgeschlechtliche Gruppe bestehend aus entweder ausschließlich männlichen oder weiblichen Tieren.

Ex-Situ Artenschutz

- Geeignete Innenanlagen müssen zur Verfügung gestellt werden, bei denen auch auf Details zu achten ist. Mindestgröße, entsprechende Möglichkeiten zur Trennung der Tiere, Materialien, Bodenbelag (muss robust und widerstandsfähig sein), Einstreu (mind. 50 % der Oberfläche sollte mit weichem Einstreu bedeckt sein), Tränken, Darbietung des Futters, Temperatur (20 °C), natürliches Tageslicht (z. B. durch lichtdurchlässiges Dach). Außerdem sollten die Besucher guten Zugang und ausreichend Sichtmöglichkeiten haben. Zu all diesen Punkten finden sich in den Leitlinien des Giraffen EEP detaillierte Vorschläge ,basierend auf Erfahrung und Forschungsergebnissen.

- Es gibt genaue Angaben zur Gestaltung der Außenanlagen hinsichtlich ihrer Mindestgröße und -länge, ihrer Außenbefestigung, der Auswahl von Bodensubstraten, verschiedener Futterstationen und Wasserquellen, der Bepflanzung und von Unterstände zum Schutz vor Sonne und Wind.

- Ernährung und Fütterung. Durchschnittlich frisst eine Giraffe 12 kg am Tag und die artgerechte Ernährung einer Giraffe ist eine Herausforderung und Gegenstand zahlreicher Untersuchungen. Im Freiland verbringen die Tiere täglich zehn bis zwölf Stunden mit der Nahrungssuche und -aufnahme, und was dort gefressen wird, gilt als Standard für die Ernährung in menschlicher Obhut.

- Gruppenhaltung. Der individuelle Charakter jeder Giraffe muss bei der Vergesellschaftung berücksichtigt und Neuzugänge auf Innen- und Außenanlagen sorgfältig überwacht werden.

- Zucht. Die Empfehlungen zur Zucht seitens des EEP und ESB sollen auch in Zukunft einen gesunden Giraffenbestand in den Zoos gewährleisten. Dazu gehört, die Geburt von Hybriden zu vermeiden. Dennoch wird in allen Zoos, die eine Zuchtherde unterhalten, die Geburt einer Giraffe immer als besonderes Ereignis gefeiert. In seltenen Fällen, wenn die Mutter nicht selbst die Pflege für ihr Jungtier übernimmt, ist die Handaufzucht eine mögliche Option. Dies erfordert großen Einsatz mindestens eines Tierpflegers.

- Gemeinschaftshaltung. Grundsätzlich bevorzugen Tiere wie Besucher die Gemeinschaftshaltung von Giraffen mit anderen Tierarten in einer Savannenlandschaft. Obwohl dies in der Praxis nicht einfach und auch abhängig vom Charakter der jeweiligen Giraffen und ihrer Mitbewohner ist, haben viele der hier untersuchten Zoos, ihre Giraffen erfolgreich vergesellschaften können. Auch dank wissenschaftlicher Untersuchungen, wie z. B. der von Dr. Gabriele Hammer (Universität Salzburg). Das EEP empfiehlt eine Vergesellschaftung von Giraffen mit Steppenzebras, Breitmaulnashörnern und Impalas. Im Leipziger Zoo ist eine der besten Gemeinschaftshaltungen in einer Savannenlandschaft zu sehen. Dort leben zusätzlich noch Rappenantilopen und Gazellen, Strauße, Marabus und Kronenkraniche. Für die Gemeinschaftshaltung mit Giraffen werden ausschließlich Arten der Afrikanischen Savanne empfohlen.

- Transport. Giraffen sind sehr empfindliche Tiere und ein sicherer Transport ist immer schwierig. Das EEP bietet Unterstützung bei der Suche nach geeigneten Transportunternehmen, obwohl es eigentlich nur drei Speditionen gibt, die wirklich darauf spezialisiert sind, Giraffen innerhalb Europas erfolgreich zu transportieren.

- Neu gegründete, in der Giraffenhaltung noch unerfahrenen Einrichtungen, die auch über kein erfahrenes Pflegepersonal verfügen, wird nahegelegt, mit einer gleichgeschlechtlichen Gruppe von Tieren zu beginnen.

Ex-Situ Artenschutz

Lebenserwartung von Giraffen

In Zoos, die sich am EEP beteiligen, liegt die Lebenserwartung einer Giraffe inzwischen bei 25 Jahren, während diese zu Beginn des Programms noch bei 20 Jahren lag. Dies spiegelt die schrittweisen Verbesserungen auf den Gebieten der Zucht, Unterbringung, Ernährung, der Ausbildung der Tierpfleger und beim Transport wider. Unter Berücksichtigung der durchschnittlichen Todesrate im ersten Jahr bei frei lebenden Giraffen, die 50 bis 75 % beträgt, ist die Lebenserwartung der Tiere in der Wildnis wesentlich niedriger.

Die „Marius"-Affäre

Die Tötung einer 24 Monate alten, gesunden Giraffe im Zoo Kopenhagen vor anwesenden Besuchern sorgte für Schlagzeilen und weltweit hitzige Diskussionen. In der europäischen Zoogemeinschaft gingen die Meinungen in dieser Angelegenheit weit auseinander und sehr kritische Stimmen von vielen nationalen Zooorganisationen und einzelnen Zoodirektoren wurden laut. Britischen Zeitungsberichten zufolge hatte ein EAZA-Mitgliedszoo in dem schon sein Bruder mit drei anderen männlichen Giraffen lebt angeboten, Marius abzunehmen, .

Meiner Meinung nach sollte man aus dieser Angelegenheit seine Lehren ziehen und eine Wiederholung tunlichst vermeiden. Das Giraffen-EEP sieht sich immer wieder mit Schwierigkeiten konfrontiert, wenn es darum geht, seine Zuchtrichtlinien bei den Zoos auch durchzusetzen. Dennoch sind diese unerlässlich, um eine genetische Diversität innerhalb einer gesunden Giraffenpopulation zu erhalten. Nach wie vor erfreuen sich Giraffenkälber bei Zoobesuchern und den Medien besonders großer Beliebtheit.

Ich glaube, dass es möglich sein sollte, „überzählige" männliche Jungtiere den Zoos zu melden, lange bevor Transfers zwingend durchgeführt werden müssen, so dass bei Bedarf auch die Vermittlung in einen geeigneten Zoo außerhalb der EAZA eingehend geprüft werden kann. Mehr Zoos müssen dazu bereit sein, Junggesellengruppen zu halten. Im Allgemeinen wäre eine größere Flexibilität wünschenswert.

Giraffen-Bestände in situ

Die Giraffe Conservation Foundation (GCF), deren Direktor der weltweit einzige hauptberufliche Giraffenschützer ist, und die Giraffe und Okapi Specialist Group (GOSG), eine Species Survival Commission (SSC) des IUCN, der auch Jörg Jebram angehört, versuchen, den Bestand der frei lebenden Giraffen verlässlich zu schätzen. Diese Zahlen zeigen nur zu deutlich, wie dramatisch die Anzahl der Tiere in der Wildnis nach wie vor sinkt:1998 wurde der Bestand auf 140.000 Tiere geschätzt, 2015 ging man nur noch von 80.000 bis 90.000 Tieren aus. Eine neue Schätzung soll Ende 2016 vorgelegt werden.

Ex-Situ Artenschutz

Die neun anerkannten Unterarten der Giraffe

	(Anzahl wild lebender Tiere)
Nubische Giraffe (*G. c. camelopardalis*)	weniger als 650
Masai-Giraffe (*G. c. tippelsbirchi*)	weniger als 33.000
Thornicroft's-Giraffe (*G. c. thornicrofti*)	weniger als 550
Netzgiraffe (*G. c. reticulata*)*	weniger als 8.000
Rothschild-Giraffe (*G. c. rothschildi*)*	weniger als 1.500
Angola-Giraffe (*G. c. angolensis*)*	weniger als 13.000
Kapgiraffe (*G. c. giraffa*)*	weniger als 35.000
Kordofan-Giraffe (*G. c. antiquorum*)*	weniger als 2.000
Westafrikanische Giraffe (*G. c. pesalta*)	weniger als 400

(Quelle: Schätzung des GCF 2014, publiziert in: The Times (London), am 3. 12. 14 und aktualisiert durch GCF am 27. 2. 16.)

Die Rote Liste gefährdeter Tierarten des IUCN führt die in der Wildnis lebenden Rothschild- und Westafrikanischen Giraffen zur Zeit unter der Kategorie „stark gefährdet", dies kann sich jedoch ändern, sobald die neuen Schätzungen im Verlauf des Jahres 2016 verfügbar werden.

*Aktuell im EEP gelistete Unterarten
Zusätzlich zu den fünf markierten Unterarten (*) in der obigen Liste sind im EEP auch hybride Arten und Giraffen unbekannten Ursprungs enthalten.

München Hellabrunn

Ex-Situ Artenschutz

In der Wildnis überleben nach Schätzungen 50 bis 75 % aller Giraffenkälber nicht das erste Lebensjahr. In den europäischen Zoos liegt die Sterblichkeitsrate mit 20 bis 25 % weitaus niedriger. Die Lebenserwartung einer Giraffe nach der Vollendung des ersten Lebensjahres beträgt in etwa 25 Jahre.

Eine Giraffenherde besteht typischerweise aus sechs bis zwölf Tieren, in beliebiger Kombination von Geschlecht und Alter, Sozialverbände bilden sich stets nur vorübergehend. Giraffen leben Seite an Seite mit den meisten anderen Pflanzenfressern der afrikanischen Steppe. Sie neigen dazu, andere Tiere zu ignorieren, auch wenn sie diesen häufig bei der Nahrungsaufnahme begegnen beispielsweise Zebras und einige Antilopenarten wie z. B. Impalas. Madenhacker leben regelmäßig mit Giraffen zusammen. Typischer Lebensraum ist die trockene Savanne und offene Graslandschaft mit lichtem Akazienbewuchs.

Komodowaran EEP

Einleitung

Der Komodowaran (*Varanus komodoensis*) wurde von Europäern erst relativ spät, im Jahr 1910, entdeckt. 1927 konnten Besucher im Reptilienhaus des Londoner Zoos erstmalig in Europa einen Blick auf ein männliches und ein weibliches Exemplar dieser Tierart werfen. Wahre Berühmtheit erlangte der Komodowaran aber erst 1933 durch den Film „King Kong". Noch 2009 hielten ihn nur 13 europäische Zoos. Durch erfolgreiche Nachzuchten in Prag, Barcelona und Colchester ist die Zahl der Komodowaranhaltungen in den Zoos Europas bis 2015 auf 28 gestiegen.

21 der insgesamt 115 untersuchten Zoos halten Komodowarene, welche am zweitöftesten als beliebteste Tierart bei den Reptilien genannt wird. Die Popularität der Spezies hat während der letzten fünf Jahre stark zugenommen. Einige der hier aufgeführte Zoos planen bis zum Jahr 2020, Komodowarane in ihren Bestand aufzunehmen. Damit wird sich die Anzahl der Zoos mit diesen Reptilien verdreifachen, 2010 hielten nur zehn Zoos Komodowarane, bis 2020 sollen es insgesamt 30 Zoos werden.

Situation in freier Wildbahn

Der Komodowaran ist die größte gegenwärtig lebende Echsenart und gleichzeitig der letzte Vertreter einer vergangenen Population gigantischer Echsen, die Australien und Indonesien bevölkerten. Heutzutage findet man ihn nur noch auf drei kleinen Komodoinseln, wo er nach indonesischem Gesetz unter Naturschutz steht. Die Schätzungen der Bestandszahlen variieren zwischen 3.000 und 4.000 Tieren, von denen etwa 2.400 bis 3.100 Tiere im Komodo Nationalpark (auf den Inseln Komodo und Rinca) leben und die übrigen auf der Insel Flores, auf der auch ein Artenschutzprogramm europäischer Zoos angesiedelt ist. Komodowarane werden in der Roten Liste gefährdeter Tierarten des IUCN als „gefährdet" geführt. Ihr Bestand ist in den letzten Jahren trotz zunehmenden Verlustes von Lebensraum und Beutetieren stabil geblieben.

Die Lebenserwartung eines Komodowarans beträgt 30 Jahre. Ein ausgewachsenes männliches Tier kann eine Länge von bis zu drei Metern (die Hälfte des Körpers macht der Schwanz aus) und ein

Ex-Situ Artenschutz

Gewicht von mindestens 70 kg erreichen. Weibliche Tiere sind mit 2,5 m Körpergröße und 50 kg Gewicht im Vergleich etwas kleiner und leichter. Als Fleischfresser ernähren sich die Komodowarane von Aas und von Säugetieren wie Rehen, Schweinen und Ziegen, oder von Vögeln und wirbellosen Tieren. Außerdem sind sie Kannibalen und verzehren auch Jungtiere ihrer eigenen Art, so wächst ihr Bestand nur sehr langsam. Das Gruppenverhalten dieser riesigen Echsen bei der Jagd ist unter den Reptilien einzigartig. Als Lebensraum bevorzugen sie heiße und trockene Orte, im Allgemeinen offene Savannenlandschaften oder Regenwälder im flachen Land. Junge, fast ausgewachsene Komodowarane können bis zu 20km/h schnell laufen und mit ihren kräftigen Krallen auf Bäume klettern, vollständig ausgewachsene Tiere verbringen ihr Leben dann aber gänzlich am Boden.

Colchester Zoo

Das EEP

Im Jahr 2000 wurde das EEP für Komodowarane etabliert, deren Koordinator in Rotterdam sitzt. Ende 2005 verzeichnete das Zuchtbuch gerade mal einen Bestand von 30 Tieren (16.14) in zwölf Zoos. Nur zehn Jahre später beläuft sich die Zahl auf 99 Tiere (53.28.18) in 28 Zoos. Das Komodo Dragon Species Committee hat zehn Mitglieder, darunter auch den EEP-Koordinator Gerardo Garcia (Chester Zoo). Eine Ende 2015 in Prag abgehaltene Tagung mit dem Themenschwerpunkt der Zucht und Haltung von Komodowaranen wurde von 50 Teilnehmern aus 26 Zoos besucht.

Der Komodowaran ist ein empfindliches Tier, dessen Haltung einige Schwierigkeiten bereitet. In den vergangenen 15 Jahren haben die Mitglieder des EEP wertvolle Erfahrungen gesammelt, die sich nun in der erfolgreichen Nachzucht zeigen. So ist es nach und nach immer mehr Zoos möglich, diese Tiere in ihren Bestand aufzunehmen. Die Haltung von Komodowaranen ist aufwendig und teuer, da sie bezüglich Platz und Temperatur hohe Ansprüche haben und sich nicht gut mit anderen Arten vergesellschaften lassen.

Ex-Situ Artenschutz

Die erfolgreichsten Zuchtergebnisse:

2010	20 Tiere in Prag	(befruchtet)
2012	12 Tiere in Barcelona	(befruchtet)
2013/14	23 Tiere in Colchester	(befruchtet)

Zuchterfolge mit weniger Tieren, entweder durch sexuelle Reproduktion oder Parthenogenese, sind in London, Chester, Rotterdam und auch Prag wiederholt gelungen.

Im Mai 2012 kam es zwischen dem EEP und dem nordamerikanischen SSP zu einem Austausch von zehn Tieren aus dem Zoo Prag gegen zehn Tiere des SSP, um den Genpool der Bestände beider Kontinente aufzufrischen und so auch den Zuchterfolg noch zu verbessern.

Haltung

Der unerwartete Tod von acht ausgewachsenen Komodowaranen innerhalb der ersten fünf Jahre des EEP brachte die Teilnehmer des Programms in Rotterdam zu einer Krisensitzung zusammen. Todesursache der verstorbenen Tieren, bei denen es sich hauptsächlich um junge, gerade ausgewachsene Weibchen handelte, waren innere Blutungen, die durch einen Riss in den ovarialen Blutgefäßen verursacht worden waren. Eine Konsequenz war die Vereinbarung neuer Haltungsrichtlinien, die in den folgenden zehn Jahren durch die Kooperation aller teilnehmenden Zoos und unter Berücksichtigung der gesammelten Erfahrung immer wieder aktualisiert wurden. Schlüsselfaktoren für eine erfolgreiche Haltung und Zucht von Komodowaranen sind unter anderem folgende:

- Anlagen: Komodowarane müssen für den größten Teil des Jahres, wenn nicht sogar ganzjährig, in Innenanlagen untergebracht werden, da sie eine Temperatur von mindesten 30°C benötigen. Die Anlage sollte möglichst eine Fläche von bis zu 100 m² aufweisen, über natürliches Licht (am besten durch ein zu öffnendes Dach) und eine künstliche Quelle für ultraviolettes Licht, tiefen Sand (mind. 0,8 m), eine Gelegenheit zum Baden (Temperatur mind. 28 °C), sowie Klettermöglichkeiten, Steine und unterschiedliche Ebenen verfügen.

- Temperatur: Komodowarane gehören zu den Tieren, die ihre Körpertemperatur den äußeren Schwankungen anpassen können, d. h. sie übernehmen die Temperatur ihrer unmittelbaren Umgebung oder versuchen, die Wärme in ihrem Körper zu regulieren. Warane reagieren ganz besonders sensibel auf Temperaturschwankungen, daher sollte die Temperatur in ihre Anlage tagsüber nach Möglichkeit konstant bei mindestens 30 bis 32 °C gehalten werden, nachts bei 27 °C. Besonders bei Anlagen, die in ihrer Art Gewächshäusern nachempfunden sind, ist Überhitzung bei heißem Wetter ein häufiges Problem. Ebenso ist die Luftfeuchtigkeit zu beachten.

- Fütterung: Eine Fasten- und Fütterungsroutine wird empfohlen, da die Tiere dies auch in der Natur praktizieren. In der praktischen Umsetzung kann dies beispielsweise ein Kadaver im Monat sein, an dem männliche und weibliche Tiere, die die meiste Zeit getrennt gehalten werden sollten, dann gemeinsam fressen können. Komodowarane müssen schlank und agil gehalten werden.

Ex-Situ Artenschutz

- Gemeinschaftsleben: Ausgewachsene Tiere in Gruppen oder sogar Paaren permanent zusammen zu halten ist äußerst schwierig. Es kann zu Kämpfen kommen, die auch tödlich enden können. Jedes Tier hat seinen eigenen Charakter. Tierpfleger müssen ihre Schützlinge zuerst kennenlernen, bevor eine Entscheidung getroffen werden kann. Jungtiere sollten gemeinsam gehalten werden.

- Zucht: Paare zur richtigen Zeit zusammenzubringen, erfordert große Sorgfalt. Um ernsthafte Verletzungen während der Balzzeit und der Paarung zu vermeiden, müssen die Krallen regelmäßig geschnitten werden. Anschließend werden die Eier im Sand vergraben, welche sich befruchtet oder unbefruchtet (parthenogenetisch) entwickeln können.

- Umgang: Komodowarane sind giftig und haben große Giftdrüsen. Zwar können sie nicht besonders kräftig zubeißen, dennoch müssen sie mit äußerster Vorsicht behandelt werden. Im Laufe der Zeit gewöhnen sie sich bei regelmäßigem Kontakt auch an ihren Pfleger und einige erweisen sich sogar als durchaus trainierbar. Aber auch in dieser Hinsicht ist jedes Tier einzigartig.

- Gemeinschaftshaltungen: Aus Erfahrung kann man inzwischen sagen, dass es möglich ist, Komodowarane mit einigen Schildkrötenarten und freifliegenden Vögeln gemeinsam zu halten, wenn das Gehege entsprechend ausgelegt ist.

Colchester Zoo

Fazit

Diese interessante Spezies gewinnt zunehmend an Popularität und in den letzten 15 Jahren konnten im EEP gute Fortschritte erzielt werden. Aber es gibt noch viele offene Fragen, so lassen sich noch immer keine verlässlichen Angaben zur Lebenserwartung machen, weder für Tiere, die in Gefangenschaft leben, noch für jene in der freien Wildbahn. Die Schätzungen liegen mit 20 bis weit über 30 Jahren weit auseinander. Alterserscheinungen machen sich meist ab dem 20. Lebensjahr bemerkbar.

Ex-Situ Artenschutz

Interview im Poznań Zoo über Komodowarane
mit Anna Lubiatowska (Kuratorin für Reptilien und Amphibien)

F: Seit wann sind Sie für die Komodowarane im Zoo von Poznań verantwortlich?
A: Seit November 2005, also seit die ersten Tiere aus Gran Canaria bei uns ankamen.

F: Wie heißen die Tiere?
A: Rinca (w.), Fores (w.) und Nacho (m.)

F: Wann sind sie hier im Zoo angekommen?
A: Rinca und Flores haben wir im November 2005 bekommen, Nacho erst 2012.

F: Wie alten waren die Komodowarane, als sie hier im Zoo eintrafen?
A: Rinca war ein Jahr alt, ebenso wie Flores. Nacho war schon zwei Jahre alt.

F: Was wogen die Tiere, als man sie das erste mal auf die Waage gelegt hat und wie viel beim letzten Wiegen?
A: Rinca: 6,1 kg (April 2007), 25 kg (Dezember 2013)
Flores 7,1 kg (April 2007), 26,8 kg (Dezember 2013)
Nacho 17,0 kg (Dezember 2013)

F: Was mögen Sie an diesen Tieren?
A: Sie sind sehr neugierig und reagieren sehr gut. Ich kenne ihr Verhalten kann daher auch mit ihnen kommunizieren. Sie haben mich niemals gebissen, ich beobachte sie sehr aufmerksam, um sie zu verstehen.

F: Haben Sie direkten Kontakt mit den Tieren?
A: Ja, das habe ich. Aber nur ich. Ich kann sie berühren und ich denke, dass ich eine sehr gute Beziehung zu ihnen aufgebaut habe.

F: Wie sieht der Speiseplan der Komodowarane aus?
A: Sie werden einmal im Monat gefüttert und bekommen dann verschiedene Sorten Fleisch. Für zwischendurch gibt es ein paar kleinere Snacks.

F: Bei welcher Temperatur werden die Tiere gehalten?
A: Die Temperatur in der Anlage beträgt zwischen 25 °C und 37 °C, aber wenn es draußen sehr heiß ist, dann wird es auch bei den Waranen gelegentlich noch etwas wärmer.

F: 2012 haben sie eine wunderbare neue Anlage eröffnet. Was ist neu im Vergleich zu der alten Anlage?
A: Wir haben die Anlage, die eine Grundfläche von 200 m² hat, jetzt in zwei Teile aufgeteilt, so dass die männlichen und weiblichen Tiere getrennt werden können, wenn dies nötig ist. Außerdem habe ich die Einrichtung verändert, und einige Dionge verbessert, beispielsweise gibt es nun mehr Klettermöglichkeiten.

F: Würden Sie gern auch Komodowarane züchten?
A: Ja, unbedingt. Und wir haben alle erforderlichen Einrichtungen, dies zu tun.

F: Wie viele Tierpfleger gibt es, die dafür ausgebildet sind, die Tiere zu versorgen?
A: Mich eingeschlossen, gibt es insgesamt drei.

F: Haben Sie hier auch Tierärzte, die mit den Tieren vertraut sind?
A: Selbstverständlich. Einen zooeigenen Tierarzt und zwei externe Ärzte.

KAPITEL 11

BESCHILDERUNG

Die Beschilderung in Zoos sollte so ansprechend und gleichzeitig informativ wie möglich gestaltet sein, um sicherzustellen, dass Besucher ihren Aufenthalt genießen und als zufriedenstellend empfinden. Dazu müssen die Schilder Informationen über die jeweilige Tierart anbieten, die klar verständlich und übersichtlich gestaltet sind, so dass beim Leser ein Interesse an der Vielfalt der Arten und deren Schutz geweckt wird.

Gute Informationstafeln decken viele unterschiedliche Facetten ab. So dürfen sie nicht nur die Haltung des Zoodirektors und der für Bildung, Marketing und Artenschutz Verantwortlichen wiedergeben, sondern müssen vielmehr die Bedürfnisse der Besucher berücksichtigen. Nicht zuletzt dürfen auch sie die personellen und finanzielle Ressourcen eines Zoos nicht übermäßig beanspruchen.

Großen Dank schulde ich Michael David William Richards, MA, der sich für seine Dissertation über die letzten fünf Jahre intensiv mit dieser Thematik auseinandergesetzt und mir seine Forschungsergebnisse zur Verfügung gestellt hat. Meine eigenen Ergebnisse aus mehr als 600 Zoobesuchen mit ihm diskutieren zu können, war mir eine wertvolle Hilfe.

Sprachen

Informationstafeln in Zoos sollten selbstverständlich in der bzw. den jeweiligen Landessprache(n) und in Englisch verfasst sein. Zwar gibt es einige in diesem Buch behandelte Zoos, die nur wenig internationalen Publikumsverkehr haben, dennoch bin ich der Überzeugung, dass sich die Anzahl der internationalen Besucher in allen Zoos mit einem anhaltenden Wachstum des Tourismus steigern wird. Englisch als bedeutendste internationale Sprache sollte daher stets berücksichtigt werden.

Viele Zoos liegen im Einzugsgebiet verschiedener Sprachen. Der Zoo in Sóstó (Ungarn) ist ein hervorragendes Beispiel. Da er in der Nähe von drei verschiedenen Landesgrenzen gelegen ist, zu Rumänien, der Ukraine und der Slowakei - aus der etwa 40 % der Besucher kommen - ist die Beschilderung in fünf unterschiedlichen Sprachen durchaus sinnvoll.

Behindertengerechte Beschilderung

Die Beschilderung innerhalb des Zoos muss überall, wo es möglich ist, auch die Bedürfnisse behinderter Besucher berücksichtigen. Mir ist aufgefallen, dass es einigen, wenn auch nur wenigen, Zoos, sogar Schilder in Blindenschrift angebracht waren.

Beschilderung

Sóstó Zoo,

Beschilderung des Wegeleitsystems

Bei der Ausschilderung des Wegleitsystems auf dem Gelände des Zoos sollten folgende Anforderungen erfüllt werden

a) Orientierung

b) Auswahl der zur Verfügung stehenden Wege

c) Wegeführung der Wege

d) Erkennung der Ziele

Beschilderung

Große, leicht zu lesende Übersichtspläne sollten sowohl direkt am Zooeingang als auch an strategisch wichtigen Wegpunkten aufgestellt sein. Der Standort des Betrachter sollte vermerkt sein.

Einige Zoos haben empfohlene Besucherwege. Für Besucher, die einen Zoo zum ersten Mal erkunden, können diese sehr hilfreich sein, besonders wenn diese trotz begrenzter Zeit so viel wie möglich sehen wollen.

Ich denke, es wäre sicherlich für alle Zoos von Vorteil, Besucherwege auszuschildern. Einige Zoos haben die Tiergehege entlang der geplanten Route durchnummeriert, die die Orientierung auf dem Zooplan erleichtern. Ein gutes Beispiel hierfür ist der Tierpark Hagenbeck in Hamburg.

Auf besonders beliebte oder berühmte Tiere sollte mit zusätzlichen Schildern hingewiesen werden, die am besten an großen Wegkreuzungen zu platzieren sind. Tiergärten, die über ein großes Gelände verfügen, sollten eventuell auch angeben, wie groß die Distanz bis zum Ziel ist. Im Verlauf des Weges sollten diese Distanzangaben dann wiederholt werden.

Bei der Gestaltung der Schilder sollte die Höhe, in der diese angebracht werden, die Darstellungsweise (Piktogramm, Foto oder Name der Tierart) sowie Material und Größe sorgfältig durchdacht werden.

Beschilderung

Hinweisschilder an den Tiergehegen

Diese sollten unbedingt folgende Informationen vermitteln:

- Name der Tierart, mitsamt der systematischen Klassifikation
- Geographische Bestimmung des natürlichen Lebensraums
- Lebensraum und Siedlungsweise der Tiere
- Fressfeinde
- Fortpflanzung
- Lebenserwartung in Freiheit und Zoo
- Ernährung
- Sozialsystem
- Größe und Gewicht
- Bedrohung im natürlichen Lebensraum
- IUCN Gefährdungsstatus
- Informationen zur Schutz ex-situ (EEPs)
- verbundene In-situ-Artschutzprojekte

Es sollte darauf geachtet werden, die Informationstafeln möglichst anschaulich und farblich auffällig zu gestalten, um ein großes Publikum zu erreichen. Die Texte sind in der Landessprache und in Englisch anzubringen. Abhängig von der Größe des Geheges ist es sinnvoll, Schilder gleichen Inhalts an mehreren Stellen zu platzieren. Texte sollten kurz gehalten und wenn möglich durch Piktogramme ersetzt werden. Gehegeschilder sollten ein gutes Photo oder Zeichnung der jeweiligen Art zeigen, wenn möglich mit dem natürlichen Lebensraum des Tieres im Hintergrund.

Die Verbreitung einer Tierart sollte nicht allein auf einer Weltkarte gezeigt werden. Diese sollte vielmehr auf detaillierten Karten erfolgen, da sie auf einer Weltkarte im großen Maßstab kaum dargestellt werden kann.

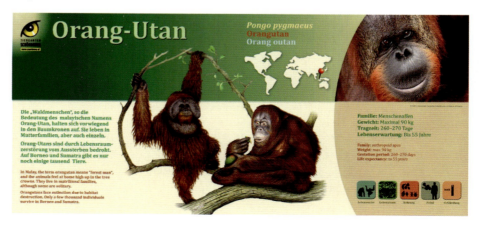

Tiergarten Schönbrunn, Wien, Orang-Utan Schild

BESCHILDERUNG

Bei der Aufstellung der Informationstafeln sollte darauf geachtet werden, diese in einer angemessenen Höhe anzubringen, namentlich in durchschnittlicher Augenhöhe. Außerdem sind Faktoren wie ungenügende Helligkeit im Innenbereich oder starke Sonneneinstrahlung im Außenbereich zu berücksichtigen. Auch die verwendeten Materalien, die Attraktivität des Rahmens und die Schriftgröße sind wichtig, damit eine möglichst große Zahl der Besucher das Schild lesen können.

Zusätzlich zu konventionellen Textinformationen sollte in zunehmenden Maße darauf geachtet werden, dass Informationsschilder die Nutzung moderner Kommunikationsweisen wie beispielsweise APPs oder andere, mobile Audiohilfsmittel unterstützen.

Sóstó Zoo, Elefanten Schild

Tiernamen und Sponsoren

Bei den beliebtesten Zootieren sollten dem Besucher weitergehende Informationen über die gezeigten Tiere angeboten werden. Es bietet sich an, diese Informationen wie eine Art Ausweis zu präsentieren: Name des Tieres, Geschlecht, Geburtsdatum und Geburtsort sollten auf einem separaten Schild präsentiert werden. Gerade Jahreskartenbesitzer und regelmäßige Besucher interessieren sich häufig für die einzelnen Tiere. Falls vorhanden sollten auch die Namen von Tierpaten Erwähnung finden, am Besten direkt am Gehege selbst. Ein solches Schild sollte bei Bedarf jedoch leicht zu ersetzen sein.

BESCHILDERUNG

Informationen zu Schutz und Arterhaltung

Ich habe bemerkt, dass die meisten Zoos zusätzlich zur umfangreichen Beschilderung ihrer Aren Tafeln angebracht haben, die den Besucher über In-situ-Schutzprojekte informieren, an denen die Zoos beteiligt sind, wie z. B. der Anzahl von Tieren im Freiland und den Ursachen ihrer Bedrohung.

Informationen dieser Art sind entscheidend, um dem Zoobesucher die Aufgabe des Artenschutzes zu vermitteln. Daher sollten Inhalt und Konzeption von Schautafeln dieser Art besondere Beachtung geschenkt werden.

Zoo Logos

Meiner Meinung nach sollten im Mittelpunkt jedes Zoo Logos eine Tierabbildung stehen. Nicht nur für die Vermarktung des Zoos sind Design und Wiedererkennungswert des Zoo Logos nicht zu unterschätzen.

Illustration der Schilder

Aufgrund ihrer zunehmenden Popularität sind Piktogramme mittlerweile zum Standard geworden. Sie werden gern auf Informationstafeln bei den Tiergehegen verwendet, um beispielsweise Charaktereigenschaften der Tiere darzustellen. Für Beschilderungen gibt es kein standardisiertes System für solche Piktogramme. Forschungen zeigen indessen, dass die Mehrzahl der Zoobesucher, wenn vor die Wahl gestellt, Fotografien der Tiere einer Darstellung mittels Piktogramm vorzieht.

Alpenzoo Innsbruck - Schild Gemse

BESCHILDERUNG

Darstellung der Hausordnung

Während es in den meisten Zoos eine Hausordnung für Besucher gibt, sind die Hinweisschilder mit diesen Regeln häufig nur in der Landessprache des Zoos verfasst.

Am Eingang des Tiergartens, in strategisch günstiger Lage, sollte sich eine große Tafel mit der in Fettdruck ausgeführten Aufschrift „TIERE FÜTTERN VERBOTEN befinden. Darüberhinaus sollten Gründe und Ausnahmen (z.B. Streichelzoo) genannt werden. An den Außengehegen können weitere Schilder in symbolischer Darstellung an dieses Verbot erinnern.

Fazit

Alle hier untersuchten Zoos müssen mehr Aufmerksamkeit und Sorgfalt in ihre Beschilderung investieren. Ich kann leider keinen Zoo nennen, der die in diesem Kapitel herausgearbeiteten Kriterien in den unterschiedlichen Gebieten voll erfüllt, obwohl deutliche Verbesserungen in den letzten Jahren erkennbar sind. Die höchsten Noten aller in diesem Buch gelisteten Tiergärten erreichten die Zoos in Arnheim, Köln, München und der Loro Parque.

KAPITEL 12

MICROPIA

Micropia ist inspiriert, inspirierend und derzeit einzigartig auf der Welt. Nach einer Planungs- und Entwicklungsphase von mehr als 12 Jahren wurde Micropia als Teil der Artis Amsterdam von Ihrer Königlichen Hoheit Máxima, Königin der Niederlande, am 30. September 2014 eröffnet. Für ihr überzeugend umgesetztes, innovatives Konzept sammelt die Ausstellung seither internationale Nominierungen und Preise. Bisheriger Höhepunkt war die Verleihung des „Kenneth Hudson Award" an die Direktorin Evelyne Hensel im April 2016. Diese Auszeichnung, die auf europäischer Ebene an Museen für „ungewöhnliche und mutige Leistungen" vergeben wird, dokumentiert eindrucksvoll die internationale Anerkennung, die Micropia erfährt.

Passenderweise wurde Micropia, ein Projekt zur Enthüllung der unsichtbaren Welt der Mikrobiologie, in den Niederlanden entwickelt. In Delft nutzte Antonie van Leeuwenhoek bereits 1647 selbstgebaute Mikroskope, um Mikroorganismen, die er „animalcules" nannte, zu beobachten und zu beschreiben. Seither gilt er als Vater der Mikrobiologie. Mit Micropia kommt nun eine weitere Weltneuheit auf dem Gebiet der Mikrobiologie aus den Niederlanden. Durch den Einsatz leistungsstarker Mikroskope in Verbindung mit 3D-Sichtgeräten, deren Okulare mit Kameras verbunden sind, eröffnet sich dem Besucher mit Hilfe von hochwertiger Foto-, Film- und Scantechnik der Blick auf die von van Leeuwenhoek entdeckte unsichtbare Welt mit ihren erstaunlichen Formen, ihrer Vielfalt und ihren Farben, ihrer ganz eigenen Schönheit und Fremdartigkeit.

Micropia lässt sich nicht leicht definieren. In erster Linie ist es sicherlich ein Zoo, ein Mikro-Zoo, in dem die Labortechniker, die zweimal pro Tag über ihre Arbeit Auskunft geben, die Rolle der Tierpfleger übernehmen. Wann immer es ohne Risiko möglich ist, handelt es sich bei den ausgestellten Mikroben um lebende Organismen, die in einem Hightech-Labor gezüchtet werden, das der Besucher durch eine Glaswand einsehen kann. Zugleich ist Micropia aber auch ein mikrobiologisches Naturkundemuseum, das eindrücklich den hohen Stellenwert verdeutlicht, den Mikroorganismen bei der Evolution des Lebens einnehmen. Schliesslich handelt es sich bei Mikroben doch um die älteste, sich am schnellsten vermehrende und erfolgeichste Lebensform.

In europäischen Zoos geht der Trend zunehmend zur Vermittlung zoopädagogischer Erfahrungen: London ZSLs B.U.G.S., das Darwineum in Rostock und der Budapester Magic Mountain sind einige Beispiele. Hinzu kommen viele hervorragende Projekte anderer Zoos wie das Polarium in Wien. Dennoch bleibt Micropia einzigartig darin, ihren Besuchern eine völlig neuartige Erfahrung zu ermöglichen und diese gleichzeitig in eine ganz neue Welt mikrobiologischen Lebens einzuführen. Micropia ist vollständig auf die Besucher zugeschnitten und wird jedem Besucher, abgesehen vielleicht von professionellen Mikrobiologen, die Augen für eine unbekannte und unsichtbare Welt öffnen. Zwei Drittel des Lebens auf unserem Planeten, die einzig durch das Mikroskop erkennbar sind, werden leicht zugänglich gemacht.

Aber Micropia ist nicht nur ein Zoo, ein Museum und ein Bildungserlebnis, Micropia ist zudem eine künstlerisch anspruchsvolle Ausstellung mit durchdachter Gestaltung, klugen Lichtinstallationen, faszinierender Technologie und atemberaubender Fotografie.

Micropia

Die geheimnisumwitterte Welt, die Micropia enthüllt, wurde in einem ultra-modernen, aber schlicht-eleganten Anbau aus schwarzem Aluminium untergebracht, der dem unter Denkmalschutz stehenden „Ledenlokalen" aus dem 19. Jahrhundert angefügt wurde. Das Gebäude ist eine schwarze Box, die an die Schatztruhe eines Zauberers erinnert. Der Eingangsbereich ist von natürlichem Licht durchflutet. Nachdem der Besucher ein Ticket erworben hat, gelangt er zu einer kleinen Austellung zu Ehren van Leeuwenhoeks: zu sehen ist eine Replik eines seiner Mikroskope, zusammen mit einer Auswahl seiner Entdeckungen. Mit dem Fahrstuhl geht es dann in die obere Etage, in die Welt der Mikroorganismen und der Wunder der Technik.

Folgende Worte begleiten den Besucher beim Verlassen des Fahrstuhls: „Eine neue Welt wird Ihnen eröffnet, schöner und spektakulärer, als Sie sich je hätten vorstellen können." Und tatsächlich, nur wenige von uns hätten sich vorstellen können, dass das Epstein-Barr-Virus, dessen winzige Erreger zu Millionen auf den Kopf einer Stecknadel passen würden, auf einer vergrößerten Fotografie – eine Betrachtung unter dem Mikroskop wäre zu gefährlich – einem wunderschönen, wasserfallartig explodierenden pink-goldenen Feuerwerk gleichen würde. Oder wer hätte gedacht, dass grauer Schimmel unter dem Mikroskop die Schönheit und Feinheit einer japanischen Blütenzeichnung aufweist, oder dass grüne Algen tatsächlich so eine komplexe Struktur besitzen wie ein funkelndes, facettenreiches Schmuckstück.

In krassem Gegensatz zur unteren Ebene erwartet die Besucher beim Verlassen des Fahrstuhls ein tiefschwarzer Raum. Hier geht alles Licht von den Ausstellungsstücken aus und lenkt so die Aufmerksamkeit direkt auf die Mikroben, die ihren Auftritt im Scheinwerferlicht haben. Unterstützt wird diese leicht mystische Stimmung zusätzlich durch die digitale Geräuschkulisse von Peter Flamman. Auf den grauen Wänden, die den Besucher zu den Mikroskopen leiten, sieht dieser die Stellung der Mikroben im Stammbaum des Lebens.

Die leistungsstarken Mikroskope gehören zu den wichtigsten Investitionen des Projekts, doch da die große Mehrzahl der Besucher nicht über die Ausbildung verfügt, mit solch technisch ausgefeiltem Gerät umzugehen, haben die Entwickler eine Lösung gefunden, um Benutzerfreundlichkeit zu gewährleisten und gleichzeitig das Equipment zu schützen. Mittels Kameras und 3D-Sichtgeräten, die mit den Mikroskopen verbunden sind und sich durch einen Joystick bedienen lassen, gelingt es auch dem ungeübten Besucher, die Schönheit der Mikroben wie Teichalgen, Schimmel oder sogar Nematoden sichtbar zu machen. Neben jedem Mikroskop befindet sich ein Bildschirm mit Informationen über die gerade betrachtete Mikrobe, der interaktiv vom Besucher genutzt werden kann. Im Eintrittspreis ist eine Stempelkarte enthalten, auf der bis zu 30 verschiedene Stempel der ausgestellten Mikroben gesammelt werden können. Auf diese Weise wird der Besucher auf die erstaunliche strukturelle Vielfalt dieser Organismen aufmerksam gemacht. Ist der Besucher schließlich wieder im Erdgeschoss angekommen, kann er seine Stempelkarte scannen und mehr über die gesehenen Mikroben erfahren.

Um dem Besucher zu verdeutlichen, in wie weit Micropia ihn selbst betrifft, werden verschiedene interaktive Attraktionen angeboten. Zwei Bodyscanner leisten dies auf sehr überzeugende Weise, in dem sie uns unser persönliches Mikrobiom zeigen. Wir sind nie allein, sondern werden ständig begleitet von 100.000 Miliarden Mikroben, die auf und in uns leben.

MICROPIA

Entdecke deine eigenen Mikroben mit einem Bodyscan. Foto Micropia, Maarten van der Wal

Für sich genommen machen diese 1,5 kg Körpergewicht eines erwachsenen Menschen aus. Sie helfen uns, unsere Nahrung zu verdauen, schützen unsere Haut vor schädlichen Bakterien und spielen eine große Rolle bei der Erhaltung unserer Gesundheit. Im Scanner kann der Besucher durch Zeigen auf bestimmte Körperregionen oder Organe sehen, wie viele Mikroben sich an der ausgewählten Stelle befinden und worin deren Aufgabe besteht. Die meisten unserer Mikroben befinden sich im Verdauungstrakt; dort allein leben 1.200 verschiedene Arten.

Und es gibt noch weitere raffinierte interaktive Angebote in dieser 3D-Landschaft, die den Besucher zu spannenden Entdeckungen einladen. Eine Schautafel in der Form eines Rades, das sich vom Betrachter selbst steuern lässt und ihm so die Möglichkeit bietet, die dargebotenen Informationen seinen Bedürfnissen individuell angepasst abzurufen, präsentiert eine Einführung in die Welt der Extremophile. Dabei handelt es sich um Mikroben, unter ihnen die Archaeen - auch Urbakterien genannt - die sich im Laufe ihrer Entwicklung extremen Bedingungen angepasst haben und Lebensräume besiedeln, in denen Menschen niemals überleben könnten. Während ein Fadenwurm beispielsweise bei -80 °C leben kann, finden sich Mikroben auch in Wüsten, Geysiren, Vulkanen und Kernreaktoren. Respekt einflößend ist auch das in unmittelbarer Nähe aufgestellte gigantische Modell eines Bärtierchens, einer Mikrobe, die beinahe zehn Jahre ihre lebenswichtigen Funktionen aussetzen kann. Vertiefende Informationen über diese allgegenwärtige, potente Lebensform bietet der zusätzlich gezeigte Film.

Natürliche symbiotische Systeme werden auf einer künstlerisch anspruchsvoll gestalteten und angenehm beleuchteten Ausstellungsfläche anhand von Blattschneideameisen veranschaulicht, die Blattstücke zerschneiden und eintragen – und dabei ganz und gar nicht unsichtbar sind.

Micropia

Die Ameisen zerteilen die Blätter mit ihren Mundwerkzeugen in winzige Stücke und bringen diese dann zurück in ihren Bau, um auf dem Substrat der zerkauten Blätter einen Pilz wachsen zu lassen, von dem sie sich und ihre Larven ernähren. Auch der Pilz ist auf die Ameisen angewiesen, da diese den Nährboden für sein Wachstum bereitstellen.

Die erstaunliche Schönheit von Schimmel und Bakterienkulturen, die auf Gegenständen des alltäglichen Gebrauchs wachsen – auf Mobiltelefonen, Computermäusen, Fernbedienungen und besonders auf Geld – wird an einer Wand deutlich, die bestückt ist mit Petrischalen, die von hinten angeleuchtet werden. Eindrücklich bezeugt auch eine Sammlung von Zahnbürsten das rasante Bakterienwachstum.

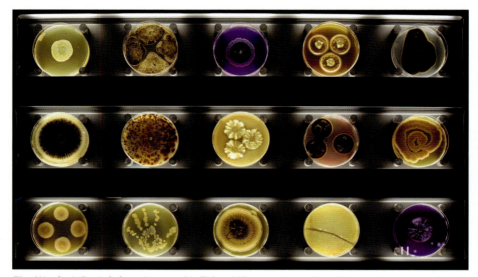

Eine Wand mit Petrischalen mit unterschiedlichen Mikroorganismen. Foto Micropia, Maarten van der Wal

Ist der Besucher über die gewundene Treppe oder mit dem Aufzug ins Erdgeschoss zurückgekehrt, erwartet ihn dort ein letztes interaktives Erlebnis: der bereits erwähnte Scanner für die in der oberen Etage gesammelten Stempel samt der Mikroben-Wand, die nähere Informationen zu den unterschiedlichen Organismen bereit hält. Ein besonderes Highlight dieser Ebene sind die atemberaubenden Glasmodelle des britischen Künstlers Luke Lerram, die pathogene, d.h. für den Menschen gefährliche, Mikroben abbilden. Sie zeigen noch einmal auf andere Weise die erstaunliche Schönheit und Vielfalt der mikrobiologischen Welt.

Haig Balian, der im Jahr 2003 zum neuen Direktor des Artis Zoos in Amsterdam berufen wurde, hatte die Idee zu Micropia bereits bei seinem Amtsantritt entwickelt und kann nun zufrieden auf die erfolgreiche Umsetzung seines ehrgeizigen Plans blicken. Persönliche Erfahrungen Haig Balians, die dieser vor seiner Karriere als Zoodirektor auf dem Gebiet der Zoologie und als Filmproduzent sammeln konnte, sind in das Projekt Micropia eingeflossen und diesem zu Gute gekommen. Gleichzeitig ist die Realisierung Micropias im Amsterdamer Zoo aber auch ein Produkt der unermüdlichen Zusammenarbeit eines großen Teams aus Wissenschaftlern und Experten verschiedener Fachbereiche und ein exzellentes Beispiel für den Erfolg interdisziplinärer Kooperation.

MICROPIA

So hat sich beinahe jede Universität in den Niederlanden an der Entwicklung dieses Microzoos beteiligt, der eine Gesamtinvestition von 10 Millionen € darstellt, die trotz der allgemein schwierigen wirtschaftlichen Lage zusammengebracht werden konnte. Auch die niederländische Regierung und der kommunale Gesundheitsdienst der Stadt Amsterdam haben zur finanziellen Unterstützung beigetragen.

Viele weitere Partner haben entscheidend an der Verwirklichung von Micropia mitgewirkt. Der multinationale Konzern Koninklijke DSM aus den Niederlanden ist eines der Gründungsmitglieder, da er seinen leitenden Mikrobiologen Jacques Stark für die grundlegenden Forschungsarbeiten zur Verfügung stellte. So konnte Stark an zwei Tagen in der Woche daran arbeiten, innovative Abläufe zu entwickeln, welche es erlauben, lebende Mikroorganismen in einem Museum auszustellen. Außerdem oblag ihm der Aufbau und die Organisation des Schaulabors, ohne das die Ausstellung nicht möglich wäre. Die Firma Kossmann.dejong Messebau aus Amsterdam, deren besondere Stärke in der Konzeption musealer Ausstellungen mit großer Aussagekraft liegt, hat hier wahrlich eine Meisterleistung vollbracht, indem sie eine lebhafte Kommunikation zwischen Besuchern und Mikroorgansimen ermöglicht, auch wenn diese von Natur aus über keinerlei akustische Ausdrucksmöglichkeit verfügen. In siebenjähriger Zusammenarbeit mit der Berliner Designagentur ART+COM entstanden die zahlreichen interaktiven Displays in Micropia.

Überblick über Micropia. Foto Micropia, Meike Hansen

Micropia

Mikroben haben im allgemeinen einen schlechten Ruf. Wir kaufen Putzmittel, die versprechen, 99,9 % aller Bakterien zu beseitigen und nutzen Produkte, die Zahnbelag und Schweißgeruch bekämpfen. Viele Menschen fürchten sich vor Lebensmittelvergiftungen durch das Campylobacter-Bakterium oder gar vor lebensbedrohlichen Krankheiten wie Ebola oder dem H5N1-Virus (Vogelgrippe). Hier kann Micropia dem Besucher eine neue Perspektive eröffnen und unsere Neigung, Mikroben generell als schädlich anzusehen, etwas korrigieren. Denn nach einem Besuch in Micropia sollte jedem eindringlich bewusst geworden sein, dass Mikroben unsere dringend notwendigen Freunde sind und nur ein geringer Prozentsatz pathogen, also für uns schädlich ist. Die 1,5 kg Mikroben, die ein erwachsener Körper enthält, sind entscheidend für unser Wohlergehen, und während wir sie unbedingt benötigen, sind diese in keiner Weise abhängig von uns. Es gibt noch ungemein viel über diese unsichtbare Welt zu entdecken und wir sollten lernen, Mikroben in zunehmendem Maße auch zum Nutzen der Menschheit einzusetzen, z.B. um Wasser zu reinigen, Krankheiten zu bekämpfen oder Plastik zu produzieren.

Da Micropia als Erfahrung gedacht ist, die alle Sinne umfasst, kann eine Beschreibung nur mit dürren Worten dem tatsächlichen Erlebnis niemals gerecht werden. Es gibt eine sehr gute und informative Homepage www.micropia.nl, aber selbst diese kann nicht das Staunen vermitteln, das ein Besuch vor Ort hervorruft. Es ist zu hoffen, dass ein Besuch in Micropia einer neuen Generation den Anreiz bietet, eine wissenschaftliche Karriere auf dem Gebiet der Mikrobiologie einzuschlagen, denn nicht zuletzt zeigt Micropia auch, dass diese Wissenschaft noch in den Kinderschuhen steckt. Man vermutet, dass 99 % aller Mikroben erst noch entdeckt werden müssen und dass Fortschritte auf dem Gebiet der Mikrobiologie von großem Nutzen für die Menschheit sein werden.

KAPITEL 13

FÖRDERVEREINE

Zoo-Vereine und andere Unterstützer-Organisationen

Einleitung

Die meisten Zoos in diesem Buch, besonders die in Städten gelegenen, werden auf die eine oder andere Weise von Fördervereinen oder ähnlichen Organisationen unterstützt. Diese lassen sich grob drei verschiedenen Typen zuordnen:

1) Unabhängige Fördervereine, die eine Satzung, einen gewählten Vorstand und eventuell auch weitere Gremien besitzen. Dies ist die in Deutschland übliche Form.
2) Abhängige Fördervereine, deren Organisation komplett bei der jeweiligen Zooverwaltung liegt. Diese sind hauptsächlich in Tschechien, Polen oder Ungarn anzutreffen. Dabei handelt es sich bei einigen um Übergangsmodelle, die später von unabhängigen Organisationen abgelöst werden sollen.
3) Fördermitgliedschaften, die entweder vom Zoo oder dessen Zoologischer Gesellschaft verwaltet werden. Mitglieder kommen in den Genuss von Vorteilen wie Jahreskarten, Ermäßigungen für die Gastronomie, Zooläden und regelmäßigen Informationen. Tiergärten in Großbritannien, den Niederlanden und auch Belgien favorisieren dieses Modell.

Zoos in diesem Buch

Die Situation der 115 hier gelisteten Zoos ist folgendermaßen:

unabhängige Fördervereine	39 Zoos
abhängige Fördervereine	12 Zoos
Fördermitgliedschaften	19 Zoos
ohne Organisation	45 Zoos

Typische Merkmale

Unabhängige Fördervereine snd gemeinnützige Gesellschaften mit veröffentlichten Satzungen. Auf einer jährlichen Mitgliederversammlung wird die geprüfte Buchführung dargelegt, der Kassenwart entlastet, und es erfolgt Entlassung und Wahl des Vorstand sowie der Organe. Viele Vereine betreiben ihre eigene Internetseite, die meisten veröffentlichen ein regelmäßig erscheinendes Magazin. Zum Programm gehören oftmals gemeinsame Fahrten in andere Zoos oder Vorträge auswärtiger Referenten.

Fördervereine

Nicht-unabhängige Fördervereine werden von der Verwaltung eines Zoos organisiert. Der Vorteil einer Mitgliedschaft besteht meistens in Vorzügen wie Jahreskarten, regelmäßigen Neuigkeiten oder Einladungen zu speziellen Veranstaltungen. Die hauptsächliche Aufgabe dieser Vereine besteht darin, den Zoo durch das Sammeln von Spenden finanziell zu unterstützen.

Handelt es sich um ein System von Fördermitgliedschaften, dann ist die Mitgliedschaft zumeist nominell in der Zoologischen Gesellschaft des Zoos angesiedelt. Von Angehörigen wird erwartet, dass sie die Ziele des Zoos unterstützen. Sie erhalten Vergünstigungen in Form von Jahreskarten, Ermäßigungen in der im Zoo-Gastronomie und im Zooladen, Zoo-Magazinen oder Veranstaltungen, die exklusiv für Mitglieder angeboten werden. Ein weiterer Vorteil sind häufig auch Rabatte bei den Eintrittspreisen anderer Zoos in der Region.

Unabhängige Fördervereine

Meiner Einschätzung nach ist dies das beste Modell und sollte, wenn möglich, umgesetzt werden. Der Erfolg eines solchen Vereins basiert einerseits auf der Motivation und Begeisterung seiner Mitglieder, die freiwillig dazu bereit sind, einen wesentlichen Teil ihrer Freizeit zu investieren, andererseits aber auch auf einer guten Beziehung zwischen Vereinsführung und Zooleitung und deren Verwaltung.

Dies sind die maßgeblichen Vorteile, die die Arbeit eines großen und erfolgreichen unabhängigen Fördervereins bieten kann:

1) Die Unabhängigkeit vom Zoodirektor und der Zooverwaltung erlaubt dem Verein, Energie und Enthusiasmus ihres eigenen Vorstands einzusetzen und selbst Ideen zu entwickeln, z. B. um neue Mitglieder zu gewinnen. Aktivitäten können eigenständig geplant und realisiert werden, darunter Veranstaltungen zur Spendensammlung, die Erstellung einer Homepage für den Verein, eine eigene Vereinszeitschrift, Besuche in anderen Tiergärten oder Vorträge auswärtiger Referenten.

2) Zugang zu Politikern, Sponsoren oder anderen Personen, die dem Zoo auf die eine oder andere Weise unterstützen können und die bestehenden Kontakte des Zoos wertvoll ergänzen.

3) Das Aufbringen von Spenden für ein bestimmtes Projekt oder mit einer festgelegten Zielsumme kann durch die Kreativität einzelner in kleinere Initiativen untergliedert und dann mittels tatkräftiger Unterstützung vieler auch realisiert werden.

4) Die Möglichkeit, Mittel für den In-situ-Artenschutz zu sammeln. Dies kann besonders dann wichtig werden, wenn z. B. kommunale Auflagen verhindern, dass solche Projekte unmittelbar aus dem Budget des Zoos finanziert werden.

5) Mitglieder aus Fördervereinen unterstützen bei Bedarf auch häufig das Zoopersonal bei Freiwilligendiensten, und durchlaufen zum Teil auch eine entsprechende Ausbildung.

6) Durch ihren Enthusiasmus werden Mitglieder von Fördervereinen zu begeisterten Fürsprechern ihres Zoos, die ihre eigene Motivation an Freunde weitergeben und so vielleicht neue Mitglieder gewinnen können. Je mehr Menschen die Notwendigkeit des Artenschutzes und

FÖRDERVEREINE

der Arterhaltung erkennen, verstehen und sich dafür engagieren, desto mehr Unterstützung können sich Projekte dieser Art erhoffen. Da diese häufig mit Zoos verbunden sind, steigt gleichzeitig auch deren Bekanntheitsgrad.

7) Fördervereine führen Menschen mit ähnlichen Interessen zusammen:
Zoo-Freunde, Tier- und Naturliebhaber.

8) Fördervereine sind sich zumeist ihrer pädagogischen Verantwortung bewusst und bieten ihren Mitgliedern ein breites Spektrum an Weiterbildungsmöglichkeiten, sei es über Zoos, den Arten- oder Tierschutz oder verwandten Themen.

Die Mitgliederanzahl aller Vereine der in diesem Buch untersuchten Zoos beläuft sich auf etwa 139.000 Mitgliedschaften. Dahinter steht aber noch eine deutlich größere Zahl individueller Personen, da häufig zwar Paare und Familien nur als einzelne Mitglied gezählt werden. Ich schätze, dass die Anzahl der tatsächlich involvierten Individuen 200.000 noch übersteigt.

Von den 39 Zoos in diesem Buch, die über einen solch unabhängigen Förderverein verfügen, befinden sich allein 28 Tiergärten in Deutschland. 25 dieser Vereine sind ihrerseits in einem Dachverband organisiert, der Gemeinschaft Deutscher Zooförderer e.V. (GDZ), deren gewählter Vorsitzender zur Zeit Buno Hensel aus Wuppertal ist. Die GDZ veranstaltet jährlich eine deutschlandweite Tagung, die abwechselnd von einem Mitgliedsverein im jeweiligen Zoo ausgerichtet wird. Alle zwei Jahre wird diese Tagung auf die europäische Ebene erweitert. Aufgabe der GDZ ist die Vertretung der Mitgliederinteressen deutschlandweit, besonders in direktem Kontakt mit der Bundesregierung, dem VdZ und anderen wichtigen Organisationen. Außerdem veröffentlicht die GDZ einen Jahresbericht, den „Almanach", dessen neueste Ausgabe im Jahr 2016 erschienen ist und trägt zur Finanzierung verschiedener In-situ-Artenschutzprojekte bei.

Einige interessante Fakten in Verbindung mit unabhängigen Fördervereinen dieses Buches:

- Die durchschnittliche Anzahl der Mitgliedschaften beträgt 3.650, die etwa 10.000 Personen ausmachen, Kinder jeden Alters eingeschlossen.
- Seit dem Jahr 2000 sind insgesamt ungefähr 77,5 Millionen € Spendengelder gesammelt worden, im Durchschnitt 2,15 Millionen € pro Zoo. Besonders herausragend ist der Förderverein in Stuttgart, der in diesem Zeitraum 16 Millionen € aufbringen konnte, ebenfalls erwähnenswert sind Zürich, Wuppertal, Wien, Krefeld und Leipzig mit jeweils über 5 Millionen €.
- Umgerechnet anhand aktueller Mitgliedschaftszahlen hat jedes Mitglied der Fördervereine in Leipzig, Wuppertal, Karlsruhe, Nordhorn, Erfurt, Halle und Dresden über 2.500 € an Spendengeldern gesammelt. (Interessanterweise liegen vier dieser Zoos in der ehemaligen DDR.)
- 40 % der Fördervereine sind auch im Führungsgremium ihres Zoos vertreten, 30 % besitzen sogar Anteile an ihrem Zoo und fünf deutsche Fördervereine sind sogar mit mindestens 25 % beteiligt (Neuwied, Osnabrück, Aachen, Münster, Duisburg und Krefeld).

Fördervereine

- Die Jahreshauptversammlungen werden im Durchschnitt von mehr als 100 Mitgliedern besucht.
- Die zwei größten Fördervereine haben die Zoos in Zürich (mehr als 40.000 Mitglieder) und in Stuttgart (mehr als 30.000 Mitglieder). Allerdings sind die Zahlen beider Vereine eigentlich nicht miteinander vergleichbar, da sie auf unterschiedler Basis beruhen, während in Zürich jede Person individuell gezählt wird, werden in Stuttgart nur zahlende Mitglieder gezählt.
- Der Förderverein des Berliner Zoos hat seine Mitgliederanzahl in den letzten drei Jahren auf 3.500 verdoppelt.

Krefeld

Fördervereine

Fördervereine

Unabhängige Fördervereine

Zoo	gegründet	Mitglieder	Tages karte €	Jahres karte €	Vorstandsmitglieder	Anteile	Aufsichtsratsmitglieder	Anwesenheit Jahresvollversammlung	Magazin pro Jahr	Vorträge	Besuche anderer Zoos	Spenden seit 1, 1, 2000 in Millionen €
Aachen	1960	525	15	X	4	94,0 %	1	70	0	0	1	0,14
Augsburg	1995	690	100	✓	5	0,0 %	1	60	1	2	1	1,5
Basel	1919	2.600	40	X	10	0,1 %	0	100	2	✓	1	3,77
Belfast	1997	150	50	✓	11	0,0 %	0	20	0	3	1	0,04
Berlin	1956	3.500	30	X	5	1	0	200	2	6	3	2
Dortmund	1950	450	60	✓	7	0,0 %	0		0	0		
Dresden	1992	470	30	X	7	0,0 %	1	70	0	0	0	1,2
Duisburg	1933	7.825	55	✓	3	25,0 %	2	100	2	6	2	2,3
Erfurt	1993	500	25	X	6	0,0 %	0	85	2	5	2	1,5
Halle	2000	145	89	✓	7	0,0 %	0	60	0	3	1	0,35
Hamburg	1998	2.525	30	X	3	0,0 %	0	100	2	7	2	0,1
Hannover	1967	650	55	X	5	0,0 %	1	80	4	10	4	0,2
Heidelberg	1933	310	50	✓	5	0,1 %	1	45	3	✓	4	1,78
Innsbruck	1979	5.500	50	✓	6	0,0 %	1		4	5	✓	
Karlsruhe	1979	340	50	✓	4	0,0 %	0	40	1	✓	1	1,1
Köln	1982	3.300	33	X		0,0 %	0	100	0	0	0	1,5
Krefeld	1972	2.800	15	X	7	25,1 %	2	110	2	7	5	5,2
Kronberg	2007	110	120	✓		0,0 %	0		2	0	0	
Landau	1975	3.245	40	✓	9	0,0 %	0	75	3	0	3	2,8
Leipzig	1992	1.060	40	X	6	0,0 %	0		0	✓	1	5
Magdeburg	1994	790	35	✓	7	0,0 %	0	90	2	8	2	0,2
Mullhouse	1947	40	15	X	10	0,0 %	0	12	0	0	0	0,05
München	1973	140	100	✓		0,0 %	0		0	2	3	
Münster	1871	8.600	80	✓	6	54,0 %	8	70	2	4	10	0,5
Neuwied	1984	450	55	✓	7	100,0 %	4	60	2	0	3	1

FÖRDERVEREINE

Zoo	gegründet	Mitglieder	Tageskarte €	Jahreskarte €	Vorstandsmitglieder	Anteile	Aufsichtsratmitglieder	Anwesenheit Jahresvollversammlung	Magazin pro Jahr	Vorträge	Besuche anderer Zoos	Spenden seit 1.1.2000 in Millionen €
Nordhorn	1994	330	47.5	√	8	0,0 %	1	25	0	4	1	1
Nürnberg	1958	2.600	80	√	4	0,0 %	0	110	2	2	2	4,9
Osnabrück	1999	2.150	50	√	6	95,0 %	5		1	√	5	
Paris	1938	1.400	32	X	13	0,0 %	0	75	4	6	0	1
Rostock	1990	200	60	√	5	0,5 %	1	55	1	6	2	0,4
Rotterdam	1963	5.600	41	X	7	0,0 %	0	300	4	5	5	4,75
Salzburg		100	60	X	6	0,0 %	0					
Stuttgart	1956	32.720	60	√	14	0,0 %	0	300	4	9	2	16
Tallinn	1996	420	20	√	7	0,0 %	2	100	0	0	1	0,15
Wien	1992	5.000	30	X	9	0,0 %	1	120	4	10	0	5,4
Wuppertal	1955	1.800	20	X	10	0,0 %	0	300	2	10	5	6,2
Zürich	1925	40.000	24	X	8	5,0 %	1	150	3	3	1	7
Totals		138.900										€ mio, 79,03

Anmerkungen zu obiger Tabelle:

1) Dortmund. Es gibt noch einen zweiten Förderverein, Förderverein Kinder und Zoo Dortmund e.V., der 2014 gegründet wurde und ebenfalls Mitglied des GDZ ist.

2) München. Der ursprüngliche Förderverein Tierparkfreunde Hellabrunn wurde 2012 aufgelöst und 2015 durch den Hellabrunner Förderkreis ersetzt. Da sich dieser Verein noch in der Entwicklungsphase befindet, sind bisher keine näheren Informationen verfügbar.

3) Berlin und Paris. Jeder dieser Fördervereine unterstützt zwei seperate Zoos.

FÖRDERVEREINE

Zoo	Internetadresse
Aachen	www.tierparkfreunde-aachen.de/
Augsburg	www.zoofoerderer.de/mitglieder/augsburg/freundeskreis-des-augsburger-zoo-e-v/
Basel	www.zoobasel.ch/de/freunde/index.php
Belfast	www.belfastzoo.co.uk/ZooHome/Supportus/FriendsOfBelfastZoo.aspx
Berlin	www.freunde-hauptstadtzoos.de/wp/
Dortmund	www.zoofreunde-dortmund.de/
Dresden	www.zoofreunde-dresden.de/
Duisburg	www.zoo-duisburg.de/zoo-foerderer/zoo-foerderverein/der-verein-der-freunde-des-duisburger-tierpark-ev.html
Erfurt	zooparkfreunde.de/cms/front_content.php?idcat=62
Halle	www.zoovereinhalle.de/cms/index.php?verein
Hamburg	zooparkfreunde.de/cms/front_content.php?idcat=6
Hannover	www.zoofreunde-hannover.de/
Heidelberg	www.tiergartenfreunde.de/
Innsbruck	www.freunde-alpenzoo.at/mitgliedschaft.html
Karlsruhe	www.zoofreunde-karlsruhe.de/
Köln	www.koelnerzoo.de/foerderer/
Krefeld	www.zookrefeld.de/bereiche/zoofreunde.html
Kronberg	www.foerderverein-opel-zoo.de/
Landau	www.zoofreunde-landau.de/

FÖRDERVEREINE

Zoo	Internetadresse
Leipzig	www.zoo-leipzig.de/foerdern-helfen/freundes-und-foerderverein/
Magdeburg	www.zoofreunde-magdeburg.de/
Mullhouse	www.amisduzoo-mulhouse.org/
München	www.hellabrunn.de/helfen-spenden/foerderkreis/
Münster	www.zooverein-muenster.de/
Neuwied	www.zooneuwied.de/pages/foerderverein.php
Nordhorn	www.tierpark-nordhorn.de/foerderverein/
Nürnberg	www.tgfn.de/index.php?id=31
Osnabrück	www.zoo-osnabrueck.de/staticsite/staticsite.php?menuid=257&topmenu=257&keepmenu=inactive
Paris	www.parczoologiquedeparis.fr/en/become-member/secas-society-encouragement-wildlife-conservation
Rostock	www.rostocker-zooverein.de/home/
Rotterdam	www.vriendenvanblijdorp.nl/
Salzburg	
Stuttgart	www.foerderer-der-wilhelma.de/
Tallinn	www.tallinnzoo.ee/en/supporters-friends/
Wien	www.freunde-schoenbrunn.at/
Wuppertal	www.zoo-wuppertal.de/zoo-verein.html
Zürich	www.zoo.ch/xml_1/internet/de/application/d319/f733.cfm

Fördervereine

Eine Auswahl regelmäßig für Mitglieder von Fördervereinen erscheinender Zeitschriften:

Fördervereine

Ich habe drei Fördervereine für eine detaillierte Vorstellung ausgewählt, deren Erfolge über die letzten 15 Jahre hinweg bemerkenswert sind.

Freunde und Förderer der Wilhelma e.V.

Der berühmte Zoologisch-Botanische Garten Wilhelma in Stuttgart besitzt mit über 30.000 Mitgliedern den größten Förderverein aller Zoos in Deutschland. Unter der Leitung von Direktorin Nicole Englert ist der Verein, der über eine eigene Verwaltung verfügt, die durch hauptberufliche Mitarbeiter gewährleistet wird, hervorragend organisiert und durch seinen großen Erfolg in der Spendensammlung eine enorme Unterstützung für den Tiergarten.

Geschäftsführerin Nicole Englert, Sonja Wild und Annette Schmierer im neuen Menschenaffenhaus

Fördervereine

Gegründet wurde der Verein im Jahr 1956 und die Mitgliederanzahl hat sich in den letzten Jahren beinahe verdoppelt, wie folgende Aufzählung zeigt:

1. 1. 1990	11,667
1. 1. 2000	15,797
1. 1. 2010	24,884
1. 1. 2016	31,551

Der Förderverein ist für den Zoo zu einer der wichtigsten Finanzierungsquellen für Investititionen geworden. Seit dem Jahr 2000 konnten insgesamt 16 Millionen € Spendengelder gesammelt werden, davon entfielen allein 9,5 Millionen € auf den Bau des neuen Affenhauses samt Außenanlagen, das im Jahr 2013 eröffnet werden konnte. Bereits zuvor hatte der Verein mit der Spende von 4 Millionen € einen Hauptteil zur Finanzierung des Amazonienhauses beigetragen und auch das benachbarte Schmetterlings- und Insektenhaus mit 1 Millionen € unterstützt. Im Augenblick ist der Verein dabei, für den Bau eines neuen Hauses für Asiatische Elefanten mit zugehörigen Außenanlagen zu sammeln, das 2020 eröffnet werden soll. Auch hier engagiert sich der Verein mit dem Ziel, einen wesentlichen Teil der Finanzierung zu übernehmen.

Auf der jährlichen Vollversammlung, an der regelmäßig 300 Mitglieder teilnehmen, werden der Vorstand und verschiedene Ämter für eine Amtsdauer von drei Jahren gewählt. Aktueller Vorsitzender ist Prof. Georg Fundel, der von zwei Stellvertretern unterstützt wird. Zusätzlich besteht der Vorstand aus einem Schatzmeister, dem Direktor der Wilhelma und neuen weiteren Mitgliedern, unter denen sich zwei Professoren befinden.

Der Verein unterhält eine hervorragende Homepage, die regelmäßig von eigenem Personal auf den neusten Stand gebracht wird. Dazu erhalten Mitglieder außerdem ein vierteljährliches Rundschreiben, einen Jahresbericht und aktuelle Nachrichten über Facebook.

Vorteile einer Mitgliedschaft sind unter anderem der freie Eintritt in den Zoo, die Möglichkeit der Teilnahme an monatlichen Abendveranstaltungen und an vom Verein organisierten Ausflügen in andere Tiergärten, ein Wilhelma Kalender und die Einladung zu einem Sommerkonzert, das im malerischen Maurischen Garten stattfindet, rund um den wunderschönen Seerosenteich mitten in der Wilhelma. Dieses Konzert, dessen musikalisches Programm jedes Jahr variiert, gilt als ein absolutes gesellschaftliches Highlight. Es wird jährlich von bis zu 4.000 Mitgliedern besucht. Angebotene Exkursionen zu anderen Zoos umfassen sowohl Tagesausflüge, die häufig von mehr als 500 Mitgliedern wahrgenommen werden, aber auch Fahrten von bis zu 4 Tagen ins europäische Ausland (z.B. Dublin, Irland im Jahr 2014, Cabarceno, Spanien im Jahr 2015 und Rom, Italien im Jahr 2016).

FörDervereine

Tiergarten Gesellschaft Zürich

Die Tiergarten Gesellschaft Zürich (TGZ) ist einzigartig unter den Fördervereinen. 1925 war sie ursprünglich gegründet worden, um die Organisation und Verwaltung eines neuen Zoologischen Gartens zu übernehmen, der drei Jahre später unter dem Namen Zoo Zürich eröffnet wurde. Bei diesem bekannten Zoo handelt es sich heute meiner Bewertungsliste nach um einen der besten drei Zoos Europas. Heute besteht die TGZ allerdings einzig als Förderverein des Zoo Zürich. Sie hält noch 5 % der Aktien an der Zoo Zürich AG, der der Zoo offiziell gehört, und auch durch ihren Vorsitzenden im Stiftungsrat der Stiftung Zoo Zürich vertreten ist. Der Förderverein hat eine eigene Geschäftsstelle innerhalb des Zoos, in der hauptberufliche Mitarbeiter unter der Leitung von Claudia Poznik arbeiten.

Die TGZ zählt etwa 40.000 Mitglieder, darunter auch Firmen und Sponsoren. Seit dem Jahr 2000 wurden mehr als 7 Millionen CHF Spendengelder gesammelt und damit unter anderem zur Finanzierung der Regenwaldhalle „Masoala", der Überschwemmungslandschaft „Pantanal" und des Kaeng Krachan Elefantenparks beigetragen. Außerdem wurden viele kleinere Projekte des Zoos unterstützt, die der Information und Aufklärung der Besucher dienen. Die Gesellschaft beteiligt sich auch an der Publikation des alljährlich im April erscheinenden Zoojournals und der Zoonews, die halbjährlich im Sommer und Herbst veröffentlicht werden. Natürlich steht die TGZ auch hinter dem „Schweizer Zoo Kalender", einem Geminschaftsprojekt verschiedener Schweizer Zoos.

Die Jahresversammlung der Gesellschaft findet jedes Jahr im Mai statt. Durchschnittlich nehmen 150 Mitglieder daran teil. Dort wird auch der Vorstand gewählt, der mindestens aus sieben Vertretern besteht, die für zwei Jahre gewählt werden. Aktuell besteht der Vorstand aus 8 Personen: Claudia Poznik als erster Vorsitzenden und Dr. Samuel Furrer als zweitem Vorsitzenden, unterstützt von sechs weiteren Mitgliedern unterschiedlicher Funktionen, u.a. ein Kassenwart.

Im Internet präsentiert sich die TGZ auf der Homepage des Züricher Zoos. Vorteile einer Mitgliedschaft umfassen den freien Eintritt bei speziellen Veranstaltungen der TGZ (aber keine Jahreskarte), Teilnahme an organisierten Ausflügen zu anderen Zoos mit einem erheblichen Preisnachlass (mit 50 bis 100 Teilnehmern) und Freiexemplaren des Zoojournals und der Zoonews. Für das Jahr 2016 ist eine besondere fast dreiwöchiger Reise nach Tansania geplant, sowie drei weitere Besuche in Zoos des europäischen Auslands.

Claudia Poznik, Leiterin Freiwilligenteam

Fördervereine

Zoo-Verein Wuppertal

Der 1955 gegründete Zoo-Verein Wuppertal ist ein besonders gutes Beispiel dafür, was ein Förderverein für einen mittelgroßen Zoo erreichen kann, der in einer keineswegs wohlhabenden Stadt inmitten einer industriell geprägten Landschaft liegt.

Seit 2000 ist es dem Förderverein gelungen, über 6 Millionen € an Spendengeldern zu sammeln – dies ist nach Stuttgart der zweithöchste Betrag ganz Deutschlands – und so den Zoo bei großen Investitionen in Form von neuen und verbesserten Tieranlagen maßgeblich zu unterstützen. Der Verein hat über 1.700 Mitglieder, von denen sich 100 aktiv für den Zoo engagieren und mit ihrer vielfältigen Unterstützung ein Beispiel für andere Organisationen dieser Art deutschlandweit sind.

Abgesehen von der finanziellen Unterstützung leisten Mitglieder auf freiwilliger Basis auch Hilfe im Zooshop oder der Gastronomie des Zoos, bei der Vermittlung von Tierpatenschaften oder der Organisation besonderer Veranstaltungen. Im Januar 2015 gründete der Förderverein eine separate Firma gegründet, die Zoo-Service Wuppertal GmbH, um so die kommerziellen Aspekte seiner Arbeit besser zu organisieren und von der eigentlich gemeinnützigen Vereinsaktivität trennen zu können. Zusätzlich gibt es eine Anlaufstelle, die sich mit Testamenten und Hinterlassenschaften befasst, die den Zoo begünstigen. Diese berät auch Personen, die nicht Vereinsmitglied sind.

Bruno Hensel

Fördervereine

Diese erfolgreiche Entwicklung des Fördervereins in Wuppertal ist kürzlich dadurch gewürdigt worden, dass ihr erster Vorsitzender, Bruno Hensel, zum Vorsitzenden der GDZ (Gesellschaft Deutscher Zooförderer), des Dachverbandes der Zoo-Fördervereine Deutschlands gewählt wurde.

Die Jahresversammlung des Vereins, die durchschnittlich von etwa 300 Mitgliedern besucht wird, findet im März statt. Dort wird für eine Amtszeit von drei Jahren der Vorstand bestellt, dessen Vorsitz momentan Bruno Hensel inne hat. Zusätzlich zum dreiköpfigen Vorstand können bis zu sieben verschiedene Ämter vergeben werden Hauptgeschäftsführer und gleichzeitig auch Pressechef des Zoos Wuppertal ist Dipl.-Biol. Andreas Haeser-Kalthoff. . Im Internet präsentiert sich der Verein auf der Homepage des Zoos.

Zweimal im Jahr erscheint die vereinseigene Zeitschrift „Pinguinal", die im Jahr 2015 das 60-jährige Jubiläum feiern konnte. Zu diesem Anlass erschien eine besondere, 162 Seiten starke Ausgabe mit einer Auflage von 8.000 Exemplaren. Viele der aktuell maßgeblichen Persönlichkeiten auf der Bühne der europäischen Zoos finden sich unter den Gratulanten.

Abgesehen vom Erhalt des Magazins bietet eine Mitgliedschaft im Förderverein noch weitere Vorteile wie die Einladung zu monatlichen Vorträgen, vom Verein organisierten Ausflügen zu anderen Zoos, an denen häufig 100 bis 150 Mitglieder teilnehmen und Zooführungen, die den Besuchern einen Blick hinter die Kulissen ermöglichen. Außerdem engagiert sich der Verein, in enger Zusammenarbeit mit dem Zoo, für viele nationale und internationale Artenschutzprogramme. Über alle Aktivitäten und Projekte des Fördervereins können sich Mitglieder und Zoobesucher auch direkt im Zoo informieren.

Auch innerhalb der Stadt Wuppertal genießt der Verein ungewöhnlich große Popularität und Ansehen. Dies wird schon bei dem jährlich stattfindenden Benefizkonzert zugunsten des Zoo-Vereins Wuppertal deutlich, das bis zu 1.500 Besucher anzieht. Auch die Unterstützung für öffentliche Aktionen des Vereins ist beispiellos. Anlässlich des 125-jährigen Bestehens des Zoos im Jahr 2006 organisierte der Verein die „Pinguinale", benannt nach dem Wappentier des Zoos, dem Königspinguin. 200 Kunststoffpinguine konnten erworben und dann individuell gestaltet werden. Anschließend wurden sie für 5 Monate in Wuppertal verteilt aufgestellt, bis sie, begleitet von 30.000 Menschen mit der Schwebebahn in den Zoo einzogen. Die Spenden dieser Kampagne kamen dem Bau des neuen Pinguinbeckens zu Gute. Dem Förderverein brachte die Aktion den Marketing-Preis der Stadt Wuppertal ein.

Mit der Unterstützung von Aralandia (einer Voliere für Aras), einem 4 Millionen € teuren Projekt, das sich ausschließlich durch Spenden, Sponsoren und Erbschaftsgelder finanzieren soll, hat der Zoo-Verein Wuppertal aktuell sein ehrgeizigstes Projekt in Angriff genommen. Die Eröffnung ist für 2018 geplant.

Fördervereine

ABHÄNGIGE FÖRDERVEREINE

Viele Fördervereine sind noch in der Entwicklung und die meisten planen, sich über kurz oder lang von ihrem Zoo zu lösen und eigenständig zu werden. Folgende Zoos in diesem Buch verfügen über solch abhängige Fördervereine:

- Budapest hat eine unabhängige gemeinnützige Gesellschaft, dessen Organisation und Verwaltung beim Zoo liegt. Sie betreut Tierpaten, Sponsoren und Unterstützer und hat 3.500 Mitglieder.
- In Helsinki richtet sich der Förderverein an Sponsoren. Er hat 20 Mitglieder.
- Der Förderverein in Kosice ist prinzipiell jedem zugänglich, wird organisiert und verwaltet durch den Zoo, besteht hauptsächlich aus Tierpaten und Sponsoren und wirbt für finanzielle Unterstützung des Zoos. Es gibt 50 Mitglieder.
- In Lissabon wurde der Förderverein des Zoos bereits im Jahr 1913 gegründet. Er umfasst sowohl Privatpersonen als auch kommerzielle Sponsoren. Ziel ist Anwerbung von Tierpaten, Sponsoren und Unterstützern jeglicher Art. Der Verein zählt 656 Mitglieder und 58 Firmenmitgliedschaften.
- Im Zoo in Opole erhalten die 20 Mitglieder des Fördevereins als Vergünstigung unter anderem Ermäßigungen in der Zoogastronomie und den Zooläden. Unter den vier Vorstandsmitgliedern des Vereins befindet sich auch der Zoodirektor.
- 1971 wurde der Förderverein des Zoos in Ostrava gegründet, der aktuell 50 Mitglieder umfasst. Eine Jahreskarte, ein Sicherheitstraining und eine jährliche Führung durch den Zoo sind einige der Vorteile, die eine Vereinsmitgliedschaft bietet.
- Der Förderverein in Pilsen zählt bereits 350 Mitglieder, ist aber noch dabei, sich vom Zoo unabhängig zu machen.
- Der Fan Club des Prager Zoos, der auch von diesem organisiert und verwaltet wird, richtet sich an wichtige Unterstützer des Zoos. Vorteile einer Mitgliedschaft bestehen in einer Jahreskarte, der Einladung zu besonderen Zooveranstaltungen, der Erlaubnis, private Geburtstagsfeiern im Zoo auszurichten, geführten Touren durch den Zoo, sowie Preisnachlässen bei der Zoogastronomie und den im Zoo angesiedelten Läden. Außerdem erhalten die rund 50 Mitglieder das vierteljährlich erscheinende Magazin „Trojanisches Pferd".
- In Rom wurde ein Förderverein für den Zoo im Jahr 2011 gegründet, dem inzwischen etwa 100 Mitglieder angehören, welchen die typische Vorteile zuteil werden.
- Ein Förderverein in Sóstó ist noch jung. In erster Linie richtet sich der vom Zoo verwaltete Verein an Tierpaten. Aktuell zählt er etwa 50 Mitglieder.
- Der Förderverein in Warschau wird Zoo organisiert und verwaltet. Der Mitgliedsbeitrag beträgt 75 €, dafür erhalten die etwa 100 Mitglieder eine Jahreskarte und einen Preisnachlass bei der Zoogastronomie und im Zooshop.
- In Wrocław befindet sich der Förderverein noch im Aufbau. Es gibt 25 Gründungsmitglieder.

Fördervereine

FÖRDERMITGLIEDSCHAFTEN

Die Zoos mit der größten Anzahl an Fördermitgliedern in Großbritannien sind Colchester (70.000), ZLS London und Whipsnade (50.000), Chester (40.000) und Edinburgh (25.000). Marwell, Bristol und Paignton haben jeweils über 10.000 Mitglieder.

In Belgien zählt KMDA für den Zoo Antwerpen und Dierenpark Planckendael 200.000 Mitglieder, Artis Amsterdam in den Niederlanden 80.000.

Typische Vorteile einer Fördermitgliedschaft, wie beispielsweise im Chester Zoo, sind folgende: Jahreskarte, Zugang zu einem beschleunigten Einlassverfahren, 10 % Rabatt in der Zoogastronomie und Zooshops, das vierteljährliche Zoomagazin, Zutritt zu speziellen Zooveranstaltungen, z. B. ist der Zoo zweimal pro Jahr nur für Mitglieder geöffnet, Vortragsreihen im Zoo und Nachlässe auf Eintrittspreise einiger anderer Zoos in Großbritannien – obwohl sich die London Zoological Society (London und Whipsnade) nicht beteiligt.

FAZIT

Die große Mehrzahl der Zoos in diesem Buch werden auf die ein oder andere Weise unterstützt, sei es in Form von Fördervereinen, Fördermitgliedschaften oder von Organisationen, deren Modell hier keine Erwähnung gefunden hat. Fast alle Zoos sind bestrebt, solche Vereine aufzubauen und unterstützen deren Entwicklung, abgesehen von solchen, die sich weit entfernt von großen Städten befinden.

Magdeburg

KAPITEL 14

FINANZIERUNGS- UND MARKETINGSTRATEGIE

Wie ich bereits in meinem ersten Buch festgestellt habe, ist die Finanzierung die wichtigste Herausforderung aller Zoos. Denn jeder Zoo möchte seine Gehege erneuern und ausbauen oder seine Bildungs- und Artenschutzprogramme erweitern. Diese Tatsache, auf die ich in meinem ersten Buch bereits detaillierter eingegangen bin, kann meines Erachtens nicht stark genug betont werden.

Bei meinen aktuellen Ranglisten machen finanzielle, wirtschaftliche und vermarktungstechnische Aspekte 20 % der in der Analyse vergebenen Gesamtpunktzahl aus. In den Jahren 2010 bis 2015 wurden insgesamt 1,1 Milliarden € in diese Zoos investiert, das für den Zeitraum 2016 bis 2020 geplante Investitionsvolumen beläuft sich sogar auf 1,2 Milliarden €.

Gleichzeitig müssen die Jahresetats der Zoos erhöht werden. Vor allem, um mehr Personal für Werbung und Vermarktung zu beschäftigen, nicht zuletzt, um zu gewährleisten, dass die Zoos im Bereich der Sozialen Medien mit aktuellen Entwicklungen Schritt halten und diese nutzen, um Besucher, Sponsoren und Spender zu gewinnen. Dieser kontinuierliche Bedarf an immer größerem Investitionskapital und höheren jährlichen Haushaltsetats entwickelt sich in einer allgemein angespannten Finanzsituation. Einsparungen seitens der EU und Kürzungen nationaler wie kommunaler Zuschüsse sind in den vergangenen fünf Jahren zur Gewohnheit geworden und auch für die nächsten fünf Jahre ist keine Besserung zu erwarten.

Daher ist es kaum erstaunlich, dass sich die Zahl der Zoodirektoren, die auch über Qualifikationen im Finanzbereich verfügen, innerhalb der letzten fünf Jahre von 20 % auf 30 % gestiegen ist (dazu mehr in Kapitel 5).

Das Beispiel des Osnabrücker Zoo, auf das ich in meinem ersten Buch eingegangen bin, ist noch immer gültig. Die gute Entwicklung hat sich in den letzten fünf Jahren fortgesetzt. Im Jahr 2012 wurde die Zoo Osnabrück gGmbH gegründet. Seither führt sie den Zoo in größerer finanzieller Unabhängigkeit von der Stadt Osnabrück. Zum zoologischen Direktor wurde nach Dr. Susanne Klomburgs Pensionierung Prof. Dr. Michael Böer berufen, der dem Geschäftsführer der Zoo Osnabrück gGmbH, Andreas Busemann, direkt unterstellt ist. Die vergangenen drei Jahre zeigen, wie positiv sich die Zusammenarbeit eines erstklassigen Wirtschaftsfachmanns und eines erfahrenen zoologischen Experten für den Zoo ausgewirkt hat. Innerhalb der letzten fünf Jahre ist es dem Zoo in Osnabrück gelungen, jährlich etwa eine Millionen Besucher anzulocken und weiter in das Gelände und die Anlagen zu investieren. Bestehende Gehege wurden verbessert und neue Attraktionen wie beispielsweise Kajanaland oder Angkor Wat ralisiert. Dabei musste zur Verwirklichung dieser Projekte nur minimal auf Haushaltszuschüsse oder öffentliche Fördermittel zurückgegriffen werden. Eines der besten Beispiele für diese neue Finanzpolitik ist die 1,5 Millionen € teure Anlage der Orang-Utans und Gibbons, die 2016 eröffnet werden soll.

Der größte Teil der benötigten Summe konnte durch die Anwerbung lokaler Sponsoren mittels der medienwirksamen Kampagne „Buschi", benannt nach dem ältesten Orang-Utan des Zoos, und einer großzügigen Spende der Neuen Osnabrücker Zeitung (NOZ) aufgebracht werden.

Finanzierungs- und Marketingstrategie

Außer für seine aufsehenerregenden Investitionszahlen ist der Osnabrücker Zoo auch dafür bekannt, seine Zulieferer von Material oder Dienstleistungen immer wieder davon zu überzeugen, diese Leistungen gewissen Projekten als Spende zur Verfügung zu stellen. Der Zoo kann sich glücklich schätzen, mehr als 150 Sponsoren zu haben, mit denen er ständig in engem Kontakt steht.

Das Engagement der Zoos an den sozialen Netzwerken, insbesondere „Facebook", ist eine der wichtigsten Entwicklungen der letzten fünf Jahre und aller Wahrscheinlichkeit nach wird sich dieser Trend in den kommenden fünf Jahren noch intensivieren. In der zunehmend digitalisierten Gesellschaft, die rund um die Uhr vernetzt und erreichbar ist, sind Networking und die Präsenz in den Medien so wichtig wie nie zuvor.

Rita Schlegel, die Medienbeauftragte des Züricher Zoos, bestätigt, dass Facebook zu einem der wichtigsten Kanäle der Sozialen Medien geworden ist. Hier herrscht ein reger Meinungsaustausch besonders von Privatpersonen, darunter natürlich auch von Zoobegeisterten. Kommentare werden eingestellt, Meinungen diskutiert und Nachrichten verschickt, die häufig auch eine direkte Antwort des Zoos erfordern. Journalisten und Politiker nutzen häufig Twitter und die Aktivitäten dort benötigen ebenfalls ein hohes Maß an Betreuung seitens des Zoopersonals. Zusätzlich gewinnt YouTube, eine weltweite Plattform zum Teilen von Videos immer mehr an Bedeutung, allerdings ist zumindest der Zoo Zürich hier momentan wenig aktiv. Zuletzt ist noch Instagramm zu erwähnen, eine Plattform, die hauptsächlich dazu dient, Bilder auf unkomplizierte Weise mit anderen Nutzern zu teilen. Im Oktober 2015 hatte der Züricher Zoo, der zwar auf allen oben genannten Plattformen vertreten, aber dennoch relativ neu und unerfahren im Umgang mit den Möglichkeiten der Sozialen Medien ist, bei Facebook immerhin 23.000 Fans. Was möglich ist, wenn die Alternativen, die das Internet bietet, richtig genutzt werden, zeigt der Vergleich mit den Zoos in Chester und Leipzig, die beide zum gleichen Zeitpunkt bereits weit über 100.000 Fans hatten.

Finanzierungs- und Marketingstrategie

Und dies sind nur zwei von vielen Beispielen, in der Zwischenzeit ist die Zahl der Follower vieler Zoos in diesem Buch noch weiter gewachsen.

Zu diesem Thema erschien 2013 eine interessante Studie von Anja Wrzesinski, für ihre Abschlussarbeit an der Universität Madgeburg-Stendal, in der sie Facebook-Auftritte der Zoos von Leipzig, Magdeburg und Nürnberg untersuchte. Von den 32 deutschen Zoos in diesem Buch hatten im März 2013 immerhin 22 Zoos aktive Facebook-Seiten, dabei war Leipzig mit 59.302 Fans am beliebtesten, gefolgt von Münster (18.830) und Nürnberg (15.393). Aber auch Berlin und Osnabrück konnten beide jeweils über 10.000 Follower für ihre Seite interessieren.

Auch der spezielle Fall des Kölner Zoos wurde in Wrzesinskis Arbeit genauer untersucht. Nach einem tragischen Vorfall im Tigergehege entschloss man sich im August 2012 bei einem Stand von 17.000 Fans die offizielle Seite zu schließen, um so den unfairen und beleidigenden Kommentaren keine Plattform mehr zu bieten. Die unangemessenen Äußerungen kritisierten die Entscheidung des Zoodirektors, der bei dem Vorfall im Tigergehege dem Schutz des menschlichen Lebens Vorrang vor dem Schutz des Tieres eingeräumt hatte. Hier werden die negativen Seiten von Facebook und anderen Medien im allgemeinen sichtbar, die die Meinung der Öffentlichkeit besonders bei umstrittenen Themen im Bereich Zoo in vollkommen neuen Dimensionen beeinflussen können. Geschätzt beteiligten sich 1,2 Millionen Nutzer an der Diskussion über das Ereignis bei Facebook, wobei die Seite des Kölner Zoos im Vergleich durchschnittlich sonst 150.000 Besucher pro Woche hat.

Andere interessante Beispiele für Reaktionen auf Fotos, Kommentare oder Veranstaltungen in deutschen Zoos beinhalteten folgendes:

- Die Delphine im Nürnberger Zoo wurden im sog. „Blauen Saloon" durch die Unterwasserfenster beobachtet: 282 positive Reaktionen, 35 negative Reaktionen, 2 neutrale Reaktionen
- Der mürrische Gesichtsausdruck des Nürnberger Gorillas „Fritz": 143 positive Reaktionen, 12 negative Reaktionen, 15 neutrale Reaktionen
- Tod des Nürnberger Nashorns „Purana": 79 positive Reaktionen, 101 negative Reaktionen, 27 neutrale Reaktionen.
- Das Bild einer sich unter Wasser entspannenden Seekuh im Nürnberger Zoo: 224 positive Reaktionen, 18 negative Reaktionen, 18 neutrale Reaktionen.
- Die Nürnberger Habichtskäuze und deren Wiederaussiedlung im National Park des Bayrischen Waldes: 157 positive Reaktionen, 4 negative Reaktionen, 12 neutrale Reaktionen.
- Ankunft von Komodowaranen in Leipzig aus den USA: 368 positive Reaktionen, 28 negative Reaktionen, 27 neutrale Reaktionen
- Giraffengeburt und erstes Foto des Jungtieres im Leipziger Zoo: 1.318 positive Reaktionen, 83 negative Reaktionen, 197 neutrale Reaktionen.
- Leipziger Elefant in neuem Transportfahrzeug: 1.003 positive Reaktionen, 54 negative Reaktionen, 171 neutrale Reaktionen.
- Festtagswünsche des Leipziger Zoos an seine Fans, mit dem Bild eines kleinen Nashorns: 655 positive Reaktionen, 23 negative Reaktionen, 44 neutrale Reaktionen.

Finanzierungs- und Marketingstrategie

Zweifelsohne wächst die Bedeutung der verschiedenen Sozialen Medien unaufhaltsam und ihr Einfluss auf die öffentliche Meinung ist nicht zu unterschätzen. Für diese zusätzliche Arbeit benötigen die Zoos auch das entsprechende Personal und augenblicklich scheint kein Mangel an qualifizierten – oftmals sehr frisch qualifizierten – Bewerbern zu herrschen.

Dennoch spielen nach wie vor auch Fernsehen, Radio und die lokalen wie auch nationalen Zeitungen eine wichtige Rolle bei der Berichterstattung. Die Doku-Soaps, die den Alltag bestimmter Zoos zeigen, erfreuen sich ungebrochener Beliebtheit, wie die erfolgreiche Serie des MDR aus dem Leipziger Zoo „Elefant, Tiger und Co" zeigt, die seit 2003 läuft.

Zoo Arnheim, Banteng

KAPITEL 15

ELEFANTEN IN EUROPÄISCHEN ZOOS

In Zoos, die Elefanten in ihrem Tierbestand haben, sind die Dickhäuter nach wie vor die bei den Besuchern beliebtesten Säugetiere. 64 % der hier untersuchten Zoos halten Elefanten, dies sind 74 von insgesamt 115 Zoos und im Vergleich zur Untersuchung in meinem ersten Buch „Das A und O im Zoo" lässt sich feststellen, dass diese Zahl etwas gesunken ist, denn damals entsprach die Quote bei einer Elefantenhaltung in 61 von 80 Zoos noch 76 %. Von diesen 61 Zoos hat zwischenzeitlich nur der Zoo Rostock die Haltung von Elefanten aufgegeben, nachdem das letzte hochbetagte Tier starb. Der leichte Rückgang ist vielmehr dadurch begründet, dass die Zoos, die seit dem ersten Buch neu hinzu gekommen sind, nur bedingt über die Kapazitäten verfügen, eine so große und kostenintensive Tierart wie Elefanten in ihren Tierbestand aufzunehmen und zu unterhalten, im Gegensatz zu den ursprünglichen 80 Zoos. Von den 35 nun neuen Zoos halten nur 14 Elefanten, dies entspricht 14 %.

Zoo Zürich, Kaeng Krachan Elephant Park

Die anhaltende Popularität der Elefanten geht eindeutig aus den Statistiken der bei Besuchern beliebtesten Säugetierarten hervor, erhoben in Zoos mit Elefantenhaltung:

2010 (61 Zoos): 31 Zoos (51 %) gaben an, Elefanten seien die beliebtesten Säugetiere und bei 58 Zoos (95 %) gehören Elefanten zu den fünf beliebtesten Tierarten.

2015 (74 Zoos): 41 Zoos (55 %) gaben an, Elefanten seien die beliebtesten Säugetiere und bei 67 Zoos (91 %) gehören Elefanten zu den fünf beliebtesten Tierarten.

Elefanten in europäischen Zoos

Diese Beliebtheit der Elefanten bei den Zoobesuchern spiegelt sich auch in der großen Aufmerksamkeit wider, die Elefanten in den Medien erhalten. So wird jede Elefantengeburt gern aufgegriffen und von Presse und Fernsehen in Schlagzeilen umgesetzt. Auch Zoodokumentationen räumen der Berichterstattung aus den Elefantengehegen häufig besonders viele Sendeminuten ein und in jedem Souvenirladen eines Zoos verdeutlicht die Präsenz zahlreicher Elefantenartikel deren herausgehobenen Platz unter den Zootieren.

In Zoos, die auf eine lange Tradition in der Haltung von Elefanten zurückblicken können, gibt es häufig Broschüren oder Bücher zu kaufen, die sich nur mit den dort heimischen Dickhäutern beschäftigen. So beispielsweise die Veröffentlichung des Dubliner Zoos aus dem Jahr 2013 „Elephants", die sich mit ihren wunderbaren Illustrationen an ein Publikum jeden Alters wendet. Anlässlich der Eröffnung des Elefantengeheges „Elephant Valley" im Prager Zoo 2013 erschien mit dem Buch „Elephants for Prague" eine Geschichte aller bisherigen 22 Elefanten des Zoos von 1933 bis 2013. Und auch der Zoo Budapest feiert die Geburt seines Elefanten Asha gebührend mit dem Sonderheft „Asha es Rokonai".

Mindestanforderungen

Am 7. 5. 2014 veröffentlichte das deutsche Ministerium für Ernährung und Landwirtschaft (BMEL) eine neue gesetzliche Richtlinie zur Haltung von Säugetieren in Zoos, die auch die Haltung von Elefanten einschließt, die sogenannten „Mindestanforderungen an die Haltung von Säugetieren (S. 58 bis 63)".

Obwohl die deutschen Zoodirektoren die Aktualisierungen und Verbesserungen der minimalen Haltungsanforderungen im Allgemeinen begrüßen, regt sich verständlicherweise Unmut über einige Details der Richtlinie. Besonders die Empfehlung, Elefanten nicht mehr in Kleingruppen aus lediglich zwei Tieren zu halten, erregt Unverständnis. Zwölf Zoos aus dieser Untersuchung haben in ihrem Bestand solche Kleingruppen, die aus nicht mehr als zwei Tieren bestehen, wobei es sich üblicherweise um ältere Elefantenkühe handelt. Dies unterstreicht die Notwendigkeit für EAZA Mitglieder mit Elefantenhaltung, den Tieren auch im hohen Alter noch angemessene Lebensbedingungen zu bieten.

Großinvestitionen beim Neubau von Elefantengehegen

Dass nach wie vor mehr Mittel in den Neubau und die Verbesserung der Elefantenanlagen investiert werden als für jede andere Tierart in den europäischen Zoos dieses Buches, ist kaum erstaunlich. Während der letzten fünf Jahre, zwischen 2011 und 2015, wurden 120 Millionen € in den Bau neuer Elefantenanlagen investiert. Die größten fertiggestellten und bereits eröffneten Projekte sind:

Zürich Kaeng Krachan Elefanten Park	47 Millionen €
Prag „Elephant Valley"	14 Millionen €
Planckendael Kai-Mook	12,5 Millionen €
Opel Kronberg	10 Millionen €
Erfurt Elefanten Park	8,2 Millionen €

Elefanten in europäischen Zoos

Jeweils 5 Millionen € in neue Anlagen investieren die Zoos Pairi Daiza, Münster und Veszprém.

Weitere Investitionen von etwa 200 Millionen € sind für die Realisierung neuer Projekte in den Jahren 2016 bis 2020 geplant, darunter Anlagen mit einem Gesamtinvestitionsvolumen von 25 Millionen € und mehr in Basel und Emmen (Eröffnung 2016), in Budapest und Stuttgart (Eröffnung spätestens 2020), ein Gehege in München für 20 Millionen € (Eröffnung 2016) und auch in Hannover, Wrocław, Augsburg, Dresden, Berlin Tierpark, Magdeburg, Amsterdam und Blackpool werden große Summen investiert.

Pairi Daiza

Elefantenhaltung im Zoo

Zwei verschiedene Europäische Erhaltungsprogramme (EEP) der EAZA, jeweils für Afrikanische und Asiatische Elefanten, koordinieren den Austausch von Tieren zwischen den Mitgliedzoos und die Zuchtprogramme. Sie organisieren und fördern Schulungen und Seminare für Elefantenpfleger.

Die künstliche Besamung besonders von Afrikanischen Elefanten steht im Mittelpunkt eines eigenen Programms, an dem sich als einer der ersten der Zoo in Wien beteiligte und in dessen Rahmen kürzlich eine Samenbank im Zooparc Beauval angelegt werden konnte.

Im Fokus wissenschaftlicher Forschungen steht weiterhin das sogenannte Elefantenherpes, ein Virus, das noch immer ein großes Problem darstellt. Viele Zoos in diesem Buch haben Tiere durch das Virus verloren.

Elefanten in europäischen Zoos

Beinahe alle der insgesamt 375 Elefanten, die diese Untersuchung umfasst, werden getrennt von anderen Tierarten gehalten. Ausnahmen gibt es beispielsweise im Zoo Beekse Bergen, dort leben die Elefanten zusammen mit eine Gruppe Mantelpaviane, oder in Sóstó, wo sie sich ein Gehege mit Hirschziegenantilopen teilen. Lediglich im Borås Djurpark werden auf einem 2,3 Hektar großen, dem Lebensraum Savanne nachempfundenen Gebiet, 3,3 Elefanten gemeinsam mit Tieren aus ihrem ursprünglichen Herkunftsland gezeigt – mit Giraffen, Zebras, Büffeln, Elan- und Blessbockantilopen, Straußen und Helmperlhühnern.

Ein Großteil der Zoos hat sich im Umgang mit den Tieren inzwischen für das Konzept des Protected Contact entschieden. Da dies jedoch nach wie vor im Ermessen der Zoos liegt, stellt auch die Hands-on-Variante noch immer in vielen Einrichtungen eine Alternative dar.

Wesentliche Fakten aus 74 Zoos mit Elefanten

Von den 115 Zoos, die sich auf den Ranglisten dieses Buches befinden, halten 74 Elefanten. Geordnet nach den Zoogruppen ergeben sich in der Übersicht folgende Details:

	A	B	C	D	Gesamt
Zoos mit Elefantenhaltung	26	28	17	3	74
Zoos mit Afrikanischen Elefanten	7	15	11	0	33
Zoos mit Asiatischen Elefanten	20	16	10	3	49
Gesamtzahl aller Elefanten in den untersuchten Zoos	186	120	65	4	375
Gesamtanzahl aller Afrikanischen Elefanten in den untersuchten Zoos	36	54	32	0	122
Gesamtanzahl aller Asiatischen Elefanten in den untersuchten Zoos	150	66	33	4	253
durchschnittliche Anzahl Elefant/Zoo	7.2	4.3	3.8	1.3	5.1

Höchste erreichte Punktezahlen

Die Elefantenanlagen in den folgenden Zoos haben die vollen sechs Punkte bekommen:

Gruppe A – Dublin, Hamburg, Köln, Kopenhagen, Leipzig, Prag, Zürich
Gruppe B – Erfurt, Kronberg, Münster, Planckendael
Gruppe C – Poznań

Weitere 18 Zoos erhielten vier bis fünf Punkte.

Elefanten in europäischen Zoos

Tiergarten Wien, Afrikanische Elefanten

Größte Elefantenherden

Elefantenherden mit mindestens zehn Tieren wurden jüngst in folgenden Tierparks gehalten: Tierpark Berlin (typischerweise 20 Tiere), Emmen (bis zu 17 Tiere), Köln (bis zu 13 Tiere), Hamburg und Hannover (bis zu 11 Tiere) und Chester (bis zu 10 Tiere).

Pairi Daiza plant, künftig eine Herde mit bis zu 20 Asiatischen Elefanten zu halten und diese längerfristig sogar noch zu vergrößern.

Zoos mit nur einem Elefanten

Dies ist der Fall in Ljubljana, Palić und Sofia.

Fazit

Elefanten sind nach wie vor von großer Bedeutung für die führenden Tiergärten Europas. Von den 30 Zoos in Gruppe A finden sich nur im Loro Parque, ZSL London, Nürnberg und Paris keine Elefanten im Tierbestand. Bei der Optimierung der Elefantenanlagen sind große Fortschritte erzielt worden und auch für die nächsten fünf Jahre ist eine Rekordsumme für den Aus- und Neubau von Elefantengehegen veranschlagt. Kontinuierliche Verbesserungen im Bereich der Haltung und Pflege, sowie der hoffentlich baldige Durchbruch bei der Bekämpfung des Herpesvirus in Verbindung mit den besseren Anlagen, sind die richtigen Maßnahmen, um Kritikern der Elefantenhaltung in europäischen Zoos zu begegnen.

Elefanten in europäischen Zoos

Zoo Poznań, Elefanten

Chester Zoo, Elefanten

KAPITEL 16

EAZA
(European Association of Zoos und Aquaria)

Die EAZA wurde 1992 gegründet, geht aber auf die bereits 1988 ins Leben gerufene ECAZA zurück. Ihre Hauptniederlassung befindet sich in Amsterdam, hier befindet sich der Sitz des Vorstands und der Verwaltung. Nahezu alle professionell geleiteten Zoos in Europa sind heute Mitglied der EAZA. Die Hauptaufgaben der EAZA bestehen in der Koordination unter den Zoos, beispielsweise bei den Tierbeständen und der Nachzucht, der Organisation von Artenschutzprogrammen sowie Projekten der Bildung und Forschung. In Kapitel 10 (Ex-situ Artenschutz) finden sich nähere Informationen zu den wichtigen Zuchtprogrammen der EAZA – European Endangered Species Programme (EEPs) und European Studbook (ESBs). Um als Mitglied in der EAZA aufgenommen zu werden, müssen Zoos ein umfassendes Zulassungsverfahren durchlaufen und sich regelmäßig reakkreditieren. Die EAZA ist als Vertretung der Zoos in Europa und der Europäischen Union (EU) anerkannt.

Alle Zoos in diesem Buch sind Mitglied der EAZA oder haben sich um die Mitgliedschaft beworben.
Details zu den Mitgliederschaften sortiert nach Land und Mitgliedsstatus:

Land	Vollmitglieder	vorläufige Mitglieder	assoziierte Mitglieder	Gesamt
Belgien	8	0	1	9
Dänemark	11	0	1	12
Deutschland	47	0	4	51
Estland	1	0	0	1
Finnland	3	0	0	3
Frankreich	50	6	2	58
Griechenland	1	0	0	1
Großbritannien	47	2	4	53
Irland	2	0	0	2
Italien	11	0	1	12
Kroatien	1	0	0	1
Lettland	1	0	0	1
Luxemburg	1	0	0	1
Niederlande	14	0	6	20
Norwegen	2	0	0	2
Österreich	6	0	0	6
Polen	11	0	1	12
Portugal	7	0	1	8

EAZA

Land	Vollmitglieder	Vorläufige Mitglieder	Assoziierte Mitglieder	Gesamt
Rumänien	0	0	1	1
Russland	3	0	0	3
Schweden	12	1	1	14
Schweiz	8	0	2	10
Slowakei	2	0	0	2
Slowenien	1	0	0	1
Spanien	15	0	2	17
Tschechien	13	1	2	16
Ukraine	1	0	0	1
Ungarn	7	0	0	7
Europa gesamt	**286**	**10**	**29**	**325**
Chile	0	0	1	1
Israel	3	1	0	4
Kasachstan	0	0	1	1
Katar	0	0	1	1
Kuwait	0	0	1	1
Türkei	3	0	0	3
VAE	2	0	0	2
USA	0	0	2	2
nicht Europa gesamt	**8**	**1**	**6**	**15**

Quelle: EAZA Mitglieder am 10. 11. 2015, nicht aufgeführt sind „Anwärter auf Mitgliedschaft"

Artis Amsterdam, Schmetterlingshaus

EAZA

Für meine Analyse habe ich alle europäischen Länder der Liste, außer Russland und der Ukraine, einbezogen: von den 124 Zoos (115 gelistet, 9 spezialisiert) dieses Buches sind 117 Zoos Vollmitglieder der EAZA, die insgesamt 282 europäische Vollmitglieder hat (ohne Russland und Ukraine).

Da Zoos außerhalb der EU und EEA (European Economy Area) unterschiedlichen Gesundheitsregelungen unterliegen, die zum Beispiel den Transport von Tieren betreffen, kann es beim Austausch von Tieren zu Problemen kommen.

Artis Amsterdam, Begehbare Vari-Insel

Es gibt eine jährliche Konferenz aller EAZA-Mitglieder, die jeweils von einem anderen Zoo ausgerichtet wird und zunehmend mehr Zuspruch findet, wie sich an den steigenden Teilnehmerzahlen ablesen lässt. Ein Vergleich der Teilnehmerzahlen von 2010 in Verona (Bussolengo) und von 2015 in Wrocław ergibt folgendes:

Teilnehmer aus europäischen Zoos und Aquarien	465 (2010)	525 (2015)
Teilnehmer aus nicht-europäischen Zoos und Aquarien	35 (2010)	61 (2015)
Teilnehmer aus zoofremden Institutionen	67 (2010)	82 (2015)
gesamte Teilnehmerzahl	567 (2010)	668 (2015)

Durchschnittlich betrug die Teilnehmerzahl jedes europäischen EAZA Zoos damit 1,75 Teilnehmer pro Zoo.

Der Vorstand der EAZA besteht aus einem Vorsitzenden, zur Zeit Dr. Thomas Kauffels vom Opel Zoo in Kronberg, sowie einem Stellvertretenden Vorsitzenden, aktuell Dr. Mark Pilgrim vom Chester Zoo. Hinzu kommen noch ein Schriftführer und ein Kassenwart. Diese Personen werden jeweils für vier Jahre vom EAZA Council gewählt. Erst im April 2016 wurde ein Vorstand erneuert, von dem in der nahen Zukunft sicherlich einige Veränderungen zu erwarten sind.

EAZA

Wichtige Herausforderungen bestehen darin, der Anti-Zoo-Bewegung entgegenzuwirken, die auf europäischer Ebene hervorragend organisiert ist, und die im Kapitel 10 beschriebenen Zuchtprogramme fortzuführen und weiter zu stärken.

Aber auch innerhalb der EAZA harren schwierige und umstrittene Themen einer Lösung:

- „Tier-Shows" wie Tigerworld in Amnéville
- Flexibilität bezüglich der EEPs, um den „Überschuss" an Tieren unterzubringen, bezugnehmend auf die „Marius"-Affäre
- Flexibilität im Umgang mit Tierhändlern
- Mitglieder, die doppelte Mitgliedschaften halten, in der EAZA als auch in anderen Zoo-Verbänden wie z.B. EARAZA (Eurasian Regional Association of Zoos und Aquaria)
- Ausarbeitung von Empfehlungen oder verbindlicher Vorschriften für spezielle Themen
- Kriterien für die Erlangung von Vollmitgliedschaften oder Fördermitgliedschaften in der EAZA für Zoos in nicht-europäischen Ländern
- Der genaue Übergang von einer zeitlich begrenzten zu einer Vollmitgliedschaft

Die weitere Entwicklung der EAZA wird sicherlich von vielen Lesern dieses Buches mit großem Interesse verfolgt werden, da hunderte Zooangestellte sich unbezahlt und in ihrer Freizeit für die EAZA engagieren, und diese durch die Mitarbeit in den Ausschüssen, bei den EEPs, den ESBs und ähnlichen unterstützen, wofür wir alle überaus dankbar sein sollten.

www.eaza.net

… KAPITEL 17

ZOOVERBÄNDE

Einführung

Als „überregional" bezeichne ich an dieser Stelle Verbände, die Mitglieder aus mehreren europäischen Ländern haben, selbst, wenn nur ein einziges Mitglied aus einem anderen Land stammt. Entsprechend dieser Definition gibt es folgende überregionale Zooverbände:

AIZA - Hauptsächlich Spanien, aber auch einige portugiesische Zoos. Es gibt zusätzlich einen separaten Verband portugiesischer Zoos für die Tiergärten, die nicht Mitglied bei AIZA sind.

BIAZA - Großbritannien und Irland

SDF/SAZA - Schweden und ein norwegischer Zoo. Es gibt keinen eigenen Verband für norwegische Zoos.

UCSZOO - Tschechien und Slowakei.

VdZ - Deutschland, Österreich und die Schweiz. Zusätzlich gibt es kleinere österreichische und schweizer Verbände, die eng mit dem VdZ zusammenarbeiten. Viele der Zoos in Österreich und der Schweiz gehören beiden Organisationen, dem VdZ und ihrem nationalen Verband, an, der sie dann gegenüber ihrer Regierung vertritt.

Alle zwölf überregionalen und nationalen Zooverbände sind assoziierte Mitglieder der EAZA (European Association of Zoos und Aquaria) und gehören dem sogenannten „Gremium der Nationalen Verbände" an, das 2015 von der EAZA neu geschaffen wurde und dessen Vorsitz aktuell Dr. Kirsten Pullen, die Direktorin der BIAZA, inne hat.

Die BIAZA und der VdZ sind die größten überregionalen Zooverbände, die nicht nur die meisten Mitglieder vertreten, sondern auch auf der Verwaltungsebene am besten organisiert sind.

Unter den 115 in diesem Buch berücksichtigten Zoos befinden sich 37 Mitglieder des VdZ, zwölf Mitglieder der BIAZA, zehn Mitglieder der UCSZOO, neun Mitglieder der AFdPZ und acht Mitglieder der NVD.

Laut Statistik fallen 41,6 % aller Zoobesuche auf Mitglieder des VdZ. Zwei Drittel der Zoobesucher verteilen sich folgendermaßen auf die Einrichtungen der unterschiedlichen Verbände:

VdZ	36,5 Millionen (41,6 % der Gesamtbesucherzahl dieser Zoos)
BIAZA	8,5 Millionen (9,7 % der Gesamtbesucherzahl dieser Zoos)
NVD	8,0 Millionen (9,1 % der Gesamtbesucherzahl dieser Zoos)
AFdPZ	5,3 Millionen (6,1 % der Gesamtbesucherzahl dieser Zoos)

Zooverbände

Attica Athen ist der einzige Zoo in Griechenland und dadurch kein Mitglied eines nationalen Zooverbandes.

In diesem Buch wird auf folgende zwölf Verbände näher eingegangen:

AFdPZ	NVD
AIZA	RZAF
BDPZGA	SDF
BIAZA	UCSZOO
DAZA	UIZA
FHZ	VdZ

AFdPZ (Association Française des Parcs Zoologiques)

Die AFdPZ (vormals APZ) wurde 1969 gegründet. Sie vertritt als offizielle Organisation die Zoos und Aquarien in Frankreich und dessen Überseegebieten. Im Jahr 2012 hat sie sich mit der SNDPZ zusammengeschlossen und repräsentiert nun als einziger Verband die Interessen der französischen Zoos, da sich die SNDPZ nach dem Zusammenschluss offiziell aufgelöst und die Mehrzahl ihrer Mitglieder zur AFdPZ gewechselt hat.

Sie verzeichnet 92 Mitglieder, darunter alle größeren Zoos und Aquarien Frankreichs und gehört als Verband wiederum der WAZA, EAZA, IUCN und der ISIS an. In diesem Buch finden sich zehn Mitglieder der AFdPZ (zwei in Gruppe A, drei in Gruppe B, vier in Gruppe C und eines in der Rubrik der spezialisierten Zoos).

ZOOVERBÄNDE

Der Sitz des Verbandes befindet sich im ZooParc de Beauval und wird von Geschäftsführerin Cécile Erny und dem Vorsitzenden Rodolphe Delord geleitet, die beide hauptamtlich tätig sind.

Die Hauptaufgaben des Verbandes bestehen in der Förderung der Mitgliederinteressen und deren Vertretung gegenüber der französischen Regierung, insbesondere im Umgang mit dem Ministerium für Ökologie und Landwirtschaft, in dessen Verantwortung die nationale und EU-weite zoospezifische Gesetzgebung fällt.

Ihre Ziele sieht die AFdZP in Folgendem:

- Vorgabe eines für alle Mitglieder bindenden ethischen Kodex
- Organisation spezifischer Fortbildungen (z.B. für die Haltung von Elefanten)
- Sammlung und Zusammenstellung von Daten für Tiertauschlisten auf nationaler Ebene
- Unterstützung und Förderung von In-situ-Artenschutzprojekten und wissenschaftlicher Forschung

Von jährlich etwa 25 Millionen Besuchern in lizensierten zoologischen Einrichtungen in Frankreich entfallen ca. 20 Millionen auf die Mitgliedzoos des AFdZP.
Jährlich gibt es eine Mitgliederversammlung. Zusätzlich zu einem Newsletter unterhält der Verband auch eine Webste und einen Facebook-Auftritt, die regelmäßig aktualisiert werden.

www.afdpz.org

AIZA (Asociacion Ibérica de Zoos y Acuarios)

AIZA ist die offizielle Vertretung der führenden spanischen und einiger portugiesischer Zoos und Aquarien. Aktuell hat der 1988 gegründete Verband 39 Mitglieder, 33 davon aus Spanien und sechs aus Portugal. Dazu zählen auch die großen spanischen Meeres-Erlebnisparks, die einen überproportional großen Anteil zur Gesamtbesucherzahl spanischer Zoos und Aquarien beitragen.

Der Verband ist Mitglied in den internationalen Dachverbänden WAZA, EAZA und ALPZA. Etwa die Hälfte der Mitglieder, von denen fünf in diesem Buch besprochen werden (drei in Gruppe A, einer in Gruppe B und einer in Gruppe C), ist selbst Mitglied der EAZA.

Die Zentrale der AIZA, die durch hauptamtlich beschäftigte Angestellte geleitet wird, unter anderem Olga Santacana als Geschäftsführerin und einem im Jahr 2016 noch neu zu wählenden Vorsitzenden, befindet sich im Zoo in Barcelona. Bei der Jahreshauptversammlung, die jeweils in unterschiedlichen Mitgliedzoos stattfindet, wird der neunköpfige Vorstand gewählt. Innerhalb der AIZA gibt es fünf Arbeitsgruppen, die sich unter anderem mit den Themen des Artenschutzes, der Zoopädagogik, des Zoomarketings oder tiermedizinischen Fragen beschäftigen.

Zooverbände

Alle Mitglieder der AIZA erhalten regelmäßig einen Newsletter und Jahresberichte. Anlässlich seines 25-jährigen Bestehens im Jahr 2013 veröffentlichte der Verband einen Jubiläumsband, der einen umfassenden Überblick über alle Mitglieder und deren Aktivitäten bietet.

Von den jährlich geschätzten 15 Millionen Besuchern in den 120 spanischen zoologischen Einrichtungen fallen 10 Millionen auf Mitglieder der AIZA. In Portugal gibt es insgesamt 17 zoologische Institutionen, die jährlich ungefähr 3 Millionen Besucher anziehen, 500.000 davon bei Mitgliedern der AIZA.

Die Haupziele des Verbandes sind:

- Vertretung der Mitgliederinteressen bei der Regierung, insbesondere dem Umweltministerium
- Förderung und Koordination von In-situ-Artenschutzmaßnahmen
- Verbesserung der Zoopädagogik in den Mitgliedzoos
- Koordination und Vermittlung von tiermedizinischen Leistungen
- Förderung des Engagements für die Artenvielfalt und deren Erhalt

www.aiza.org.es

RDPOZiA
(Rada Dyrektorów Polskich Ogrodów Zoologicznych i Akwariów)

Der RDPOZiA wurde im Jahr 1981 als offizielle Vertretung der Zoos und Aquarien Polens gegründet. Heute hat er 15 Mitglieder, zu denen die größten der insgesamt 26 lizensierten zoologischen Einrichtungen Polens gehören. 12 der 15 Verbandsangehörigen sind ebenfalls Mitglied der EAZA und neun der WAZA.

Auch der RDPOZiA selbst ist Mitglied der EAZA und zusätzlich bei ISIS. In diesem Buch finden sich sechs Verbandsmitglieder (zwei in Gruppe B und vier in Gruppe C). Seit der Zoo Wrocław im Oktober 2014 mit dem „Afrykarium" eine neue und spektakuläre Anlage eröffnet hat, haben sich die Besucherzahlen dieses Zoos deutlich erhöht, so dass ich diesen Zoo bei meiner nächsten Bewertung von Gruppe B in die Gruppe A hochstufen werde.

Die Geschäftstelle des RDPOZiA befindet sich im Zoo Warschau. Dort wird der Verband durch seinen ersten Vorsitzenden, aktuell Aleksander Niwelinski (Stand 31.12.15), und den Geschäftsführer Ryszard Topola vertreten. Die allgemeine Mitgliederversammlung des Verbands wird jährlich gemeinsam mit der „Vereinigung der Tschechischen und Slowakischen Zoos" (UCSZOO) in einem der Mitgliedzoos der drei Länder abgehalten. Bei dieser Gelegenheit wird auch der vierköpfige Vorstand für eine Amtszeit von jeweils vier Jahren gewählt.

ZOOVERBÄNDE

Polen hat 26 lizensierte Zoos, hinzu kommen mindesten 150 Einrichtungen ohne Konzession. Die Gesamtbesucherzahl in den lizensierten Einrichtungen liegt bei ungefähr 7 Millionen, davon entfielen 2015 auf die Mitglieder des RDPOZiA 4 Millionen. Allein 2 Millionen davon wurden im Zoo Wrocław gezählt, der damit seine durchschnittliche Besucherzahl im Vergleich zu den Jahren 2010 bis 2013 verdreifachen konnte.

Regelmäßig publiziert der Verband ein Jahrbuch, das neben umfassenden Informationen zu in den Mitgliedzoos gehaltenen Tierarten und deren Teilnahme an EEP und ESB Zuchtprogrammen auch ausführliche Beschreibungen der Zoos selbst enthält. Mit Ausnahme der älteren Tiergärten Wrocław und Poznań wurden alle Mitgliedzoos des RDPOZiA im 20. Jahrhundert gegründet.

Zu den Hauptaufgaben des Verbands gehört es, die Interessen seiner Mitglieder bei der polnischen Regierung zu vertreten, speziell in Zusammenarbeit mit dem Umweltministerium. Des Weiteren unterstützt und koordiniert er gemeinsame Projekte in den Bereichen des Artenschutzes, der Aus- und Weiterbildung des Zoopersonals und der Zoopädagogik.

www.radazoo.pl

BIAZA (British + Irish Association of Zoos und Aquariums)

BIAZA repräsentiert die in Großbritannien und Irland beheimateten Zoos. Der Verband wurde 1966 gegründet und feiert im Jahr 2016 mit zahlreichen Veranstaltungen sein 50-jähriges Bestehen. Artenschutz, Aufklärung und wissenschaftliche Erforschung der Tierwelt stehen im Zentrum der gemeinnützigen Verbandsarbeit.

Die WAZA, EAZA, IUCN, CBSG und ISIS verzeichnen die BIAZA als Mitglied. Diese besteht wiederum selbst aus 112 Mitgliedern: 105 von ihnen aus Großbritannien und sieben aus Irland. Damit umfasst der Verband beinahe alle bedeutenden zoologischen Institutionen der beiden Länder. Gemeinsam kommt man jährlich auf 25 Millionen Besucher. Hier werden 13 Mitgliedzoos der BIAZA näher behandelt (drei in Gruppe A, sieben in Gruppe B, zwei in Gruppe C und einer in der Kategorie der Spezialzoos).

Die Hauptniederlassung der BIAZA ist bei der ZSL (Zoological Society London), dort befinden sich die Verwaltung und die Geschäftsräume der hauptamtlichen Direktorin Dr. Kirsten Pullen, die im Jahr 2013 die Nachfolge von Dr. Miranda Stevenson antrat. Sie wird von einem ebenfalls hauptberuflich arbeitenden Mitarbeiterstab unterstützt.

Der Vorstand besteht insgesamt aus zehn Personen, die aus den verschiedenen Mitgliedzoos stammen. Es gibt sechs Arbeitsgruppen. Die jährliche Mitgliederversammlung sowie vom Verband organisierte Tagungen werden von wechselnden Gastgebern ausgerichtet. Neben einem quartalsweise erscheinenden Newsletter und einem Jahresbericht verleiht der Verband seinen Mitgliedern in unterschiedlichen Kategorien Auszeichnungen.

ZOOVERBÄNDE

Die BIAZA repräsentiert ihre Mitglieder und deren Interessen gegenüber Regierungsvertretern, speziell der DEFRA (Ministerium für Umwelt, Ernährung und Angelegenheiten des ländlichen Raums), und Politikern. Sie veranstaltet jährlich einen Empfang, um die Mitglieder des eigenen Vereins mit denen des Parlaments und weiteren Gästen zusammenzubringen.

Die BIAZA verfolgt folgende Ziele:

- Menschen zum aktiven Engagement für den Umweltschutz anregen
- an nachhaltigen Artenschutzprogrammen teilnehmen
- für qualitativ höchstwertige Ausbildung, Weiterbildung und Forschung sorgen
- höchste Standards in der Pflege und Haltung von Tieren in Zoos, Aquarien und der Wildnis umsetzen

Insgesamt sind ca. 450 Zoos und Aquarien im Einzugsgebiet der BIAZA zugelassen.

www.biaza.org.uk

DAZA (Danish Association of Zoos und Aquaria)

Die DAZA, die als offizieller Verband die dänischen Zoos und Aquarien repräsentiert, wurde 1996 gegründet. Von den insgesamt 33 in Dänemark zugelassenen zoologischen Einrichtungen sind 16 Mitglied in der DAZA, darunter neun der größten Zoos und fünf große Aquarien. Gemessen an der Gesamtbevölkerungszahl gelingt es den Zoos in Dänemark mit die meisten Besucher anzuziehen, von 5 Millionen jährlich entfallen dabei 4 Millionen auf die Mitglieder der DAZA.

Der Vorstand der DAZA besteht aus fünf Personen, die von den Verbandsmitgliedern gewählt werden. Aktueller Vorsitzender ist Henrik Herold (Randers Regnskov), unterstützt von Richard Østerballe (Givskud Zoo) in der Funktion des Geschäftsführers. Die DAZA ist Mitglied in der WAZA und der EAZA, zehn ihrer Mitglieder sind zusätzlich selbst Mitglied der EAZA.

Die DAZA vertritt die Interessen ihrer Mitglieder gegenüber dem dänischen Justizministerium, das für die Einhaltung der EU-Bestimmung 1999/22/CE und der nachfolgenden nationalen Gesetzgebung zuständig ist.

Grundsätze und ethische Standards, die durch die Satzung des Verbands festgelegt sind, gelten verbindlich für alle Mitglieder und setzen folgende Schwerpunkte:

- In-situ- und Ex-situ-Artenschutz
- Förderung und Entwicklung von Bildungsangeboten
- Wissenschaftliche Forschung
- Informationsaustausch
- Marketing und Besucherservice

ZOOVERBÄNDE

In diesem Buch sind drei Mitglieder der DAZA verzeichnet (eines in Gruppe A und zwei in Gruppe C).

www.daza.dk

MASZ (Magyar Allatkertek Szövetségének)

Die MASZ als offizielle Vertretung der führenden Zoos und Aquarien in Ungarn wurde 1983 gegründet. Aktuell hat sie zwölf Mitglieder, die jährlich 3 Millionen Besucher anlocken. Sieben der Mitgliedzoos sind zudem Vollmitglieder der EAZA. Die MASZ ist durch einen Vertreter im Rat der EAZA repräsentiert.

In diesem Buch werden vier Mitglieder der MASZ berücksichtigt (eines in Gruppe A und drei in Gruppe C). Jeder dieser vier Zoos hat in den letzten zehn Jahren dank der finanziellen Unterstützung der EU große Summen investiert, um den Tourismus zu entwickeln. Die Umsetzung der EU-Bestimmung 1999/22/CE, die 2001 auch in die nationale Gesetzgebung aufgenommen wurde, hat zu einer Verbesserung der Standards in den Zoos geführt, unter anderem bei der Haltung und Zucht der Zootiere und der Aus- und Weiterbildung der Belegschaft.

Den Vorsitz des Verbandes hat zur Zeit Prof. Dr. Miklos Persanyi inne, der gleichzeitig auch als Generaldirektor des Budapester Zoos fungiert. Er wird von einem Stellvertreter und einem Geschäftsführer unterstützt, die jeweils von den Mitgliedern gewählt werden.

Hauptaufgabe der MASZ ist die Vertretung der Mitgliederinteressen gegenüber den offiziellen Stellen der ungarischen Regierung, besonders in Bezug auf die Themen der Wissensvermittlung, des Artenschutzes, wissenschaftlicher Forschung und Öffentlichkeitsarbeit.

Im Einzelnen lauten die Ziele des MASZ gemäß seiner Satzung wie folgt:

- Durchsetzung höchster ethischer Standards bei der Tierhaltung und Zooverwaltung
- Förderung und Organisation von international anerkannten Artenschutzprojekten, in-situ und ex-situ
- Förderung der Ausbildung von Zoopädagogen auf nationaler und europäischer Ebene
- Unterstützung von Forschungsvorhaben
- Verbesserung der Tierhaltung durch koordinierte Zusammenarbeit der Mitglieder in Bezug auf Ernährung, Ausbildung der Pfleger, Zuchtprogramme und tiermedizinische Betreuung
- Organisation von professionellen Tagungen und Seminaren
- Anregung des Informationsaustausches der Mitglieder untereinander

Insgesamt gibt es in Ungarn 31 lizensierte Zoos, die jährlich etwa 4 Millionen Besucher anziehen.

www.zoo.hu

Zooverbände

NVD (Nederlandse Vereniging van Dierentuinen)

Die „Vereinigung Niederländischer Tiergärten" (NVD) wurde im Jahr 1966 gegründet. Sie repräsentiert offiziell die wichtigsten niederländischen Zoos und Aquarien. Von den insgesamt 12 Millionen Besuchern, die die lizensierten Zoos und Aquarien in den Niederlanden jährlich verzeichnen, finden 9,5 Millionen ihren Weg zu einem der zwölf Mitglieder der NVD, die alle auch Mitglieder der EAZA sind. Die NVD selbst ist ebenfalls Mitglied der EAZA und der IUCN.

In diesem Buch finden sich neun Zoos der NVD (drei in Gruppe A, vier in Gruppe B, einer in Gruppe C und einer in der Kategorie der spezialisierten Zoos).

Geleitet wird der Verband mit Sitz in Amsterdam von Direktorin Marielle van Aggelen, die in ihrer nebenberuflichen Tätigkeit von Marc Damen (Rotterdam Zoo), dem aktuellen Vorsitzenden, unterstützt wird. Zusätzlich besteht der Vorstand noch aus drei weiteren Personen, die von den Mitgliedzoos gewählt werden.

Die inhaltlichen Schwerpunkte der Verbandsarbeit, organisiert und koordiniert durch spezialisierte Gremien, liegen in den Gebieten des Artenschutzes, der Wissensvermittlung durch die Zoos, der Unterstützung wissenschaftlicher Forschung, der Ausbildung von Tierpflegern, der tierärztlichen Versorgung, des Marketings und der nationalen Kampagnenarbeit. Für die niederländische Regierung fungiert die NVD stellvertretend als Ansprechpartnerin und Vermittlerin in allen zoorelevanten Fragen und arbeitet besonders intensiv mit dem Wirtschaftsministerium zusammen.

Zusätzlich führt der Verband bei seinen Mitgliedern regelmäßige Qualitätskontrollen durch, um in den Bereichen der Tierpflege, Gesundheit und Sicherheit, sowie der Weiterbildung höchste Standards garantieren zu können und die Kommunikation der Zoos in diesen Themenbereichen untereinander zu fördern.

Durch ihre Mitgliedzoos ist die NVD an ausgewählten In-situ-Artenschutzprojekten (zum Beispiel für Flachlandtapire in Brasilien oder Grevyzebras im nördlichen Kenya und in Somalia) aktiv beteiligt.

www.nvddierentuinen.nl

FGZAR (Federatia Gradinilor Zoo si Acvariilor din Romania)

Die FGZAR, offizielle Vertretung der Zoos in Rumänien, wurde 1997 gegründet und umfasst aktuell 21 der insgesamt 34 lizensierten Tiergärten des Landes.

Der Vorstand des Verbandes setzt sich aus fünf gewählten Personen zusammen. Gastgeber der Jahresversammlung sind in abwechselnder Reihenfolge die Mitgliedzoos. Aktueller Vorsitzender ist Mate Csaba (Zoo Turda), unterstützt von Dana Canari (Zoo Ploiesti), die in Personalunion die Ämter der stellvertretenden Vorsitzenden und Geschäftsführerin übernommen hat.

ZOOVERBÄNDE

Insgesamt zählen alle Mitglieder der FGZAR jährlich 1,75 Millionen Besucher, fünf Zoos verzeichnen mehr als 100.000 Besucher. Sibiu und Tîrgu-Mureş sind derzeit die beliebtesten Zoos Rumäniens, die dementsprechend auch die meisten Besucher anziehen.

Die FGZAR wird seit 2008 von der EAZA unterstützt, seit 2012 hat sie den Status eines außerordentlichen Mitglieds der EAZA. Die EAZA hilft den Mitgliedern der FGZAR, die Tierhaltung, Bildungsarbeit und Managementstandards in den Zoos zu verbessern. Aufgrund dieser positiven Entwicklung sind Braşov und Tîrgu-Mureş seit 2012 Kandidaten für eine Vollmitgliedschaft in der EAZA.

Wichtigste Aufgabe der FGZAR ist die Vertretung der Mitgliederinteressen gegenüber dem rumänischen Staat. Innerhalb der letzten fünf Jahre konnten die Zoos Braşov und Tîrgu-Mureş dank der Bereitstellung großzügiger Summen ihre Anlagen umfassend modernisieren. Auch der Zoo in Bukarest hat ambitionierte Pläne. Im bewaldeten Gebiet direkt neben dem relativ kleinen Stadtzoo soll ein großer Biopark entstehen.

In meiner Rangliste finden sich die drei oben erwähnten Zoos in Gruppe D.

www.federatiazoo.ro

SDF (Svenska Djurparksföreningen)

Im Gegensatz zu den meisten Ländern Europas gibt es in Schweden (und Norwegen) keine lang etablierte Tradition von Zoos und botanischen Gärten mit renommierten Einrichtungen. Die SDF wurde 1990 als offizieller Dachverband der schwedischen Zoos und Aquarien gegründet. Inzwischen zählt sie 20 Mitglieder, darunter mit Kristiansand einen Zoo aus Norwegen. Aufgrund der rauen klimatischen Bedingungen, die den Großteil des Jahres vorherrschen, haben sich die meisten schwedischen Zoos auf Tiere aus nordischen oder arktischen Klimazonen spezialisiert. Damit locken sie jährlich 5 Millionen Besucher an.

Die SDF ist Mitglied der WAZA, EAZA und der CBSG. Bei der Mitgliederversammlung, die in jährlich wechselnden Zoos stattfindet, wird der Vorstand gewählt, der aus insgesamt sechs Personen besteht. Vorstandsvorsitzender ist aktuell Tomas Friske (Skansen Stiftung), die Geschäftsführung liegt bei Kenneth Ekvall (Skansen Stiftung und Orsa Raubtierpark). Der Verband hat fünf Arbeitsgruppen: Artenschutz, Forschung, Zoopädagogik, Veterinärwesen sowie artgerechte Tierhaltung und Tiertransport.

In diesem Buch sind fünf Mitglieder der SDF verzeichnet (zwei in Gruppe B, zwei in Gruppe C und einer in der Kategorie der Spezialzoos).

Zooverbände

Die Hauptziele des SDF sind:

- Bewahrung der Artenvielfalt
- Unterstützung wissenschaftlicher Ausbildung und Forschung
- Vermittlung von Wissen an die Öffentlichkeit
- Vertretung von Mitgliederinteressen gegenüber der Regierung und auf internationaler Ebene

www.svenska-djurparksforeningen.nu

UCSZOO (Unie Ceskych a Slovenskych Zoologickych Zahhrad)

Die UCSZOO wurde 1991 als offizieller Verband der Zoos und Aquarien in Tschechien und der Slowakei gegründet. Sie umfasst inzwischen 19 Mitglieder, davon 15 tschechische und vier slowakische Zoos, die zu den größten ihres Landes gehören. Jährlich verzeichnen die 25 lizensierten tschechischen Zoos etwa 7 Millionen Besucher, von denen 6 Millionen allein auf die Mitgliedzoos des UCSZOO entfallen. In der Slowakei besuchen ungefähr eine Millionen Menschen jährlich die dortigen vier Zoos, die alle auch Mitglied des Verbandes sind. So kommt die UCSZOO insgesamt auf eine jährliche Besucheranzahl von 7 Millionen.

Die UCSZOO ist Mitglied der WAZA, EAZA und IUCN, 16 ihrer 19 Mitglieder sind EAZA Vollmitglieder, zwei weitere sind Anwärter, zwölf sind zudem Mitglied der WAZA. Mgr. Miroslav Bobek, Direktor des Prager Zoos, ist Vorsitzender des Vorstandes, der aus insgesamt fünf Personen besteht.

Große Teile der Verbandsarbeit finden in 29 Arbeitsgruppen statt, die jeweils von Mitarbeitern aus den Mitgliedzoos des UCSZOO geleitet werden. Die meisten Gruppen widmen sich der Pflege und Haltung einer bestimmten Tiergruppe, andere beschäftigen sich dagegen mit allgemeinen Themen wie dem In-situ-Artenschutz, Zoopädagogik, tiermedizinischen Fragen, Fütterung, Marketing oder Finanzierungsmöglichkeiten der Zoos. Wie gut diese enge Zusammenarbeit der Vereinsmitglieder untereinander auf allen Ebenen funktioniert und wie wichtig diese sein kann, zeigte sich während der großen Flut in Prag im Jahr 2013, als es schnell und effektiv gelang, die Tiere vor den Fluten in Sicherheit zu bringen.

Die UCSZOO ist bei der EAZA durch drei ständige Mitglieder im Rat vertreten und auch in den europäischen Zuchtprogrammen EEP und ESB aktiv. Der vom Verband herausgegebene Jahresbericht enthält umfassende Informationen über die Aktivitäten und Zuchtergebnisse aller Mitgliedzoos. Die jährliche Mitgliederversammlung veranstaltet man stets gemeinsam mit dem polnischen Zooverband in wechselnden Zoos.

In diesem Buch werden zehn Mitglieder des UCSZOO berücksichtigt (eines in Gruppe A, drei in Gruppe B, fünf in Gruppe C, eines in Gruppe D). Der Zoo in Prag ist besonders hervorzuheben, da er zu den besten zehn Zoos Europas in Gruppe A gehört.

www.zoo.cz

ZOOVERBÄNDE

UIZA (Unione Italiana Giardini Zoologici e Acquari)

Die UIZA vertritt als offizieller Verband die Zoos und Aquarien in Italien. Sie wurde im Jahr 1971 gegründet. Zu ihren 19 Mitgliedern zählen alle größeren Zoos Italiens, die jährlich etwa 3 Millionen Besucher anziehen. Damit entfällt die Hälfte der geschätzten Gesamtbesucherzahl der 24 lizensierten zoologischen Einrichtungen Italiens, die auf 6 Millionen geschätzt wird, auf Mitglieder der UIZA.

Der Sitz des Verbandes, der Mitglied der WAZA, EAZA, IUCN und ISIS ist, befindet sich in Rom. Er wird von Maria Giulia D'Ascenzo, der Geschäftsführerin der UIZA geleitet. Bei der jährlichen Mitgliederversammlung, die jeweils in unterschiedlichen Mitgliedzoos stattfindet, wird der Vorstand gewählt. Dieser besteht aus sieben Personen und wird aktuell vom Vorsitzenden Dr. Cesare Avesani Zaborra vertreten.

In dieser Untersuchung wurden drei Mitglieder der UIZA berücksichtigt (eines in Gruppe B und zwei in Gruppe C)

Die Hauptaufgaben des Verbandes bestehen in der Vertretung der Mitglieder gegenüber der italienischen Regierung, insbesondere in enger Zusammenarbeit mit dem Umweltministerium. Durch eine Internetpräsenz und regelmäßige Publikationen werden die Mitglieder über die Aktivitäten der UIZA informiert. Innerhalb des Verbandes wird die Umsetzung der wichtigsten Ziele durch Arbeitsgruppen realisiert. Schwerpunkte sind:

- Vollumfassende Umsetzung der EU Direktive 1999/22/CE und daraus folgender Gesetze
- Unterstützung und Förderung von in-situ Artenschutzprojekten
- Entwicklung von Weiterbildungsprojekten wissenschaftlicher Forschungen in Zusammenarbeit mit den Mitgliedern
- Einhaltung des Ethikkodexes der UIZA
- Effektive Vermarktung der Zoos auf nationaler Ebene

www.uiza.org

VdZ (Verband der Zoologischen Gärten (VdZ) e.V)

Im Jahr 2014 änderte der VDZ (Verband Deutscher Zoodirektoren e.V.) seinen offiziellen Vereinsnamen in VdZ (Verband der Zoologischen Gärten e.V.), um dem Wechsel in der Mitgliedschaftspolitik durch diese Neubenennung Ausdruck zu verleihen. Nicht mehr die Direktoren sind Mitglied des Verbands, sondern nun die Zoos selbst.

Der VDZ, der 1887 in Antwerpen gegründet wurde, ist der weltweit älteste Verband seiner Art. Verbandsmitglieder sind die deutschsprachigen Tiergärten und vereinzelt auch deutschsprachige Zoodirektoren.

Zooverbände

Heute hat der VdZ 67 Mitglieder, darunter alle großen Zoos Deutschlands, Österreichs und der Schweiz. Mit einer Gesamtbesucheranzahl von 43 Millionen im Jahr 2014 ziehen die Mitgliedzoos des VdZ statistisch gesehen den größten Anteil der Besucher an. Alle Verbandsmitglieder – 53 deutsche Zoos, 6 österreichische Zoos, 6 schweizer Zoos, zusätzlich der Zoo in Talinn (Estland) und der Loro Parque (auf Teneriffa, Spanien) – erfüllen die hohen Anforderungen für die Mitgliedschaft im VdZ, zu denen beispielsweise die Vollmitgliedschaft in der EAZA gehört. Alle Mitglieder sind bei Entscheidungen innerhalb des Verbandes gleichwertig stimmberechtigt. Früher waren vereinzelt auch Zoodirektoren aus Tschechien, Ungarn, Polen oder anderen deutschsprachigen Gebieten Mitglieder.

Der VdZ ist Mitglied der WAZA, EAZA und IUCN und engagiert sich für die Grundsätze und Ziele der WAZA und EAZA. Vertreter von Mitgliedzoos des VdZ haben Schlüsselpositionen in beiden Organisationen inne.

Seit 2015 befindet sich die Geschäftsstelle des VdZ in der Hauptstadt Berlin, im Regierungsviertel und somit in unmittelbarer Nähe des Bundestages und vieler Ministerien. Der Verband verfügt über eine professionell organisierte Verwaltung, geleitet vom Geschäftsführenden Direktor Volker Homes und seiner Stellvertreterin Dr. Julia Kögler. Der Verbandsvorstand des VdZ besteht aus neun Personen, unter denen laut Satzung auch immer ein österreichischer und ein schweizer Vertreter sein müssen. Aktueller Präsident ist Theo Pagel (Zoo Köln), Vize-Präsident ist Dr. Olivier Pagan (Zoo Basel). Der vorhergehende Geschäftsführer, Dr. Peter Dollinger, ist weiterhin als Berater für den VdZ tätig.

Der VdZ arbeitet eng mit den anderen, zoospezifischen Verbänden zusammen, darunter die Zootierärzte der Zoologischen Gärten in Deutschland, der Verband deutschsprachiger Zoopädagogen e.V. (VZP), der Berufsverband der Zootierpfleger e.V. (BdZ) und die Gemeinschaft Deutscher Zooförderer e.V. (GDZ). Vertreter dieser Organisationen werden vom VdZ regelmäßig zur Jahresversammlung eingeladen, an der etwa 150 Vertreter der Zoos und Zooverbände teilnehmen. Außerdem unterhält die VdZ gute Arbeitsbeziehungen mit der DTG (Deutsche Tierpark Gesellschaft e.V), die 1976 gegründet wurde und die Interessen kleinerer Zoos vertritt, dem DWV (Deutscher Wildgehegeverband e.V.) und den Verbänden der deutschsprachigen Nachbarländer, mit der Österreichischen Zoo Organisation (ÖZO) und zooschweiz, der Gesellschaft wissenschaftlich geleiteter zoologischer Gärten in der Schweiz.

Bei dieser Untersuchung konnten 39 Mitglieder des VdZ berücksichtigt werden, sie sich auf folgende Gruppen verteilen: 15 in Gruppe A, 11 in Gruppe B, sechs in Gruppe C, fünf in Gruppe E und zwei sind in die Kategorie der spezialisierten Zoos aufgenommen worden. Die besten sechs Zoos in Gruppe A und die besten vier Zoos in Gruppe B sind Mitglieder des VdZ.

www.vdz-zoos.org

KAPITEL 18

DIE BESTEN ZOOS IN EUROPA

Meine jüngsten Ranglisten haben durchgängig die gleichen drei europäischen Tiergärten mit deutlichem Abstand zu den anderen Zoos auf den ersten drei Plätzen geführt. Die Gesamtpunktzahl dieser drei Zoos weicht zudem nicht mehr als 3 % von der möglichen Höchstpunktzahl ab.

Daher habe ich diese drei Zoos – Wien, Leipzig und Zürich – immer wieder als die führenden drei europäischen Tiergärten bezeichnet und bin auf große Zustimmung gestoßen, dass es sich bei diesen tatsächlich um die aktuell besten Zoos Europas handle, wenn alle Faktoren berücksichtigt werden.

Einige relevante Aspekte, auf die sich meine Beurteilung stützt:

- Ich konnte bei meiner Analyse auf den von mir untersuchten und bewerteten Gebieten keine nennenswerten Schwächen feststellen.
- Alle Einrichtungen sind von exzellenten Zoodirektoren geführt, die durch ein starkes Team unterstützt werden.
- Innerhalb der letzten 20 Jahre, von 1995 bis 2015, haben alle eine herausragende Entwicklung vollzogen. Keiner der drei Zoos wäre vor dem Jahr 1995 unter die besten drei meiner Rangliste gekommen.
- Jeder dieser Zoos ist der beste seines Landes und dafür weithin bekannt.
- Alle gelten allgemein als Zoo von Weltrang.
- In den letzten 20 Jahren hat jeder der Zoos über 120 Millionen € investiert.

Daher möchte ich diese drei besonderen Zoos im folgenden Kapitel näher vorstellen.

Die besten Zoos in Europa

Tiergarten Schönbrunn (Wien)

In meinen vier Ranglisten von 2009, 2011, 2013 und 2015 hat der Zoo Wien jeweils den ersten Platz belegt. Bei den 40 Bewertungskriterien, anhand derer ich alle 115 europäischen Zoos zuletzt analysiert habe, hat Wien keine einzige Schwäche gezeigt. In der Rangliste der Besucherfaktoren liegt Wien auf dem ersten Platz, in der Liste der besten Zoos auf dem Gebiet der Bildung und des Artenschutzes teilt es sich Platz sechs und belegt in der Rangliste der wirtschaftlichen Faktoren einen geteilten ersten Platz. Auch in der Tabelle der Bewertung der 44 „Stars der Tierarten" in Kapitel 22 liegt Wien ganz vorn, sowohl bei der Gesamtpunktzahl als auch bei der für die Qualität der Tiergehege der einzelnen Tierarten vergebenen durchschnittlichen Punktzahl. Diese Fakten zeigen deutlich, dass der Zoo Wien eine herausragende Organisation getragen von höchster Professionalität darstellt, die ihren Besuchern ein wunderbares Zooerlebnis ermöglicht. Bei jedem Besuch ist es eine wahre Freude, den vielen glücklichen Menschen, unabhängig von Alter und Nationalität, zu begegnen und sich an den qualitätvollen Ausstellungen zu erfreuen.

Sein einzigartiges Flair und Ambiente erhält der Zoo insbesondere durch die historischen Gebäude des 18. Jahrhunderts, die renoviert und modernisiert wurden, um heutigen Anforderungen zu entsprechen. Die Außenanlagen, die nicht nur optimal konzipiert sind, sondern sich auch harmonisch in das Gesamtbild des UNESCO Weltkulturerbes der Sommerresidenz Schloss Schönbrunn einfügen, vervollständigen den Eindruck.

Tiergarten Schönbrunn, der kaiserliche Frühstückspavillon

Die besten Zoos in Europa

In den letzten 20 Jahren hat sich der Tierpark von einem heruntergekommenen Zoo zu einer zoologischen Einrichtung von Weltrang entwickelt, die jährlich 2,5 Millionen Besucher anzieht. Diese positive Entwicklung ist hauptsächlich zwei Direktoren zu verdanken: Prof. Dr. Helmut Pechlaner (1992 bis 2006) und seiner Nachfolgerin Prof. Dr. Dagmar Schratter (2007 bis heute), sowie dem ehemaligen Kanzler der Republik Österreich, Dr. Wolfgang Schüssel, der nun Vorsitzender des Aufsichtsrates ist.

Tiergarten Schönbrunn

Der sogenannte „Tirolerhof" ist ein Bauernhof und Streichelzoo im Tiergarten Schönbrunn, der den Besuchern die Gelegenheit bietet, seltene und bedrohte Heim- und Nutztierarten näher kennenzulernen. Er liegt auf einem bewaldeten Hügel und ist eigentlich das älteste Gebäude des Zoos, denn der Tirolerhof wurde bereits 1722 erbaut und 1993 Stein für Stein von seinem ursprünglichen Standort bei Kufstein abgetragen und im Zoo wieder aufgebaut.

Ein weiteres Highlight stellt der Teil des Zoogeländes dar, in welchem sich die Gehege der Gibbons und Kattas, die begehbare Waldrappvoliere, das begehbare Tropenhaus sowie andere Vögelhäuser befinden, darunter eine wunderschöne Anlage für Bienenfresser. Diese Ecke lädt besonders zum Verweilen ein.

Die Zooschule, bei deren Ausstattung und Personal nicht gespart wurde, ist seit 2009 in der ORANG.erie untergebracht. Sie kann direkt oder indirekt 125.000 Schulkinder betreuen. Wie das Affenhaus ist auch die ORANG.erie ein Beispiel für die besondere Fähigkeit des Zoos, historischen Gebäude zu restaurieren und den neuesten Standards der Tierhaltung anzupassen, ohne ihren Charakter zu verfälschen. Ein wundervolles Heim für die berühmte künstlerisch begabte 40-jährige Nonja, die immer wieder neugierig auf die Schulkinder zugeht, um zu sehen, was diese in ihre Hefte schreiben.

Die besten Zoos in Europa

Nonja im Tiergarten Schönbrunn

Der Polardom in der neu eröffneten Eisbärenwelt „Franz Josef Land" ist ein gutes Beispiel dafür, die Bedeutung der Eisbären und ihrer Lebensumwelt aus unterschiedlichen Blickwinkeln aufzuzeigen – aus pädagogischer Sicht vom Standpunkt des Artenschutzes und aus ökologischen Gesichtspunkten. An dieser Anlage zeigt sich erneut das Talent des Teams des Tiergarten Schönbrunn, auch bei schwierigen Gegebenheiten, hier auf unterschiedlichen Ebenen in der Mitte des Zoos, eine optimale Lösung zu finden.

Die Beschilderung sowohl in Deutsch als auch in Englisch ist besonders gut. Das Wüstenhaus, dass zwar innerhalb des Schlosskomplexes Schönbrunn, aber nicht mehr auf dem Gelände des Tierparks liegt, ist eine weitere Freude für den Besucher. Es bietet reichhaltige Wüstenvegetation und zahlreiche Vögel, Säugetiere und Reptilien, die in Wüsten beheimatet sind.

Ein Besuch im Tierpark Schönbrunn wird überall in der Stadt beworben. In und auf öffentlichen Verkehrsmitteln, am Flughafen und durch Plakate in vielen Straßen. Während des gesamten Jahres ist der Zoo im Fernsehen präsent, unter anderem als Kulisse verschiedener Serien und auch in der nationalen Presse findet sich beinahe wöchentlich ein Bericht.

DIE BESTEN ZOOS IN EUROPA

ZERTIFIKAT

Landesgesellschaft
Österreich

Die Zertifizierungsstelle
der TÜV SÜD Landesgesellschaft Österreich GmbH
bescheinigt, dass die Organisation

Schönbrunner Tiergarten GmbH
Maxingstraße 13b
1130 Wien
Austria

für den Geltungsbereich

**Zoologischer Garten nach Kategorie A
und Kultureinrichtung**

ein Qualitäts-, Umwelt- und Sicherheitsmanagementsystem
eingeführt hat und anwendet.
Durch ein Audit, Bericht-Nr. **1531359**
wurde der Nachweis erbracht, dass die Forderungen der

ISO 9001:2008 und **ISO 14001:2009** und
BS OHSAS 18001:2007

erfüllt sind. Dieses Zertifikat ist gültig bis **14. September 2018**
Zertifikat-Registrier-Nr. **QUO1531190**

Wien, 2015-11-25

Zertifizierungsstelle
der TÜV SÜD Landesgesellschaft Österreich GmbH
Campus 21 Europaring A04301, A-2345 Businesspark Wien Süd, Austria

TÜV®

Die besten Zoos in Europa

Seit der Veröffentlichung meines Buches vor fünf Jahren, in dem ich die Entwicklung des Wiener Zoos detailliert beschrieben habe, hat der Tiergarten Schönbrunn weitere große Fortschritte auf vielen Gebieten gemacht, unter anderem:

- 20 Millionen € wurden in den Bau der neuen Eisbärenwelt investiert, die Affenhäuser wurden renoviert und verbessert und die Servicebereiche modernisiert.
- Der Zoo ist zertifiziert für Qualitätsmanagement (gemäß ISO 9001), Umweltmanagement (gemäß ISO 14001) und Arbeitsschutzmanagement (gemäß ISO 18001)
- Die Ausgaben für In-situ-Artenschutzprojekte sind angestiegen, häufig in Verbindung mit Ausstellungen im Zoo, z. B. bei den Eisbären und Orang-Utans
- Für die zooeigene Tierklinik „Tierärztliche Ordination Tiergarten Schönbrunn", die über sieben Angestellte verfügt, wurde eine CT-Gerät angeschafft.
- Durch die voranschreitende Entwicklung des „Team Zoo Aktiv" stehen inzwischen 150 ausgebildete freiwillige Helfer zur Verfügung, um das Zoopersonal bei Bedarf überall im Zoo zu unterstützen.
- Die Sanierung des historischen Giraffenhauses samt Außenanlagen, ein Projekt mit einem Investitionsvolumen von 7 Millionen €, wurde auf den Weg gebracht. Die neuen Anlagen sollen 2017 eröffnet werden. Zwischenzeitlich sind die Giraffen unter ausgezeichneten Haltungsbedingungen auf einer Nebenanlage untergebracht, die auch für Besucher zugängig ist.
- Die Publikation des außergewöhnlichen Buches „Leben im Zoo" (von Lukas Beck und Renate Pliem), das 70 verschiedene Tierpfleger mit ihrer Arbeit und ihren Interessen portraitiert.

Im Gesamtkonzept des Zoos sind für die nächsten zehn Jahre noch weitere große Projekte vorgesehen, unter anderem der Erwerb von zusätzlichem Land, der Bau eines neuen Vivariums/Aquariums und die Vergrößerung der botanischen Sammlung in diesem bereits jetzt herausragenden zoologischen Garten.

DIE BESTEN ZOOS IN EUROPA

ZOO LEIPZIG

Der Leipziger Zoo ist der beste Zoo Deutschlands, in meinen Ranglisten bisher durchgängig auf dem zweiten Platz, ganz dicht hinter Wien. Unter der Leitung des hervorragenden Direktors Prof. Dr. Jörg Junhold hat der Zoo seit 1997 auf allen Gebieten große Fortschritte gemacht. Am 14. 6. 2000 bewilligte der Stadtrat Leipzig das Konzept „Zoo der Zukunft 2020" als Masterplan für die weitere Entwicklung des Zoos, und damit unter anderem auch Investments in Höhe von mindestens 200 Millionen €. Der Großteil der Vorhaben konnte wie geplant umgesetzt werden, sodass man im Jahr 2016 zufrieden auf die positive Entwicklung zurückblicken und gleichzeitig die Umsetzung der letzten Phase des Konzepts im Detail planen kann, die für die nächsten fünf Jahre nochmals eine Investitionssumme von 50 Millionen € vorsieht. Das ist eine bemerkenswerte Leistung für einen Stadtzoo, auch wenn inzwischen die Zoo Leipzig GmbH als unabhängiges Unternehmen die Leitung des Zoos von der Stadt Leipzig übernommen hat und es dieser so möglich ist, Investitionen auch auf anderem Wege als durch das Stadtbudget zu finanzieren.

Zoo Leipzig

Die Qualität der Tiergehege ist allgemein sehr hoch, darunter mit herausragenden Besonderheiten wie z. B. Pongoland, die größte Menschenaffenanlage Europas, in der alle vier Arten der Menschenaffen zu sehen sind. Oder die Kiwara-Savanne, kürzlich um Nashörner, Geparden und Husarenaffen mit der Kiwara Kopje erweitert oder Anlagen wie die für Lippenbären, Elefanten und Flamingos. Diese insgesamt hohe Qualität der Tierpräsentration spiegelt sich auch in der bei den Schlüsselarten im Durchschnitt erreichten Punktzahl wider, welche nur noch vom Tiergarten Schönbrunn übertroffen wird.

Die besten Zoos in Europa

Im Juli 2011 eröffnete im Zoo Leipzig „Gondwanaland", die größte Tropenhalle innerhalb eines Zoos in ganz Europa, ein weiterer Meilenstein in der Geschichte des Zoos. Das Projekt kostete insgesamt 67 Millionen € und ist damit das teuerste Einzelprojekt, das mir bei meiner Untersuchung begegnet ist. Dem Besucher bietet sich dafür aber ein wahrhaft spektakuläres Erlebnis. Mehr als 140 verschiedene Tierarten, darunter Zwergflusspferde, Ozelote, Servale, Riesenotter und Zwergotter, Komodowarane, Schabrackentapire, Gaviale, Dianameerkatzen und Totenkopfaffen sind vor der Kulisse eines aus 500 Pflanzenarten gestalteten tropischen Urwaldes zu entdecken. Verschiedene Möglichkeiten laden dazu ein, Gondwanaland aus unterschiedlichen Perspektiven zu erkunden, die Besucher können nach individuellen Vorlieben wählen. Entweder sie folgen den Dschungelpfaden, betrachten die Anlage von den Hängebrücken aus luftiger Höhe oder machen eine Bootsfahrt, die mit einer multimedialen Präsentation über die Entwicklung des Lebens beginnt. Zusätzlich gibt es mehrere interaktive Informationsportale, die dem Besucher detaillierte Auskunft zu Artenschutzprojekten und allen weiteren Aspekten von Gondwanaland bietet.

Auch das Tagungszentrum, das der Zoo 2015 einweihen konnte, obwohl die beachtliche Investition von 37 Millionen € im ursprünglichen Konzept nicht vorgesehen war, ist ein weiteres Highlight und eine wichtige Erweiterung im Leistungsspektrum des Zoos. Durch die Möglichkeit, in Verbindung mit der Messe Leipzig, Tagungen und Kongresse durchzuführen, kann der Zoo ein noch größeres Publikum ansprechen. Die insgesamt zehn Tagungsräume befinden sich in einem wunderbar restaurierten, historischen Gebäude und bieten Platz für unterschiedlich große Veranstaltungen mit bis zu 1.000 Teilnehmern. Thematisch sind sie den Erlebniswelten des Zoos angepasst. Außerdem ist im Palmensaal ein neues Restaurant entstanden, das die gastronomische Vielfalt des Zoos enorm steigert und erweitert.

In den letzten fünf Jahren sind folgende Hauptattraktionen im Zoo neu hinzugekommen:

- 2011   Gondwanaland, bestehend aus der Flora und Fauna Asiens, Afrikas und Südamerikas, in einer außergewöhnlichen tropischen Halle mit einer Bodenfläche von 1,65 ha und einem lichtdurchlässigen Dach mit einer Höhe von bis zu 34,5 m.
- 2014   Leoparden-Tal, mit umfassenden Einrichtungen hinter den Kulissen
- 2014   Flamingolagune, ein begehbares Gehege, das noch andere Vogelarten Südamerikas beherbergt, unter anderem Löffler, Ibisse und verschiedene Entenarten. In einer Höhe von 10 m ist es durch ein Netz begrenzt.
- 2015   Das Kongresszentrum (s.o.)

Im selben Zeitraum hat es auch eine deutliche Zunahme bei den Ausgaben für In-situ-Artenschutzprojekte gegeben, z. B. für das Sabah/Borneo Nashorn Projekt und das EPRC (Endangered Primate Rescue Center) in Vietnam, dessen Leitung der Zoo übernommen hat. Auch die geschickte Nutzung seiner fortlaufenden Medienpräsenz macht den Zoo Leipzig in Deutschland bekannt: einerseits ist er Drehort der langjährigen Dokusoap „Elefant, Tiger und Co" des MDR, andererseits ist er auch Kulisse der populären Prime-Time Serie „Tierärztin Dr. Mertens" (ARD), die 6 Millionen

DIE BESTEN ZOOS IN EUROPA

und mehr Zuschauer verzeichnet. Verbesserungen der Umweltbedingungen auf dem Zoogelände wurden von EMAS (Eco-Management und Audit Scheme) anerkannt und zertifiziert.

Die Gewinne, die der Zoo durch Gastronomie und Einzelhandel erwirtschaftet, sind gerade auch durch die in Gondwanaland erzielten Umsätze erheblich angestiegen. Ohne Frage ist Leipzig in Deutschland der Zoo, der durch seine Aktivitäten am besten verdient. Die Anzahl der Freiwilligen, die die Mitarbeiter des Zoos ehrenamtlich unterstützen, hat sich inzwischen auf 50 erhöht. Allein durch die Eröffnung von Gondwanaland wurden 134 zusätzliche direkte und indirekte Stellen im Zoo geschaffen. Der Zoo Leipzig ist damit nicht nur einer der Hauptarbeitgeber der Stadt, sondern auch einer der wichtigsten Gründe für Touristen, die Stadt zu besuchen.

Bis 2020 sind dem Konzept zufolge noch einige neue Tieranlagen geplant. Das Koala Haus (dabei handelt es sich sogar um eine Ergänzung des Originalplans), das 2016 eröffnet werden soll; das Himalaya Gebiet, Eröffnung voraussichtlich 2017, die südamerikanische Panatal Sumpflandschaft, eine Anlage für Pinguine und Seelöwen und schließlich ein Areal, das Flora und Fauna der asiatischen Inseln beherbergen soll.

Der Zoo Leipzig ist einfach spitzenklasse. Er bietet eine ausgewogene Kombination aus zoologischem Garten mit ansprechenden Besucherattraktionen und führenden Artenschutz- und Forschungsaktivitäten kombiniert mit anspruchsvollen Bildungsangeboten, großartig unterstützt durch das Max-Planck-Institut für evolutionäre Anthropologie.

Zoo Leipzig

Die besten Zoos in Europa

Zoo Zürich

Seit 1991 wird der Zoo Zürich von Dr. Alex Rübel, einem wahrlich außergewöhnlichen Direktor, und seinem Team geleitet. In dieser Zeit hat er sich zu einem Zoo von Weltrang entwickelt, der für seine innovativen und eindrucksvollen Anlagen sowie für seine großzügigen Unterstützungen verschiedener In-situ-Schutzprojekte international bekannt ist. Zwei Prozent der Erlöse, die der Zoo durch seine Gastronomie und den Einzelhandel erwirtschaftet, werden für In-situ-Programme gespendet, bei denen zumeist eine direkte Verbindung mit einer im Zoo vorhandenen Anlage besteht. Der Züricher Zoo ist die beliebteste kostenpflichtige Besucherattraktion der Schweiz. Die Zoo Zürich AG, die Besitzerin des Zoos, hat über 10.000 Aktionäre. Auch innerhalb der Stadt Zürich und des Kantons gilt der Zoo als wichtiges Ausflugsziel und ist dementsprechend präsent in den Medien.

Zoo Zürich

Der Zoo Zürich belegt nicht nur den dritten Platz auf meiner Rangliste, er ist europaweit der beste Zoo auf den Gebieten der Bildung und des Artenschutzes in dieser Untersuchung. Ein Grund dafür ist die großzügige Unterstützung der Schutzbemühungen im Masoalagebiet in Madagaskar, die ausführlich in dem Buch „Masoala Naturführer" beschrieben wurden, das 2012 in drei Sprachen erschienen ist.

Der Zoo liegt in einer wunderbar vielfältigen Landschaft 645 m über dem Meeresspiegel, höher als jeder andere Zoo meines Buches, und bietet einen Blick über die Stadt Zürich. Durch die abwechslungsreichen natürlichen Gegebenheiten war es möglich, für viele der wichtigsten Tierarten sehr naturgetreue Gehege einzurichten wie zum Beispiel für die Schneeleoparden, die Kleinen Pandas

Die besten Zoos in Europa

und die Dscheladas. Großzügige Wasserelemente wurden in die Anlagen integriert, wann immer dies sinnvoll war. Ein besonders gutes Beispiel, vermutlich das Beste für diese Tierart bei allen hier untersuchten Zoos, sind die Brillen- und Nasenbären, deren Gehege wie aus ihrem natürlichen Lebensraum entnommen wirkt.

Zwei spektakuläre Innenanlagen haben den Züricher Zoo berühmt gemacht. Der Masoala Regenwald und der Kaeng Krachan Elefanten Park, die beide nach den In-situ-Artenschutzprojekten in Madagaskar bzw. Thailand benannt sind, mit denen sie verbunden sind.

Der Masoala Regenwald wurde 2003 eröffnet. 2013 konnte er um einen Baumkronen-Weg erweitert werden. Er gewährt dem Besucher Einblick in die Flora und Fauna des im Nordosten der Insel Madagaskar gelegenen Naturschutzgebiets. Neben den wunderbaren Bäumen und Pflanzen gibt es einen großen See. Von einem exzellenten Restaurant aus bietet sich ein atemberaubender Blick auf zahlreiche Vogelarten. Die Lemuren, die dem Besucher überall auf der Anlage begegnen, fühlen sich in der Umgebung, die ein beinahe wirklichkeitsgetreues Abbild ihrer Heimat darstellt, sichtlich wohl. Vom Verkaufserlös der direkt im Masoala Regenwald angesiedelten Gastronomie und Einzelhandel gehen zwei Prozent an das gleichnamige In-situ-Schutzprojekt nach Madagskar.

Der Kaeng Krachan Elefanten Park ist die teuerste Elefantenanlage aller Zoos dieser Untersuchung. Zu ihm gehört das größte und imposanteste Elefantenhaus Europas. Die große Besonderheit liegt darin, dass Elefanten im Innenbereich ein Gelände zur Verfügung haben, das ebenso gestaltet ist, wie der Außenbereich ihrer Anlage. Insgesamt handelt es sich um ein wunderbar vielfältiges, naturnahes Areal mit Wasserfällen, Becken, die tief genug sind, dass die Elefanten

Die besten Zoos in Europa

darin baden können, sandigen Abschnitten, Baumstämmen zum Kratzen und etwa 40 unterschiedlichen Futterpflanzen. Ein wahres Paradies für jeden Elefanten und ein Vergnügen für die Besucher. Das Dach des Hauses besteht aus 271 separaten und verschiedenartigen lichtdurchlässigen Versatzstücken, die im Innenraum die natürlichen Lichtverhältnisse eines Waldgebietes simulieren. Diese Anlage von allerhöchster Qualität ist ein klares „Muss" für jeden Besucher und absolut zukunftsweisend.

Ebenso herausragend und einprägsam ist die Panatal Sumpflandschaft, die durch ihre ausgezeichneten Wasserelemente und die einheimische Vegetation dieser Region Südamerikas besticht. Besucher können beobachten, wie Totenkopf- und Kapuzineraffen auf den durch Gräben abgetrennten Inseln spielerisch umhertollen.

Der Streichelzoo und Bauernhof Zoolino ist ein weiteres besonderes Highlight und eine der besten von mir untersuchten Anlagen dieser Art.

In den letzten fünf Jahren gab es viele Verbesserungen und Entwicklungen zu beobachten, darunter:

- 65 Millionen € wurden in neue und verbesserte Anlagen investiert
- Kaeng Krachan Elefanten Park wurde eröffnet, Kosten: 47,5 Millionen €
- 2012: Eröffnung des Panatal Sumpfgebietes für Tierarten aus Südamerika
- 2015: Eröffnung der mongolischen Steppenlandschaft
- Der Zoo hat inzwischen 300 freiwillige Helfer
- Innerhalb des Marketing Teams wurde eine Stelle speziell für die Betreuung der Sozialen Medien eingerichtet
- Der Förderverein TGZ hat inzwischen 40.000 Mitglieder
- Jährlich wird 1 Million € zur Unterstützung von In-situ-Schutzprogrammen gespendet
- Der Zoo Zürich publizierte den umfassendsten und hochwertigsten Zooführer aller Zoos meiner Untersuchung (360 Seiten).

Der veröffentlichte Masterplan des Zoos, in dem die geplanten Entwicklungen bis zum Jahr 2020 festgelegt sind, sieht in den kommenden fünf Jahren noch mehrere Großprojekte vor. Darunter eine komplett neue Afrika Savanne von 5 ha Größe mit einem Giraffenhaus - der Zoo Zürich ist der einzige Zoo in Gruppe A, der bisher keine Giraffen in seinem Tierbestand hat. Das Aquarium soll wiederaufgebaut werden und ein neues Australienhaus mit Koalas wird entstehen. Bis 2024 ist zudem eine aufwendige Gorillaanlage geplant. Wie in den letzten Jahren soll die Finanzierung hauptsächlich von privater Seite erfolgen.

Die besten Zoos in Europa

ZWEI ZOOS IM AUFWIND

Viele der in diesem Buch portraitierten Zoos haben in den letzten fünf Jahren gute Fortschritte in ihrer Entwicklung gemacht, aber zwei von ihnen stechen besonders hervor: Beauval und Pairi Daiza. Beide Zoos befinden sich gerade im Aufschwung. Sie haben viele Gemeinsamkeiten:

- Beide befinden sich in privater Hand und werden durch den Besitzer verwaltet.
- Sie erweitern stetig ihre Fläche.
- Beide begannen ursprünglich als Vogelpark.
- Da beide Zoos privat finanziert werden, bekommen sie keine öffentlichen Gelder für ihre Projekte.
- Sie liegen in ländlichen Gegenden, die ansonsten für Besucher weniger attraktiv sind.
- In beiden Zoos gibt es für die Besucher zahlreiche Seen, Teiche und Wasserläufe, da sie über eine sehr gute Wasserversorgung verfügen.
- Beide Zoos zeichnen sich durch ein unverwechselbares Flair aus, ihr Ethos und das Ambiente der Anlagen zeugen von der persönlichen Vision des Eigentümers.
- Ziel beider Zoos ist es, die berühmtesten und wichtigsten Säugetierarten zu zeigen.
- Für beide hat es die höchste Priorität, einen Großen Panda zeigen zu können.
- Besucherzahl und Einnahmen beider Zoos haben sich seit 2010 verfielfacht.
- In beiden Zoos beträgt der Preis einer Jahreskarte nur das Doppelte einer Tageskarte.
- Der Tageseintrittpreis ist vergleichsweise hoch.
- Beide Zoos investieren hohe Summen in neue Ausstellungen und die Infrastruktur.
- Beide sind aktuell die besten Zoos ihres Landes.
- Verkehrssprache in beiden Zoos ist Französisch.
- Die Gastronomie spielt in beiden Zoos eine wichtige Rolle und den Besuchern wird eine besonders große Auswahl an Speisen geboten. Dabei erwirtschaften die Zoos einen ungewöhnlich hohen Anteil am Gesamtumsatz.
- Beide Zoos berücksichtigen geographische und kulturelle Bezüge bei der Gestaltung von Zoobereichen.
- Um wirklich alles sehen und erleben zu können, benötigt ein Besucher zwei Tage.

Sowohl Beauval als auch Pairi Daiza bieten den Besuchern eine wunderbare und außergewöhnliche Erfahrung.

Die besten Zoos in Europa

ZOOPARC DE BEAUVAL

Der Charme von Beauval liegt in seiner landschaftlich besonders schönen Lage. Eine Seite des Eingangs bietet dem Besucher den Blick auf einen von großen Bäumen gesäumten Fluss, auf dessen Oberfläche sich die Blätter in einem malerischen Licht- und Schattenspiel widerspiegeln. Enten vieler unterschiedlicher Arten runden die beschauliche Szene ab, während den Besucher auf der gegenüberliegenden Seite das wilde Treiben frei lebender Affen begrüßt. Auf einer großen Insel tummeln sich Lemuren und hoch oben in den Bäumen über den Köpfen der Besucher thronen schwarz-weiße Stummelaffen (*Colobus*). Elegante Flamingos in großer Zahl ergänzen die besondere Atmosphäre und das Flair des Zooparc Beauval.

Ursprünglich wurde Beauval 1980 von Françoise Delord als Vogelpark gegründet, 1989 erfolgte die Erweiterung zu einem Zoo und mittlerweile hat sich die Anlage nicht nur zu einem großartigen zoologischen Garten entwickelt, sondern ist heute der führende und beste Tierpark Frankreichs. Sowohl Ausstellungsfläche als auch Tierbestand werden stetig erweitert, sodass Beauval inzwischen eine Gesamtfläche von 40 ha umfasst. Weitere 17 ha stehen bereits für zukünftige Projekte zur Verfügung.

Bei der Entwicklung der Anlage von Beauval wurde von jeher schon von Françoise Delord selbst, und nun auch durch ihre Kinder, Rodolphe und Delphine Delord, große Sorgfalt auf die Erhaltung der natürlichen Gegebenheiten gelegt. Unterstützt von einem erfahrenen Team werden schöne Gärten, eine Vielfalt gealterter Bäume und die zahlreichen natürlichen Wasserläufe in das Konzept eingebunden und so geschützt und bewahrt. Nach Möglichkeit werden Neubauten mit natürlichen Materialien gestaltet.

Die besten Zoos in Europa

Heute beherbergt Beauval über 6.000 Tiere, darunter 1.200 Vögel in 325 verschiedenen Arten, womit die Sammlung zu den besten Europas gehört, lässt man spezialisierte Vogelparks außen vor. Unter den 650 Säugetieren in 120 verschiedenen Arten finden sich so gut wie alle der beliebtesten Säugetierarten. Zusammen mit der repräsentativen Auswahl an Reptilien, die Beauval seinen Besuchern bietet, ist der Zoo in Bezug auf seinen Tierbestand führend in Europa. Als ganz besonderes Highlight sind seit 2012 auch zwei Große Pandas im Zooparc Beauval zu sehen, die dort in der größten und modernsten Innen- und Außenanlage Europas untergebracht sind.

Die Besucherzahlen, einschließlich kostenloser Eintritte, haben sich in den letzten sechs Jahren beinahe verdoppelt und damit das Niveau des Jahres 2012 gehalten, in dem der Zoo durch die Eröffnung der Pandaanlage einen besonders großen Besucherzulauf registrieren konnte. Die Entwicklung sieht folgendermaßen aus:

- 2010   585.000
- 2011   650.000
- 2012   1.025.000
- 2013   975.000
- 2014   975.000
- 2015   1.100.000

In den zehn Jahren zwischen 2005 und 2014 wurden etwa 30 Millionen € in den Zoo investiert. Für den Zeitraum von 2015 bis 2020 sollen 25 Millionen € investiert werden. Dabei handelt es sich bei Beauval um einen privaten Zoo, der sich selbst finanziert und abgesehen von geringen Zuschüssen, die in den Bau der angegliederten Hotels geflossen sind, keine öffentlichen Gelder erhalten hat. Auch dies zeigt mit welcher großartiger Besonnenheit und Sorgfalt die Familie Delord, die diesen wunderbaren Zoo von ganz klein an aufgebaut und finanziert hat, Beauval auch heute noch verwaltet.

Beauval

Die besten Zoos in Europa

In meiner Punktewertung für die Haltung der wichtigsten Tiere (vgl. Kapitel 22) und die Qualität der vorhandenen Anlagen, erreicht Beauval nach Wien den zweiten Platz, wodurch die große Zahl ausgezeichneter Gehege widergespiegelt wird. Neben dem Großen Panda möchte ich noch folgende Anlagen besonders hervorheben. Die der Gorillas, der schwarz-weißen Stummelaffen, der Husarenaffen, der Klammeraffen, der Schneeleoparden, der Nebelparder, der Tüpfelhyänen, der Kleinen Pandas, der Fischkatzen, der Zweifinger-Faultiere, der Weißkopfsakis, der Takine, der Baumkängurus, der Koalas, der Humboldt-Pinguine und der Flamingos.

2013 wurde das Tropische Vogelhaus eingeweiht. Eine Besonderheit ist das zu 100 % lichtdurchlässige Dach, die Wände sind passend bemalt und dekoriert und die tropische Bepflanzung bietet den Bewohnern, unter ihnen Tukane, Nashornvögel und viele andere Arten frei fliegender Vögel eine passende Heimat. Für die neue Vogelshow „Les Maîtres des Airs", die seit 2014 stattfindet, steht ein 3 ha großes Amphitheater mit 3.000 Sitzen zur Verfügung. Über 200 freifliegende Vögel, darunter Pelikane, Marabus und andere Störche, Kraniche, Ibisse, Aras und Papageien sowie zahlreiche Greifvögel bieten den Zuschauern ein unvergessliches Spektakel und die beste und reichhaltigste Vogelshow aller Zoos in diesem Buch. Das erst kürzlich überarbeitete Programm der Seelöwen-Show ist eine zusätzliche Attraktion ersten Ranges des Zoos.

Eine weitere, besonders bemerkenswerte Anlage ist der 3 ha große chinesische Bereich, der mit einer speziell aus China importierten Pagode und Marmorstatuen versehen ist. Passende Bepflanzung, ein Spezialitätenrestaurant und besonders die Informationen zum kulturellen Hintergrund und zum Artenschutz des Landes vervollständigen das Bild.

Die besten Zoos in Europa

Sowohl die afrikanische als auch die asiatische Savanne werden als Lebensraum in Beauval gezeigt. Letztere Anlage ist noch ganz neu, 2,5 ha groß und erst seit 2015 für die Besucher zugänglich. Für 2016 ist die Eröffnung des Afrikanischen Biotops geplant, zu dem ein enormes Nilpferdbecken mit Fluss und Wasserfall gehört. Eine Netzabsperrung in 25 m Höhe ermöglicht es, elf verschiedene Arten Vögel in großer Zahl frei im Gehege fliegen und leben zu lassen, hinzu kommen außerdem Pinselohrschweine und Nyalas, die innerhalb des Biotops für sich abgesperrte Gebiete erhalten werden.

In-situ-Artenschutz hat schon immer zu den Herzensangelegenheiten von Françoise Delord gehört. So feierte der Zooparc Beauval 2015 das Jubiläum seines 35-jährigen Bestehens mit der Unterstützung von 35 verschiedenen In-situ-Artenschutz- und Forschungsprojekten durch „Beauval Nature", der 2009 gegründeten, zooeigenen Artenschutzorganisation, in dem er eine Gesamtsumme in Höhe von 435.000 € zur Verfügung stellte. Weiterführende Informationen zu den Projekten finden sich überall im Zoo. Häufig sind diese direkt bei den Tieren angebracht, deren Artgenossen mit dem jeweiligen Projekt geschützt werden sollen.

Da der Zoo in einer ländlichen Gegend Frankreichs 220 km südlich von Paris entfernt liegt, entschied man, den Besuchern Übernachtungsgelegenheiten in unmittelbarer Nähe anzubieten. So entstanden in den letzten zehn Jahren drei Hotels mit Apartments, die 800 Betten in 280 Räumen bieten. Mein bevorzugtes Hotel ist „Les Jardins de Beauval", das in kleinen Häuschen in balinesischem Stil um einen kleinen See herum erbaut wurde, inmitten von Gärten mit einem angegliederten Restaurant. Insgesamt hat der Zoo auf seinem Gelände neun Restaurants und Cafés, so dass für jeden Geschmack etwas dabei sein sollte.

Beauval ist aber auch in seiner Umweltbilanz herausragend. Nach der Investition von 2,5 Millionen € in eine eigene Biogasanlage, die Elefantendung und andere hauseigene Abfälle in Energie umwandelt, kann der Zoo seine Energieversorgung selbstständig gewährleisten und die regelmäßig erwirtschafteten Überschüsse der Anlage an den französischen Stromkonzern EDF weiterverkaufen.

Der Zooparc Beauval ist der größte und wichtigste Arbeitgeber seiner Region. Während der Hauptsaison werden zusätzlich zu den 400 regulär fest angestellten Mitarbeitern noch Saisonarbeitskräfte beschäftigt. Damit bietet der Zoo zeitweise bis zu 1.400 Menschen in der Umgebung eine Arbeitsstelle. Verdientermaßen ist Beauval inzwischen auch auf europäischer Ebene einer der beliebtesten und am meisten bewunderten Zoos, wie auch meine Ranglisten zeigen:

- 2011   Group B   1. Platz
- 2013   Group B   1. Platz
- 2015   Group A   10. Platz

Werbung für einen Besuch in Beauval, den besten Zoo Frankreichs, findet sich nicht nur in dessen unmittelbarer Umgebung, sondern bis hinein in die Stationen der Pariser Metro. Aber auch international ist der Zoo längst berühmt. Reiseportale wie Tripadvisor und andere internationale Ranglisten führen Beauval unter den zehn besten Zoos, ein Indiz für die allgemein weit verbreitete Anerkennung dieses liebevoll gestalteten wunderbaren zoologischen Gartens.

Die besten Zoos in Europa

PAIRI DAIZA

Pairi Daiza ist ein in seiner visionären Zusammenstellung einzigartiger Geo-Park, in dem alle Themenwelten durch kulturelle, ethnische, architektonische und botanische Elemente angereichert sind. Schon beim Betreten des Zoos taucht man in die einzigartige Vision des Mehrheitseigners ein. Nicht „nur" ein Tiergarten erwartet den Besucher, sondern ein zoologischer, botanischer und kultureller Garten, der viele Überraschungen für seine Gäste bereit hält.

Ursprünglich wurde Pairi Daiza 1994 unter dem Namen „Paradisio" als Vogelpark gegründet. Als die Besitzer jedoch erkennen mussten, dass bereits zahlreiche vergleichbare Attraktionen in Belgien existierten und zudem auch noch ganz ähnliche Namen trugen, entschieden sie sich 2010, ihren Zoo in Pairi Daiza umzutaufen. Im Altpersischen bedeutete dieser Ausdruck „Geschlossener Garten", wird im modernen Persisch jedoch im Sinne von „Paradies" gebraucht und entspricht somit dem ersten Namen des Parks.

Seit dem Jahr 2010 ist Pairi Daiza der Zoo in Europa mit den deutlichsten Besucherzuwächsen.

- 2010   735.000
- 2011   840.000
- 2012   1.000.000
- 2013   1.300.000
- 2014   1.460.000
- 2015   1.860.000

Pairi Daiza, Roter Ibis

Die besten Zoos in Europa

Personen mit freiem Eintritt wurden bei der Berechnung dieser Besucherzahlen berücksichtigt. Die Zahlen zeigen einen deutlichen Anstieg um 152 % innerhalb der letzten fünf Jahre. 2015 war Pairi Daiza der am meisten besuchte Zoo der Beneluxländer. In Europa liegt er auf Platz acht. Diesen unglaublichen Anstieg verdankt der Zoo sicherlich seinen kontinuierlichen Bemühungen, die Erlebnisse und Erfahrungen seiner Besucher ständig zu verbessern. Ermöglicht wird dies durch die kreative Dynamik der Besitzer und nicht zuletzt auch durch große Investitionen.

Pairi Daiza S.A. ist ein börsennotiertes Unternehmen der NYSE Alternext in Brüssel. Eric Domb, dessen Holding-Gesellschaft (Wildo Properties S.A,) 70 % der Aktien gehören, ist der Geschäftsführer und die treibende Kraft hinter Pairi Daiza, das bei dieser phänomenalen Entwicklung das Potential hat, schon 2020 nach Berlin zum Zoo mit der zweitgrößten Besucherzahl Europas zu werden.

Der Zoo ist eng mit der ursprünglichen Geschichte der Gegend verbunden, die in das moderne Konzept integriert ist. Das historische Flair ist auf dem ganzen Gelände spürbar, denn dort, wo sich heute der Tiergarten befindet, wurde 1148 das Zisterzienserkloster von Cambron gegründet, eine bis zu ihrer Auflösung im Jahr 1789 bedeutende und wohlhabende Abtei. Denkmalgeschützte Ruinen der ehemaligen Klosterbauten, die noch heute auf dem Zoogelände zu sehen sind, erinnern den Besucher an die historische Vergangenheit des Ortes. Mittelalterliche Atmosphäre entsteht beispielsweise bei der Greifvogelshow, die um die 54 m hohen Turmruinen der Abtei stattfindet. Besucher können durch die ehemaligen Gartenanlagen des Klosters wandeln, die Ruhe auf dem Klosterfriedhof genießen oder sich in der ehemaligen Brauerei in originalgetreu nachempfundener Umgebung kulinarischen Köstlichkeiten widmen.

Pairi Daiza selbst ist laut Vermarktungsstrategie ein außergewöhnlicher Garten, ein Garten der Welten, der die einheimische historische Dimension erweitert, um so die große Vielfalt an Tieren, Pflanzen, Musik, Kulturen, Philosophien, Religionen und Gebäuden unseres Planeten einzuschließen. Aktuell ist der Zoo, der eine Grundfläche von 72 ha hat und während der letzten Jahre ständig erweitert wurde, in acht Themenwelten unterteilt:

- La Porte du Ciel
- La Porte des Profondeurs
- La Cité des Immortels (China)
- La Valleé de la Source
- La Terre des Origines (Afrika)
- La Lagune (Der große See)
- Le Royaume de Ganesha (Indonesia)
- La Terre du Froid (Der hohe Norden"

Es gibt große Seen, uralte Bäume und sanfte Hügellandschaften mit einer außergewöhnlichen Vielfalt an Pflanzen aller Kontinente. In der chinesischen Themenwelt wurden beispielsweise

Die besten Zoos in Europa

4.000 Teepflanzen gesetzt, für die es eine spezielle Heizung des Wurzelraums gibt. Das chinesische Restaurant, Le Temple des Délices, ist von einem einzigartigen Bonsai-Garten umgeben, der mit Hilfe des örtlichen Spezialisten Jacques Mainil angelegt wurde und von diesem gepflegt wird. Insgesamt beschäftigt Pairi Daiza zwölf Vollzeitgärtner.

Der Schutz bedrohter Tierarten und unseres kulturellen Erbes, das ist die Philosophie von Pairi Daiza. Man will die Besucher von der Schönheit und gleichzeitigen Verletzlichkeit der Natur überzeugen, welche untrennbar mit der menschlichen Existenz verbunden ist. Daher sind ethnische und kulturelle Elemente auch überall im Park sichtbar, unter anderem ein stattlicher buddhistischer Tempel im Wert von 2 Millionen €. Alle Kulturen und Religionen werden gleichermaßen respektiert. Die Ausstellungen sind mit dem Ziel entworfen worden, den Besuchern wieder einen engeren Kontakt zur Natur zu vermitteln und zwischenmenschliches Verständnis zu fördern. In jeder Welt ist die für ihre Kultur typische Musik zu hören, um Atmosphäre und Wertschätzung zu vermitteln. Beim La Maison de Thé handelt es sich um den originalgetreuen Nachbau des ältesten Teehauses von Shanghai, gelegen in einem sehr schönen Park, ebenso wie die Mandschurenkraniche in ihrem eigenen wunderbaren chinesischen Garten.

Seit 2010 sind über 50 Millionen € in neue Attraktionen investiert worden, die wichtigsten davon sind folgende:

- 2010 Chinesisches Restaurant "La Temple des Délices"
- 2011 Mura Mura – Australien und Neuseeland
- 2012 La Terre des Origines -Afrika Phase 1
- 2013 La Terre des Origines – Afrika Phase 2
- 2013 Palais d'Ani – Erstes Haus für asiatische Elefanten
- 2013 La Brasserie de Cambron – Restaurant mit Tischbedienung in der alten Brauerei
- 2014 La Cité des Immortels, inklusive des Großen Panda Geheges
- 2015 Zweites Haus für Asiatische Elefanten (für bis zu 20 Tiere)
- 2015 Dampflokomotive (aus England), um Besucher im Park herumzufahren

Zusätzlich sind wesentliche Investitionen in die Infrastruktur geflossen, unter anderem wurden Parkplätze für 8.000 Fahrzeuge gebaut. Im gesamten Park gibt es jetzt 17 Restaurants, Cafés, Kioske und Bars, die von einem Subunternehmer der Pairi Daiza S.A betrieben werden. Viele dieser Gastronomien sind in ihrer Art den Themenwelten angepasst, in denen sie sich befinden. Weitere Investitionen sind geplant, um zukünftig 25.000 Besucher pro Tag, statt wie bisher 18.000, und damit 2 Millionen pro Jahr (eigentlich in 7,5 Monaten) versorgen zu können. Mittelfristig soll ein Hotel größeren Umfangs auf oder neben dem Gelände entstehen und für den Zeitraum von 2016 bis 2020 ist eine Investitionssumme von 50 Millionen € veranschlagt.

Begehbare Volieren und Gehege zählen zu den interessantesten Besucherattraktionen, dazu gehören die Greifvögel (Geier, Adler und andere Greifvögel), die Allfarbloris und die Grauen Papageien mit Besucherfütterung, die Insel der Totenkopfaffen, die Lemureninsel, die große

Die besten Zoos in Europa

Pairi Daiza, Teehaus

Voliere mit über 16 verschiedenen Vogelarten und die australischen Kängurus, die Pelikane und Gänse. Außerdem gibt es einen Streichelzoo.

"Emersus Emergo", ein am Rande der Lagune ankerndes Schiff, beherbergt eine umfassende Sammlung von Reptilien.

Momentan liegt der Bestand bei über 5.000 Tieren, wird jedoch ständig erweitert, um bald alle wichtigen Arten zu beinhalten. So ist für 2016 geplant, Gorillas, Orang-Utans und Siamangs zu ergänzen, außerdem soll die Themenwelt der nördlichen Hemisphäre ausgebaut werden. Durch die Komplettierung der südamerikanischen Themenwelt mittels eines großen Tropenhauses ist als mittelfristiges Ziel eine durchgängige Jahresöffnung des Zoos angestrebt. Besondere Attraktionen sind die Vogelshow vor dem Hintergrund der Turmruinen der Abtei, die Großen Pandas, die oben bereits erwähnten begehbaren Ausstellungen, und Vogelgehege wie beispielsweise die der Flamingos, Pelikane, verschiedener Kraniche, Schuhschnäbel sowie der Fischadler.

In meiner Rangliste hat der Park Pairi Daiza eine beachtenswerte Entwicklung hinter sich. Vom achten Platz der Gruppe B im Jahr 2011 verbesserte er sich bereits 2013 auf den zweiten Platz der Gruppe B und erreichte 2015 Platz 14 der Gruppe A. Bei der Besucherzahl gehört er 2015 bereits zu den zehn bestplatzierten Zoos.

Es überrascht kaum, dass Pairi Daiza in Belgien zur meist besuchten, kostenpflichtigen Besucherattraktion geworden ist und dort auch zum Unternehmen des Jahres 2015 gewählt wurde.

Die besten Zoos in Europa

Pairi Daiza

KAPITEL 19

ENTWICKLUNG OSTEUROPÄISCHER ZOOS

1. Länder

Der Begriff „osteuropäische Länder" bezeichnet in diesem Buch Staaten, die von 1945 bis 1990 von kommunistischen Regimes regiert wurden, jetzt aber Mitglieder der EU sind. Einzige Ausnahme stellt die ehemalige Deutsche Demokratische Republik (DDR) dar, die hier nicht dieser Gruppe zugeordnet wird. Zusätzlich zu den elf Ländern, die diese Definition umfasst, wurde noch der Zoo in Palić in Serbien hinzugenommen, zumal Serbien sich zur Zeit um einen Beitritt in die EU bewirbt. Damit repräsentieren diese zwölf Länder 43 % der 28 für diese Studie untersuchten europäischen Länder. Die tschechischen Zoos sind allgemein die am besten entwickelten Zoos der Gruppe. Der Zoo Prag gehört unbestritten zu den zehn besten Tiergärten Europas. Historisch gesehen haben die Anlagen in Tschechien eine enge Verbindung mit der Tradition der deutschen Zoos. Sie erfreuen sich einer ungewöhnlich großen Beliebtheit bei der Bevölkerung ihres Landes. So befinden sich unter den zehn beliebtesten Sehenswürdigkeiten Tschechiens immerhin vier Zoos.

Zoo Prag, Ganges-Gavial

2. Gesamtanzahl der Zoos

30 Zoos (zwei in Gruppe A, fünf in Gruppe B, 16 in Gruppe C und sieben in Gruppe D) der insgesamt 115 gelisteten und bewerteten Zoos fallen unter die obige Definition. Unter diesen 30 Zoos befinden sich sieben in Tschechien und sechs in Polen. Dabei wurden alle unter Gruppe D, EAZA-Anwärter, berücksichtigt.

Entwicklung osteuropäischer Zoos

3. Führende Zoos und Fortschritte 2010 bis 2015

Unter Berücksichtigung aller Punkte meiner drei bisher veröffentlichten Bewertungslisten, ergibt sich folgendes Bild der führenden Zoos und ihrer Entwicklung

PRAG (CZ)	199 Punkte (+44)
BUDAPEST (HU)	186 Punkte (+42)
WROCŁAW (PL)	167 Punkte (+57)
ZLÍN (CZ)	151 Punkte (+38)
WARSCHAU (PL)	151 Punkte (+24)
SÓSTÓ (HU)	148 Punkte (+35)
DVŮR KRÁLOVÉ (CZ)	144 Punkte (+31)
OSTRAVA (CZ)	141 Punkte (+19 seit 2013)*
PILSEN (CZ)	139 Punkte (+20)
TALLINN (EE)	126 Punkte (+28)

Diese werden gefolgt von Bojnice (SK), Opole (PL), Zagreb (HR), Ljubljana (SL), Szeged (HU), Poznań (PL), Liberec (CZ), Riga (LV), Gdańsk (PL) und Olomouc (CZ).

* 2011 nicht in der Rangliste enthalten

Sóstó Zoo, Zwergotter

Entwicklung osteuropäischer Zoos

4. Historische Hintergründe

Die Gründung von 16 der 30 hier angesprochenen Zoos fällt in den Zeitraum von 1945 bis 1990, trotzdem wurde besonders im Vergleich zu den Verhältnissen in osteuropäischen Ländern in diesen Jahren nur wenig investiert. Daraus resultierte, dass die Standards in der Verpflegung der Tiere, der Ausbildung des Personals und auch der Präsentation der vorhandenen Tiere geringer waren, ebenso standen deutlich geringere Mittel für die Infrastruktur, Marketingmaßnahmen, Beschilderung und die Aufklärung der Besucher zur Verfügung. Den Zoos, die alle den Städten oder Bezirken gehörten, mangelte es an einer wirtschaftlich ausgerichteten Organisation. Die gastronomische Infrastruktur und die Ausstattung mit Zoo-Shops und ähnlichem war unterentwickelt.

Opole Zoo, Guereza

5. Verwaltung

Diese Zoos in öffentlicher Hand hatten keine moderne Führungsstruktur, da die Berufungen der Zoodirektoren durch die Bürgermeister meistens politisch motiviert waren. Die Zoos hatten keinerlei operativen oder finanziellen Handlungsspielraum. Es ist also kaum überraschend, dass viele der grundlegenden Änderungen erst eintraten, nachdem die jeweiligen Staaten ihre Unabhängigkeit erlangten, und dennoch sind 25 Jahre später alle Zoos nach wie vor in öffentlicher Trägerschaft. Die Benennung des Zoodirektors und auch die Oberaufsicht über die Finanzen obliegt noch immer den zugehörigen Städten bzw. Bezirken. Die einzige Ausnahme ist der Zoo in Wrocław, der inzwischen von einer privaten Firma gehalten wird, an der die Stadt Warschau beteiligt ist. Es ist überlebenswichtig, dass das Beispiel aus Wrocław Schule macht und die Zoodirektoren und deren Management den so dringend benötigten Handlungsspielraum erhalten.

Entwicklung osteuropäischer Zoos

6. Personal

Die wirtschaftliche Lage all dieser Länder hat sich seit 1990 durchaus verbessert, fällt jedoch noch weit hinter die der westeuropäischen Länder zurück. Als einzige Ausnahmen können die beiden eher kleinen Länder Estland und Slowenien gelten. Fünf der zwölf hier betrachteten Staaten sind bereits in der Eurozone. Die Währungen der anderen sind an den Euro gekoppelt. Dennoch sind die Gehälter der Tierpfleger erschreckend niedrig. Ein Neueinsteiger beginnt häufig mit dem Mindestlohn und kann bei fortgeschrittener Berufslaufbahn etwa 25 % des Gehalts seines Kollegen aus einem westeuropäischen Land erreichen. Diese schlechten Verdienstaussichten schlagen sich deutlich im geringeren Bildungsniveau von Berufseinsteigern nieder. Eine ähnliche Entwicklung ist auch für andere Berufe innerhalb des Zoos nachvollziehbar. Die Freizügigkeit innerhalb der EU ermöglicht es gut ausgebildeten und talentierten jungen Kräften, sich um besser bezahlte Stellen in Westeuropa zu bemühen und dies ist für die Zoos ein ernst zu nehmendes Problem bei ihren Bemühungen, qualifiziertes Personal anzuwerben und auch zu halten.

7. Finanzen

Da es den Städten als Besitzer der Tiergärten obliegt, die Eintrittspreise festzulegen, sind diese größtenteils immer noch um ein vielfaches niedriger als in den meisten westeuropäischen Zoos. Dies hat zur Folge, dass die Einkünfte und Etats der Zoos viel geringer sind. Die Zoodirektoren können kaum selbst über die Verteilung ihres Budgets entscheiden und nach wie vor werden Aufwendungen in vielen notwendigen Bereichen stark beschnitten, z. B. im Marketing, für die Instandhaltung und Ausbesserung der Gebäude, Außenanlagen und Grünflächen oder für die Gastronomie und Zooläden.

Zoo Wrocław, Braunbär

Entwicklung osteuropäischer Zoos

8. Zoofreunde und Fördervereine

Es gibt bislang nur wenige unabhängige Organisationen, die die Zoos unterstützen. Einzig in Tallinn gibt es zurzeit eine solche Gemeinschaft, die erfolgreich und vollkommen unabhängig arbeitet. Hauptaufgaben solcher Organisationen liegen in der Spendensammlung für anstehende Investitionen und in der Gewinnung von Sponsoren. Nach und nach kann ein Stamm von Jahreskarteninhabern aufgebaut und dadurch der Zoo unterstützt werden. Die bisher bestehenden, wenigen Fan-Clubs oder Mitgliederorganisationen sind in der Regel vom Zoo selbst initiiert und organisiert. Natürlich ist es in Westeuropa einfacher, Freiwillige zu finden, die bereit sind, sich ehrenamtlich für eine solche unabhängige „Zoo-Freunde"-Organisation zu engagieren.

9. Sponsoren

Wirklich erwähnenswerte Unterstützung eines Zoos durch die Wirtschaft oder private Sponsoren bleibt leider eine absolute Ausnahme und die meisten Tiergärten sind beinahe ausschließlich auf öffentliche Gelder angewiesen, die in den vielen Fällen aus EU-Töpfen stammen.

10. Große Investitionen

Zwischen 2010 und 2015 gab es zwei große Bauprojekte, die jeweils über 20 Millionen € gekostet haben: Das Afrykarium in Wrocław für insgesamt 55 Millionen € und der Neubau des Elefanten- und Flusspferd-Komplexes in Prag für insgesamt 21 Millionen €. Außerdem konnten in 14 der 30 hier besprochenen Zoos noch 14 weitere Bauprojekte in Auftrag gegeben werden, die vom finanziellen Umfang zwischen 2 und 10 Millionen € lagen.

Für die Jahre 2016 bis 2020 werden erwartungsgemäß drei weitere Großprojekte von je 50 Millionen € in Budapest, Bukarest und Lodz realisiert werden können. Hinzu kommen vier dem finanziellen Umfang nach kleinere Bauprojekte in Sóstó, Prag, Zlín und Wrocław, die mit je 10 Millionen € beziffert werden. Dabei wird der größte Anteil der Gelder durch Programme der EU bereitgestellt werden.

Zoo Prag, Elefanten

Entwicklung osteuropäischer Zoos

Zoo Budapest, Katta

11. Schlussbemerkung

Während der letzten fünf Jahre haben alle Zoos deutliche Fortschritte erzielen können. Gänzlich falsch wäre es, an alle 30 Tiergärten die gleichen Erwartungen bezüglich ihrer Entwicklung und ihres Fortschritts zu stellen, denn selbstverständlich sind alle mit unterschiedlichen Problemen konfrontiert, deren Lösung immer nur individuell erreicht werden kann. Gemessen an meinem Bewertungssystem haben die drei besten Zoos - Prag, Budapest und Breslau - auch die größten Fortschritte gemacht und es gelingt ihnen ohne Zweifel, die meisten Besucher anzuziehen. Aber alle 30 Zoos haben gutes Potenzial und ich erwarte, dass diejenigen Zoos, die ich als Kandidaten für die Aufnahme in die EAZA sehe, deren Standards bis zum Jahr 2020 auch erreicht haben werden.

Abschließend zu erwähnen ist, dass mittlerweile auch einige kleine, private Zoos entstanden sind, besonders in Polen und Tschechien, die stetige Fortschritte machen.

KAPITEL 20

SPEZIALZOOS VON BESONDERER BEDEUTUNG

Einleitung

Die 115 Zoos, die ich in meine Analyse aufgenommen habe, erfüllen sorgfältig ausgearbeitete Anforderungen. In Europa gibt es mehr als 200 weitere Zoos, die Vollmitglied in der EAZA sind, und noch viele weitere lizensierte Tiergärten, die die Vorgaben der EAZA nicht erfüllen.

Ich habe neun kleinere, aber dafür sehr spezialisierte Mitgliedzoos der EAZA ausgewählt und möchte sie an dieser Stelle präsentieren, da sie aufgrund ihrer renommierten Zuchtprogramme, ausgezeichneten Bildungskonzepte und ihrer Reputation im Artenschutz von großer Bedeutung für die europäische Zoowelt sind. Alle haben großartige Erfolge bei der Nachzucht seltener Arten erzielen können, und tragen mit der Weitergabe ihrer Tiere an andere Zoos wesentlich zum Erhalt dieser Arten bei. Die im Folgenden vorgestellten acht Zoos sind alle in privater Hand und, mit Ausnahme von Apenheul, Vallée des Singes und Walsrode, ganzjährig geöffnet.

Alpenzoo Innsbruck-Tirol, Österreich

320.000 Besucher   www.alpenzoo.at

Der im Jahr 1962 gegründete Alpenzoo liegt oberhalb von Innsbruck, der Hauptstadt des österreichischen Bundeslandes Tirol. Der Zoo ist spezialisiert auf die Haltung von Tieren der Alpenregion und bietet seinen Besuchern mit insgesamt 2.000 Tieren 150 verschiedener Arten die umfassendste Sammlung dieser Art. Dabei wird er von einem eigenen Förderverein mit über 5.000 Mitgliedern unterstützt und erhält finanzielle Zuschüsse von der Landesregierung Tirols und der Stadt Innsbruck. von allen eintrittspflichtigen Sehenswürdigkeiten in der Umgebung von Innsbruck zieht der Zoo die meisten Besucher an, innerhalb des Bundeslandes Tirol ist er die am zweithäufigsten besuchte Attraktion.

Spezialzoos von Bedeutung

Auf dem 5 ha großen Gelände, das sich 650 m bis 750 m über dem Meeresspiegel befindet, wird dem Besucher nicht nur ein Einblick in die alpine Tierwelt geboten, sondern auch die Flora der Alpenregion durch typische Bäume und Pflanzen eindrücklich präsentiert. Erwähnenswert ist die gute Anlage der einzelnen Tiergehege und deren Beschilderung. Unter diesen sind folgende besonders hervorzuheben: Die Gemeinschaftsanlage der Bartgeier, Murmeltiere und Alpenhasen, die Reptilienanlagen mit den verschiedenen Schlangen, Eidechsen und Molchen, die der Luchse, die der Biber, die der Braunbären, die der Wildkatzen, die der Steinadler, die der Alpensteinböcke, die der Wölfe und der Fischotter. Besonders gut konzipiert sind auch die Terrarien der Schlangen.

Der Zoo ist vom Stadtzentrum aus sehr gut mit öffentlichen Verkehrsmitteln erreichbar, verfügt aber auch über ausreichende Parkmöglichkeiten. Zur Feier seines 50-jährigen Bestehens im Jahr 2012 eröffnete der Alpenzoo die neue, sensationelle Ausstellung „Die Fischwelt der Alpen". Dabei handelt es sich um ein riesiges Kaltwasseraquarium, mit einem Fassungsvermögen von 230.000 l Wasser, das neun heimische Fischarten zeigt und dem Besucher die faszinierende Unterwasserwelt der eiskalten Bergseen der Alpen näher bringen soll. Außerdem wurde eine Tierauffangstation eingerichtet und die Möglichkeiten der tierärztlichen Versorgung innerhalb des Zoos verbessert.

Alpenzoo Innsbruck

Apenheul Affenpark, Niederlande

450.000+ Besucher   www.apenheul.nl

Apenheul, zu deutsch „Affenhügel", ist ein einzigartiger Zoo in der Nähe von Apeldoorn, etwa 80km östlich von Amsterdam, der besonders für seinen großartigen Bestand an Menschenaffen, Affen und Lemuren und die Erfolge bei der Nachzucht mit diesen Tieren bekannt ist. Nach seiner Gründung 1971 führte der Zoo als einer der ersten große begehbare Tiergehege ein. Heute leben in Apenheul 42 verschiedene Säugetierarten, darunter 35 Primatenarten, und 17 Vogelarten auf einem 12 ha großen bewaldeten Gelände, das über sehr schöne Seen und Wasserläufe verfügt.

Spezialzoos von Bedeutung

Die Außenanlagen sind natürlich gestaltet und entsprechen allesamt hohen Qualitätsstandards. Die Affen können sich entweder frei auf dem Gelände bewegen und unter die Besucher mischen oder werden auf bewachsenen Insel gehalten, die von Gräben umgeben sind. Die Interaktion mit dem Publikum liegt allein in der Hand der Tiere. Sie können den Kontakt mit den Besuchern initiieren, die die Tiere weder Streicheln noch Füttern dürfen. Die Geduld der Besucher wird belohnt, wenn ihnen einige der neugierigen Totenkopfaffen, derer es insgesamt 140 Stück gibt, unerwartet auf die Schultern springen. Andererseits ist es den Affen aber auch möglich, sich zurückzuziehen und hoch oben in den Bäumen nach Futter zu suchen.

Apenheul ist berühmt für seine Flachlandgorillas, Orang-Utans und Bonobos, die jeweils in Gruppen zusammenleben. Einzigartig in Aufbau und Größe ist die 1999 eröffnete Orang-Utan Anlage, die sich über vier Inseln erstreckt und für die hunderte Baumstämmen und 10 km Seil und Netze verarbeitet wurden. Für die Orang-Utans, die teilweise auch mit schwarzen Haubenlanguren zusammenleben, gibt es zusätzlich eine Innenanlage mit sechs großen Räumen, sodass viele verschiedene Wege und Strecken offen stehen. Die Gruppe der Gorillas in Apenheul gehört zu den größten ganz Europas. Sie bewohnen eine 1 ha große, bewaldete Insel. Die Tiere können von einer Zuschauertribüne aus beobachtet werden. Die natürliche Verhaltensweise der Menschenaffen wird den Besuchern durch regelmäßig stattfindende Gespräche mit den Tierpflegern näher erklärt. Das große Engagement der Verantwortlichen von Apenheul für den In-situ-Artenschutz und die Einhaltung hoher Qualitätsstandards in der Tierhaltung ist im gesamten Park deutlich sichtbar. Der Zoo ist von November bis März geschlossen.

Durrell Wildlife Conservation Trust, Jersey Zoo, Jersey

150.000+ Besucher   www.durrell.org

Dieser Zoo, der sich auf der größten der Kanalinseln befindet, wird noch immer hauptsächlich mit dem verstorbenen Gerald Durrel und dessen unermüdlichen Einsatz für den Artenschutz in Verbindung gebracht. In erster Linie handelt es sich bei dieser Einrichtung auch um ein Artenschutzzentrum, das sich auf die Bewahrung stark gefährdeter Tierarten der tropischen Inseln und des Hochlandes spezialisiert hat, mit dem Ziel, den Tierbestand im natürlichen Lebensraum durch Wiedereinbürgerungen zu stabilisieren, wo immer dies möglich ist. Besonders aktiv ist die Durrell Wildlife Conservation Trust auf den Inseln Madagaskar, Mauritius, St. Lucia und Montserrsat.

Der Zoo hat eine Gesamtfläche von 17 ha, landschaftlich abwechslungsreich gestaltet mit Wassergärten und bewaldeten Gebieten. Zusätzlich zu den 110 festangestellten Mitarbeitern engagieren sich über 200 freiwillige Helfer für den Zoo. Dessen Tierbestand umfasst über 100 verschiedene Arten von Vögeln, Reptilien und Amphibien, bei den Säugetieren findet sich hingegen nur eine begrenzte Auswahl größerer Arten: Orang-Utans, Gorillas, Gibbons, Makaken, Lemuren und Mähnenwölfe befinden sich unter den 28 gezeigten Säugetierarten. Dieses sind die wichtigsten Anlagen des Zoos: Juwelen des Waldes (asiatische Vögel), Nebelwälder (Gemeinschaftsanlage südamerikanischer Tierarten), das Gaherty Reptilen- und Amphibienzentrum, Kirundy Forest (Madagaskar), Central Valley und Discovery Desert. Die Tamorine und Marmosetten, die sich in kleineren bewaldeten Gebieten zum Teil frei bewegen können und die großen, geräumigen Außenanlagen der Orang-Utans und Gibbons sind besonders eindrucksvoll.

Spezialzoos von Bedeutung

Das Futter der Zootiere wird seit 1976 durch Durrell's Organic Farm produziert, so wird sichergestellt, dass höchste Qualitätsstandards eingehalten werden und keine chemischen Zusätze ins Tierfutter gelangen. Geführte Touren durch den Zoo und Keeper Talks entsprechen höchsten Anforderungen.

Jersey Zoo

Howletts und Port Lympne Wild Animal Parks, England UK

230.000+ Besucher und 170.000+ Besucher　　　　　　　　　www.totallywild.net

Diese beiden zusammengehörigen Zoos befinden sich in Kent, im Südosten Englands und gehören der Aspinall Familie an. Gegründet wurden sie vom verstorbenen John Aspinall, dessen Traum es war, einen Park zu besitzen, in dem sich wilde Tiere in einer geschützten Umgebung frei bewegen und vermehren konnten, um sie schließlich wieder unter sicheren Bedingungen auszuwildern. Diesen Traum konnte er sich durch den Kauf von Howletts (40 ha) und Port Lympne (160 ha) erfüllen. In seinem Andenken widmen beide Einrichtungen ihre Arbeit vor allem dem Schutz gefährdeter Tierarten. Schwerpunkt der Arbeit vor Ort ist auf Java, in Gabun, der DR Kongo und auf Madagaskar. Beide Parks verfügen über großzügige Gehege aber nur sehr wenige Tierhäuser.

Howletts WildAnimal Park ist spezialisiert auf die Haltung von Primaten, Katzen und Afrikanischen Elefanten, von denen sie die größte Herde Großbritanniens besitzen. Außerdem ist der Park berühmt für seine Gorillas, in seiner Haltung befindet sich die größte Gorillagruppe Europas. Aufgrund der großen Zuchterfolge können immer wieder Tiere an andere Zoos weitergegeben werden und auch Auswilderungen in Gabun und andernorts sind schon erfolgreich verlaufen. Auch in der Nachzucht des Java-Leoparden, der Nebelparder und des schwarzen Haubenlanguren liegt eine große Stärke Howletts. Der Park verfügt über einige großartige alte Bäume. Der Port Lympne Wild Animal Park liegt nahe der Küste. Das Gelände ist im Gegensatz zu Howletts nicht durchgehend flach, sondern hügelig und zum Teil bewaldet. Es gibt ein Gutshaus und weitläufige Blumengärten. Ein besonderes Erlebnis für die Besucher ist die 42 ha große Safari Anlage

Spezialzoos von Bedeutung

"African Experience", die verschiedene Huftiere der afrikanischen Steppe beherbergt und nur unter Anleitung ausgebildeter Guides in abgeschlossenen Safariwagen besucht werden kann. Zu den 73 Säugetierarten von Port Lympne zählen Rotschildgiraffen, Böhm-Zebras, Spitzmaulnashörner, Afrikanische Elefanten, Berberlöwen, Sibirische Tiger, Gorillas und zahlreiche Antilopenarten. Bei beiden Parks handelt es sich nicht um zoologische Gärten im klassischen Sinne, dennoch ist ein Besuch durchaus empfehlenswert. Beide Einrichtungen sind innerhalb der Zoogemeinschaft hoch geschätzt für ihre Arbeit und ihr Engagement für viele bedrohten Tierarten.

Nordens Ark, Schweden

100.000+ Besucher   www.nordensark.se

Nordens Ark liegt 120 km nördlich von Göteborg an der wunderschönen und beeindruckenden Westküste Schwedens. Der Zoo, der nur einen kleinen Bruchteil des 380 ha großen Areals ausmacht, hat sich auf bedrohte Tierarten der nordischen Klimazone spezialisiert. Das Gelände bietet landschaftlich viel Abwechslung. Es gibt Wälder, felsige Berghänge und Seen. Eigentümer von Nordens Ark ist eine gemeinnützige Naturschutzstiftung, die 1988 gegründet wurde und unter anderem auch vom schwedischen Königshaus unterstützt wird.

Abgesehen vom Tropenhaus, in dem auch die Amphibien untergebracht sind, gibt es wenige Tierhäuser. Die Tiere finden in den großen, natürlichen Anlagen Unterkunft. Die begrenzte Auswahl an Säugetieren beinhaltet unter anderem Sibirische Tiger und Amurleoparden, Schneeleoparden, Kleine Pandas, Przewalski Pferde, Mähnenwölfe und andere europäische Raubtiere. Unter den insgesamt 90 verschiedenen Tierarten des Zoos befindet sich auch eine große Zahl von Greifvögeln, darunter solche, die erst wieder in Schweden angesiedelt werden mussten. Nordens Ark genießt innerhalb der Zoogemeinschaft einen sehr guten Ruf auf den Gebieten der wissenschaftlichen Forschung und des In-situ-Artenschutzes. So ist der Zoo in verschiedene Auswilderungsprojekte innerhalb Schwedens, aber auch andernorts involviert und verwendet einen ungewöhnlich großen Anteil seines Jahresbudgets für diese Arbeit. Ebenfalls bekannt ist Nordens Ark für seine Bildungsarbeit. Es gibt viele unterschiedliche zoopädagogische Programme, die sich in erster Linie an die unmittelbare Umgebung, d.h. Schulklassen und Studenten, richten. Der Zoo verfügt über ein eigenes Hotel und Tagungszentrum.

Le Parc des Felins, Nesles, Frankreich

300.000 Besucher   www.parc-des-felins.com

Dieser Zoo, 50 km nord-westlich von Paris gelegen, ist führend unter den auf Katzenarten spezialisierten Zoos Europas. Im Bestand befinden sich etwa 150 Tiere in 26 verschiedenen Arten, die der Körpergröße entsprechend in groß, medium oder klein unterteilt und innerhalb des Parks nach ihren Lebensräumen zusammengefasst sind: Afrika, Amerika, Asien und Europa.

Alle gehaltenen Katzenarten werden gezüchtet, sodass seltene Arten an andere Zoos abgegeben werden können. Durch ihre gute Konzeption, Bepflanzung und Ausstattung werden die Außengehege den Bedürfnissen der jeweiligen Katzenart in jeder Form gerecht.

Spezialzoos von Bedeutung

Ursprünglich auf einer Fläche von 7 ha im Jahr 1998 gegründet, bezog der Zoo 2006 sein jetziges Gelände, das erst kürzlich auf 71 ha erweitert wurde. Geführt wird Le Parc de Felins vom Eigentümer selbst, der von einem kleinen, aber sehr engagierten Team tatkräftig unterstützt wird. An wichtigen Stellen innerhalb des Zoos gibt es Erklärungen und pädagogische Anleitungen, die sich besonders an die Schulkinder richten, die etwa 20 % aller Besucher ausmachen. Die Beschilderung ist überaus gelungen und enthält für einzelne Tiere unter anderem Informationen im „Ausweis-Stil", sowie Angaben zum Artenschutz. Alle großen Katzenarten sind in weitläufigen Gehegen untergebracht, dabei zählen die Geparden sicherlich zu den bemerkenswertesten aller gezeigten Katzen. Ihre Anlage umfasst 6 ha, verteilt auf sieben unterschiedliche Außengehege mit zusätzlichen Innenanlagen, die allerdings wie in den meisten Fällen für die Besucher nicht zugänglich sind.

Als Ergänzung zu den vielen Katzenarten gibt es im Zoo noch sechs unterschiedliche Lemurenarten, die alle gemeinsam auf einer von einem Wassergraben umgebenen begehbaren Insel von 1 ha Größe angesiedelt sind. Dort, wo sich heutzutage das bei Besuchern äußerst beliebte Lemurengehege mit über 50 Tieren, größtenteils Kattas, befindet, stand noch vor 1789 ein Schloss.

Vallée des Singes, Vallée des Singes, Frankreich

180.000+ Besucher   www.la-vallee-des-singes.fr

Etwa 40 km südlich von Poitiers nahe dem Dorf Romagne, liegt das Vallée des Singes (Tal der Affen), das 1998 mit der Unterstützung der Lokalverwaltung nach dem Vorbild von Apenheul in den Niederlanden gegründet wurde. Wie der Name schon sagt hat sich Vallée des Singes auf die Haltung von Affen, Menschenaffen und Lemuren spezialisiert.

Das Gelände des Zoos ist 16 ha groß und verfügt über eine Fülle einheimischer Bäume, die den Tieren auch als Lebensraum dienen, denn die meisten der 400 Primaten aus 34 verschiedenen Arten leben auf bewaldeten Inseln, die von einem Kanalsystem umgeben sind und den natürlichen Lebensraum der Tiere so gut wie möglich nachempfinden sollen.

Viele Arten können sich auch frei unter den Besuchern bewegen, die ihrerseits die Affen weder berühren noch füttern dürfen. Dennoch ist der sehr enge Kontakt eine besondere Erfahrung und ein großes Vergnügen für die Besucher, die in den begehbaren Gehegen südamerikanische Affenarten und vier verschiedene Lemurenarten begegnen können.

Unzählige abgestufte Sitzgelegenheiten ermöglichen es den Besuchern, die Menschenaffen zu beobachten ohne deren natürliches Verhalten zu beeinflussen und zu den überall im Park deutlich gekennzeichneten Fütterungszeiten gibt es Keeper-Talks. Die Beschilderung an den Gehegen und auch die Wegführung innerhalb des gesamten Komplexes ist gut gemacht, alle Gehwege sind in gutem, gepflegten Zustand. Auch die Informationen zum Artenschutz werden dem Besucher auf gelungene Art und Weise präsentiert.

Ein weiteres Highlight ist die erst kürzlich angesiedelte Gruppe der Bonobos, die mit 17 Tieren die größte ihrer Art in Europa darstellt. Das Bonobo Haus samt Anlage wurde 2011 eröffnet. Es hatte ein Investitionsvolumen von 2,2 Millionen €. Außerdem gibt es noch eine Gruppe mit

Spezialzoos von Bedeutung

neun männlichen Schimpansen, die über eine landschaftlich und auch vom Baumbewuchs abwechslungsreich gestaltete Anlage von 5 ha verfügt. Gleiches gilt für die geräumige und vielseitig angelegte Anlage der zehn Gorillas.

Der Zoo verfügt außerdem über einen kleinen Bauernhof speziell für Kinder.

Beachten Sie bei der Planung ihres Besuchs bitte, dass der Zoo von November bis März geschlossen ist.

Weltvogelpark Walsrode, Deutschland

250.000+ Besucher   www.weltvogelpark.de

Nördlich von Hannover in der Lüneburger Heide befindet sich der berühmte Weltvogelpark Walsrode, der mit seinen 4.000 Tieren und 700 verschiedenen Arten, von denen es einige nirgendwo sonst gibt, die Zuchtstandards in Europa bestimmt. In Walsrode werden die meisten europäischen Zuchtbücher geführt und beinahe alle Zoos dieser Untersuchung haben Vögel aus Walsroder Zucht in ihrem Bestand. Der Weltvogelpark beherbergt Vögel aus allen Klimazonen und von allen Kontinenten und engagiert sich stark in vielen Artenschutzprojekten, schwerpunktmäßig in Madagaskar. Aber der Zoo, der eine Gesamtfläche von 36 ha hat, wird auch wegen seiner Bepflanzung sehr geschätzt, besonders für seine Rhododendren, Azaleen und anderen blühenden Büsche. Der Park verfügt über einen sehr guten Bestand an alten Laubbäumen.

Unter den Innenanlagen sind die folgenden besonders erwähnenswert: Die Regenwaldhalle (zuvor Tamang Burung/ Indonesien Haus genannt), in dem die Besucher eine Vielzahl frei fliegender tropischer Vögel mit der für ihren Lebensraum typischen Pflanzenwelt sehen können, das Lori Atrium mit seinen über 30 verschiedenen Vogelarten und üppiger Bepflanzung, die Lorikontaktvoliere (Toowoomba) und die Paradieshalle mit über 38 verschiedenen frei fliegenden Vogelarten. Im großen Show-Haus finden auch im Sommer Vogelflugshows und andere Vorführungen statt.

Sehenswert sind auch die Pinguine, die Pelikane, die Schuhschnäbel, die Mynah-Vögel und die Scharlachsichler (50 % aller europäischen Zoos haben ihren Tierbestand dieser Art aus Walsrode). Die Praxis des Flügelkupierens ist in Walsrode erheblich eingeschränkt worden, so sind beispielsweise die Flügel der meisten Flamingos schon nicht mehr kupiert. Der Park verfügt außerdem über einen neuen, sehr guten Shop und eine gute zweisprachige (deutsch/englisch) Beschilderung der Anlagen.

Mein Fazit: der Weltvogelpark Walsrode ist ein absolutes Muss für alle Vogel-Fans.

KAPITEL 21

ZOO-PROFILE

Einleitung

Keine zwei Zoos sind identisch. Das ist einer der großen Freuden eines Zoobesuches. Für diese individuellen Profile der 115 untersuchten Zos habe ich ein einheitliches Format gewählt. Mit großer Sorgfalt wurden die Daten erfasst und den jeweiligen Zoos zur Prüfung vorgelegt. Wie nicht anders zu erwarten macht die Vielfältigkeit der Zoos die Darstellung mancher Informationen schwierig. Die Zoo-Szene ist kontinuierlich in Bewegung und nicht alle Informationen sind auf dem gleichen Stand. Diese Profile sollen sowohl als nützlicher Führer für die Zoobesucher als auch zum Vergleich zwischen den Zoos dienen.

Besucherzahlen

In Kapitel 24 finden Sie hierzu eine Definition. Die genannten Zahlen beziehen sich auf alle zahlenden und nicht-zahlenden Besucher eines Jahres. Die Besucherzahlen sind ein Schätzwert, der neben anderen Faktoren die Zahlen eines guten Jahres und den anhaltenden Trend der vergangenen Jahre berücksichtigt, welche ich sorgfältig analysiert habe.

Tierbestand

Es finden sich nur Angaben zu den Säugetieren, Vögeln und Reptilien, da sich diese Untersuchung ausschließlich mit diesen drei Tiergruppen beschäftigt.

Masterplan

Alle Angaben, seien sie öffentlich bekannt oder nicht, basieren auf publik gemachten Informationen sowie meinen eigenen Einschätzungen nach Gesprächen mit den Zoodirektoren.

Hunde

Manche Zoodirektoren halten die Präsenz von Besucherhunden für eine Verhaltensbereicherung für die eigenen Zootiere; andere sehen gesundheitliche und Sicherheits-Probleme und verwehren den Hunden den Eintritt in den Zoo. Dort, wo Hunde erlaubt sind, verlangen die meisten Zoos für sie Tages- oder Jahreskarten. Die Hunde müssen an kurzen Leinen geführt werden und sind meist nicht in Tierhäusern erlaubt: davor gibt es Wasser- und Anbindemöglichkeiten.

Beschilderung

Wird eine weitere Sprache neben der Muttersprache des Zoos aufgeführt, handelt es sich bei der Ausschilderung mindestens um zusammenfassende Informationen, die über den Namen der Art hinausgehen. Meine Bewertung der Gehegebeschilderungen mittels vergebener Sterne bezieht sich auf Qualität und Umfang der Informationen, wobei drei Sterne die Bestnote darstellen. Wie alle anderen Einrichtungen unterliegen Zoos stetigen Veränderungen. Viele dürften ihre Beschilderung seit meinem letzten Besuch verbessert haben.

Zoo-Profile

Schaufütterungen, Vorführungen etc

Hiermit sind insbesondere die sohgenannten „Keeper Talks" der Zootierpfleger gemeint, die sich durch gute Informationen über die betreffende Tierart auszeichnen und über die normalen Fütterungen hinausgehen, auch wenn diese beiden Aspekte natürlich kombiniert werden können.

Zoofreunde / Fördervereine

Hier sieht man, ob es einen Förderverein („Zoofreunde") oder eine entsprechende Einrichtung gibt, also eine unabhängige und selbstorganisierte Gemeinschaft mit intern gewähltem Vorstand und eigenen Strukturen, häufig verbunden mit einer eigenen Zeitschrift, Veranstaltungskalender, Spendenaktionen für den Zoo und organisierten Besuchen anderer Zoos.
Mitgliedschaftsprogramme auf der anderen Seite, z. B. von Zoologischen Gesellschaften, sind in der Regel ein Teil der Zooverwaltung und werden von dieser organisiert. Mitgliedern bieten sich oft Vorteile in Form von Zeitschriften, Jahreskarten und Rabatten in der Zoogastronomie und den Zooläden..

Ehrenamtliche Helfer

Ehrenamtliche Helfer, die das Zoopersonal in Zeiten mit großem Besucherandrang unterstützen. Häufig handelt es sich dabei um engagierte und fachkundige Studenten oder Rentner, die Besucherführungen übernehmen, Gehege beaufsichtigen und die Arbeit der Tierpfleger unterstützen.

Begehbare Tierhäuser

Berücksichtigt sind diejenigen Häuser, die für Besucher geöffnet sind und nicht nur auf interessante Anlagen schließen lassen, sondern auch bei schlechtem Wetter die Möglichkeit zum Zoobesuch bieten.

Besonderheiten

Dies ist meine persönliche Auswahl von Tiergehegen, die im Vergleich mit denen anderer Zoos besonders gut gelungen sind; diese werden in Kapitel 22 meist mit 5 oder 6 Sternen bewertet. Bei kleineren Zoos mit begrenztem Tierbestand können darunter auch Anlagen mit vier Sternen fallen.

Zoo-Profile

Kiwara Savanne, Zoo Leipzig

Aachener Tierpark

Kontakt	Aachener Tierpark Euregiozoo, Obere Drimbornstrasse 44, 52066 Aachen, DE Tel: +49 (0) 241 59385 Fax: +49 (0) 241 572696 zoo.aachen@t-online.de www.euregiozoo.de
Inhaber	gemeinnützig Aachener Tierpark AG 94 % Tierparkfreunde Aachen e.V. 6 % im Privatbesitz
Fläche	9 ha (inklusiver großer See)
Gründungsjahr	1966
Besucherzahl	390.000
Dienstleistungen	Gastronomie: (zooeigen) Restaurant, Café, Kiosk, Picknickplatz Läden: Zooshop (zooeigen) Streichelzoo: Ja, mit Ponyreiten Spielplatz: Ja

Tierbestand am 31. 12. 2014

	Anzahl	Arten
Säugetiere	280	47
Reptilien	20	4
Vögel	390	67

Hunde	Nein
Schaufütterungen	Ja
Vorführungen etc	Nein
Zoofreunde	525
Freiwillige	90

AACHENER TIERPARK

Zooschule: Ja Zooführer: Nein Sprache der Beschilderung: Deutsch Beurteilung: ✱	Bildung
Ein schönes, leicht hügeliges Gelände am großen Beverbach-Stausee mit altem Baumbestand und schöner Vegetation. Mitten in einem ruhigen Wohnviertel gelegen, sind die naturgetreuen Gehege gut gestaltet für die überwiegend kleineren Tiere, die im Zoo vorherrschen.	Allgemeine Beschreibung
Nicht vorhanden	Masterplan
Affenhaus	Begehbare Häuser
Servale, Geparde, Präriehunde Baummarder, Nasenbären, Mungos, Haubenkapuziner, Brillenpinguine, Luchse, Zwergotter, Waschbären, Steinadler, Säbelschnäbler, begehbare Voliere für Flamingos und Pelikane	Besonderheiten

Aalborg Zoo

Aalborg ZOO

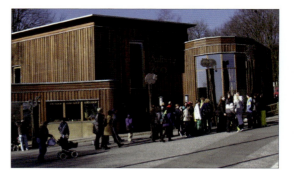

Kontakt	Aalborg Zoo
	Mølleparvej 63,
	9000 Aalborg, DK
	Tel: +45 96 31 2929
	Fax: +45 98 13 1933
	info@aalborgzoo.dk
	www.aalborgzoo.dk

Inhaber	unabhängige Gesellschaft (regional, städtisch und privat)
Fläche	9 ha
Gründungsjahr	1935
Besucherzahl	420.000
Dienstleistungen	Gastronomie: (zooeigen) Kinderzoo/Amphitheatre Restaurant, Café, Kiosk Spielplatz Läden: Zooshop (zooeigen)
Bildung	Zooschule: Ja Zooführer: Ja Sprachen der Beschilderung: Dänisch, Englisch, Deutsch Infotafeln Beurteilung: ★★★

Tierbestand am 31. 12. 2015

	Anzahl	Arten
Säugetiere	269	46
Reptilien	110	22
Vögel	160	22

Hunde	Ja
Schaufütterungen	Ja
Vorführungen etc.	Ja, im neuen Amphitheatre
Zoofreunde	Nein
Freiwillige	Nein

AALBORG ZOO

Ein schönes Gelände mit altem Baumbestand und vielen kleinen Gewässern. Die Kunstfelsen in den Gehegen und die gut gestalteten neueren Anlagen überzeugen. Die Pfade und erhöhten Wege sind gut gepflegt, und überhaupt wird geschickt kaschiert, wie klein der Tiergarten eigentlich ist.	Allgemeine Beschreibung
Mittelfristig wird der Zoo um 4 ha erweitert. Im abgesegneten Masterplan für 2016 bis 2030 sind viele Investitionen vorgesehen, zunächst das große Projekt „Sikumiut" für grönländische Säugetiere und Vögel, das um 2019 eröffnet werden soll.	Masterplan
Elefantenhaus, Menschenaffenhaus, Raubtierhaus, Zwergflusspferdhaus, Giraffenhaus, Zebra- und Antilopenhaus, Tropenhaus, Südamerikahaus; im April 2016 wurde eine Ausstellung zur Eiszeit eröffnet.	Begehbare Häuser
Eisbären, Zwergflusspferde, „Afrikanische Steppe", Zebra- und Antilopenhaus, Katzenbären, Biberratten, Löwen, Tiger, Grüne Leguane vergesellschaftet mit Wasseragamen, Mohrenkaimane, „Yuhina-Voliere"	Besonderheiten

DierenPark Amersfoort

www.dierenparkamersfoort.nl

Kontakt	DierenPark Amersfoort Barchman Wuytierslaan 224 3819 AC Amersfoort, NL Tel: +31 (0) 33 422 7100 info@dierenparkamersfoort.nl www.dierenparkamersfoort.nl
Inhaber	private Gesellschaft 100 % Familienbesitz
Fläche	18 ha
Gründungsjahr	1948
Besucherzahl	760.000
Dienstleistungen	Gastronomie: (zooeigen) Restaurants, Café, Kioske, Picknickplatz Läden: Zooshop (zooeigen) Streichelzoo: Ja Spielplatz: Ja
Bildung	Zooschule: Nein Zooführer: Nein App: Ja Themenbezogene Broschüren: Ja Sprache der Beschilderung: Holländisch Beurteilung: ✶

Tierbestand am 1. 6. 2016

	Anzahl	Arten
Säugetiere	260	60
Reptilien	101	18
Vögel	251	25

Hunde	Ja
Schaufütterungen	Ja
Vorführungen etc	Begegnungen mit Schlangen und Spinnen
Zoofreunde	Nein
Freiwillige	100+

DierenPark Amersfoort

Der Tierpark liegt auf überwiegend flachem Gelände mit viel Wald und guter Vegetation und hier und da Gewässern. Bei jungen Besuchern besonders beliebt ist ein Labyrinth, die „Klim Alles-route". Hier können Kinder übers Bärengehege und durch die Hyänenanlage klettern, und in einem Boot eine simulierte afrikanische Steppe mit Affeninsel erkunden. In der größten begehbaren Voliere Hollands, dem „SnavelRijk", kann man Geier, Pelikane und Marabus beobachten. Die „Stadt der Oudheid", die „Stadt des Altertums", ist ein interessanter völkerkundlicher Themenbereich mit Kamelen und Mantelpavianen. Das Elefantenhaus aus dem Jahr 2010 hat eine ungewöhnliche und schöne Gestaltung: Der Innen- und Außenbereich sehen fast identisch aus, und geben den Elefanten das Gefühl einer Einheit. Für gewöhnlich können die Elefanten selbst entscheiden, ob sie sich drinnen oder draußen aufhalten wollen. Erzählungen über das Verhältnis einheimischer Völker zu ihrer Tierwelt gehören zum Bildungsangebot des Tierparks.

Allgemeine Beschreibung

In Vorbereitung

Masterplan

Elefantenhaus, Nashornhaus, Nachttierhaus, Tigerhaus, Reptilienhaus, Schildkrötenhaus sowie ein Museum

Begehbare Häuser

Indische Elefanten, Panzernashörner, Tüpfelhyänen, Erdmännchen, Mantelpaviane, Zwergotter, Bären, Löwen, Tiger, Giraffen, Zebras, Katzenbären, Salzkatzen, Faultiere, Pelikane, Kraniche, das Nachtierhaus „De Nacht" vor allem mit kleinen Säugetieren, die oben erwähnte Voliere „SnavelRijk" mit afrikanischen Vögeln

Besonderheiten

ZOO D'AMNÉVILLE

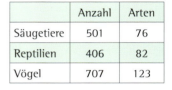

Kontakt	Zoo d'Amnéville, 1, Rue du Tigre, Centre Thermal et Touristique, 57360 Amnéville, FR Tel: +33 (0) 387 702560 Fax: +33 (0) 387 714145 zoo.amneville@wanadoo.fr www.zoo-amneville.com	
Inhaber	Private Gesellschaft 100 % Parc Zoologique d'Amnéville. Genossenschaft	Tierbestand am 2. 6. 2010
Fläche	17 ha (19 ha im Besitz)	
Gründungsjahr	1986	
Besucherzahl	650.000	Hunde — Nein Schaufütterungen — Ja Vorführungen etc. — Tiger, Greifvögel, Papageien, Seelöwen
Dienstleistungen	Gastronomie: (zooeigen) Restaurants, Café, Kioske, Picknickplatz Läden: Zooshop (zooeigen) Streichelzoo: Ja Spielplatz: Ja	Zoofreunde — Nein Freiwillige — Nein
Bildung	Zooschule: Ja Zooführer: Ja (Französisch, Deutsch) Sprachen der Beschilderung: Französisch, Deutsch Beurteilung: ★★	

	Anzahl	Arten
Säugetiere	501	76
Reptilien	406	82
Vögel	707	123

ZOO D'AMNÉVILLE

Der schöne Tiergarten mit gutem Baumbestand und einer Vielfalt an Vegetation, vor allem Bambus, liegt neben einem Sport- und Unterhaltungskomplex, mit dem er den Parkplatz teilt. In Teilen des Zoos gibt es hübsche, kleine Gewässer. Schilder zum Thema Arten- und Naturschutz sind vielfältig, und die Tiere sind in ihren Gehegen gut zu sehen. Die Häuser für Orang-Utans (2008) und Gorillas (2012) sind hervorzuheben, und das Vivarium hat eine besonders interessante Reptiliensammlung.	Allgemeine Beschreibung
In den letzten fünf Jahren sind jährlich im Rahmen des Masterplans durchschnittlich über fünf Millionen € vor allem für neue Anlagen für Gorillas, Blutbrustpaviane und Tiger sowie eine „Minifarm" und Infrastruktur ausgegeben worden. Projekte der Jahre 2015 und 2016 sind u. a. ein „Bärenwald", Anlagen für Vielfraße und Binturongs, ein Restaurant und eine Quarantäne.	Masterplan
Gorillahaus, Orang-Utan-Haus, Elefantenhaus, Giraffenhaus, Nashornhaus, Vivarium	Begehbare Häuser
Gorillas, Orang-Utans vergesellschaftet mit Zwergottern, Eisbären, Erdmännchen, Flamingos, Pelikane, Sekretäre und andere Greifvögel, Starrbrustpelomedusen (eine überwiegend afrikanische Schildkrötenart)	Besonderheiten

ARTIS AMSTERDAM

ARTIS AMSTERDAM ROYAL ZOO

Kontakt

ARTIS Amsterdam Royal Zoo,
Plantage Kerklaan 38-40,
1018 CZ Amsterdam, NL
Tel: +31 (0) 20 523 3400
Fax: +31 (0) 20 523 3419
info@artis.nl
www.artis.nl

Inhaber

gemeinnützige Stiftung
100 % Natura Artis Magistra
Königliche Zoologische Gesellschaft
mit finanzieller Unterstützung
der Stadt Amsterdam

Tierbestand am 31. 12. 2015

	Anzahl	Arten
Säugetiere	480	85
Reptilien	215	47
Vögel	790	84

Fläche 14 ha
Gründungsjahr 1838
Besucherzahl 1.350.000

Hunde Nein
Schaufütterungen Ja
Vorführungen etc Nein

Dienstleistungen

Gastronomie: verpachtet
Restaurants, Café, Kioske
Läden: Zooshop (zooeigen)
Streichelzoo: klein
Spielplatz: Ja

Zoofreunde Nein, aber Mitglieder von Artis
Freiwillige Ja, 300+

Bildung

Zooschule: Ja
Zooführer: Ja (Holländisch, Englisch)
Sprachen der Beschilderung: Holländisch, Englisch
Beurteilung: ✦✦

Artis Amsterdam

Zentral gelegen, ist die Artis, ein berühmter Zoo und Aboretum in Amsterdams ältestem öffentlichem Park, eine Oase der Ruhe. Sie hat über 700 Bäume, überwiegend Laubbäume, mit 200 Arten, und einige sehr schöne Gartenanlagen. Viele alte, unter Denkmalschutz stehende Häuser wurden in den letzten fünf Jahren renoviert, darunter das alte Vogelhaus und das Affenhaus (jetzt Waldhaus genannt) mit jeweils einer großen begehbaren Halle für heute kleinere Sammlungen an Vögeln bzw. Affen in bezaubernder Umgebung. Das Mikrobenhaus Micropia (s. Kapitel 12) wurde 2014 im ehemaligen Verwaltungsgebäude eröffnet. Neben dem Gelände werden das Zeiss-Planetarium und das zoologische Museum restauriert. **Allgemeine Beschreibung**

Auf der Grundlage eines mittlerweile fünf Jahre alten Programms sieht der Masterplan die Erweiterung und Modernisierung der Anlagen für mehrere wichtige Arten vor. Im Jahre 2016 wurden Anlagen für Jaguare und Elefanten eröffnet, das Elefantengehege zum Teil auf einem Erweiterungsgelände, das vom Parkplatz abgezweigt wurde. **Masterplan**

Vogelhaus, Waldhaus, Elefantenhaus, Giraffenhaus, Schimpansenhaus, Gorillahaus, Aquarium, Reptilienhaus, Insektarium, Schmetterlingspavillon, „Micropia" sowie Planetarium **Begehbare Häuser**

Die oben erwähnte „Micropia", das ebenfalls schon oben erwähnte alte Vogel- und das Waldhaus mit jeweils einer begehbaren Halle für Vögel bzw. kleine Affen, der frei zugängliche „Artisplatz" mit einer großen Voliere für eurasische Schuhschnäbel, Gaviale, eine begehbare Katta-Anlage, der Schmetterlingspavillon, die „Afrikanische Steppe", Volieren für Aras, Sichler und viele andere Vögel, Pinguine, Pelikane, Präriehunde **Besonderheiten**

195

Zoo Antwerpen

Kontakt	Antwerpen Zoo, Koningin Astridplein 20-26, 2018 Antwerpen, BE Tel: +32 (0) 3 202 4540 Fax: +32 (0) 3 202 4547 info@zooantwerpen.be www.zooantwerpen.be	

Inhaber	gemeinnützige Stiftung 100 % KMDA Königliche Zoologische Gesellschaft von Antwerpen mit finanzieller Unterstützung der Region Flandern und der Stadt Antwerpen
Fläche	12 ha
Gründungsjahr	1843
Besucherzahl	890.000
Dienstleistungen	Gastronomie: (zooeigen) Restaurants, Café, Kioske, Picknickplatz Läden: Zooshop (zooeigen) Streichelzoo: Nein Spielplatz: Ja

Tierbestand am 31. 12. 2015

	Anzahl	Arten
Säugetiere	305	69
Reptilien	326	59
Vögel	631	130

Hunde	Nein
Schaufütterungen	Ja
Vorführungen etc	Ja
Zoofreunde	Nein, aber Mitglieder eines KMDA Plans
Freiwillige	Ja, ca 20

Zoo Antwerpen

Zooschule: Ja Zooführer: Nein Sprachen der Beschilderung: Flämisch, Französisch, Englisch **Beurteilung:** ✶	Bildung
Der schöne, alteingesessene Tiergarten liegt mitten in der Stadt neben dem Hauptbahnhof und dem Neubau des „Koningin Elisabethzaal", Sitz der Antwerpener Philharmonie. Das Konzerthaus, das auch für andere Veranstaltungen verwendet wird, wird von Antwerpens Zoologischer Gesellschaft betreut und 2016 nach einer Investition von etwa 70 Millionen € wiedereröffnet. Der Zoo hat einen interessanten Baumbestand, schöne Gartenanlagen und historische Gebäude. Die Fläche ist neulich um etwa 2,5 ha erweitert worden, und ein Investitionsprogramm sieht die Modernisierung vieler Gebäude und Gehege für große Säugetiere vor.	Allgemeine Beschreibung
Ein Masterplan für die Jahre 2011 bis 2020 sieht in den letzten fünf Jahren die Modernisierung der Anlagen für Elefanten, Okapis, Schimpansen, Gorillas, Tiger, Leoparden und Flamingos sowie eine Renovierung der Anlage für afrikanische Steppentiere, des Vogelhauses und des Aquariums vor. Dafür wurden über 40 Millionen € bewilligt.	Masterplan
Elefanten- und Giraffenhaus, Affenhaus, Tropisches Schmetterlingshaus, Menschenaffenhaus, Aquarium, Reptilienhaus, Vogelhaus, Flusspferdhaus, Nachttierhaus, Königspinguinhaus	Begehbare Häuser
Löwen, Nasenbären, Fuchsmangusten, Löffelhunde, Komodowarane, Spornschildkröten, Segelechsen, Pinguine	Besonderheiten

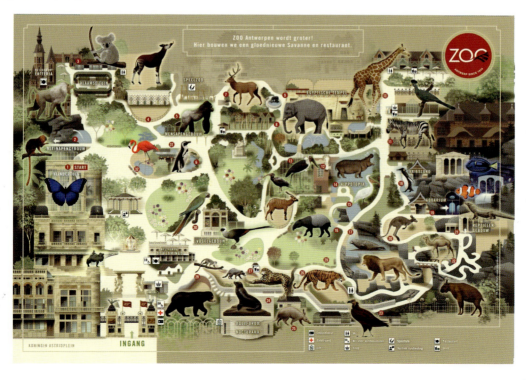

197

Royal Burgers' Zoo Arnheim

Kontakt	Royal Burgers' Zoo Arnhem, Antoon van Hooffplein 1, 6816 SH Arnhem, NL Tel: +31 (0) 26 44 24 534 Fax: +31 (0) 26 44 30 776 info@burgerszoo.nl www.burgerszoo.nl
Inhaber	privat, 100 % Familie Van Hooff
Fläche	45 ha
Gründungsjahr	1913
Besucherzahl	1.450.000
Dienstleistungen	Gastronomie: (zooeigen) vier themenbezogene Restaurants, Café, Läden: Zooshop (zooeigen) Streichelzoo: Nein Spielplatz: Ja, mit großem Indoor-Abenteuer-Spielplatz
Bildung	Zooschule: Nein Zooführer: Ja, Holländisch, Deutsch, Englisch Sprachen der Beschilderung: Holländisch, Deutsch, Englisch Beurteilung: ★★★

Tierbestand am 1. 11. 2012

	Anzahl	Arten
Säugetiere	517	60
Reptilien	201	32
Vögel	1474	129

Hunde	Nein
Schaufütterungen	Nein
Vorführungen etc.	Nein
Zoofreunde	Nein
Freiwillige	100+ (im Haus geschult)

Royal Burgers' Zoo Arnheim

In einem Waldgebiet gelegen, hat Bürgers' Zoo natürliche Gewässer. Die Landschaft ist ergänzt worden mit umfangreichen Neubepflanzungen und der geschickten Verwendung natürlicher Steine und Felsen. Dieser ausgezeichnete Tiergarten ist grob in sechs Zonen eingeteilt: „Busch", „Ozean", „Wüste" und „Mangrove" bilden große Tierhäuser, und „Rimba" und „Safari" sind reine Außenanlagen. Verschiedene große Gehege zeigen z. B. Elefanten und Löwen im Bereich „Safari" sowie Tiger, Menschenaffen und Bären möglichst naturnah. Die „Afrikanische Steppe" in der „Safari"-Zone ist eine der besten Anlagen solcher Art, die in diesem Buch vorgestellt werden kann. Die Bepflanzung der tropischen Tierhäuser macht aus dem Zoo auch einen botanischen Garten.	Allgemeine Beschreibung
Es gibt keinen Masterplan, dennoch mehrere Bauprojekte. In den letzten fünf Jahren sind u. a. das Nashornhaus, Stallungen für Gnus, der überdachte Kinderspielplatz und weitere Infrastrukturprojekte in Angriff genommen. Neue Projekte für 2016 und 2017 sehen eine neue Ausstellung über Umweltprobleme, eine Manatilagune, eine Voliere für Schmetterlinge und mehr freierumfliegende Vögel im Haus „Mangrove" vor.	Masterplan
Regenwaldhaus „Burgers' Bush", Aquarium „Burgers' Ocean", Haus für tropische Sumpftiere und -pflanzen „Burgers Mangrove", Affenhaus, Menschenaffenhaus	Begehbare Häuser
Die oben erwähnte „Afrikanische Steppe" mit Herden von Giraffen, Zebras, Gnus und anderen Antilopen sowie Nashörner, die beiden Tropenhäuser, Löwen, Tiger, Geparde, Kattas, Siamangs, Zwergotter, Nasenbären, Malaienbären vergesellschaftet mit Binturongs, Flamingos, Greifvögel, Bindenwarane	Besonderheiten

Zoo Athen

Kontakt	ATTICA ZOOLOGICAL PARK S.A., SPATA 19004, GR Tel: +30 210 6634724 Fax: +30 210 6634726 info@atticapark.com www.atticapark.com
Inhaber	private Gesellschaft
Fläche	20 ha (25 ha im Besitz)
Gründungsjahr	2000
Besucherzahl	330.000
Dienstleistungen	Gastronomie: (zooeigen) Streichelzoo: Ja Café Restaurant, Kiosk Spielplatz: Ja Läden: Zooshop (zooeigen)
Bildung	Zooschule: Ja Zooführer: Ja Beschilderung: Beurteilung: ✷ ✷

Tierbestand am 1. 1. 2014		
	Anzahl	Arten
Säugetiere	271	54
Reptilien	344	40
Vögel	1042	216

Hunde	Nein
Schaufütterungen	Ja
Vorführungen etc.	Ja, Delfine, Flugshow mit Greifvögeln
Zoofreunde	Ja
Freiwillige	Ja, ca 8 (ganzjährig)

ZOO ATHEN

Dieser ist ein echter zoologischer Garten auf einem eher flachen Gelände mit landestypischen Bäumen und Vegetation und teilweise subtropischer Bepflanzung. Die Wege im Zoo sind überall sauber und gepflegt. Schöne Felsen aus der Gegend sind gut integriert worden in die Anlagen, aber man sieht kaum Wasser. Zwei tiefe Naturbrunnen sind die Hauptquellen für Trink- und Nutzwasser. Die Tierhäuser wirken eher ärmlich, werden aber von den Tieren auch weniger gebraucht als in Nordeuropa. Der Tierpark hat eine schöne Atmosphäre und viele reizvolle Anlagen, vor allem für die vielen Arten von großen und bunten Vögeln. Einige Volieren sind begehbar.	Allgemeine Beschreibung
Es gibt zwar keinen Masterplan, aber mehrere Bauprojekte. Im Dezember 2015 wurde eine Erweiterung der Anlage für Indische Elefanten eingeweiht, und die Gehege für Jaguare, Pumas und Tiger werden von Grund auf neu gestaltet. Langfristig ist ein neues Weltklasse-Aquarium und ein Museum der Evolution in Aussicht gestellt worden.	Masterplan
Reptilienhaus, Haus für tropische Vögel	Begehbare Häuser
Vogelanlage „Wasserwelt", Waldrappen, Bienenfresser, Sekretäre, Marabus, Rote Ibisse, Riesentukane, Hornvögel, Lisztäffchen vergesellschaftet mit Tukanen, Totenkopfaffen vergesellschaftet mit Tukanen, Präriehunde, Ozelots, Fenneks, Somali-Wildesel, Geparde, Siamangs, Aras, Große Ameisenbären, Kretische Wildziegen, Rotwangen-Schmuckschildkröten, Delfine sowie die drei begehbaren Volieren „Vögel Asiens", „Vögel Afrikas" und „Vögel Amerikas"	Besonderheiten

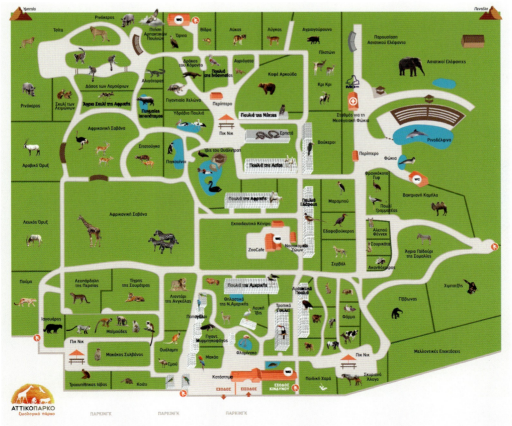

201

Zoo Augsburg

Kontakt	Zoologischer Garten Augsburg GmbH, Brehmplatz 1, 86161 Augsburg, DE Tel: +49 (0) 821 567149-0 Fax: +49 (0) 821 567149-13 info@zoo-augsburg.de www.zoo-augsburg.de
Inhaber	Städtische Gesellschaft, Zoologischer Garten Augsburg GmbH 99.2 % Stadt Augsburg, 0.8 % Privatpersonen
Fläche	22 ha
Gründungsjahr	1937
Besucherzahl	600.000
Dienstleistungen	Gastronomie: verpachtet Restaurant, Café, Kioske Läden: verpachtet Streichelzoo: Nein Spielplatz: Ja

Tierbestand am 31. 12. 2015

	Anzahl	Arten
Säugetiere	399	48
Reptilien	91	33
Vögel	659	148

Hunde	Ja
Schaufütterungen	Ja, zweimal täglich bei den Seebären
Vorführungen etc	Nein
Zoofreunde	Ja Freundeskreis Augsburger Zoo 690 Mitglieder
Freiwillige	25 Freiwillige und 15 Zoo Scouts

Zoo Augsburg

Zooschule: Ja Zooführer: Ja Sprache der Beschilderung: Deutsch Beurteilung: ✶ ✶	Bildung

Ein schöner Standort mit kleinen Seen und Bächen, besonders gut geeignet für die Haltung des Wassergeflügels. An vielen Stellen stehen schattige Bäume. Der Augsburger Zoo vermittelt eine ruhige Atmosphäre und ist eine echte Oase für die Großstadtbewohner.   **Allgemeine Beschreibung**

Einen Masterplan gibt es auch in Augsburg nicht, aber auch hier neue Bauprojekte. Für acht Millionen € wird ein neues Elefantenhaus und -anlage 2019 eröffnet. Das Giraffenhaus soll 2017 ausgebaut werden, damit der Zoo wieder Giraffen halten darf.   **Masterplan**

Elefanten- und Schimpansenhaus, Giraffenhaus, Tigerhaus, Löwenhaus, Haus für tropische Vögel, Reptilienhaus   **Begehbare Häuser**

Begehbare Anlage für Kattas und begehbare Vogelvoliere, Pelikane, Flamingos, Fenneks, Mantelpaviane vergesellschaftet mit Rotbüffeln, Seidenäffchen vergesellschaftet mit Tamarinen und Agutis, Biber, Mandschurische Kraniche, Segelechsen, Bindenwarane, Ringel- und Schlingnatter, Haus für tropische Vögel, Vogelsee   **Besonderheiten**

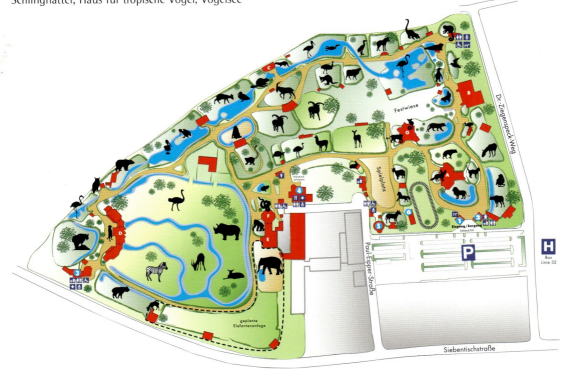

Zoo Barcelona

Kontakt	Parque Zoologico de Barcelona, Parc de la Ciutadella s/n, 08003 Barcelona, ES Tel: +34 (0) 93 2256 780 Fax: +34 (0) 93 2213 853 zoobarcelona@bsmsa.cat www.zoobarcelona.cat
Inhaber	Städtisch 100 % Stadt Barcelona
Fläche	13 ha, mögliche Erweiterung wird diskutiert
Gründungsjahr	1892
Besucherzahl	1.150.000
Dienstleistungen	Gastronomie: verpachtet Restaurant, Café, Kioske, Picknickplatz Läden: verpachtet Streichelzoo: Ja, mit Bauernhof, Ponyreiten, verpachtet Spielplatz: Ja
Bildung	Zooschule: Ja Zooführer: Ja Sprachen der Beschilderung: Katalanisch, Spanisch, Englisch Beurteilung: ✶✶

Tierbestand am 31. 12. 2015

	Anzahl	Arten
Säugetiere	600	82
Reptilien	382	84
Vögel	641	111

Hunde	Nein, außer Begleithunde
Schaufütterungen	Ja, Seelöwen, Elefanten, Pinguine
Zoofreunde	Nein, aber Zoo Club Mitgliedschaft
Freiwillige	Ja, ca 50

Zoo Barcelona

Barcelonas Zoo liegt mitten in der Stadt auf einem flachen Gelände innerhalb des Parc de la Ciutadela. Dieser zoologische Garten hat einen schönen Baumbestand, der Wildvögeln gute Nistmöglichkeiten bietet. Die mediterrane Vegetation erlaubt hinreißende Bepflanzungen. Der Artenvielfalt im Zoo ist beeindruckend. Die Anlagen vieler Großtiere wie Elefanten, Giraffen, Löwen, Orang-Utans und Flusspferde werden zurzeit modernisiert. Unter den Investitionen der letzten Zeit hat die Anlage für Komodowarane schon etliche Auszeichnungen erhalten.	Allgemeine Beschreibung
Zwischen 2012 und 2020 sollen insgesamt über 35 Millionen € in neue Anlagen investiert werden. Vorgesehen ist eine neue „Afrikanische Savanne", mit neuen Häusern und Außengehegen für Drills, Flusspferde (beide fertiggestellt), Giraffen, Löwen und Elefanten (diese sind beinahe fertig). Es sollen noch Tiger und eine neue begehbare Katta-Anlage folgen. Ein neues Delfinarium ist weiterhin Gegenstand der Planung und Diskussion mit dem Stadtrat.	Masterplan
Voliere, Reptilienhaus, Affenhaus	Begehbare Häuser
Orang-Utans, Zwergflusspferde, Iberische Wölfe, Zebramangusten, Tüpfelhyänen, Komodowarane, Krokodiltejus, Flughunde vergesellschaftet mit Pfaufasanen	Besonderheiten

Zoo Basel

Kontakt	Zoo Basel, Binningerstrasse 40, 4011 Basel, CH Tel: +41 (0) 61 295 3535 Fax: +41 (0) 61 281 0005 zoo@zoobasel.ch www.zoobasel.ch
Inhaber	gemeinnützige Gesellschaft Zoologischer Garten Basel AG mit fast 1.300 Aktionären
Fläche	12 ha
Gründungsjahr	1874
Besucherzahl	1.950.000
Hunde	Nein
Schaufütterungen	Ja, Seelöwen
Vorführungen	Ja, im Etosha House

Tierbestand am 31. 12. 2015

	Anzahl	Arten
Säugetiere	383	57
Reptilien	239	35
Vögel	689	91

Zoofreunde	Ja, Verein der Freunde des Zoologischen Gartens Basel. ca 3.000 Mitglieder
Freiwillige	Ja, ca. 50

Zoo Basel

Dienstleistungen

Gastronomie: zooeigen
Restaurant (sehr gut), Café, Kioske
Läden: Zooshop (zooeigen)
Streichelzoo: Ja, "Kinderzolli", direkter Kontakt und tägliche Betreuung von Kindern ab 8 Jahren
Spielplatz: Ja, darunter auch "Imitations-Spielplätze", in denen Kinder Das Verhalten der Tiere imitieren können, welche Sie beobachten.

Bildung

Zooschule: Ja
Zooführer: Ja, Deutsch, Französisch, Englisch
Sprachen der Beschilderung: Deutsch, Französisch
Beurteilung: ✶✶

Allgemeine Beschreibung

Der „Zolli", wie die Basler ihren Zoo liebevoll nennen, ist einer der schönsten Tiergärten Europas. Er ist eine reizvolle Oase mitten in der Stadt, nahe am Hauptbahnhof, ein intelligent durchgestalteter zoologischer Garten mit altem Baumbestand, Blumenbeeten und einer Vielfalt an Vegetation. Die verhältnismäßig kleine Grundfläche ist geschickt angelegt worden um schöne Perspektiven auf die Tiergehege zu bieten. Bäche und kleine Seen sind in den Anlagen gut integriert, und alte Häuser schön restauriert worden. Selbst auf kleine Details am Wegrand wird in der Gestaltung geachtet. Die Heimatfauna ist gut vertreten mit nistenden Weißstörchen, Reihern, Eisvögeln, Eichhörnchen sowie tausenden von weiteren Arten in freier Natur, viele auf der Roten Liste. Das einzigartige Vivarium, in dem dreiviertel aller Tierarten des Zolli zu finden sind, ist ein Zoo im Zoo.

Zoo Basel

Masterplan

Im Rahmen des Masterplans für die Jahre 2011 bis 2020 sind in den letzten fünf Jahren schon das Geigy-Haus für Menschenaffen, das mit Außengehegen umgerechnet 25 Millionen € gekostet hat, sowie ein neues Hauptrestaurant vollendet worden. Das neue Elefantenhaus mit Außengehegen, „Tembea", wird 24 Millionen € kosten und voraussichtlich 2017 eröffnet werden. Das größte Projekt in der Geschichte des Zolli, das auf einem Erweiterungsgelände für etwa 87 Millionen € zu bauende „Ozeanium", wird vermutlich erst ab 2023 errichtet werden können, obwohl schon die Hälfte der Finanzierung zu stehen scheint. Andere wichtige Projekte laut Masterplan sind ein neues Nashornhaus und neue Anlagen für Makis und für Pinguine.

Zoo Basel

Begehbare Häuser: Vivarium, Menschenaffenhaus, Elefantenhaus (im Umbau), „Etoscha"-Haus, Flusspferdhaus, Primatenhaus, Giraffen- und Antilopenhaus, Nashornhaus, Australienhaus, „Gamgoas"-Haus, Vogelhaus, Haus im Kinderzoo

Besonderheiten: Gorillas, Orang-Utans, Schimpansen, Geparde, Hyänenhunde, Flusspferde, Erdmännchen, Totenkopfaffen, afrikanische Borstenhörnchen, Somali-Wildesel, Afrikanische Steppenelefanten, Panzernashörner, Strauße, Nilkrokodile, Pelikane, Flamingos, Karminspinte

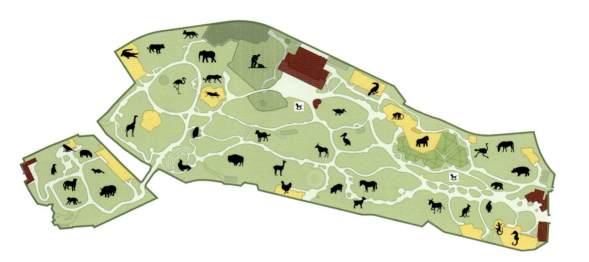

ZooParc de Beauval

Kontakt	ZooParc de Beauval, 41110 St. Aignan sur Cher, FR Tel: +33 (0) 254 75 5000 Fax: +33 (0) 254 74401 infos@zoobeauval.com www.zoobeauval.com	
Inhaber	Private Gesellschaft 100 % Familie Delord	
Fläche	40 ha (100 ha im Besitz)	
Gründungsjahr	1980	
Besucherzahl	1.150.000	
Dienstleistungen	Gastronomie: (zooeigen) drei Hotels, Restaurants, Café, Kioske, Picknickplatz Läden: Zooshop (zooeigen) Streichelzoo: Ja, mit Bauernhof Spielplatz: Ja (5)	
Bildung	Zooschule: Ja Zooführer: Nein Sprachen der Beschilderung: Französisch, Englisch	
Beurteilung:	★ ★ ★	

Tierbestand am 30. 6. 2016

	Anzahl	Arten
Säugetiere	649	96
Reptilien	221	51
Vögel	2085	265

Hunde	Ja
Schaufütterungen	Ja, über den Tag verteilt
Vorführungen etc	hervorragende Flugshow (3.000 Sitze), Seelöwen
Zoofreunde	Nein
Freiwillige	Nein

ZooParc de Beauval

Allgemeine Beschreibung

Südlich des Tals der Loire in der Region Châteaux östlich von Tours gelegen, besitzt der Zoo-Park de Beauval einen eigenartigen Charme und Flair. Er strahlt Kreativität und einen sehr hohen Standard aus. Der Standort zeigt topografische Vielfalt mit altem Baumbestand, guter Vegetation und einigen reizenden, kleinen Gewässern. Bezaubernd ist der Gang entlang des Entenbachs gleich hinter dem Eingang. Die Beschilderung ist schön gestaltet und informativ. Der Park wurde zuletzt mit vielen neuen Attraktionen ausgebaut – im Schnitt eine im Jahr – sowie der eindrucksvollen Vogelschau in einer großen Arena. Ein Meilenstein, der die Besucherzahlen in die Höhe schießen ließ, war der neue chinesische Garten samt Gehege für die Großen Pandas – das beste zurzeit in Europa. Überhaupt ist die Tiersammlung eine der interessantesten des Kontinents.

Masterplan

Es gibt keinen Masterplan, aber jährliche Investitionen in Bauprojekte. Ein neues Flusspferdhaus und eine neue Großvoliere für afrikanische Vögel wurden 2016 eröffnet. Für 2017 sind neue Anlagen für Löwen und Hyänenhunde und eine Erweiterung der Anlage für Afrikanische Steppenelefanten in der Planung.

Begehbare Häuser

Bambusbärenhaus, Menschenaffenhaus mit Vivarium, Gorilla- und Seekuhhaus, Elefantenhaus, Flusspferdhaus, Australienhaus, Tropenaquarium, Haus für tropische Vögel

Besonderheiten

Bambusbären, Pinguine, Schneeleoparden, Tüpfelhyänen, Katzenbären, Flamingos, Elefanten, Gorillas vergesellschaftet mit Stummelaffen, Schimpansen, Manatis, Kattas, Klammeraffen, Koalas, Nasenbären, Waschbären, Zwergotter, Fischkatzen, Berberaffen, Weißkopfsakis, Zweifingerfaultiere, Takine

Safaripark Beekse Bergen

Kontakt	Safaripark Beekse Bergen, Beekse Bergen 31, 5081 NJ Hilvarenbeek, NL Tel: +31 13 549 1209 Fax: +31 13 549 1203 info@beeksebergen.nl www.beeksebergen.nl
Inhaber	Private Gesellschaft
Fläche	120 ha (140 ha im Besitz)
Gründungsjahr	1968
Besucherzahl	810.000
Dienstleistungen	Gastronomie: (zooeigen) Restaurants, Café, Kioske, Picknickplatz Läden: Zooshop (zooeigen) Streichelzoo: Nein Spielplatz: Ja
Bildung	Zooschule: Nein, aber Klassenraum Zooführer: Ja, Holländisch, Englisch

Tierbestand am 31. 12. 2014

	Anzahl	Arten
Säugetiere	654	64
Reptilien	4	1
Vögel	604	64

Hunde	Nein
Schaufütterungen	Nein
Vorführungen etc.	Ja, Flugshow
Zoofreunde	Nein, aber Stiftung „Friends of Safari" (nur für Artenschutz)
Freiwillige	Ja

Safaripark Beekse Bergen

Drei Kilometer von Tilburg entfernt, ist der Safaripark Beekse Bergen nicht nur ein herkömmlicher Safaripark, sondern bietet neben der Gelegenheit, an einer geführten Bustour durchs Gelände teilzunehmen auch den regulären Besuch des Zoos zu Fuß. Der Gehweg ist etwa sechs Kilometer lang, das abwechslungsreiche Gelände eher flach mit großen Gehegen geschmückt mit Felsen, Bäumen und Gewässern. Traditionsgemäß konzentriert sich der Safaripark auf afrikanische Tierarten; die geräumigen Steppenanlagen beherbergen große Herden unterschiedlicher Huftiere. — **Allgemeine Beschreibung**

Nicht vorhanden, allerdings werden laufend alte Anlagen modernisiert und neue Gehege errichtet. Zuletzt wurde eine simulierte nordafrikanische Wüstenlandschaft mit Mendesantilopen, Dama- und Dorkasgazellen und Straußen eingeweiht. Verbesserungen und Renovierungsarbeiten an Nashorn- und Elefantenhaus werden künftig Priorität haben. — **Masterplan**

Schimpansenhaus, Gorillahaus, Elefantenhaus, Giraffen- und Huftierhaus, Vogelhaus — **Begehbare Häuser**

Tüpfelhyänen, Streifenhyänen, Hyänenhunde, Flamingos, Geparde, Sibirische Tiger, Katzenbären, Lippenbären, Pelikane, die „Afrikanische Steppe", Mantelpaviane gelegentlich vergesellschaftet mit Afrikanischen Steppenelefanten, Aras, Brillenpinguine und einige begehbare Volieren mit u. a. Sichlern, Löffelschnäblern, Kranichen und Störchen — **Besonderheiten**

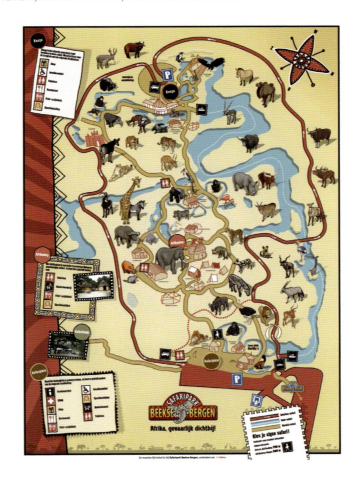

Belfast Zoo

Kontakt	Belfast Zoological Gardens, Antrim Road, Belfast BT36 7PN, Northern Ireland, UK Tel: +44 (0) 28 9077 6277 Fax: +44 (0) 28 9037 0578 info@belfastzoo.co.uk www.belfastzoo.co.uk
Inhaber	Städtisch 100 % Stadt Belfast
Fläche	24 ha (55 acres)
Gründungsjahr	1934
Besucherzahl	300.000
Dienstleistungen	Gastronomie: verpachtet Restaurant, Café, Kioske, Picknickplatz Läden: Zooshop (zooeigen) Streichelzoo: Nein Spielplatz: Ja
Bildung	Zooschule: Ja Zooführer: Ja Sprache der Beschilderung: Englisch Beurteilung: ✶ ✶

Tierbestand am 31. 12. 2014

	Anzahl	Arten
Säugetiere	247	62
Reptilien	35	14
Vögel	275	62

Hunde	Nein
Schaufütterungen	Ja, täglich
Vorführungen etc.	Nein
Zoofreunde	Ja. Friends of Belfast Zoo 150 Mitglieder
Freiwillige	Ja, organisiert durch Friends of Belfast Zoo

BELFAST ZOO

Am Cave Hill („Hügel der Höhlen") mit schönem Blick auf die Bucht von Belfast, hat dieser schöne, hügelige Standort eine dramatische, felsige Kulisse. Viele einheimische Bäume, Sträucher und andere Pflanzen schmücken den Park. Einige Wege können recht steil sein, aber insgesamt eignet sich das Gelände für einen Tierpark gut. Die Tierhäuser stammen größtenteils aus dem letzten Jahrzehnt des letzten Jahrhunderts. — **Allgemeine Beschreibung**

Ein Masterplan für 2014 bis 2023 sieht u. a. den Umbau der zurzeit leeren „Floral Hall" in eine Veranstaltungshalle und eine neue Zooschule vor. Zoologische Prioritäten sind ein neues Nashornhaus und eine neue Anlage für Riesenotter. Der neue Kinderspielplatz ist zuletzt eingeweiht worden. — **Masterplan**

„Tropischer Regenwald", Affenhaus, Menschenaffenhaus, Elefanten- und Giraffenhaus — **Begehbare Häuser**

Makis, Tiger, Brillenbären, Malaienbären, Katzenbären, Nasenbären, Pelikane, begehbare Voliere — **Besonderheiten**

TIERPARK BERLIN

Kontakt	Tierpark Berlin Friedrichsfelde, Am Tierpark 125, 10319 Berlin, DE Tel: +49 (0) 30 515 310 Fax: +49 (0) 30 512 4061 info@tierpark-berlin.de www.tierpark-berlin.de
Inhaber	Tierpark Berlin Friedrichsfelde GmbH, im Besitz der Zoologischer Garten Berlin AG mit 4.000 Aktionären, darunter das Land Berlin (mit Goldener Aktie)
Fläche	160 ha
Gründungsjahr	1954, eröffnet 1955
Besucherzahl	1.200.000
Dienstleistungen	Gastronomie: verpachtet Restaurants, Cafés, Kioske, Picknickplätze Läden: verpachteter Zooshop (Wild Republic seit 2015) Streichelzoo: Ja Spielplatz: Ja
Bildung	Zooschule: Ja, große neue Zooschule Zooführer: Ja Sprachen der Beschilderung: Deutsch, Englisch (2016) Beurteilung: ✶✶

Tierbestand am 31. 12. 2015

	Anzahl	Arten
Säugetiere	1252	189
Reptilien	445	97
Vögel	1811	316

Hunde	Ja
Schaufütterungen	Ja
Vorführungen etc.	Ja, große Arena renoviert
Zoofreunde	Ja, Freunde Hauptstadt Zoos – Fördergemeinschaft von Tierpark und Zoo Berlin e.V., 3,500 Mitglieder
Freiwillige	Ja, ca 200

Tierpark Berlin

Allgemeine Beschreibung

Der Tierpark in Berlin-Friedrichsfelde ist der größte Zoo in dieser Studie, was die Nutzfläche betrifft, und ist der größte Park für einen Gutteil der Bevölkerung Ostberlins. Das überwiegend flache Gelände mit dem Schloss Friedrichsfelde, jetzt im Besitz des Tierparks, war einst ein beachtlicher Landsitz mit Adelspalast. Das neoklassische Schloss wurde zuletzt 2009 gründlich und stilgerecht renoviert, und dient heute als Veranstaltungsort für Konzerte, Ausstellungen und private Feste. Um das Schloss herum gibt es passende Gartenanlagen, und Pelikane können sich hier auf manchen Gartenabschnitten und Rasen frei bewegen. Das Gelände hat sowohl große offene als auch dicht bewaldete Flächen; ein Merkmal sind große Freigehege für Bisons und andere Huftiere. Auch an Gewässern fehlt es nicht. Durch den Tierpark fährt eine Bimmelbahn.

Masterplan

Ein Masterplan 2015 bis 2030, 2015 abgesegnet worden, sieht Ausgaben von mindestens 100 Millionen € für den Umbau des Tierparks in einen Geozoo vor. Projekte der beiden ersten Jahre sind u. a. eine Renovierung der Arena für Tiervorstellungen, ein umgebauter Haupteingang, neue Gastronomieangebote, ein modernisierter Kinderzoo und der Umbau des Alfred-Brehm-Hauses in ein reines Asienhaus. Malaienbären bekommen ein neues Zuhause und bis 2020 wird ein neuer Himalajabereich entstehen. Das Dickhäuterhaus wird in ein Gebäude nur für afrikanische Elefanten und Nashörner umgewandelt. Alle diese Phase-1-Projekte sollen bis 2022 stehen und mindestens 50 Millionen € kosten. Längerfristige Projekte sind ein Südamerika- und ein Südostasienhaus.

Begehbare Häuser

Alfred-Brehm-Haus (für Großkatzen, tropische Vögel und Flughunde), Giraffenhaus, Dickhäuterhaus, Affenhaus, Schlangenfarm, Krokodilhaus

Besonderheiten

Begehbare Vari-Anlage, Blutbrustpaviane, Rotgesichtsmakaken, Brillenbären, Eisbären, Gibbons, Wasserbüffel, die Kamelwiesen, Gorale, Takine, Blauschafe, Elche, Mufflons, Kiangs, Flamingos, Pelikane, Baumpythons, Grüne Leguane, Flughunde

ZOO BERLIN

Kontakt	Zoologischer Garten Berlin AG, Hardenbergplatz 8, 10787 Berlin, DE Tel: +49 (0) 30 25 4010 Fax: +49 (0) 30 25 401 255 info@zoo-berlin.de www.zoo-berlin.de	
Inhaber	Zoologischer Garten Berlin AG mit 4.000 Aktionären, darunter das Land Berlin (mit Goldener Aktie)	
Fläche	35 ha	
Gründungsjahr	gegründet 1841, eröffnet 1844	
Besucherzahl	3.300.000	
Dienstleistungen	Gastronomie: verpachtet Restaurant, Café, Kioske, Picknickplatz Läden: Zooshop, verpachtet (an Wild Republic seit 2016) Streichelzoo: Ja Spielplatz: Ja	
Bildung	Zooschule: Ja Zooführer: Ja Sprache der Beschilderung: Deutsch, Englisch (seit 2016) Beurteilung: ✶ ✶	

Tierbestand am 31. 12. 2015	

	Anzahl	Arten
Säugetiere	898	159
Reptilien	237	59
Vögel	1725	300

Hunde	Nein
Schaufütterungen	Ja
Vorführungen etc.	Ja
Zoofreunde	Ja, Freunde Hauptstadt Zoos Fördergemeinschaft von Tierpark und Zoo Berlin e.V. 3,500 Mitglieder
Freiwillige	Ja

ZOO BERLIN

Allgemeine Beschreibung

Dieser weltberühmte Zoo, der älteste Deutschlands, ist ein bezaubernd klassischer zoologischer Garten mit altem Baumbestand und schön gepflegten Gartenanlagen. Er hat viele kleine Gewässer und eine abwechslungsreiche Bepflanzung. Die Gehege sind insgesamt gut gestaltet, und viele der unter Denkmalschutz stehenden Häuser sind schön restauriert worden. Es herrscht das Gefühl einer Oase der Ruhe und Schönheit inmitten einer der größten Hauptstädte Europas, trotz der großen Neubauten für Hotels und Büros, die in unmittelbarer Nähe hochgezogen werden. Unter den in freier Natur herumfliegenden Vögeln gehören mehr als 50 Paare Graureiher.

Masterplan

Auch der neue Masterplan des Zoo Berlin für die Jahre 2016 bis 2031 wurde 2015 abgesegnet; Investitionen in Höhe von 80 Millionen € sind jetzt vorgesehen. Projekte für 2016 sind u. a. die Wiederinstandsetzung der beiden historischen Haupteingänge, neue Zooshops, ein Umbau des neuen Vogelhauses um ab 2017 Kiwis halten zu können, eine Modernisierung der Kinderspielplätze und des Kinderzoos und zumindest die Spatenstiche für den Umbau des Raubtierhauses, des Aquariums und des Hauptrestaurants. Bis 2020 soll ein neues Nashorn- und Tapirhaus entstehen, und die Anlagen für Indische Elefanten, Menschenaffen und Eisbären ausgebessert werden.

Begehbare Häuser

Aquarium mit Terrarium und Insektarium, Großes Vogelhaus, Fasanerie, Pinguinhaus, Affenhaus, Menschenaffenhaus, Flusspferdhaus, Elefantenhaus, Nashorn- und Tapirhaus, Giraffen- und Antilopenhaus, Raub- und Nachttierhaus

Besonderheiten

Flusspferde und Zwergflusspferde im besten Haus seiner Art in meiner Studie, Hyänenhunde, Gorillas, Zwergotter, Seelöwen, Biber, Nasenbären, Königspinguine, Pelikane, Flamingos, Kagus, Japanische Seraue, Takine, Anakondas, Tigerpythons, Gaviale, Leguane, Brückenechsen, die begehbare Voliere für Wattvögel

Blackpool Zoo

| Kontakt | Blackpool Zoo
East Park Drive, Blackpool,
Lancshire, FY3 8PP UK
Tel: +44 1253 830830
Fax: +44 1253 830800
info@blackpoolzoo.org.uk
www.blackpoolzoo.org.uk |
|---|---|

Inhaber	private Gesellschaft (Parques Reunidos)
Fläche	14.5 ha (22 ha im Besitz)
Gründungsjahr	1972
Besucherzahl	460.000

Tierbestand am 31. 12. 2015	Anzahl	Arten
Säugetiere	352	63
Reptilien	48	23
Vögel	662	85

Dienstleistungen

| Bildung | Zooschule
Zooführer
Sprache der Beschilderung: Englisch
Beurteilung: ✶ | Hunde | Nein |
|---|---|---|---|
| | | Schaufütterungen | Ja |
| | | Vorführungen etc | Nein |
| | | Zoofreunde | Nein |
| | | Freiwillige | Nein |

Allgemeine Beschreibung	Der Zoo breitet sich auf flachem Gelände mit ausreichendem Baumbestand und Gewässern aus. Es gibt einen neuen Haupteingang mit Zooshop und Café. Jährlich wird in den Zoo investiert, und es gibt Raum für Erweiterungen. Auffallend ist die große Seelöwenanlage mit Strand und schöner Felskulisse. Abgetrennt mit eigenem Eingang gibt es noch eine Landschaft mit lebensgroßen Dinosaurierplastiken.

BLACKPOOL ZOO

Masterplan — Neue oder zumindest stark umgebaute Häuser für Affen, Gorillas, Orang-Utans, Giraffen, Elefanten mit Reptilien und Tiere aus dem Amazonasbecken sind im Plan.

Begehbare Häuser — „Amazonien", Affenhaus, Gorillahaus, Orang-Utan-Haus, Giraffenhaus, Elefanten- und Reptilienhaus

Besonderheiten — „Amazonien", Seelöwen, Iberische Wölfe, Totenkopfaffen, Brüllaffen, Baumstachler, Bartkäuze, Pelikane, „Dinosauriersafari"

ZOO BOJNICE

Kontakt	Zooloogicka zahrada Bojnice, Zamok a okolie 6, 97201 Bojnice, SK Tel: +421 (0) 465 40 29 75 zoobojnice@zoobojnice.sk www.zoobojnice.sk	

Inhaber	Staatsbesitz 100 % Umweltministerium	Tierbestand am 31. 12. 2015		Anzahl	Arten
	21 ha (41 ha im Besitz)		Säugetiere	524	87
Fläche	1955		Reptilien	354	54
Gründungsjahr	370.000		Vögel	638	140
Besucherzahl					
Dienstleistungen	Gastronomie: verpachtet Restaurant, Café, Läden: kleiner Zooshop, zooeigen Streichelzoo: Ja, mit kleinem Haus für Nagetiere Spielplatz: Ja, mit Sinnespfad barrierefreie Wege, Infotafeln	Hunde Schaufütterungen Vorführungen etc Zoofreunde Freiwillige	Nein Ja - Führungen Ja – Tierbeschäftigung Nein Nein		
Bildung	Zooschule: Ja – goßer Neubau (2015) Zooführer: Ja Zum 60jährigem Zoojubiläum soll 2016 ein Buch erscheinen Sprache der Beschilderung: Slowakisch 7-sprachige Audiostationen Beurteilung: ✶				

Zoo Bojnice

Der Staatszoo der Slowakei liegt auf einem leicht hügeligen Gelände mit viel Laub- und Nadelwald und natürlichen Felsanlagen, aber wenig Wasser. Es gibt schöne Ausblicke auf das Schloss Bojnice nebenan; die wenigen Gartenanlagen im Zoo gehörten früher zum Schloss. Die Infrastruktur ist seit 2012 modernisiert, vor allem sind die Wege jetzt alle gepflastert und das Gelände neu umzäunt worden. Zusätzlich zu den Neubauten für Marketing und Tagungen gibt es jetzt eine neue Anlage für Kattas und ein Überwinterungshaus für empfindlichere, größere Vögel. Im Jahr 2015 wurden der neue Haupteingang und die Zooschule eingeweiht.	Allgemeine Beschreibung

Es gibt zwar keinen Masterplan, aber ein EU-Förderungsprogramm in Höhe von neun Millionen € für eine verbesserte Infrastruktur und Tiergehege, das aus einem einst schlechten Zoo einen mittlerweile ansehnlichen gemacht hat. Neue Anlagen sind für Kleine Pandas mit Muntjaks, für Sibirische Tiger und für Jungfrauenkraniche geplant. Langfristig sollen Geparde, Schneeleoparden und Giraffen die Sammlung bereichern. — Masterplan

Elefantenhaus, Primatenhaus, Vivarium; Varihaus im Bau — Begehbare Häuser

Karpatenluchse, Weißlippenhirsche, Bongos, Guanakos vergesellschaftet mit Mufflons, Pelikane, Flamingos und Kronenkraniche vergesellschaftet mit Helmperlhühnern und Weißstörchen — Besonderheiten

Borås Djurpark

Kontakt	BORÅS DJURPARK AB,
	Fristadsvägen 24,
	50313 Borås, SE
	Tel: +46 (0) 33 35 32 70
	Fax: +46 (0) 33 10 53 39
	info@boraszoo.se
	www.boraszoo.se

Inhaber	städtisch
	100 % Stadt Borås

Fläche	38 ha (+20 ha geplante Erweiterung)
Gründungsjahr	1962
Besucherzahl	260.000
Dienstleistungen	Gastronomie: zooeigen)
	Restaurant, Café, Kiosk
	Picknickplatz
	Läden: Zooshop (neu, zooeigen)
	Streichelzoo/Bauernhof: Ja
	Spielplatz Ja
Bildung	Zooschule: Ja
	Zooführer: Ja, Schwedisch und Englisch
	Sprache der Beschilderung: Schwedisch
	Beurteilung: ✱ ✱

Tierbestand am 31. 12. 2015

	Anzahl	Arten
Säugetiere	163	31
Reptilien	9	4
Vögel	102	11

Hunde	Nein
Schaufütterungen	Ja
Vorführungen etc	Nein
Zoofreunde	Nein
Freiwillige	Nein

BORÅS DJURPARK

Am Rand der Stadt liegt der Tierpark Borås in einem typisch schwedischen Waldgebiet mit Seen in einer sanft hügeligen, felsigen Landschaft. Der Standort ist sehr schön, aber ohne Gartenanlagen. Das Konzept sieht nach Möglichkeit die Haltung von unterschiedlichen Tierarten in Vergesellschaftung vor, und die Gehege sind überwiegend großzügig angelegt worden. Die Artenvielfalt, vor allem von Vögeln und Reptilien, ist klein im Vergleich zu fast allen anderen Tiergärten, die in diesem Buch verzeichnet werden.	Allgemeine **Beschreibung**
Es gibt einen Masterplan für die Jahre 2014 bis 2020, aber die Finanzierung ist noch lückenhaft. Prioritäten sind die Modernisierung existierender Anlagen, darunter für Tiger und Orang-Utans. Ein neues Elefantenhaus soll 2018 eröffnet werden. Innerhalb der nächsten fünf Jahre sind auch eine Greifvogelvoliere und Anlage für Amurleoparden vorgesehen.	Masterplan **Masterplan**
Elefantenhaus, Giraffenhaus, Affenhaus, Schimpansenhaus, Orang-Utan-Haus, Löwen- und Tigerhaus	Begehbare Häuser **Begehbare Häuser**
Die „Afrikanische Steppe", 2,3 ha groß mit acht Arten, einmalig in Europa mit Elefanten vergesellschaftet mit Giraffen, Kaffernbüffeln, Straußen, Zebras und Antilopen; ferner Breitmaulnashörner vergesellschaftet mit Geparden, Hyänenhunde, Tüpfelhyänen, Braunbären, Luchse, Zebramangusten, Weißhandgibbons, Ägyptische Landschildkröten	Besonderheiten **Besonderheiten**

Zoo Brașov

Kontakt	Gradina Zoologica Brașov, Strada Brazilor Nr. 1, 2200 Brașov, RO Tel: +40 (0) 268 337 787 Fax: +40 (0) 268 337 787 Gradinazoobv@yahoo.com www.zoobrasov.ro
Inhaber	städtisch 100 % Stadt Brașov
Fläche	9.5 ha (+ 10 ha Erweiterung geplant)
Gründungsjahr	1960, wiedereröffnet 2014
Besucherzahl	220.000
Dienstleistungen	Gastronomie: Nein Läden: Nein Streichelzoo: Nein, aber Ponyreiten Spielplatz: Ja
Bildung	Zooschule: Ja Zooführer: Nein Sprache der Beschilderung: Rumänisch, Englisch (neu) Beurteilung: ★★

Tierbestand am 31. 12. 2014		

	Anzahl	Arten
Säugetiere	150	20
Reptilien	60	21
Vögel	90	10

Hunde	Nein
Schaufütterungen	Nein
Vorführungen etc.	Nein
Zoofreunde	Nein, in Vorbereitung als Stiftung der Zoofeunde des Zoo Brașov
Freiwillige	in Vorbereitung, zunächst zur Unterstützung des Zootierarztes

Zoo Brașov

Das Gelände, leicht hügelig mit viel Wald und Wasser, hat gute Aussichten, zu einem schönen Zoo entwickelt zu werden. Der Tiergarten ist erst im Oktober 2014 nach einer Investition von neun Millionen € wiedereröffnet worden. Er liegt am Rand von Brașov, einer verhältnismäßig blühenden Stadt mit viel Tourismus.	Allgemeine Beschreibung
Unter einem neuen Vorstand ab Ende April 2015 wird auch ein neuer Masterplan entwickelt. Ein EU-Programm hat Investitionen in Höhe von neun Millionen € für ein neues Tropenhaus, Großkatzenhaus, Planetarium mit Zooschule, Zooverwaltung und Tierklinik und weitere kleinere Anlagen finanziert. Priorität soll die optimale Ausnutzung vorhandener Anlagen und der Ausbau der eher langweiligen Sammlung sein.	Masterplan
Tropenhaus mit einer interessanten Reptiliensammlung, darunter Giftschlangen und Kaimanen, und guter tropischer Vegetation, geeignet für freifliegende Vögel; ferner Löwen- und Tigerhaus und Affenhaus	Begehbare Häuser
Rehe, Damhirsche, Rothirsche, Wassergeflügel am See (Löwen und Sibirische Tiger nicht uninteressant, aber schlechter untergebracht als in anderen Zoos, die in diesem Buch vorkommen)	Besonderheiten

Zoo Bratislava

Kontakt	Zoologická záhrada Bratislava, Mlynská dolina, 842 27 Bratislava, SK Tel: +421 (0) 265 42 28 48 Fax: +421 (0) 265 42 18 68 zoo@zoobratislava.sk www.zoobratislava.sk
Inhaber	städtisch 100 % Stadt Bratislava
Fläche	35 ha (96 ha im Besitz)
Gründungsjahr	1960
Besucherzahl	335.000
Dienstleistungen	Gastronomie: verpachtet Cafés, Picknickplatz Läden: Zooshop (zooeigen) Streichelzoo: Ja, Pferdereiten an den Wochenenden (April bis Oktober) Spielplatz: Ja
Bildung	Zooschule: Ja Zooführer: Nein Sprache der Beschilderung: Slowakisch Beurteilung: ✶

Tierbestand am 31. 12. 2015

	Anzahl	Arten
Säugetiere	413	85
Reptilien	38	21
Vögel	183	43

Hunde	Nein
Schaufütterungen	gelegentlich im Sommer
Vorführungen etc.	Nein
Zoofreunde	Nein
Freiwillige	Ja, ca 10

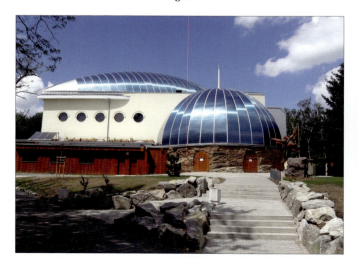

ZOO BRATISLAVA

Ein großer, hügeliger Standort in der slowakischen Hauptstadt, von dem nur ein kleiner Teil zurzeit für den Zoo genutzt wird. Obwohl ein kleiner Fluss durch den tieferen Teil des Tiergartens fließt, sieht man ansonsten kaum Wasser. Der alte Baumbestand ist beachtenswert; die Möglichkeiten, aus dem Gelände was zu machen, sind gut. Das eindrucksvolle Menschenaffenhaus ist das dominante Tierhaus.

Allgemeine Beschreibung

Es gibt zwar einen über sieben Jahre alten Masterplan, aber mit Ausnahme des Entwurfs eines neuen Menschenaffenhauses für Schimpansen, Gibbons und Orang-Utans, das auf nur 3,5 Millionen € veranschlagt worden ist, hat sich in den letzten fünf Jahren nicht viel getan. Vorgesehen sind ein neues Giraffenhaus und langfristig ein Elefantenhaus, sowie eine simulierte afrikanische Steppe.

Masterplan

Menschenaffenhaus, Tigerhaus, Löwenhaus, Leoparden- und Jaguarhaus, Terrarium/Exotarium, Vogelhaus

Begehbare Häuser

Orang-Utans, Schimpansen, Katzenbären, Waschbären, Kulane, Hirschziegenantilopen vergesellschaftet mit Muntjaks, Pelikane

Besonderheiten

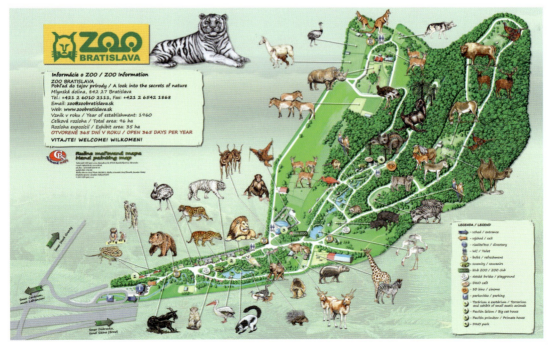

BRISTOL ZOOLOGICAL SOCIETY

Inhaber   registrierte, gemeinnützige Gesellschaft
100 % Bristol Zoological Society

Contact Details

Bristol Zoo Gardens
Clifton
Bristol BS8 3HA, UK
Tel: +44 (0) 117 974 7300
Fax: +44 (0) 117 973 6814
information@bristolzoo.org.uk
www.bristolzoo.org.uk

Wild Place Project
Blackhorse Hill
Bristol BS10 7TP
Tel: +44 (0) 117 980 7175
Fax: +44 (0) 117 973 6814
info@wildlace.org.uk
www.wildplace.org.uk

Wild Place liegt 10 km entfernt vom Bristol Zoo Gardens

Fläche

Bristol Zoo Gardens:
5 ha (12 acres)

Wild Place Project:
55 ha (136 acres)

Gründungsjahr

Bristol Zoo Gardens: 1836

Wild Place Project: 2013

Besucherzahl

585.000

Tierbestand am 31. 12. 2015 Hauptsammlung

BZG	Anzahl	Arten
Säugetiere	357	55
Reptilien	200	44
Vögel	652	65

WPP	Anzahl	Arten
Säugetiere	55	15
Reptilien	-	-
Vögel	86	24

Bildung

erweitertes Artenschutzzentrum
(eröffnet 2015)
Zooführer: Ja
Sprache der Beschilderung:
Englisch
Beurteilung: ✶ ✶

Zooschulunterricht im Klassenraum und im Freien
Zooführer: Nein
Sprache der Beschilderung:
Englisch

BRISTOL ZOOLOGICAL SOCIETY

Dienstleistungen	Gastronomie: verpachtet Coral Café Restaurant, Kioske, Picknickplätze Läden: Zooshop, verpachtet Streichelzoo: Nein Spielplatz: Ja, Abenteuerspielplatz "ZooRopia" (verpachtet)	Gastronomie: verpachtet Courtyard Café, Picknickplätze Läden: Zooshop, verpachtet Spielplätze: Ja, "Fun Fort"; "Play Wild", "Predator Preyground"; "Congo Bongo" und "Barefoot Trail"; "Leap of Faith" (verpachtet)
Hunde	Begleithunde nur nach vorhergehender Anmeldung	Begleithunde nur nach vorhergehender Anmeldung
Schaufütterungen Vorführungen etc	Ja	Ja
Zoofreunde	Nein, aber Angebote für Mitglieder	Nein, aber Angebote für Jahreskarteninhaber
Freiwillige	Ja, ca 250	Ja, ca 120

BZG gorillas_5615

WPP Cheetah6

Allgemeine Beschreibung

Trotz der kleinen Grundfläche ist es ein Genuss, den Zoo Bristol zu besuchen. Er strahlt eine Gartenatmosphäre aus, eingebettet zwischen Blumenbeeten, die häufig Preise gewonnen haben und dem Zoo ein Gefühl des Raums, der Farbe und Perspektiven vermitteln. Der Standort ist flach und gut gepflegt. Der zweitälteste Zoo Großbritanniens war der Lebensraum von Alfred, zwischen 1930 und 1938 der einzige Gorilla in England; 1971 wurde hier zum ersten Mal im Land ein Gorilla gezüchtet. Heute genießen Gorillas ein neues Zuhause, 2013 eingeweiht, mit einer sehr schönen Außenanlage. Viele Gehege, zum Beispiel die „Robben- und Pinguinküsten", zeigen wie geschickt auf kleinem Raum hier gebaut werden kann.

Das Projekt „Wild Place", außerhalb der Stadt, wird als zweiter, Geozoo in Abschnitten weiterentwickelt, so wie die Finanzierung rein kommt. Die ersten Abschnitte, „Rand von Afrika", „Madagaskar entdecken" und „Geheimnisvolles Kongo", wurden 2013 eingeweiht. Der Standort ist abwechslungsreich mit etwas Wald und Hängen, aber eher trocken; der Investitionsbedarf ist groß.

Masterplan	Ein Zehnjahresplan ab 2009 sieht Investitionen in Höhe von umgerechnet 12,5 Million € für den Umbau der südlichen Hälfte des Geländes in drei Themenbereiche vor: Tropenwald, Berg und Flussbecken. Die neuen bzw. umgebauten Anlagen, u. a. für Gorillas, sollen Besucher empfänglicher für Arten- und Umweltschutzthemen machen. Um das ehemalige Okapihaus herum wurde 2015 eine neue begehbare Anlage für Gelbfuß-Felsenkängurus, Wellensittiche und andere australische Tiere angelegt. Im Außenzoo „Wild Place" werden über 100 Millionen € für seine Vollendung benötigt. Es ist vorgesehen, den Tierpark nach Lebensraumbereichen zu ordnen, etwa Wald, Steppe und Grasland, mit Tieren aus Afrika, Asien, Europa und Lateinamerika. Einige wenige begehbare Tierhäuser für Großtiere wie Giraffen, die im Stammzoo Bristol nicht mehr artgerecht gehalten werden können, werden dort vorherrschen.
Begehbare Häuser	„Affenschungel", „Welt der Dämmerung", Reptilienhaus, „Welt der Käfer", Gorillahaus, „Vogelwald", Schmetterlingshaus, Aquarium, Zwergflusspferdhaus (im Außenzoo „Wild Place" keine begehbaren Tierhäuser)
Besonderheiten	Indische Löwen, Gorillas, Katzenbären, Erdmännchen, Seebären, Pinguine, Totenkopfaffen, Riesenschildkröten, begehbare Maki-Anlage, Nashornleguane, Pudus vergesellschaftet mit Zieseln, Hornvögel, Keas; im Außenzoo „Wild Place" Okapis, Wölfe und eine weitere begehbare Maki-Anlage

Zoo Budapest

Kontakt	Budapest Zoo and Botanical Garden, H-1146 Budapest Allatkerti krt. 6-12. Phone: +36 (0) 1 273 4900 Info: +36 (0) 1 273 4901 info@zoobudapest.com www.zoobudapest.com
Inhaber	städtisch 100 % Stadt Budapest
Fläche	Zoo: 10.8 ha Erweiterungsfläche: 6.5 ha
Gründungsjahr	1866
Besucherzahl	1.100.000
Dienstleistungen	Gastronomie: verpachtet Restaurants, Cafés, Kioske, Picknickplatz Läden: Zooshop (zooeigen) Streichelzoo: Ja Spielplatz: Ja, inklusive Indoor-Spielplatz

Tierbestand am 31. 12. 2015	Anzahl	Arten
Säugetiere	1056	124
Reptilien	672	106
Vögel	1323	144

Hunde	Nein
Schafütterungen	Ja
Vorführungen etc.	Ja, Begegnungen mit Tieren und im „Magic Mountain Museum of Life"
Zoofreunde	Nein, aber eine unabhängige gemeinnützige Organsisation mit 3,500 Mitgliedern
Freiwillige	Ja, zum Teil von der genannten Organisation

Zoo Budapest

Zooschule: Ja
Zooführer: Ja
Sprache der Beschilderung: Ungarisch, Englisch
Beurteilung: ✶ ✶

Bildung

Der Zoo der ungarischen Hauptstadt ist ein traditionsreicher zoologischer und botanischer Garten mit vielen schön restaurierten Gebäuden unter Denkmalschutz, manchen im Stil der Häuser Siebenbürgens des 19. Jahrhunderts. Die bezaubernde Vegetation erfasst zwei Tausend Pflanzenarten, viele historische Bäume und einer herrlichen Bonsaisammlung. Das Palmenhaus, der größte tropische Garten Ungarns, ist allein einen Besuch wert. Der historische Große (Kunst-)Felsen wurde 2012 als „Zauberberg" wiedereröffnet. Im Jahre 2014 wurde der Zoo um den Holnemvolt-Park, einen Vergnügungspark mit 6,5 ha, erweitert. Der Erwerb bedeutete einen Meilenstein in der Entwicklung des Zoos (s. Masterplan). Einige der historischen Fahrgeschäfte, wie die hölzerne Achterbahn und Karussel, werden bleiben.

Allgemeine Beschreibung

Ein Masterplan für die Periode 2016 bis 2021 kümmert sich vor allem um den Umbau des einstigen Holnemvoltparks, vor allem um das Biodomprojekt, das mit etwa 100 Millionen € veranschlagt wird. Der Biodom wird ein Tropenhaus u. a. für eine Herde Indischer Elefanten, Panzernashörnern, Schimpansen, Languren, Malaienbären und Krokodile. Mit vielen Tierarten aufs neue Gelände verlegt, wird es Verbesserungen für die verbliebenen Tiere im alten Teil des Zoos geben.

Masterplan

Palmenhaus mit Aquarium, „Savannenhaus" (Giraffen, Nashörner und dergl.), Elefantenhaus, Menschenaffenhaus, Koalahaus, Madagaskarhaus, Indienhaus, Australienhaus, Südamerikahaus, Krokodilhaus, Büffelhaus, Haus des Tiergifts, Insektarium, Schmetterlingshaus, Riesenotterhaus

Begehbare Häuser

Der Große Teich mit Pelikanen und Wassergeflügel, die „America Tropicana" im Palmenhaus, begehbare Katta-Anlage, Gorillas, Riesenotter, Koalas, Wombats, Erdmännchen, Katzenbären, Zweifingerfaultiere vergesellschaftet mit Rothandtamarinen, Kaiserschnurrbarttamarine, Große Ameisenbären, Prevost-Hörnchen, „Afrikanische Steppe", „Pantanal", Südamerikavoliere, Keas, Stirnlappenbasilisken, Grüne Mambas

Besonderheiten

235

Zoo Bukarest

Kontakt	Administratia Gradina Zoologica Bucuresti, Str. Vadul Moldovei Nr. 4, 71588 Bukarest, RO Tel: +40 21 269 0600 Fax: +40 21 269 0605 zoobucuresti@yahoo.com www.zoobucuresti.ro
Inhaber	städtisch 100 % Stadt Bukarest
Fläche	5.8 ha + geplanter Bioparc
Gründungsjahr	1953
Besucherzahl	645.000
Dienstleistungen	Gastronomie: Nein Läden: Nein Streichelzoo: Nein Spielplatz: Ja
Bildung	Zooschule: Nein, aber Klassenräume Zooführer: Nein Sprache der Beschilderung: Rumänisch Beurteilung: ✷

Tierbestand am 31. 12. 2015

	Anzahl	Arten
Säugetiere	268	50
Reptilien	66	20
Vögel	839	91

Hunde	Nein
Schaufütterungen	Nein
Vorführungen etc	Nein
Zoofreunde	Nein
Freiwillige	Ja, ca 25

Zoo Bukarest

Der Zoo der rumänischen Hauptstadt sieht wie ein alter, kleiner zoologischer Garten aus, der dringend renoviert werden müsste. Der Zoo liegt auf flachem Gelände im Norden der Stadt neben einem großen Wald (s. Masterplan). Der Abstand zwischen den Tieren und Besuchern wird groß gehalten, vermutlich um verbotene Fütterung und Necken besser unterbinden zu können. Die meisten Großtiere sind in letzter Zeit abgegeben worden; die meisten Tierhäuser sind nicht mehr zugänglich.	Allgemeine Beschreibung
Für den alten Zoo gibt es keinen Masterplan, aber für das Projekt Biopark auf dem 57 ha großen Waldgelände neben dem Zoo – 43 ha für den eigentlichen Ausstellungsbereich – gibt es ein 2005 bewilligtes Konzept. Der Biopark soll ein Geozoo mit den üblichen beliebten Großtieren wie Elefanten werden; die Bereiche Europa und ein Teil Asiens sollen 2018 den Anfang machen. Fünf Geozonen sind vorgesehen: Afrika, Amerika, Asien, Australien und Europa. Europa wird durch das Donau-Mündungsgebiet vertreten, Afrika durch Madagaskar, den Kongo und Kenia und Tansania, und Asien durch Indiens Gir-Wald und die Insel Borneo. Amtlich bestätigte Zahlen scheint es nicht zu geben, aber ich schätze, dass zumindest 100 Millionen € für die Realisierung realistisch wären.	Masterplan
Vogelhaus „Exotarium", Reptilienhaus mit Aquarium, Affenhaus, Nachttierhaus	Begehbare Häuser
Pumas, Amurleoparden, Lisztäffchen, Weißkopfbüscheläffchen, Emus, Papageien, Leguane	Besonderheiten

Bussolengo Parco Natura Viva

Kontakt	Parco Natura Viva, Localita Figara 40, 37012 Bussolengo, Verona, IT Tel: +39 045 71 70 113 Fax: +39 045 67 70 247 info@parconaturaviva.it www.parconaturaviva.it	
Inhaber	Private Gesellschaft 100 % Parco Natura Viva Garda Zoological Park srl	
Fläche	45 ha	
Gründungsjahr	1969	
Besucherzahl	490.000	
Dienstleistungen	Gastronomie: verpachtet Restaurant, Café, Kioske, Picknickplatz Läden: Zooshop (verpachtet) Streichelzoo: Ja Spielplatz: Ja	
Bildung	Zooschule: Ja Zooführer: Ja Sprache der Beschilderung: Italienisch, Englisch mit internationalen Piktogrammen Beurteilung: ✱ ✱	

Tierbestand am 31. 12. 2015

	Anzahl	Arten
Säugetiere	441	78
Reptilien	330	37
Vögel	394	59

Hunde	Nein
Schaufütterungen	Vorträge, (Dozenten mit Pflegern) Zooführungen
Vorführungen etc	Nein, Dino Park
Zoofreunde	Nein, geplant
Freiwillige	Nein, geplant

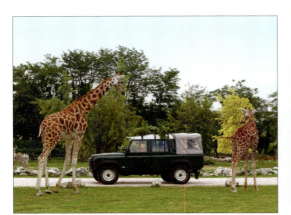

Bussolengo Parco Natura Viva

Allgemeine Beschreibung

Dieser schöne, sich gut entwickelnde Zoo zwischen Verona und dem Gardasee, wörtlich übersetzt der „Park der lebendigen Natur" genannt, hat den benachbarten Safaripark in den Tiergarten integriert, und wird jetzt als Geozoo umgestaltet. Er liegt auf einem reizenden, sanft hügeligem Gelände in einer bezaubernden Gegend, beliebt bei Touristen. Steppenartige Bereiche werden mit Wald- und Hanggebieten verbunden. Die mediterrane Vegetation mit viel Wasser und natürlichen Felsen lässt naturnahe Gehege schön gestalten. Ein tolles Merkmal des Parks ist das fröhliche Gezwitscher von über 500 australischen Schuppenloris, die in den Bäumen des Zoos nisten. Störche, Reiher und andere heimische Vögel sieht man auch im Park überall.

Masterplan

Ein Masterplan für die Jahre 2015 bis 2020 sieht die Integration des einstigen Safaribereichs in den Tierpark vor, mit entsprechendem Umbau der Verkehrswege. In der ersten Phase bis 2016 wurden eine neue Aravoliere für vier Arten, eine Fossa-Anlage und de Modernisierung der Erdmännchen- und Schimpansengehege vorgenommen. Am Haupteingang soll wohl eine neue Waldrappvoliere entstehen und neue Anlagen für Blutbrustpaviane und Zwergotter. Langfristig sind neue Häuser für Gorillas und Schimpansen sowie ein neues Reptilienhaus mit Komodowaranen vorgesehen.

Begehbare Häuser

Tropenhaus mit Säugetieren, Vögeln und Reptilien

Besonderheiten

Sibirische Tiger, Schneeleoparden, Katzenbären vergesellschaftet mit Muntjaks, Geparde, Luchse, Ozelots, Wölfe, Flusspferde, Nashörner, Kängurus, Kattas und andere Makis, Berberaffen, Zwergseidenäffchen, Flughunde, Keas, Emus, Nandus, Kasuare, Mandschurische Kraniche, Leguane, Abgottschlangen

Zoo Cerza Lisieux

Kontakt	Cerza Parc Zoologique Lisieux, Hermival les Vaux, 14100 Lisieux, FR Tel: +33 231 621 722 Fax: +33 231 623 340 info@cerza.com www.cerza.com
Inhaber	private Gesellschaft
Fläche	65 ha (70 ha im Besitz)
Gründungsjahr	1986
Besucherzahl	300.000
Dienstleistungen	Gastronomie: (zooeigen) Restaurant, Café, Kiosk, Picknickplatz Hütten: 47 Safari Hütten auf dem Zoogelände für Übernachtungen Läden: Zooshop (zooeigen) Streichelzoo: Ja, mit Bauernhof Spielplatz: Ja

Tierbestand am 17. 6. 2014

	Anzahl	Arten
Säugetiere	409	75
Reptilien	29	12
Vögel	279	55

Hunde	Nein
Schaufütterungen	Nein
Vorführungen etc.	Nein
Zoofreunde	Nein
Freiwillige	Nein
Bildung	Zooschule: Ja Zooführer: Ja Sprache der Beschilderung: Französisch, Englisch

Beurteilung: ✱✱

Zoo Cerza Lisieux

Der Zoo liegt auf leicht hügeligem und teilweise bewaldetem Gelände in der offenen Landschaft der Normandie. Es gibt zwei Wanderwege und eine Bimmelbahn. Die Gehege sind groß und in der Regel der jeweils gezeigten Art angepasst, die Klettermöglichkeiten allerdings häufig Stangen statt Bäume. Die 5 ha große „Afrikanische Steppe" beherbergt Giraffen, Breitmaulnashörner und unterschiedliche Antilopen. Besucher genießen zum größten Teil gute Sichtachsen. Die Innengehege, mit Ausnahme des Tropenhauses, sind schlicht gestaltet und Besuchern selten zugänglich.	Allgemeine Beschreibung
Es gibt keinen Masterplan aber beständige Investitionen, meistens mit wenig Mitteln. Eine begehbare Anlage für Makis war das größte Projekt 2016.	Masterplan
Tropenhaus (2010 errichtet) für Vögel und Reptilien, Allfarblorihaus, Giraffenhaus, Nashornhaus, Zwergflusspferdhaus	Begehbare Häuser
Begehbare Aravoliere, begehbare Allfarblorivoliere, begehbare Voliere für andere Vögel, Wölfe aus Alaska, Makis, Tüpfelhyänen, Löwen, Brillenbären, Siamangs	Besonderheiten

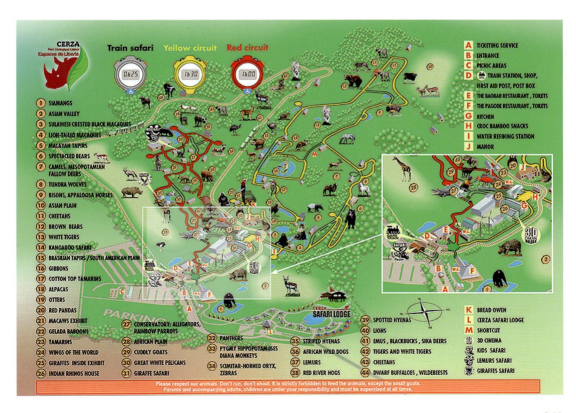

Chester Zoo

Kontakt	Chester Zoo, North of England Zoological Society, Cedar House, Caughall Road, Upton-by-Chester, Chester CH2 1LH, UK
Inhaber	registrierte, gemeinn. Gesellschaft 100 % North of England Zoological Society
Fläche	Zoo: 55 ha/132 acres (189 ha im Besitz)
Gründungsjahr	1931
Besucherzahl	1.600.000
Dienstleistungen	Gastronomie: (zooeigen) Restaurants, Café, Kioske, Picknickplatz Läden: Zooshops (zooeigen) Streichelzoo: Nein Spielplatz: Ja, mit Abenteuerspielplatz
Bildung	Zooschule: Ja Zooführer: Ja Sprache der Beschilderung: Englisch
	Beurteilung: ✷ ✷

Tierbestand am 31. 12. 2015

	Anzahl	Arten
Säugetiere	879	81
Reptilien	279	48
Vögel	1338	134

Hunde	Nein, nur Blinden- und Begleithunde
Schaufütterung	Ja
Vorführungen etc.	Nein
Zoofreunde	Nein, aber „Members of Chester Zoo" mit 85.000 Mitgliedern
Freiwillige	Ja, 158

CHESTER ZOO

Obwohl eher flach und dünn bewaldet, wurde das Gelände zu einem bezaubernden zoologischen Garten mit künstlich angelegten, hübschen Gewässern gestaltet. Mit der Eröffnung des gewaltigen Tropenhauses „Islands" – also „Inseln" –, das sich sechs südostasiatischen Inseln widmet, ist 2015 dem Zoo eine große Erweiterung gelungen. Die Außengehege, überwiegend Freisichtanlagen, sind in der Regel groß. Die Tierhäuser, viele neueren Datums, sind schlicht aber funktionsgerecht. Die Gartenanlagen sind reizvoll und vielfältig: Es gibt u. a. einen Asiatischen, einen Römischen, einen Anden- und einen Senkgarten. Auch ein Garten mit heimischer Flora und eine Anlage mit unterschiedlichen Gräsern fehlen nicht. Im Jahre 2015 war der Zoo Chester der meistbesuchte Großbritanniens, und lag an zweiter Stelle unter allen gebührenpflichten Touristenattraktionen des Landes

Allgemeine Beschreibung

Der neue Masterplan für die Jahre 2016 bis 2030 sieht die Vollendung des Projekts „Inseln" sowie die Modernisierung von Anlagen im Kernbereich des Tierparks vor. Die erste Phase des „Inseln"-Projekts wurde nach Kosten von umgerechnet 52 Millionen € 2015 eröffnet, das größte Bauprojekt eines britischen Zoos. Die sechs vertretenen Inseln sind Sumatra, Sulawesi und Bali in Indonesien, Panay und Sumba in den Philippinen sowie die Insel Neuguinea. Besucher werden sowohl über die Tierwelt als auch die Kultur dieser Inseln aufgeklärt. Phase 2 sieht Anlagen für Malaientapire, Malaienbären und Komodowarane vor. Im Kernbereich haben ein Umbau des „Oakfield House" und ein Ersatz für das „Reich der roten Affen" (also Orang-Utans) Priorität.

Masterplan

Tropenhaus „Inseln", Tropenhaus „Tropisches Reich", Aquarium, Elefantenhaus, „Nashorn-Erlebnis Tsavo", Affenhaus, Schimpansenhaus, „Reich des roten Menschenaffen" „Wald der Flughunde", „Geist des Jaguars", Okapihaus, Schmetterlingshaus

Begehbare Häuser

Orang-Utans, Gibbons, Schopfmakaken, Rhinozerosvögel, Krokodile und Riesenschildkröten, alle im „Monsunwald" des Tropenhauses „Inseln"; Elefanten, Hirscheber vergesellschaftet mit Zwergottern, Riesenotter, Tiger, Jaguare, Brillenbären vergesellschaftet mit Nasenbären, Katzenbären, Brüllaffen, Bartaffen, Andenkondore, Flamingos, Komodowarane, Bindenwarane, Netzpythons, Grüne Antillenleguane, Jemenchamäleons, Terekay-Schienenschildkröten

Besonderheiten

COLCHESTER ZOO

Kontakt	Colchester Zoo, Maldon Road, Stanway, Colchester, Essex CO3 0SL, UK
	Tel: +44 (0) 1206 331 292
	Fax: +44 (0) 1206 331 392
	enquiries@colchester-zoo.co.uk
	www.colchester-zoo.com

Inhaber	Private Gesellschaft 100 % Colchester Zoo Limited, im Besitz der Familie Tropeano
Fläche	32 ha (94 ha im Besitz)
Gründungsjahr	1963
Besucherzahl	930.000
Dienstleistungen	Gastronomie: zooeigen Restaurant, Café, Kioske, Picknickplatz
	Läden: Zooshop (zooeigen)
	Streichelzoo: Ja
	Spielplatz: Ja
Zoofreunde	Nein, aber Angebote für Mitglieder
Freiwillige	Ja, ca 100

Tierbestand am 31. 12. 2015		Anzahl	Arten
	Säugetiere	443	77
	Reptilien	86	29
	Vögel	302	40

Hunde	Nein
Schaufütterungen	Ja, bis zu 50 Shows täglich
Vorführungen etc	Ja
Bildung	Zooschule: Ja, inklusive Discovery Centre
	Zooführer: Ja
	Sprache der Beschilderung: Englisch
	Beurteilung: ★★★

COLCHESTER ZOO

Der Zoo in Colchester liegt an einem steilen Hang, geschickt gestaltet um Besucher unterschiedliche Sichtachsen auf die Gehege zu bieten. Man hat sich wirklich Gedanken gemacht, wie die verschiedenen Gehege eingerichtet und bepflanzt werden sollten. Überhaupt ist das gesamte Gelände vielfältig bepflanzt und mit Wasserläufen gut ausgelegt worden. Für Gehbehinderte gibt es einen gesonderten Rundgang, und viele Wege sind überdacht. Die Beschilderung ist sehr informativ und gut gestaltet. Der Tiergarten ist in sieben Zonen gegliedert: Eingangsbereich, „Aquazone", „Talzone", „Seenlandschaft", „Kinderzone", „Afrikanische Zone" und „Die Höhen" („The Heights"). Colchesters Zoo liegt an dritter Stelle, was die Besucherzahlen in Großbritannien angeht.	Allgemeine Beschreibung

Es gibt keinen Masterplan aber ein Erweiterungsgelände von 62 ha, das bebaut werden will. Investitionen werden nach Finanzierbarkeit aufgegriffen.
Die erste Anlage wird wahrscheinlich Okapis als neuer Tierart im Zoo gewidmet. Ein Tropenhaus und eine Anlage für eine neue europäische Tierart sind auch für das Erweiterungsgelände langfristig vorgesehen.

Masterplan

Orang-Utan-Haus, Schimpansenhaus (2016 umgestaltet worden), Elefantenhaus, Giraffen- und Nashornhaus, Komodowaranhaus, Reptilienhaus „Worlds Apart"

Begehbare Häuser

Malaienbären, Fischotter, Tüpfelhyänen, Fenneks, Sibirische Tiger, begehbare Katta- und Vari-Anlage, Erdmännchen, Bartkäuze, Jungfernkraniche, begehbare Lorivoliere, Komodowarane, Riesenschildkröten

Besonderheiten

ZOO DORTMUND

Kontakt	Zoo Dortmund,
	Mergelteich Str. 80,
	44225 Dortmund, DE
	Tel: +49 (0) 231 502 8593
	Fax: +49 (0) 231 712 175
	zoo@dortmund.de
	www.zoo-dortmund.de

Inhaber	städtisch
	100 % Stadt Dortmund
Fläche	28 ha
Gründungsjahr	1953
Besucherzahl	485.000
Dienstleistungen	Gastronomie: verpachtet
	Restaurant (wird renoviert),
	Café, Kioske, Picknickplatz
	Läden: Zooshop (verpachtet, wird renoviert)
	Streichelzoo: Ja
	Spielplatz: Ja
Bildung	Zooschule: Ja
	Zooführer: Ja
	Sprache der Beschilderung: Deutsch
	Beurteilung: ✱ ✱

Tierbestand am 31. 12. 2014

	Anzahl	Arten
Säugetiere	429	78
Reptilien	76	18
Vögel	378	87

Hunde	Nein
Schaufütterungen	Ja
Vorführungen etc.	Nein
Zoofreunde	Ja, Zoofreunde Dortmund e.V. mit 466 Mitgliedern
	Förderverein Kinder und Zoo Dortmund e.V. mit 50 Mitgliedern
Freiwillige	Ja, ca 12

ZOO DORTMUND

Dortmunds Zoo liegt hübsch auf einem ehemaligen Zechengelände neben der bewaldeten Parklandschaft einer alten Adelsfamilie. Der eigene, mittlerweile beeindruckende Baumbestand wird informativ beschildert. Ein Schwerpunkt der Sammlung sind Tiere aus Südamerika; das Zuchtbuch für Große Ameisenbären, die hier gut züchten, wird in Dortmund gepflegt. Infolge der Finanz- und Wirtschaftskrise 2008 ist der Zoo in letzter Zeit eher unterfinanziert geblieben, seit 2015 wird allerdings wieder in die Infrastruktur und in Renovierungen investiert.	Allgemeine Beschreibung
Es gibt einen Masterplan aus dem Jahre 2012 aber leider keine gesicherte Finanzierung dafür. Von einer schönen, neuen Veterinärklinik abgesehen, hat sich in den letzten fünf Jahren kaum was getan. Die Renovierung des Raubtierhauses für Löwen und Tiger und der Bau einer neuen Sichlervoliere sollten 2016 abgeschlossen werden können. Im gleichen Jahr sollte zumindest auch der Spatenstich für einen neuen Haupteingangsbereich mit Zooshop und Restaurant, für ein neues Futterhaus im Wirtschaftshof und für die Renovierung des Amazonashauses gemacht werden. Das nächste große Bauprojekt, eine neue Seelöwenanlage, wird voraussichtlich 2017 gestartet.	Masterplan
Orang-Utan- und Tapirhaus „Rumah Hutan", Amazonashaus, Giraffenhaus, Nashornhaus, Ameisenbärenhaus, Otterhaus, Löwen- und Tigerhaus, Westfälisches Bauernhaus	Begehbare Häuser
Große und Kleine Ameisenbären, Orang-Utans, Siamangs, Giraffen, Riesenfischotter, Luchse, Jaguarundis, Löffelhunde, Waldhunde, Katzenbären, Erdmännchen, Pinguine, Flamingos, Anakondas, Abgottschlangen, Südamerikanische Waldschildkröten	Besonderheiten

Zoo de Doué la Fontaine

BIOPARC
ZOO DE DOUÉ LA FONTAINE

Kontakt	Bioparc Zoo de Doué la Fontaine, Rue de Cholet, 49700 Doué-la-Fontaine, FR Tel: +33 (0) 241 59 18 58 Fax: +33 (0) 241 59 25 86 infos@bioparc-zoo.fr www.bioparc-zoo.fr	
Inhaber	Private Gesellschaft im Besitz der Familie Gay	
Fläche	14 ha (21 ha im Besitz)	
Gründungsjahr	1961	
Besucherzahl	230.000	
Dienstleistungen	Gastronomie: (zooeigen) Restaurant, Snack Bar, Kioske, Picknickplatz Läden: Zooshop (zooeigen) Streichelzoo: Nein, aber ein kleiner afrikanischer Bauernhof Spielplatz: Nein	
Bildung	Zooschule: Ja Zooführer: Ja Sprache der Beschilderung: Französisch, Englisch Beurteilung: ★★★	

Tierbestand am 31. 12. 2010		
	Anzahl	Arten
Säugetiere	211	37
Reptilien	33	10
Vögel	500	42

Hunde	Nein
Schaufütterungen	Ja
Vorführungen etc.	Nein
Zoofreunde	Nein
Freiwillige	Nein

248

Zoo de Doué la Fontaine

Allgemeine Beschreibung

In Anjou in der Region Loire gelegen hat der Biopark Doué la Fontaine einen einmalig interessanten Hintergrund. Er liegt auf dem Gelände eines ehemaligen Tagebaugebiets für Muschelsandstein. Auf zwei Ebenen, deutlich von einander oben und unten abgesetzt, wurde die ehemalige Grube mit subtropischer Bepflanzung, künstlichen Felsen und Wasserfällen in eine wunderbar vielfältige Landschaft versetzt. Es gibt höhlenähnliche und spektakuläre begehbare Gehege. Nach Möglichkeit werden Tierarten miteinander vergesellschaftet und Tiere nahe an die Besucher gehalten; hier ist beispielsweise Europas größte Voliere. Dieser ist wahrlich ein Zoo mit einem Unterschied; er gehört zu den besten zehn dieser Studie, was die Bewertung der Tieranlagen betrifft.

Masterplan

Ein Masterplan für die Jahre 2015 bis 2020 sieht nach Eröffnung der großen Südamerikavoliere 2011 und der Okapi-Anlage 2013 den Bau einer neuen Arena für Tiervorstellungen, einer neuen Erdmännchenanlage, einer größeren begehbaren Voliere für Greifvögel und die Vergrößerung der Leopardenanlage vor. Auf einem Erweiterungsgelände wird ein Indonesienbereich für Tiger und andere bekannte Tierarten der Region gebaut.

Begehbare Häuser

Vivarium

Besonderheiten

Große begehbare Voliere für 30 Arten und etwa 500 Exemplare freifliegender südamerikanischer Vögel, „Okapi-Schutzgebiet" für 30 weitere Arten mit einer erhöhten Wegführung, Löwen, Tiger, Leoparden, Schneeleoparden, Riesenotter, Katzenbären, Klammeraffen, Tamarine, Roloway-Meerkatzen, Varis, Wildmeerschweinchen, Greifvögel, Hornraben

Zoo Dresden

Kontakt	Zoo Dresden GmbH, Tiergartenstrasse 1, 01219 Dresden, DE Tel: +49 (0) 351 47 80 60 Fax: +49 (0) 351 47 80 660 info@zoo-dresden.de www.zoo-dresden.de
Inhaber	städtische Gesellschaft, Zoo Dresden GmbH 100 % Stadt Dresden
Fläche	13 ha
Gründungsjahr	1861
Besucherzahl	850.000
Dienstleistungen	Gastronomie: verpachtet (Africa Lodge, Känguru Stop; Pinguin Café) Restaurant, Café, Kioske, Picknickplatz Läden: Zooshop (verpachtet) Streichelzoo: Ja Spielplatz: Ja
Bildung	Zooschule: Ja Zooführer: Ja Sprache der Beschilderung: Deutsch Beurteilung: ✱ ✱

Tierbestand am 31. 12. 2014	
Hunde	Nein
Vorführungen etc.	Ja Nein
Zoofreunde	Ja, Zoo Freunde Dresden e.V. 500 Mitglieder
Freiwillige	Nein

	Anzahl	Arten
Säugetiere	326	64
Reptilien	136	37
Vögel	605	97

ZOO DRESDEN

In einer Ecke des Großen Gartens nahe der Innenstadt liegt der schöne, traditionsreiche Zoo Dresden, der durch seinen alten Baumbestand und seiner Pflanzenvielfalt zum Verweilen einlädt. Insgesamt 1.700 Tiere aus über 265 Arten sind zu sehen. In den letzten Jahren wurden mehrere neue Tierhäuser und –anlagen errichtet. So beherbergt das im Jahr 2010 eröffnete Prof. Brandes-Haus überwiegend baumbewohnende Säugetiere. Auch zwei Koalas leben seit 2013 in dem Gebäude. Der Schwerpunkt der Sammlung liegt auf Tieren aus Asien. Die erfolgreiche Zucht von Buntmardern, Schneeleoparden, Orang-Utans, Goralen und Goldtakinen gehören zu den Stärken der Tierhaltung.
Allgemeine Beschreibung

Der neue Masterplan aus dem Jahr 2007 sieht als Prioritäten die Vollendung des Umbaus des Elefantenhauses bis Mitte 2017 vor. Außerdem soll ein neues Orang-Utan-Haus, erweitert um Anlagen für Gibbons und Panzernashörner entstehen. Zu den kleineren Projekten gehören Anlagen für Riesenschildkröten und Sekretäre.
Masterplan

„Professor-Brandes-Haus", „Afrikahaus" für u. a. Elefanten (bis voraussichtlich Frühjahr 2017 im Umbau), Giraffenhaus, Orang-Utan-Haus, Terrarium, Zoo unter der Erde
Begehbare Häuser

Begehbare Katta-Anlage, Bartaffen, Stummelaffen, Tamarine, Koalas, Zweifingerfaultiere, Asiatische Rothunde, Zebramangusten, Katzenbären, Schneeleoparden, Erdmännchen, Gorale, Giraffen, Pelikane, Aras, Greifvögel
Besonderheiten

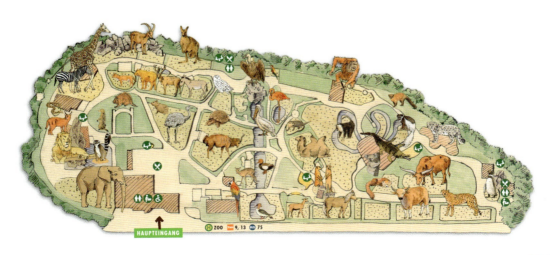

Dublin Zoo

Kontakt	Dublin Zoo, Phoenix Park, Dublin 8, IE Tel: +353 (0) 1 474 8900 Fax: +353 (0) 1 671 1660 info@dublinzoo.ie www.dublinzoo.ie
Inhaber	registrierte, gemeinn. Gesellschaft 100 % Zoological Society of Ireland Land im Besitz des Irischen Staates
Fläche	30 ha (40 ha im Besitz)
Gründungsjahr	1830
Besucherzahl	1.100.000
Dienstleistungen	Gastronomie: verpachtet Restaurant, Café, Kioske, Picknickplatz Läden: Zooshop (zooeigen) Streichelzoo: Ja, schöner Schaubauernhof Spielplatz: Ja inklusive "Play Forest" (2013)
Tierbestand am 31. 12. 2015	
Hunde	Nein
Vorführungen etc.	Ja, März bis September Ja
Zoofreunde	Nein, aber Angebote für Jahreskarteninhaber
Freiwillige	Ja, ca 90

	Anzahl	Arten
Säugetiere	224	41
Reptilien	74	21
Vögel	196	21

DUBLIN ZOO

Zooschule: Ja Zooführer: Nein Sprache der Beschilderung: Englisch, Irish Beurteilung: ✶ ✶	Bildung

Der viertälteste Zoo der Welt liegt am einen Ende des Phoenix Park, des großen Stadtparks der irischen Hauptstadt. Das überwiegend flache Gelände wird von zwei Seen bestimmt, die zusammen ein Viertel der Zoofläche ausmachen. Nach zehn Jahren Investitionen ist der alte Zoo kaum wiederzuerkennen; erweitert worden ist er um die Fläche der "Afrikanischen Steppe". Man fühlt sich wohl im Zoo mit seinen an der Natur orientierten Anlagen, die nach Möglichkeit mit Naturstoffen gebaut worden sind. Zu den hervorragenden neuen Anlagen gehören der „Kaziranga-Waldpfad" für Indische Elefanten (2007), die „Afrikanische Steppe" (2009), der „Gorilla-Regenwald" (2011), und die „Seelöwenbucht" und die „Flamingolagune" (beide aus dem Jahre 2015).

Allgemeine Beschreibung

Der Masterplan für die Jahre 2006 bis 2010 ist vollführt worden, und der für 2012 bis 2016 liegt auch im Plan. Nach Fertigstellung des „Gorilla-Regenwalds" 2011 wurden die Anlagen für Indische Löwen, Sumatratiger, Seelöwen und Flamingos nach Umbau wiedereröffnet. Noch 2016 soll der „Orang-Utan-Wald" – auch mit Gibbons – eingeweiht werden. Okapis kamen schon 2014 neu in die Sammlung. Jetzt sollen die älteren Tieranlagen auf den neuesten Standard gebracht werden. Das historische „Roberts House" wird in ein Reptilienhaus umgewandelt.

Masterplan

Elefantenhaus, Nashorn- und Tapirhaus, Gorillahaus, Schimpansenhaus, Orang-Utan-Haus, Löwen- und Tigerhaus, Südamerikahaus, Reptilienhaus, Freiflughaus „Roberts House"

Begehbare Häuser

Elefanten, Gorillas, Schopfmakaken, Rußmangaben, Hyänenhunde, Waldrappen, Flamingos, Pinguine und die beiden Seen mit Wassergeflügel

Besonderheiten

253

ZOO DUISBURG

Kontakt	Zoo Duisburg, Mülheimer Strasse 273, 47058 Duisburg, DE Tel: +49 (0) 203 305 590 Fax: +49 (0) 203 305 5922 info@zoo-duisburg.de www.zoo-duisburg.de
Inhaber	städtische Gesellschaft, Zoo Duisburg AG 72 % Stadt Duisburg, 25,1 % Duisburg Zoo Förderverein, 2,9 % private Aktionäre
Fläche	16 ha
Gründungsjahr	1934
Besucherzahl	1.000.000
Dienstleistungen	Gastronomie: verpachtet Restaurant, Café, Kioske, Picknickplatz Läden: Zooshop (verpachtet) Streichelzoo: Ja, sehr gut, mit Bauernhof Spielplatz: Ja
Bildung	Zooschule: Ja Zooführer: Ja Sprache der Beschilderung: Deutsch Beurteilung: ★ ★ ★

Tierbestand am 31. 12. 2015		

	Anzahl	Arten
Säugetiere	428	80
Reptilien	67	21
Vögel	569	66

Hunde	Nein
Schaufütterungen	Ja
Vorführungen etc	Ja, im Delfinarium und bei den Seelöwen
Zoofreunde	Ja, Verein der Freunde des Duisburger Tierpark e.V., 8.000 Mitglieder
Freiwillige	Ja, ca 10

Zoo Duisburg

Allgemeine Beschreibung

Bekannt als der A3-Zoo wegen der Autobahn A3, die den Tierpark in zwei Bereiche aufteilt, verbindet eine gut abgeschirmte, belaubte Brücke die beiden Hälften. Am Rande des Stadtwalds im Nordosten Duisburgs gelegen, hat der Zoo viele Laubbäume und ist auch ansonsten schön bepflanzt. In letzter Zeit, so zum Beispiel bei der neuen Brillenbärenanlage aus dem Jahr 2012 und der Tigeranlage, 2016 fertiggestellt, werden im Bau vorzugsweise Naturfelsen, Wasser und natürliche Vegetation eingesetzt. Nach Möglichkeit werden verschiedene Tierarten vergesellschaftet. Der Chinesische Garten, ein Geschenk der Partnerstadt Wuhan, ist sowohl reizvoll als auch – mit seinen Hinweisen auf chinesische Symbolik und Allegorie – informativ.

Masterplan

Eher unterfinanziert, wurden während der letzten fünf Jahre vor allem kleinere Bauprojekte verwirklicht. Größere Projekte der letzten Jahre waren der neue Kinderzoo als Bauernhof, Anlagen für Brillenbären, Luchse und Wildkatzen sowie Sibirische Tiger, die Renovierung des Aquariums und Infrastrukturmaßnahmen. Prioritäten bis 2020 sind eine neue begehbare Voliere, eine Weiterentwicklung der Filtertechnik im Delfinarium und die Modernisierung des „Äquatorium" und des Elefantenhauses.

Begehbare Häuser

Delfinarium, Elefantenhaus, Giraffenhaus, Primatenhaus „Äquatorium", Raubtierhaus, Aquarium, „Rio-Negro-Tropenhalle", Koalahaus, Nutztierstallungen, „Entdeckerhaus" am Kinderzoo

Besonderheiten

Große Tümmler, Amazonas-Flussdelfin, Koalas, Baumkängurus, Wombats, begehbare Maki-Anlage, Erdmännchen, Zwergotter, Waschbären, Nasenbären, Brillenbären, Riesenotter, Nebelparder, Zweifingerfaultiere, Mandschurische und Saruskraniche, Pelikane, Flamingos, Abgottschlangen

Zoo Dvůr Králové

Kontakt	Zoo Dvůr Králové Stefanikova 1029, 54401 Dvůr Králové Nad Labem, CZ Tel: +420 (0) 499 329 515 Fax: +420 (0) 499 320 564 zoo.dk@zoodvurkralove.cz www.zoodvurkralove.cz
Inhaber	gemeinnützige Gesellschaft 100 % Region Hradec Králové
Fläche	70 ha (78 ha im Besitz)
Gründungsjahr	1946
Besucherzahl	500.000
Dienstleistungen	Gastronomie: verpachtet Restaurants, Kioske, Picknickplatz, Hotel, Hütten und Campingplatz Läden: Zooshop Streichelzoo: Ja. Züge, Kutschen, bei gutem Wetter Ponyreiten, Fütterung afrikanischer Nutztiere, Klettergarten Spielplatz: Ja
Bildung	Zooschule: Ja Zooführer: Ja Sprache der Beschilderung: Tschechisch Beurteilung: ✸ ✸

Tierbestand am 31. 12. 2015	Anzahl	Arten
Säugetiere	863	80
Reptilien	142	53
Vögel	769	146

Hunde	Ja
Schaufütterungen	Ja, im Sommer
Vorführungen etc	Ja, Begegnungen mit Tieren, kommentierte Fahrten in die Afikanische Safari und zu den Löwen, Abendliche Safari, Einzelführungen
Zoofreunde	Nein, aber die Gemeinschaft Natura Viva sammelt Spenden, für Naturschutz und Bildung
Freiwillige	Nein

Zoo Dvůr Králové

Allgemeine Beschreibung

Der Zoo Dvůr Králové ist europaweit bekannt für seine große Sammlung von, und Zuchterfolge mit, afrikanischen Huftieren, besonders Giraffen, Nashörnern und Antilopen. Den Nachwuchs kann man in vielen europäischen Tierparks sehen. Beeindruckende Herden werden in großen, offenen Gehegen gehalten; das Konzept sieht Freisichtanlagen vor. Das Gelände ist eher baum- und gewässerlos, obwohl in der Nähe des Haupteingangs hübsche Sträucher stehen. Das lokale Kunsthandwerk kann man an den handbemalten Schildern und an den Wandbildern in den neuen Übernachtungsmöglichkeiten bewundern. Der Schwerpunkt der Sammlung liegt an afrikanischen Tierarten.

Masterplan

Ein neuer Masterplan setzt als Prioritäten die Vollendung neuer Innengehege für Nashörner und Giraffen, ein Winterhaus für Flusspferde und Winterstallungen für afrikanische Huftiere, die Renovierung des Raubtierhauses und des Vogelhauses, neue Außengehege für Erdferkel, für Geparde und für Hyänenhunde. Langfristig sollen alle nichtafrikanischen Tiere aus dem Tierpark verschwinden, und das Angebot an Tieren aus Afrika um Gorillas, weitere Affenarten, Südafrikanische Seebären und Brillenpinguine erweitert werden.

Begehbare Häuser

Vogelhaus, Pavillon „Welt des Wassers" mit der Ausstellung „Giftiges Afrika", Raubtierhaus, Haus für tropische Sumpftiere, Zwergflusspferdhaus, Haus für afrikanische Steppentiere, Löwenhaus, Erdmännchenhaus, Affenhaus, Haus für Goldene Löwenäffchen, Drillhaus, Makihaus, Wirbeltierhaus, Haus für Zwergmeerkatzen, Quastenstachlern und Schildkröten

Besonderheiten

Zebras, Löwen, Tüpfelhyänen, Fenneks, Erdmännchen, Orang-Utans, Kattas, Krallenäffchen, Javalanguren, Kapborstenhörnchen, Pelikane, Voliere

RZSS Edinburgh Zoo

Kontakt	RZSS Edinburgh Zoo, 134 Corstophine Road, Edinburgh EH12 6TS, Scotland, UK Tel: +44 (0) 131 334 9171 Fax: +44 (0) 131 314 0384 info@edinburghzoo.org.uk www.edinburghzoo.org.uk	
Inhaber	registrierte, gemeinn. Gesellschaft 100 % The Royal Zoological Society of Scotland (RZSS)	
Fläche	34 ha	
Gründungsjahr	1913	
Besucherzahl	750.000	
Dienstleistungen	Gastronomie: (zooeigen) Cafés, Kioske Läden: Zooshop (zooeigen) Streichelzoo: Nein Spielplatz: Ja	
Bildung	Zooschule: Ja Zooführer: Ja Sprache der Beschilderung: Englisch Beurteilung: ✱ ✱	

Tierbestand am 31. 12. 2015

	Anzahl	Arten
Säugetiere	415	63
Reptilien	36	11
Vögel	301	45

Hunde	Nein
Schaufütterungen	Ja
Vorführungen etc	Ja, Pinguinparade
Zoofreunde	Nein, aber Progamm für Jahreskarteninhaber (RZSS)
Freiwillige	Ja, 120+

RZSS Edinburgh Zoo

Allgemeine Beschreibung

An den Hängen des Corstorphine Hill nur eine Viertelstunde von der Altstadt entfernt, bietet der Zoo der schottischen Hauptstadt schöne Aussichten auf die Innenstadt. Er ist eine gelungene Mischung aus hübsch angelegten Gartenanlagen und großen Gehegen mit Bäumen und Tümpeln. Berühmt ist der Zoo seit 100 Jahren für seine Pinguinhaltung; die neuen, großen Schwimmteiche um den 2013 fertiggestellten „Pinguinfels" sind ein Höhepunkt eines Besuchs. Dieser ist der einzige Zoo Großbritanniens, der sowohl Große Pandas als auch Koalas zeigen. Die Schimpansenanlage „Budongo-Pfad" mit großem Außen- wie auch Innengehege hat vorbildliche Tafeln über das Verhalten und den Schutz des Menschenaffen.

Als großflächige Außenstelle dient der „Highland Wildlife Park" im Norden Schottlands mit – einmalig in Großbritannien – Eisbären sowie Schneeleoparden und einer Vielfalt an schottischen Wildtieren, darunter Arten, die in Großbritannien eigentlich schon ausgerottet worden sind.

Masterplan

Ein neuer Masterplan sieht die Aufteilung des Tierparks in sieben Zonen vor. Die erste Phase ist schon vollendet: an Stelle der Seelöwenanlage liegt jetzt „Erdmännchenplatz", und begehbare Anlagen für Makis, für Pelikane und für Berberaffen sind dazugekommen. Bis Ende 2016 sollten auch neue Anlagen für Sumatratiger und für Katzenbären fertig sein. Überdachte Gehwege sind eine Priorität. Das nächste große Projekt befasst sich mit der Tierwelt Australasiens mit einer begehbaren Allfarblorivoliere und Gehegen für Beutelteufel, Kängurus und Kasuare. In der Zukunft könnten ein neues Nashornhaus, ein Ausbau der Malaienbärenanlage und ein neues Gehege für eine gefleckte Großkatze hinzukommen.

Begehbare Häuser

Bambusbärenhaus, Koalahaus, Schimpansenhaus, Affenhaus „Lebende Bindeglieder", Nashornhaus, Zwergflusspferdhaus, Kamelhaus, Kleinsäugetierhaus „Zauberwald", Vogelhaus

Besonderheiten

Pinguine, Bambusbären, Koalas, Sumpfkängurus, Schimpansen, Tamarine, Indische Löwen, Asiatische Goldkatzen, Zwergotter, Honigdachse, Malaienbären, Große Ameisenbären, Chinesische Gorale, Riesenseeadler

ZOOPARK ERFURT

Kontakt	Thüringer Zoopark Erfurt, Am Zoopark 1, 99087 Erfurt, DE Tel: +49 (0) 361 655 4151 Fax: +45 (0) 361 751 8822 zoopark@erfurt.de www.zoopark-erfurt.de
Inhaber	städtisch 100 % Stadt Erfurt
Fläche	63 ha
Gründungsjahr	1959
Besucherzahl	500.000
Dienstleistungen	Gastronomie: verpachtet Restaurant, Café, Kioske, Picknickplatz Läden: Zooshop (verpachtet) Streichelzoo: Ja Spielplatz: Ja
Bildung	Zooschule: Ja Zooführer: Nein Sprache der Beschilderung: Deutsch Beurteilung: ★ ★ ★

Tierbestand am 31. 12. 2015

	Anzahl	Arten
Säugetiere	285	55
Reptilien	45	19
Vögel	118	22

Hunde	Ja
Vorführungen etc.	Ja Ja, bei zahlreichen Gelegenheiten
Zoofreunde	Ja, Verein der Zoopark Freunde in Erfurt e.V. 500 Mitglieder und 100 Firmen
Freiwillige	Ja (ca 30 – Aufsicht in begehbaren Anlagen)

ZOOPARK ERFURT

Allgemeine Beschreibung

Der Zoo der Thüringer Landeshauptstadt liegt am Roten Berg am nördlichen Stadtrand. Das Gelände ist teils hügelig, teil flach, teils bewaldet, teils offen. Viele Großsäuger werden hier gepflegt. Im letzten Jahrzehnt hat sich hier sehr viel getan, aber in den letzten zwei Jahren gab es keine Investitionen in größere Neuanlagen. Die begehbare Anlage für Berberaffen ist etwas besonders. Das Gehege für Bisons ist riesig, wohl das größte in einem Tierpark dieser Studie. Das neue Elefantenhaus, 2016 eingeweiht worden, war ein Meilenstein in der Zooparkentwicklung. Innerhalb der Grenzen sind 15 ha als Naturschutzgebiet ausgewiesen, wovon 12 ha Trockenrasen mit seltenen Insekten und Pflanzen sind.

Masterplan

Wegen finanzieller Schwierigkeiten lässt der neue Masterplan auf sich warten. Der letzte für das Jahrzehnt 2005 bis 2014 sorgte allerdings für hohe Investitionen u. a. in ein Löwenhaus, Huftierhaus, Elefantenhaus mit 1,1 ha großem Außengehege, eine begehbare Maki-Anlage und neue Anlagen für Keas, Flamingos, Geparde und südamerikanische Pampastiere. Prioritäten eines neuen Masterplans dürften der weitere Ausbau des neuen Elefantenhauses, neue Anlagen im Afrikabereich, ein neues Haus mit Gehege für Siamangs, der Umbau des alten Giraffenhauses voraussichtlich für Tapire, eine neue Pinguinanlage und der Umbau des alten Elefantenhauses zu einem Naturschutzzentrum sein. Der etwas abgelegene Naturschutzpark soll in den Zoopark besser integriert werden.

Begehbare Häuser

Elefantenhaus, Nashornhaus, Giraffenhaus, Löwenhaus, Affenhaus

Besonderheiten

Neben der begehbaren Anlage für Berberaffen eine für Makis und eine für Damwild, ferner Elefanten, Bisons, Sitatungas, Nashörner, Tüpfelhyänen, Löwen, Erdmännchen, Zebramangusten, Präriehunde, Zweifarbentamarine, Nandus und die „Afrika-Savanne"

Parken Zoo Eskilstuna

Kontakt	Parken Zoo i Eskilstuna AB, 63186 Eskilstuna, SE Tel: +46 (0) 16 10 01 00 Fax: +46 (0) 16 10 01 14 info@parkenzoo.se www.parkenzoo.se	
Inhaber	städtische Gesellschaft Parken Zoo I Eskilstuna AB, 100 % Stadt Eskilstuna In Privatbesitz ab 1. August 2016	
Fläche	11 ha (14 ha im Besitz)	
Gründungsjahr	1956	
Besucherzahl	250.000	
Dienstleistungen	Gastronomie: (zooeigen) Cafés, Kioske, Picknickplatz Läden: Zooshop (zooeigen) Streichelzoo: Ja Spielplatz: Ja	
Bildung	Zooschule: Ja Zooführer: Nein Sprache der Beschilderung: Schwedisch Beurteilung: ✶✶	

Tierbestand am 31. 12. 2010

	Anzahl	Arten
Säugetiere	237	46
Reptilien	64	15
Vögel	11	2

Hunde	Nein
Schaufütterungen	Ja, im Sommer
Vorführungen etc.	Nein
Zoofreunde	Nein, aber ein Freundeskreis (Firmen als Sponsoren)
Freiwillige	Nein

PARKEN ZOO ESKILSTUNA

Der städtische Zoo ist Teil eines Vergnügungsparks mit Sportanlagen, eine unglückliche Mischung, die von der potenziellen Ruhe und Atmosphäre der Natur ablenkt. Der Tierpark ist aber nicht schlecht, hat einen alten Baumbestand und schöne Pflanzendecke mit u. a. Blumenbeeten mit Rhododendrons und Azaleen. Die Außengehege sind größtenteils gelungen, die Inneneinrichtungen weniger so. Katzenartige sind besonders gut vertreten. Die „Afrikanische Steppe" ist zurzeit verwaist, wird aber hoffentlich bald wieder instandgesetzt. Der Tierpark war einst bekannt, vor mehr als fünfzig Jahren, für ihre Tiger, die als Vorlage für die ersten Tiger in der Werbung für die Esso-Tankstellen in Europa dienten. Nur allmählich erholt sich der Zoo von der schlechten Presse, die vom Rücktritt eines umstrittenen Vorstands herrührte.	Allgemeine Beschreibung
Ein neuer Masterplan für die Jahre 2014 und 2015 setzte das Konzept fort, exotische Tiere in möglichst naturnahen Gehegen zu halten, die in anderen Zoos der Region nicht gezeigt werden. Asiatische Rothunde kamen 2014 in die Sammlung; 2015 wurde das Wüstenhaus mit Erdmännchen, Sandkatzen und Strahlenschildkröten eingeweiht.	Masterplan
Amazonashaus, Asienhaus, Leopardenhaus, Reptilienhaus, Komodowaranhaus	Begehbare Häuser
Riesenotter, Zwergotter, Nebelparder, Sumatratiger, Sandkatzen, Fossas, Katzenbären, Erdmännchen, Klammeraffen, Tamarine und Seidenäffchen (im Amazonashaus freilaufend), Totenkopfaffen, Gelbbrustkapuziner, Zwergflusspferde, Visayaspustelschweine, Komodowarane, Chinesische Alligatoren	Besonderheiten

Zoo Frankfurt

Kontakt	Zoo Frankfurt, Bernhard-Grzimek-Allee 1, 60316 Frankfurt, DE Tel: +49 (0) 69 212 337 35 Fax: +49 (0) 69 212 378 55 info.zoo@stadt-frankfurt.de www.zoo-frankfurt.de	
Inhaber	städtisch 100 % Stadt Frankfurt	
Fläche	12 ha	
Gründungsjahr	1858	
Besucherzahl	910.000	
Dienstleistungen	Catering: verpachtet Restaurants, Café, Kioske Läden: Zooshop (verpachtet) Streichelzoo: Ja Spielplatz: Ja	
Bildung	Zooschule: Ja Zooführer: Ja Sprache der Beschilderung: Deutsch Beurteilung: ✶	

Tierbestand am 31. 12. 2015

	Anzahl	Arten
Säugetiere	1018	80
Reptilien	340	64
Vögel	319	78

Hunde	Nein
Schaufütterungen	Ja
Vorführungen etc.	Ja, bei verschiedenen Gehegen
Zoofreunde	neu gegründete Stiftung (2014)
Freiwillige	Ja, ca. 80

ZOO FRANKFURT

Allgemeine Beschreibung

Am Eingang des traditionsreichen Zoos, 1874 hier eingeweiht, steht aus der Gründerzeit das imposante Gesellschaftshaus mit Zooverwaltung und Sitz der Zoologischen Gesellschaft Frankfurt von 1858. In dieser Oase der Stadt sieht der Besucher, nachdem er den neuen Haupteingang von 2013 passiert hat, als erstes das hochmoderne und schön gestaltete „Ukumariland" für Brillenbären und Brüllaffen. Der Große See wird umringt von den modernen Anlagen für asiatische Raubtiere, Gibbons und Robben. Die eher kleine Grundfläche ist flach aber geschickt angelegt worden. Höhepunkte eines Besuchs sind das Grzimekhaus, ein Kleinsäuger- und Nachttierhaus nach dem legendären Zoodirektor Bernhard Grzimek benannt, und der „Borgori-Wald" für Menschenaffen.

Masterplan

Der neue Masterplan für die Jahre 2010 bis nach 2020 hängt erwartungsgemäß von der Finanzierbarkeit ab. Im Jahr 2013 wurden ein neuer Haupteingang mit Zooshop, das „Ukumariland" und eine hochmoderne Quarantänestation eröffnet. Eine neue, sieben Millionen € teure Anlage für Humboldt-Pinguine am Exotarium soll 2018 vollendet werden. Andere große Projekte auf dem Reißbrett sind neue Anlagen für Nashörner, Flusspferde, Giraffen und Okapis und nach 2020 ein Ersatz für das alte Grzimekhaus für kleine Säugetiere und Nachttiere.

Begehbare Häuser

Grzimekhaus, „Borgori-Wald", Affenhaus, Exotarium (Aquarium mit Terrarium und Insektarium), Giraffenhaus, Nashorn- und Flusspferdhaus, „Katzendschungel", „Faust-Vogelhallen"

Besonderheiten

Komodowarane, Stacheligel, Fingertiere und Kleine Ameisenbären im Grzimekhaus, Gorillas, Bonobos, Stummelaffen und Orang-Utans im „Borgori-Wald", Gibbons, Fossas, Zwergotter, Sumatratiger, Brillenbären, Muntjaks vergesellschaftet mit Mandschurischen Kranichen, Kiwis, Australische Süßwasserkrokodile

Zoo Gdańsk

Kontakt	Municipal Zoological Garden of the Sea Coast Ul. Karwienska 3, 80-328 Gdańsk-Oliwa, PL Tel: +48 58 552 0042 Fax: +48 58 552 1751 Zoo@zoo.gd.pl www.zoo.gda.pl
Inhaber	städtisch
Fläche	136 ha
Gründungsjahr	1954
Besucherzahl	495.000
Dienstleistungen	Gastronomie: verpachtet, geöffnet von Mai bis September Restaurant & Bar, Kioske Läden: Zooshop (zooeigen) Streichelzoo Spielplatz Abenteuerspielplatz DinoPark

Tierbestand am 1. 1. 2014

	Anzahl	Arten
Säugetiere	512	87
Reptilien	86	29
Vögel	336	73

Hunde	Nein
Schaufütterungen	Ja, in der Hochsaison
Vorführungen etc	Nein
Zoofreunde	Nein
Freiwillige	Nein

Zoo Gdańsk

Zooschule
Zooführer: Ja, (Polnisch/Englisch)
Sprache der Beschilderung: Polnisch
Beurteilung: ★

Bildung

Flächenmäßig einer der drei größten Tierparks meiner Studie, liegt der Zoo in einem schönen Waldgebiet im Norden Gdańsks, zum Teil am unteren Hang eines größeren Hügels. Der Standort kann was werden, obwohl Teile des Geländes recht trocken sind.

Allgemeine Beschreibung

Ja gibt es, aber bei Redaktionsschluss noch nicht verfügbar

Masterplan

Affenhaus, Menschenaffenhaus, Haus für tropische Vögel und Reptilien, Giraffenhaus, Flusspferdhaus, Löwenhaus

Begehbare Häuser

Löwen, Geparde, Erdmännchen, Schopfgibbons, Rothschild-Giraffen, Reeves-Muntjaks, Damhirsche, Wisente, Anoas, Dromedare, Lamas, Mandschurische Kraniche, Rotfußseriemas, Kinderzoo

Besonderheiten

Zoom Gelsenkirchen

Kontakt	Zoom Erlebniswelt Gelsenkirchen, Bleckstrasse 64, Postanschrift: Grimberger Allee 3 45889 Gelsenkirchen, DE Tel: +49 (0) 209 954 50 Fax: +49 (0) 209 954 5130 info@zoom-erlebniswelt.de www.zoom-erlebniswelt.de
Inhaber	städtische Gesellschaft Stadtwerke Gelsenkirchen GmbH 100 % Stadt Gelsenkirchen
Fläche	30 ha
Gründungsjahr	2005 vorher Ruhr Zoo, gegründet 1949
Besucherzahl	900.000
Dienstleistungen	Gastronomie: (stadteigen) mehrere Restaurants, Café, Kioske, Picknickplatz Läden: Zooshop (zooeigen) Streichelzoo: Ja Spielplatz: Ja, Indoorspielplatz: Drachenland
Bildung	Zooschule: Ja Zooführer: Ja Sprache der Beschilderung: Deutsch Beurteilung: ✷

Tierbestand am 31. 12. 2015

	Anzahl	Arten
Säugetiere	480	53
Reptilien	115	19
Vögel	268	32

Hunde	Ja (nur ein Hund pro Person)
Schaufütterungen	Ja
Vorführungen etc	Ja, African Queen, Alaska Ice Adventure und Digitale Erlebniswelt
Zoofreunde	Nein
Freiwillige	Nein

ZOOM GELSENKIRCHEN

Der alte Ruhr-Zoo ist nicht wiederzuerkennen. Nach dem Abriss und völligen Neubau versteht sich der Tierpark jetzt als „Erlebniszoo", aufgeteilt in drei Zonen – Alaska, Afrika und Asien –, die jeweils ihren eigenen Charakter und Atmosphäre ausstrahlen. Um die 90 Millionen € wurden investiert um einen neuen Tierpark mit naturähnlichen Freisichtanlagen entstehen zu lassen. Gastronomie und Einzelhandel passen sich dem jeweiligen Stil der Zonen an, in denen sie liegen. Die afrikanische Zone bietet eine fünfzehn- bis zwanzigminutige Bootsfahrt auf einem großen See an, mit Blicken auf mehrere großen Gehege mit Herden von Tieren und eine Insel mit Flamingos. Ein Schwerpunkt sind Anlagen mit mehreren Arten zusammen. Mit Ausnahme des „Tropenparadieses" mit seiner einmaligen Anlage für Orang-Utans vergesellschaftet mit Hanumanlanguren und Zwergottern und über 100 Pflanzenarten, gibt es nur noch ein einziges für die Besucher begehbares Gebäude.

Allgemeine Beschreibung

Der ursprüngliche Masterplan aus dem Jahr 2000 wird nach der Fertigstellung der drei vorgesehenen Geozonen als vollendet angesehen; weitere, größere Investitionen sind zunächst nicht vorgesehen. Eine digitale Erlebniswelt wurde 2015 App-gerecht eingeführt.

Masterplan

„ELE Tropenparadies", Schimpansenhaus, Dschungelhalle mit Pan-Passage"

Begehbare Häuser

Orang-Utans vergesellschaftet mit Hanumanlanguren und Zwergottern, Schimpansen, Pavianinsel, Löwen, Tiger, Eisbären, Kamtschatka- und Braunbären, Erdmännchen, Servale, Seelöwen, Flusspferde, „Serengeti-Blick" auf Giraffen und Antilopen

Besonderheiten

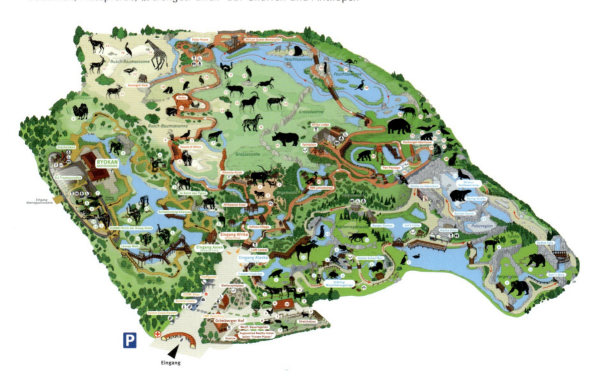

Zoo Halle

Kontakt	Zoo Halle, Fasanenstrasse 5A, 06114 Halle/Saale, DE Tel: +49 (0) 345 520 3300 Fax: +49 (0) 345 520 3444 office@zoo-halle.de www.zoo-halle.de
Inhaber	Municiapl Company Zoologischer Garten Halle GmbH 100 % Stadt Halle
Fläche	10 ha (1,5 ha Erweiterung möglich)
Gründungsjahr	1901
Besucherzahl	330.000
Dienstleistungen	Gastronomie: verpachtet Restaurant, Café, Kioske, Picknickplatz Läden: Zooshop (zooeigen) Streichelzoo: Ja Spielplatz: Ja
Bildung	Zooschule: Ja, Umweltschutzzentrum Zooführer: Ja Sprache der Beschilderung: Deutsch Beurteilung: ✷ ✷

Tierbestand am 31. 12. 2015

	Anzahl	Arten
Säugetiere	343	61
Reptilien	87	31
Vögel	620	104

Hunde	Ja
Vorführungen etc.	Ja Ja, Seelöwen
Zoofreunde	Ja, Verein der Förderer und Freunde des Halleschen Bergzoo e.V. 145 Mitglieder
Freiwillige	Ja, ca 30

ZOO HALLE

Allgemeine Beschreibung

Im Norden der Stadt am Reilsberg, ist der Hallenser Tiergarten als „Bergzoo" bekannt. Einige historische, unter Denkmalschutz stehende Häuser im regionalen Stil geben dem Zoo Charakter. Sauber und gepflegt, wurde das etwas schwierige, teils steile Gelände geschickt mit Sträuchern und Blumen zwischen den schon vorhandenen Bäumen bepflanzt. An der Pinguinanlage wird in der Regel jeder einzelner Vogel mit Geburtsdatum und Geburtsort beschrieben.

Masterplan

Ein „Zukunftskonzept Bergzoo 2031" wurde 2015 eingeläutet. Langfristig soll der Zoo in sieben Themenbereiche aufgeteilt werden. Die erste Phase, mit 15 Millionen € veranschlagt, gilt vor allem der Infrastruktur mit neuem Haupteingang, Parkhaus und Restaurant sowie der Erweiterung der Elefantenanlage. Zur ersten Phase gehören ferner Anlagen für Brillenbären vergesellschaftet mit Nasenbären, Berberaffen vergesellschaftet mit Mähnenschafen, und für Schneeleoparden; sie sollen alle bis Ende 2020 stehen. Phase 2, zu vollenden bis Ende 2025, widmet sich Patagonien mit Anlagen für südamerikanische Robben und Pinguine. Nach Jahren der Stagnation wird der Bergzoo in den kommenden zehn Jahren sich wesentlich verbessern.

Begehbare Häuser

Elefantenhaus, Zwergflusspferdhaus, Affenhaus, Totenkopfaffenhaus, Schimpansenhaus, Kleinsäugerhaus, Raubtierhaus, Krokodilhaus

Besonderheiten

Krokodile, Blaue Baumwarane, Basilisken, Schildkröten, Weißkopfsakis, Totenkopfaffen, Krallenäffchen, Pinguine, Große Voliere, Freiflughalle im Vogelhaus

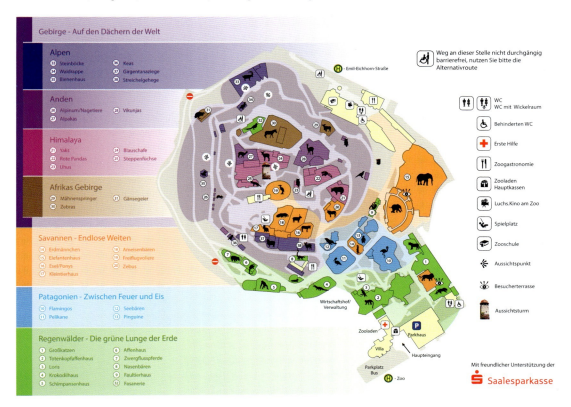

Tierpark Hagenbeck Hamburg

Kontakt	Tierpark Hagenbeck gGmbH, Hamburg Lokstedter Grenzstrasse 2, 22527 Hamburg, DE Tel: +49 (0) 40 53 00 33 - 0 Fax: +49 (0) 40 53 00 33 - 341 info@hagenbeck.de www.hagenbeck.de
Inhaber	Private, gemeinn. Gesellschaft Carl Hagenbeck GmbH im Besitz der Familie Hagenbeck
Fläche	22 ha
Gründungsjahr	1848 Firma Hagenbeck, 1907 Tierpark Hagenbeck
Besucherzahl	1.700.000 (inklusive Tropen-Aquarium)
Dienstleistungen	Gastronomie: (zooeigen) Restaurant, Café, Kioske, Picknickplatz Hotel: Lindner Park-Hotel Hagenbeck Läden: Zooshops (zooeigen) Streichelzoo: Ja Spielplatz: Ja

Tierbestand am 31. 12. 2014	

	Anzahl	Arten
Säugetiere	661	58
Reptilien	130	40
Vögel	908	113

Hunde	Nein
Schaufütterungen	Ja
Vorführungen etc	Ja und Fütterung der Elefanten und Giraffen durch Besucher
Zoofreunde	Ja, Verein der Freunde des Tierparks Hagenbeck e.V., mit ca. 2.630 Mitgliedern
Freiwillige	90

Tierpark Hagenbeck Hamburg

Zooschule: Ja
Zooführer: Nein
Sprache der Beschilderung: Deutsch, partly Englisch   Beurteilung: ★ ★ ★

Bildung

Der traditionsreiche Tierpark ist eine landschaftlich reizvolle Oase nördlich der Innenstadt mit schön gepflegten Laub- und Nadelbäumen und viele künstlich angelegte Gewässer und Felsen. Aus drei Gründen vermittelt der Tierpark eine besondere Atmosphäre. Zunächst hat der Gründer, Carl Hagenbeck jun., das Panoramakonzept patentieren lassen, das Freisichtanlagen und ein simuliertes Naturerlebnis vorsieht. Es ist Vorbild für moderne Tiergärten weltweit. Zweitens geben einzelne kleine, exotische Bauten wie der Thai-Sala, die „Japanische Insel" und die „Birmanische Ruine" dem Park Charakter und vermitteln ein Bewusstsein für die Kultur anderer Erdteile. Drittens bieten die unterschiedlichen Sichtachsen Besuchern viele Perspektiven. Auch reizvoll sind die vielen Tiere wie Maras, Wasserschweine, Muntjaks und Wasser- und Hühnervögel, die auf dem Gelände frei herumlaufen. Das neue „Eismeer", 2012 eröffnet, und das Orang-Utan-Haus sind weitere Beispiele für innovatives Design. Das Tropen-Aquarium aus dem Jahr 2007 ist ein Zoo im Zoo, geschickt auf vier Ebenen verteilt, mit u. a. freilaufenden Kattas und einer hervorragenden Anlage mit Unterwassersicht für Nilkrokodile und Buntbarsche.

Allgemeine Beschreibung

Ein älterer Masterplan ist seit der Einführung neuer Mindeststandards für Großsäuger 2014 eigentlich Makulatur. Priorität hat jetzt die Erweiterung der Innenbehausungen für den Elefantenbullen, Löwen und Giraffen, sowie eine Außenanlage für Kattas am Tropen-Aquarium. Ansonsten ist als nächstes der Um- und Ausbau des Südamerikabereichs mit entsprechenden neuen Tierhäusern geplant.

Masterplan

TIERPARK HAGENBECK HAMBURG

Begehbare Häuser	„Eismeer" für Eisbären. Pinguine, Seevögel, Walrosse und andere Robben mit Unterwassersicht, Orang-Utan-Haus, Mandrillhaus, Pavian- und Otterhaus, Elefantenhaus, Giraffenhaus, Antilopenhäuser, Haus für Nasenbären, Sikas, Hirschziegenantilopen und Pelikane, Australienhaus, Vogelhaus, Arahaus, Haus der Südamerikavoliere und als eigene Einrichtung das Tropen-Aquarium
Besonderheiten (Zoo)	Walrosse, Pinguine, Eisbären, Kamtschatkabären, Nasenbären, Katzenbären, Orang-Utans vergesellschaftet mit Zwergottern, Kängurus vergesellschaftet mit Emus, Trampeltiere, Indische Elefanten, Onager, Aras, Flamingos, Pelikane;

Tierpark Hagenbeck Hamburg

Nilkrokodile, Krokodiltejus, Basilisken, Bartagamen, Blauzungenskinke, Netzpythons, Klapperschlangen, Schildkröten, Turakos, Kattas

Besonderheiten (Tropen-Aquarium)

Zoo Hannover

Kontakt	Erlebnis-Zoo Hannover, Adenauerallee 3, 30175 Hannover, DE Tel: +49 (0) 511 280 74-0 Fax: +49 (0) 511 280 74 212 info@erlebnis-zoo.de www.erlebnis-zoo.de
Inhaber	private Gesellschaft Zoo Hannover GmbH 100 % Region Hannover
Fläche	22 ha
Gründungsjahr	1865
Besucherzahl	1.350.000
Dienstleistungen	Gastronomie: (zooeigen) Restaurants, Cafés, Kioske, Picknickplatz Läden: Zooshop (4, zooeigen) Streichelzoo: Ja, inklusive Helme Heine's Mullewapp Spielplatz: Ja, inklusive Abenteuerspielplatz "Brodelburg"
Bildung	Zooschule: Ja Zooführer: Ja Sprache der Beschilderung: Deutsch Beurteilung: ✱

Tierbestand am 31. 12. 2015

	Anzahl	Arten
Säugetiere	422	77
Reptilien	68	20
Vögel	589	65

Hunde	Ja
Schaufütterungen	Ja, bei den Elefanten, Eisbären, Flusspferden, Nashörner und Schimpansen etc
Vorführungen etc.	Ja, inklusive „Robbenshow", „Buer Meyer un dat leve Veeh" und Shows mit Vögeln und kleineren Säugetieren
Zoofreunde	Ja, Zoofreunde Hannover e.V. 650 Mitglieder
Freiwillige	Nein

Zoo Hannover

Hannovers Erlebnis-Zoo ist kein herkömmlicher Tiergarten mehr, vermittelt aber eine aufregende und interessante Atmosphäre. Er umfasst heute sieben Themenwelten: „Sambesi", „Gorillaberg", „Indischer Dschungelpalast", der niedersächsische „Meyers Hof", Australisches „Outback", „Yukon Bay" und das Kinderland „Mullewapp". Jede Themenwelt reizt den Besucher dazu, sich für das vorgestellte Gebiet zu interessieren. Zu den besonders interessanten Arealen gehören der „Dschungelpalast" mit einer sehr erfolgreichen Zuchtherde Asiatischer Elefanten sowie die „Yukon Bay" mit Wellenanlagen in den Becken für Eisbären und Seelöwen. Der 4 ha große Bereich „Sambesi" bietet ein exzellentes Erlebnis mit einer Bootsfahrt, von der aus man eine ungewöhnliche Einsicht in verschiedene Gehege bekommt. Die Bepflanzung passt sich dem jeweiligen Lebensraum gut an. Es gibt auch viele Gehege, in denen verschiedene Tierarten zusammen gehalten werden. Gastronomie und Souvenirshops passen sich geschickt mit regionalen Spezialitäten den jeweiligen Themenwelten an. Besonders beliebt für private Veranstaltungen ist die indische Palasthalle.	Allgemeine Beschreibung
Der neue Masterplan für den Zeitraum 2015 bis 2021 ist einer der ehrgeizigsten in dieser Vergleichsstudie. Zwanzig Projekte werden angepackt, und weitere sieben sind für die fernere Zukunft vorgemerkt. Bis zu 70 Millionen € sollen investiert werden, vor allem um die Behausungen für Großsäuger auf neue Mindeststandards anzuheben. Zum Plan gehören ein neues begehbares Elefanten- und Giraffenhaus – der Hannoveraner Zoo ist zurzeit einmalig in Deutschland mit seinem Haus für eine Elefantenherde, das dem Publikum verschlossen bleibt. Beide zusammen sollen etwa 25 Millionen € kosten und bis 2021 stehen. Das aktuelle Projekt für 2016 ist ein neuer Strechelzoo; 2017 wird eine Erweiterung des Sambesibereichs mit einer Voliere für afrikanische Vögel und einem bewaldeten Gehege für die vom Aussterben bedrohten Drills eröffnet.	Masterplan
„Urwaldhaus" für Menschenaffen, Tropenhaus, Giraffenhaus, Unterwasserwelt	Begehbare Häuser
Eisbären, Seelöwen, nordamerikanische Wölfe und Pinguine in der „Yukon Bay", Giraffen und Antilopen im „Sambesi", Elefanten, Flusspferde, Schimpansen, Krallenäffchen, Zweifingerfaultiere, Kleine Pandas, Wombats, Pelikane, Greifvögel, Loris	Besonderheiten

277

Zoo Heidelberg

Kontakt	Zoo Heidelberg. Tiergartenstrasse 3, 69120 Heidelberg, DE Tel: +49 (0) 6221 6455 0 Fax: +49 (0) 6221 6455 88 info@zoo-heidelberg.de www.zoo-heidelberg.de
Inhaber	städtische gemeinn. Gesellschaft Tiergarten Heidelberg gGmbH 99 % Stadt Heidelberg 1 % Geheimrat Prof. Dr. Carl Bosch Erben und Verein der Tiergartenfreunde e.V.
Fläche	12 ha
Gründungsjahr	1933 but opened 1934
Besucherzahl	650.000
Dienstleistungen	Gastronomie: verpachtet Restaurants, Café, Kioske, Picknickplatz Läden: Zooshop (zooeigen) (2013) Streichelzoo: Ja Spielplatz: Ja, mehrere

Tierbestand am 31. 12. 2015	

	Anzahl	Arten
Säugetiere	531	59
Reptilien	65	13
Vögel	532	91

Hunde	Ja
Vorführungen etc.	Ja Ja, Flugshow, Begegnungen mit Tieren, Seelöwen
Zoofreunde	Ja, Tiergartenfreunde Heidelberg e.V. ca 400 Mitgliedschaften mit ca. 750 Personen
Freiwillige	Ja, 15 regelmäßig und 20 gelegentlich

ZOO HEIDELBERG

Zooschule: Ja Zooführer: Ja Sprache der Beschilderung: Deutsch, Englisch Beurteilung: ★★★	Bildung

Am Rand der Universitätsstadt Heidelberg versprüht auch der stadteigene Tiergarten Atmosphäre. Er ist hübsch bepflanzt, informiert vorzüglich, und legt viel Wert darauf, dass die Tiere sich nicht langweilen. Das neue, 2010 fertiggestellte Elefantenhaus bietet sowohl drinnen als auch draußen einer Bullengruppe einen vorbildlichen Lebensraum. Zuletzt ist der Tiergarten um 2,5 ha erweitert worden, um Platz zu schaffen für einen simulierten afrikanischen Steppenabschnitt.

Allgemeine Beschreibung

Der letzte Masterplan für die Jahre 2010 bis 2014 begleitete die Vollendung eines neuen Elefantenhauses und neue Anlagen für Schimpansen, Rhesusaffen, Binturongs, Mangusten, Zwergotter, Waschbären und Syrische Braunbären. Der neue Masterplan für 2015 bis 2020 sieht die Fertigstellung einer modernisierten Löwenanlage und eines neuen Kinderzoos 2017 vor, 2018 eine „Afrikanische Steppe" mit neuem Giraffenhaus, sowie ein neues Außengehege für Gorillas, und bis 2020 ein neues Hauptrestaurant.

Masterplan

Elefantenhaus, Raubtierhaus, Affenhaus, Menschenaffenhaus

Begehbare Häuser

Indische Elefanten, Schimpansen, Rhesusaffen vergesellschaftet mit Indischen Mungos, Tamarine, Syrische Braunbären, Katzenbären, Waschbären, Erdmännchen, Streifenskunks, Sumatratiger, Asiatische Goldkatzen, Bengalkatzen, Seeadler, Keas, Strandvogelanlage, Riesenschildkröten

Besonderheiten

279

Zoo Helsinki

Kontakt	Korkeasaari/Helsinki Zoo, Korkeasaari-Högholmen, 00099 Helsinki, FI Tel: +358 (0) 9310 1615 Fax: +358 (0) 9310 37902 zoo.asy@hel.fi www.korkeasaari.fi
Inhaber	städtisch 100 % Stadt Helsinki
Fläche	23 ha
Gründungsjahr	1889
Besucherzahl	510.000
Dienstleistungen	Gastronomie: verpachtet Restaurants, Cafés, Kioske, Picknickplatz Läden: Zooshops (in der Saison) Streichelzoo: Nein Spielplatz: Ja
Bildung	Zooschule: Ja Zooführer: Ja Sprache der Beschilderung: Finnisch, Schwedisch, Englisch, Russisch Beurteilung: ★★★

Tierbestand am 31. 12. 2015

	Anzahl	Arten
Säugetiere	206	43
Reptilien	52	24
Vögel	168	30

Hunde	Nein
Schaufütterungen	Ja
Vorführungen etc.	Nein
Zoofreunde	Ja, 40 Mitglieder
Freiwillige	Ja, ca 70

Zoo Helsinki

Allgemeine Beschreibung

Der Zoo Korkeasaari nimmt den größten Teil einer gleichnamigen Insel im Hafen ein. Die Insel wird durch eine Brücke mit dem Festland verbunden, viele Besucher aber ziehen die Fähre vor. Die Insel ist hügelig und steinig mit verhältnismäßig wenigen Bäumen und Gewässern. Man hat viel Aufwand verwendet um das eher kahle Gelände mit Bäumen und Sträuchern zu bepflanzen; es gibt jetzt über ein Tausend Pflanzenarten im Zoo. Ein Schwerpunkt der Sammlung liegt auf Tiere der kalten und gemäßigten Klimazonen, ein zweiter auf Großkatzen.

Masterplan

Ein Masterplan für das Jahrzehnt 2012 bis 2022 mit vorgesehenen Kosten von 150 Millionen € ist von einem neuen Zoovorstand verworfen worden. Die zukünftige Gestaltung des Inselgeländes wird vom Bau einer neuen Brücke zum Festland ab 2018, verbunden mit einer neuen Straßenbahnanbindung, doch stark beeinflusst; ein neuer Masterplan ist in Besprechung. Wahrscheinlich werden zunächst nur bescheidene Projekte wie die Renovierung des Amazonashauses und neue Anlagen für finnische Waldtiere wie Elche, Waldrentiere Luchse und Braunbären durchgeführt.

Begehbare Häuser

„Africasia", Amazonashaus, „Borealia" für finnische Tiere, Nachttierhaus

Besonderheiten

Schneeleoparden, Sibirische Tiger, Manule, Fischotter, Europäische Nerze, Waldrentiere, Takine, Bartgeier, Watvögel im Haus „Borelia"

ZOO KARLSRUHE

Kontakt	Zoologischer Stadtgarten Karlsruhe, Ettlinger Straße 6, 76137 Karlsruhe, DE Tel: +49 721 133 6801 Fax: +49 721 133 6809 office@zoo.karlsruhe.de www.karlsruhe.de/zoo	
Inhaber	städtisch 100 % Stadt Karlsruhe	
Fläche	22 ha + 16 ha Tierpark Oberwald (Aussenzoo)	
Gründungsjahr	1865	
Besucherzahl	1.400.000	
Dienstleistungen	Gastronomie: (zooeigen) Restaurant, Café, Kioske, Picknickplatz Läden: Zooshop (verpachtet) Streichelzoo: Ja, 2012 sehr schön neu gemacht nach einem Brand) sechs Stationen Kinderturn-Welten Spielplatz: Ja	

Tierbestand am 31. 12. 2015

	Anzahl	Arten
Säugetiere	536	62
Reptilien	61	23
Vögel	643	103

Hunde	Nein
Schaufütterungen Vorführungen etc	Ja, Elefanten, Seelöwen, Robben, Eisbären, Giraffen, Exotenhaus
Zoofreunde	Ja, Zoofreunde Karlsruhe e.V. 340 Mitglieder
Freiwillige Bildung	Nein
	Zooschule: Ja Zooführer: Ja Sprache der Beschilderung: Deutsch, (Englisch, Französisch in Vorbereitung)

Beurteilung: ★ ★ ★

ZOO KARLSRUHE

Allgemeine Beschreibung

Vor mittlerweile 150 Jahren gegründet worden ist der Zoologische Stadtgarten sowohl zoologischer als auch botanischer Garten. Beide Bereiche haben erst seit 2015 eine gemeinsame Verwaltung. Aufbruchstimmung herrscht in der Oase unmittelbar gegenüber dem Hauptbahnhof seit der Eröffnung des Exotenhauses für tropische Tiere 2015 und der Fertigstellung eines neuen Masterplans. Neben den vielen Gewässern wie zwei großen Seen bietet auch der bewaldete Lauterberg schöne Perspektiven für gelungene Tieranlagen, etwa für Schneeleoparden. Schon kleine Fortschritte wie eine bessere Beschilderung der Anlagen, neue Sitzbänke und neue Palmen zeigen den Weg zu einem besseren Zoo, dessen Besucherzahlen auch schon steigen.

Masterplan

Mit der Verschmelzung des Zoos mit dem botanischen Stadtgarten und der Ernennung eines neuen gemeinsamen Direktors 2015 ist ein neues Zookonzept von sechs, vom Stadtrat bestimmten Projektgruppen entstanden. Der neue Masterplan, für den über 50 Millionen € bis 2026 veranschlagt worden sind, sieht die Modernisierung vieler Anlagen vor, darunter für Elefanten, Giraffen, Schimpansen, Orang-Utans (für die der Zoo das EEP betreut), Flusspferde, Luchse und Löwen.

Begehbare Häuser

Exotenhaus, Elefanten- und Flusspferdhaus, Giraffenhaus, Menschenaffenhaus, Raubtierhaus, Südamerikahaus

Besonderheiten

Totenkopfaffen, Tamarine, Fledermäuse, Riesenschildkröten, Krokodile und über 30 freifliegende Vögel im Exotenhaus, Eisbären, Seelöwen, Schneeleoparden, Katzenbären, Nasenbären, Zwergotter, Pelikane

283

Zoo Kaunas

LIETUVOS ZOOLOGIJOS SODAS

LITHUANIAN ZOOLOGICAL GARDENS

Kontakt	Lietuvos Zoologijos Sodas Kaunas Zoo Radvilenu pl. 21 50299 Kaunas, LT Tel: +370 37 332540 Fax: +370 37 332196 info@zoosodas.lt www.zoosodas.lt

Inhaber	Staat Litauen (Umweltministerium)
Fläche	15,66 ha
Gründungsjahr	1938
Besucherzahl	180.000
Dienstleistungen	Gastronomie: verpachtet Café, Kioske, Picknickplatz Läden: Bücher und Sammelmünzen Streichelzoo: Ja, eingeschränkt Spielplatz: Ja
Bildung	Zooschule: Ja Zooführer: Nein, aber Audioguide Sprache der Beschilderung: Litauisch, Englisch, Russisch Beurteilung: ✱ ✱

Tierbestand am 31. 12. 2015

	Anzahl	Arten
Säugetiere	271	53
Reptilien	299	34
Vögel	463	64

Hunde	Nein
Schaufütterungen	Ja, seit 2015
Vorführungen etc	Ja
Zoofreunde	Nein
Freiwillige	Ja, 18

Zoo Kaunas

Allgemeine Beschreibung

Gegründet worden zu einer Zeit als Kaunas Hauptstadt Litauens war, ist der Staatszoo grob in zwei Bereichen aufgeteilt, Unterland und Oberland. Das Gelände eignet sich gut für einen Tierpark mit vielen Bäumen und zumindest im unteren Teil hübschen Gewässern. Bis jetzt ist allerdings wenig in den Zoo investiert worden, und sowohl die Infrastruktur als auch die Tieranlagen sind eher mangelhaft. Am heutigen Vorstand liegt es nicht, aber der Staat müsste seinen Tierpark besser finanzieren um die guten Möglichkeiten auszunutzen.

Masterplan

Die erste Phase eines Masterplans für das Jahrzehnt 2013 bis 2023 sieht den Bau eines neuen Giraffen- und Antilopenhauses, einer kleinen „Afrikanischen Steppe" mit Antilopen und Straußen, neuer Anlagen für Schimpansen, Erdmännchen und Großkatzen, einer begehbaren Katta-Anlage, eines neuen Vogel- und Reptilienhauses, einer neuen Zooschule und eines neuen Haupteingangs mit Zooshop vor.

Begehbare Häuser

Haus für tropische Vögel, Terrarium

Besonderheiten

Rentiere, Paviane, Lisztäffchen, Pelikane, Trauerschwäne

ZOO KERKRADE

Kontakt	GaiaZOO Kerkrade, Dentgenbachweg 105, 6468 Kerkrade, NL Tel: +31 (0) 45 567 6070 Fax: +31 (0) 45 567 6071 nfo@gaiazoo.nl www.gaiazoo.nl
Inhaber	Private Gesellschaft
Fläche	25 ha
Gründungsjahr	2005
Besucherzahl	470.000
Dienstleistungen	Gastronomie: (zooeigen) Restaurant, Kiosk, Picknickplatz Läden: Zooshop (zooeigen) Streichelzoo: Ja, sehr schön mit Schaubauernhof Spielplatz: Ja, und großer Indoorspielplatz "Dinodome"

Tierbestand am 31. 12. 2015

	Anzahl	Arten
Säugetiere	438	60
Reptilien	23	5
Vögel	780	60

Hunde	Nein
Schaufütterungen und Vorführungen etc	Ja, bei verschiedenen Vögeln und Raubtieren Ja
Zoofreunde	Nein
Freiwillige	Ja, 75
Bildung	Zooschule: Ja Zooführer: Nein Sprache der Beschilderung: Holländisch, Deutsch, Englisch Beurteilung: ✱

ZOO KERKRADE

Nach der griechischen Göttin der Erde benannt, wird der GaiaZoo in vier Themenbereiche aufgeteilt: Limburg, Taiga, Regenwald, Savanne. Im noch jungen Zoo wird sehr auf Design geachtet und wo immer möglich mit Holz gebaut. Das Gelände mit vielen Bäumen und Gewässern eignet sich gut für einen Tierpark. Fast alle Anlagen sind Freisichtgehege und viele Aussichtspunkte überdacht. Vorzugsweise werden Anlagen mit gemischten Gruppen besetzt. Bedrohte Tierarten, sowohl aus der Heimatfauna als auch in Übersee, werden mit Zucht- und Auswilderungsprogrammen und Spenden des Gaia-Naturschutzfonds unterstützt.	Allgemeine Beschreibung
Im Jahr 2015 wurde der Regenwaldbereich um ein Terrarium und Anlagen für Ameisenbären und Agutis erweitert. Im darauffolgenden Jahr kamen Kamele in die „Taiga", Katzenbären wurden mit Muntjaks in einem neuen großen Gehege vergesellschaftet, und eine riesige begehbare Voliere für große Vögel wie Gänse- und Rabengeier bis zu kleineren wie Blauracken und Blauelstern sowie Watt- und Wassergeflügel ist entstanden. Als nächstes sollen Berberaffen ein Zuhause erhalten.	Masterplan
Giraffenhaus, Löwenhaus, Gorillahaus, Hausmaushaus, Aquarium, Terrarium; durch das „Wolfstal" führt ein Tunnel	Begehbare Häuser
Gorillas vergesellschaftet mit Schopfmangaben, Klammeraffen, Totenkopfaffen, Biber, Löwen, Geparde, Hyänenhunde, Fischotter, Waschbären, Waldhunde, Vielfraße, Wölfe, Moschusochsen, Voliere für Uhus, Schwarzstörche und Raben, Südamerikavoliere, begehbare Voliere für Sittiche	Besonderheiten

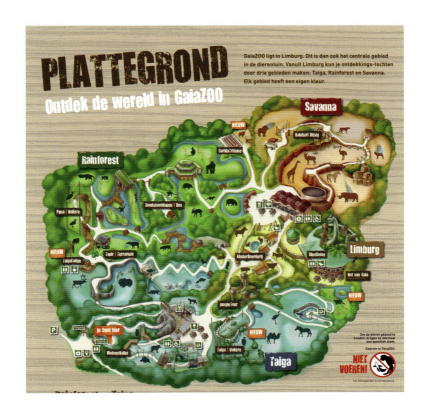

Zoo Kolmården

Kontakt	Kolmårdens Djurpark, 61892 Kolmården, SE Tel: +46 (0) 10 708 70 00 Fax: +46 (0) 11 395313 info@kolmarden.com www.kolmarden.com
Inhaber	private Gesellschaft Scandinavian Parks and Resorts Company Limited; Hinweis: Das Tropicarium im Eingangsbereich des Zoos ist eigenständig. Der mehrheitlich aus Reptilen bestehende Tierbestand ist hier berücksichtigt.
Fläche	150 ha (im Besitz 172 ha)
Gründungsjahr	1965
Besucherzahl	650.000 (Kolmården), 130.000 (Tropicarium)
Dienstleistungen	Gastronomie: (zooeigen) Restaurant, Cafés, Kioske, Picknickplatz Hotel: Vildmarkshotellet (zooeigen) Läden: mehrere Zooshops (zooeigen) Streichelzoo: Ja Spielplatz: Ja, inklusive „Bamses Welt" Holzachterbahn: „Wildfire"

Tierbestand Djurpark am 31. 12. 2015

	Anzahl	Arten
Säugetiere	534	54
Reptilien	19	8
Vögel	32	10

Tierbestand Tropicarium am 31. 12. 2010

	Anzahl	Arten
Säugetiere	30	5
Reptilien	180	40
Vögel	45	17

Hunde	Nein
Schaufütterungen	Ja
Vorführungen etc.	„First on place", „Tiger Tour"
Zoofreunde	Nein
Freiwillige	Nein

ZOO KOLMÅRDEN

Zooschule: Ja, mit Übernachtungsmöglichkeit Zooführer: Ja Sprache der Beschilderung: Schwedisch, Englisch Beurteilung: ✶✶	Bildung
Der größte und bestbesuchte Zoo Schwedens besteht aus zwei, getrennt von einander gegründeten aber mittlerweile zusammengeführten Einheiten: dem eigentlichen Tierpark und dem „Tropicarium" genannten Aquarium gegenüber dem Parkeingang. Das Gelände besteht zum größten Teil aus Nadelwald und einer felsigen Landschaft typisch für die Küstengegend in Südschweden. Zum Teil hügelig bietet es sich für reizend natürliche Anlagen für viele Tierarten an. Der ehemalige Safariparkbereich wird jetzt durch eine dreißigminütige Seilbahnfahrt über eine simulierte afrikanische Steppenlandschaft und eine skandinavische Faunenzone ersetzt. Das 2012 ausgebaute Delfinarium ist spektakulär, und die Zucht der Großen Tümmler klappt jetzt gut.	Allgemeine Beschreibung
Ja, soll 2016 untersucht werden	Masterplan
„Marine World" mit Delfinarium, Menschenaffenhaus, Dickhäuterhaus „Kolosseum", „Tropicarium"	Begehbare Häuser
Seilbahnfahrt über die „Afrikanische Steppe", Delfine, Robben, Schneeleoparden, Sibirische Tiger, Luchse, Vielfraße, Braunbären, Wölfe, Katzenbären, Erdmännchen, Krallenäffchen, Pinguine, Hechtalligatoren, Klapperschlangen, Leguane, Wasseragamen	Besonderheiten

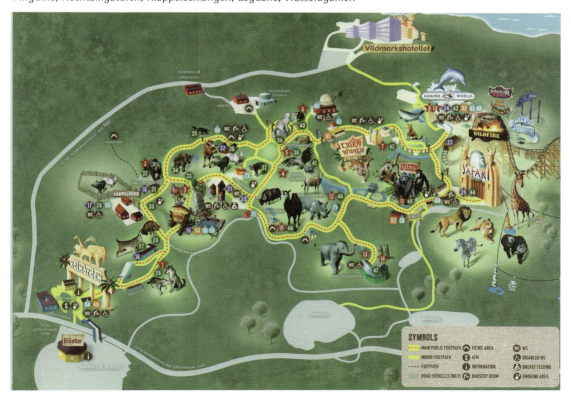

KÖLNER ZOO

Kontakt	Kölner Zoo, Riehlerstrasse 173, 50735 Köln, DE Tel: +49 (0) 221 7785-0 Fax: +49 (0) 221 7785-111 info@koelnerzoo.de www.koelnerzoo.de
Inhaber	gemeinnützige Aktiengesellschaft Zoologischer Garten Köln AG, 89,5 % Stadt Köln, 10,5 % private Aktionäre
Fläche	22 ha
Gründungsjahr	1860
Besucherzahl	1.650.000
Dienstleistungen	Gastronomie: (zooeigen) Restaurant, Café, Kioske, Picknickplatz Läden: Zooshop (zooeigen) Streichelzoo: Ja, Clemenshof (Schaubauernhof, 2014) Spielplatz: Ja

Tierbestand am 31. 12. 2015

	Anzahl	Arten
Säugetiere	453	87
Reptilien	465	94
Vögel	1365	224

Hunde	Nein
Schaufütterungen	Ja, Seelöwen, Flugshow, Paviane
Vorführungen etc.	Ja, Tag- und Nachtführungen
Zoofreunde	Ja, Die Freunde des Kölner Zoos e.V. mit 3.300 Mitgliedern
Freiwillige	75

Kölner Zoo

Zooschule: Ja
Zooführer: Nein
Sprache der Beschilderung: Deutsch
Beurteilung: ★ ★ ★

Bildung

Der zweitälteste Zoo Deutschlands an gleicher Stelle ist immer noch ein hervorragender Tiergarten. Dieser traditionsreiche zoologische Garten mit schöner Atmosphäre hat viele alte Bäume und hübsche Gartenanlagen, wahrhaftig eine Zone der Ruhe nahe der Stadtmitte und unweit des Rheins. Die möglichst naturähnlichen Gehege sind für die Besucher gut einsehbar. Der 2,5 ha große Elefantenpark, groß genug für eine echte Herde, ist eine der besten Elefantenanlagen, die in dieser Studie beschrieben werden kann. Der 2010 eröffnete „Hippodom" ist eine ebenso beeindruckende Behausung für Flusspferde und Krokodile.

Allgemeine Beschreibung

Der derzeitige Masterplan sieht nach Fertigstellung des „Clemenshofs", der neuen Zooschule, Restaurant, Zooshop 2014 als nächstes die Renovierung des historischen Südamerikahauses für verschiedene Säugetier- und Vogelarten vor. Das soll 2018 vollendet werden, mit Einbindung von Artenschutzprojekten in Belize. Das alte Antilopen-, später Elefantenhaus soll als Nashornhaus komplett umgebaut werden; 2020 wird voraussichtlich ein Haus für Komodowarane eingeweiht werden können.

Masterplan

Elefantenhaus, der oben erwähnte „Hippodom", „Regenwaldhaus", „Urwaldhaus" für Menschenaffen, Giraffenhaus, Nashornhaus, Südamerikahaus, Madagaskarhaus, Aquarium mit Terrarium und Insektarium

Begehbare Häuser

Asiatische Elefanten, Flusspferde, Schneeleoparden, Persische Leoparden, Fischotter, Kleiner Panda, Erdmännchen, Waschbären, Bonobos, Rotbauchtamarine, Sonnenhörnchen vergesellschaftet mit Elefantenspitzmäusen, Pelikane, Flamingos, Marabus, alle Vogelvolieren, der „Clemenshof" mit Streichelzoo

Besonderheiten

Zoo Kopenhagen

Kontakt	Zoo Kobenhavn, Roskildevej 38, 2000 Frederiksberg, DK Tel: +45 (0) 72 200 200 Fax: +45 (0) 72 200 219 zoo@zoo.dk www.zoo.dk
Inhaber	gemmeinnützige Stiftung mit Unterstützung durch Regierung und Krone
Fläche	11 ha
Gründungsjahr	1859
Besucherzahl	1.150.000
Dienstleistungen	Gastronomie: (zooeigen) Restaurant, Café, Kioske, Picknickplatz Läden: Zooshop (zooeigen)
Bildung	Zooschule: Ja, besonders gut Sprache der Beschilderung: Dänisch und einige Englisch.
Tierbestand am 31. 12. 2015	
Hunde	Nein
Schaufütterungen	Ja
Vorführungen etc.	Ja
Zoofreunde	Nein, aber es gibt einen Club für Jahreskarteninhaber und Sponsoren
Freiwillige	Nein

	Anzahl	Arten
Säugetiere	627	67
Reptilien	198	33
Vögel	504	66

ZOO KOPENHAGEN

Der älteste Zoo Skandinaviens ist ein hervorragendes Beispiel für einen traditionsreichen Zoo in Innenstadtnähe. Durch eine Ausfallstraße zweigeteilt, wurde das verhältnismäßig kleine und flache Gelände neben einem königlichen Park geschickt gestaltet. Es gibt viele alte Laubbäume; überhaupt ist der Zoo schön bepflanzt. Man hat ein gutes Gefühl beim Besuch, und das Umweltbewusstsein scheint hoch zu sein. In den letzten zehn Jahren wurde viel investiert, u. a. für das neue Elefantenhaus, die Eisbärenanlage und die Flamingo-Anlage.

Allgemeine Beschreibung

Während der vergangenen fünf Jahre eröffnete der Zoo Kopenhagen zwei wundervolle neue Anlagen – den Arktis-Ring mit Eisbären und Papageitauchern, mit mehreren Beobachtungsebenen und vortrefflichen interaktiven Informationstafeln sowie Informationen zum Artenschutz – und die Freiflugvoliere der Flamingos, Roten Ibisse, Schuhschnäbel und Stelzenläufer. Die Gesamtausgaben für diese beiden Projekte belaufen sich auf 27 Millionen €. Ein neuer Masterplan für die kommenden fünf Jahre sieht als Priorität den Umbau der Außengehege für Löwen und für Schimpansen sowie ein neues Bambusbärenhaus in einem Chinesischen Garten vor. Schätzungsweise werden etwa 40 Millionen € für die Baumaßnahmen benötigt.

Masterplan

Elefantenhaus, Polarium „Arktischer Ring", Giraffenhaus, Flusspferdhaus, „Welt der Primaten", „Menschenaffendschungel", Haus für tropische Vögel und Reptilien, Schmetterlingshaus, Nutztierstallungen, Nachttierhaus „Lebendige Nacht"

Begehbare Häuser

Indische Elefanten, Flusspferde, Eisbären, Zwergotter, Löwen- und Lisztäffchen, Zweifingerfaultiere, Kleinkantschile vergesellschaftet mit Schildkröten, Grüne Leguane, Krokodiltejus, Flamingos, Aras, Lunden, Kapweber

Besonderheiten

Zoo Košice

Kontakt	Zoologicka zahrada Košice, Siroka 31, 040 06 Košice-Kavecany, SK Tel: +421 (0)55 7968 022 Fax: +421 (0)55 7968 024 zoo@zookosice.sk www.zookosice.sk
Inhaber	städtisch 100 % Stadt Košice
Fläche	65 ha (288 ha im Besitz)
Gründungsjahr	1979, (seit 1985 am Ort)
Besucherzahl	225.000
Dienstleistungen	Gastronomie: verpachtet Restaurant, Kioske, Picknickplatz Läden: Zooshop (zooeigen) Streichelzoo: Nein Spielplatz: Ja
Bildung	Zooschule: Ja Zooführer: Nein Sprache der Beschilderung: Slowakisch (teilweise in Ungarisch, Polnisch, Englisch) Beurteilung: ✱

Tierbestand am 31. 12. 2015

	Anzahl	Arten
Säugetiere	332	64
Reptilien	89	32
Vögel	305	84

Hunde	Nein
Schaufütterungen	Nein
Vorführungen etc.	Nein
Zoofreunde	Nein, aber offene Gemeinschaft von Förderern und Paten
Freiwillige	Nein

Zoo Košice

Der Zoo der zweitgrößten Stadt der Slowakei ist eher Tierpark als zoologischer Garten. Nur zwei der Tierhäuser sind für Besucher zugänglich; der Zoo hat kaum tropische Tiere. Das teils flache, teils hügelige Gelände liegt 500 Meter über Normalnull knapp außerhalb der Stadt am Rande eines bewaldeten Gebirgszugs. Es gibt hier und da Teiche und Tümpel, aber insgesamt ist das Gelände eher trocken; die meisten Gehege haben kein sichtbares Wasser. Ein Ausbau des Tierparks wird durch einen Streit um die Besitzverhältnisse behindert.	Allgemeine Beschreibung
Der Masterplan wird unter Verschluss gehalten, sieht aber offenbar die Modernisierung veralteter Anlagen und Tierhäuser vor, von denen das Vivarium, das Exotarium und das Vogelhaus Priorität haben. Bis 2020 soll eine 2 ha große „Afrikanische Steppe" mit für Besucher geeigneten Behausungen u. a. für Giraffen, Bongos und Zebras entstehen.	Masterplan
Vivarium und Exotarium (beide recht klein)	Begehbare Häuser
Braunbären, Wildschweine, Lamas, Riesenseeadler, Flamingos	Besonderheiten

Zoo Krakau

Kontakt	Ul. KASY OSZCZEDNOSCI MIASTA KRAKOWA 14, 30-232 KRAKAU, PL Tel: +48 12 425 3551 Fax: +48 12 425 2710 Zoo@zoo-krakow.pl www.zoo-krakow.pl
Inhaber	städtisch
Fläche	20 ha
Gründungsjahr	1929
Besucherzahl	390.000
Dienstleistungen	Gastronomie: Verpachtet Kioske Streichelzoo Spielplatz Läden: Zooshop (zooeigen)
Bildung	Sprache der Beschilderung: Polnisch Beurteilung: ✱

Tierbestand am 31. 12. 2014

	Anzahl	Arten
Säugetiere	472	85
Reptilien	105	32
Vögel	521	80

Hunde	Nein
Schaufütterungen	Nein
Vorführungen etc.	Nein
Zoofreunde	Nein
Freiwillige	Nein

Zoo Krakau

Der Zoo der alten Hauptstadt Polens liegt auf dem Gipfel eines kleinen Bergs mit schönem Blick auf die Innenstadt. Das sanft hügelige Gelände besticht durch schöne Gartenanlagen, gespickt mit interessanten Skulpturen. Die Zooverwaltung ist auch für den umliegenden Wald zuständig. Die Lage auf dem Gipfel führt dazu, dass das Gelände eher trocken ist. Der Zoo kann nur besser werden, und es gibt Pläne, zumindest die alten Anlagen zu modernisieren. In letzter Zeit ist ein neues Giraffenhaus mit Außengehege eröffnet worden, und die Anlagen für Löwen, Tiger und Schneeleoparden sind alle renoviert worden. — **Allgemeine Beschreibung**

Ein bis 2020 gültiger Masterplan sieht Verbesserungen für Seelöwen und Pinguine vor. — **Masterplan**

Affenhaus, Gibbonhaus, Giraffenhaus, Nachttierhaus, Reptilienhaus — **Begehbare Häuser**

Giraffen, Milus, Damhirsche, Muntjaks, Agutis, Kaiseradler, Rabengeier — **Besonderheiten**

1. ENTRANCE
2. PHEASANTS, PARROTS
3. MARMOSETS
4. FLAMINGOS
5. MEERKATS, AGOUTI
6. BIRDS
7. WATERFOWL - BIG POND
8. WATERFOWL - SMALL POND
9. OTTERS
10. CATS
11. PORCUPINES, CANIDS
12. MANED WOLF, EUROPEAN WOLF
13. TAPIRS
14. ZEBRAS
15. CAMELS, GUANACO
16. COMMON WATERBUCK
17. HUMBOLDT PENGUINS
18. SMALL CARNIVORES
19. OWLS, BIRDS OF PREY
20. TAKINS
21. REINDEERS
22. WESTERN SITATUNGA
23. SOUTHERN SEALION
24. RED PANDA
25. CATS
26. PYGMY HIPPOPOTAMUS
27. BARBARY SHEEP
28. VICUGNA
29. PRZEWALSKI HORSE
30. LEACHWE WATERBUCK
31. LLAMA
32. ADDAX
33. WALLABY, EMU
34. ELAND, OSTRICH
35. BIRDS OF PREY
36. LEMURS, SQUIRREL MONKEY
37. GIRRAFS
38. ANDEAN CONDOR
39. NILGAI
40. KULANS
41. RED DEERS
42. FALLOW DEERS
43. DOMESTIC ASS
44. PERE DAVID'S DEERS
45. REEVES' MUNTJAC
46. MINI - ZOO
47. PLAYGROUND, RESTAURANT
48. PALLAS' CAT
49. BIG CATS
50. BEEHIVE
51. OWLS
52. RED-CROWNED CRANE
53. NOCTUARIUM
54. SMALL CATS
55. MONKEYS
56. EGZOTARIUM
57. ELEPHANTS

Zoo Krefeld

Kontakt	Zoo Krefeld, Uerdinger Straße 377, 47800 Krefeld, DE Tel: +49 (0) 2151 955 20 Fax: +49 (0) 2151 955 233 info@zookrefeld.de www.zookrefeld.de	

Inhaber	gemeinnützige Gesellschaft Zoo Krefeld gGmbh 74,9 % Stadt Krefeld, 25,1 % Zoofreunde Krefeld e.V.	Tierbestand am 31. 12. 2015		
			Anzahl	Arten
		Säugetiere	281	55
Fläche	14 ha	Reptilien	80	15
Gründungsjahr	1938	Vögel	261	45
Besucherzahl	525.000	Hunde	Ja	
Dienstleistungen	Gastronomie: verpachtet Restaurant, Café, Kioske, Picknickplatz Läden: Zooshop (zooeigen) Streichelzoo: Nein Spielplatz: Ja	Schaufütterungen Vorführungen etc.	Ja, Seelöwen, Humboldt-Pinguine, Menschenaffen	
		Zoofreunde	Ja, Zoofreunde Krefeld e.V. 3.000 Mitglieder	
		Freiwillige	Ja, ca 45, inklusive Zoobegleiter	
Bildung	Zooschule: Ja, Forscherhaus Zooführer: Ja Sprache der Beschilderung: Deutsch Beurteilung: ✶ ✶			

ZOO KREFELD

Allgemeine Beschreibung

Der schöne Krefelder Zoo wird überschattet vom benachbarten Fußballstadion. Sobald es verlegt wird, kann sich der innerstädtisch gelegene Zoo ausdehnen. Das flache Gelände hat einen alten Baumbestand und einige hübsch angelegte Gewässer. Die drei vor über 20 Jahren gebauten Tropenhäuser haben den Zoo damals zu einem der führenden Deutschlands gemacht. Die Sammlung ist interessant, und die Zuchtprogramme haben einen guten Ruf. In den letzten fünf Jahren sind sowohl die Besucherzahlen als auch der Status in der Stadt gestiegen.

Masterplan

Nach Eröffnung eines neuen Schmetterlingshauses, einer neuen Gorilla-Anlage, der neuen begehbaren Pinguinanlage, des Stall für afrikanische Huftiere und Fertigstellung wichtiger Infrastrukturmaßnahmen während der letzten zehn Jahre, ist zuletzt im Frühjahr 2016 die neue Nashornanlage eingeweiht worden. Der bis 2020 gültige Masterplan sieht als nächstes eine neue Erdmännchenanlage vor, gefolgt von einem neuen Haus mit Außengehege für Pelikane, neue Außenanlagen für Schimpansen und Orang-Utans vergesellschaftet mit Gibbons, und die Entwicklung der Anlage für afrikanische Steppentiere.

Begehbare Häuser

Großtierhaus, Vogeltropenhalle, Affentropenhaus, Südamerika-Regenwaldhaus, Schmetterlingshaus

Besonderheiten

Begehbare Pinguinanlage, Gorillas, Weißkopfsakis, Zweifingerfaultiere, Löffelhunde, Fischotter, Jaguare, Baumkängurus, Dallschafe, Grüne Leguane, Anakondas, Köhlerschildkröten, Schmetterlingshaus

Kristiansand Dyrepark

Kontakt	Kristiansand Dyrepark AS, 4609 Kardemomme by, NO Tel: +47 (0) 97 05 9700 post@dyreparken.no www.dyreparken.no	

				Anzahl	Arten
Inhaber	private Gesellschaft 100 % Braganza A/S	Tierbestand am 31. 12. 2014	Säugetiere	196	36
Fläche	40 ha (60 ha im Besitz)		Reptilien	103	37
Gründungsjahr	1964		Vögel	125	32
Besucherzahl	880.000				

Dienstleistungen	Gastronomie: (zooeigen) Restaurant, Café, Kioske, Picknickplatz Läden: Zooshop (zooeigen) Streichelzoo: Ja, sehr schöner Schaubauernhof Spielplatz: Ja	Hunde Schaufütterungen Vorführungen etc Zoofreunde Freiwillige	Nein Ja Nein Nein Nein
Bildung	Zooschule: Ja Zooführer: Nein Sprache der Beschilderung: Norwegisch Beurteilung: ✶		

Kristiansand Dyrepark

Der Zoo in der südnorwegischen Kleinstadt Kristiansand ist der einzige im ganzen Königreich! Er ist Teil eines größeren Freizeitparks, der bestbesuchten Attraktion Norwegens; der Tierparkbereich wiederum gilt als Hauptattraktion des ganzen Komplexes. Das Gelände hat eine vielfältige Topografie, guten Baumbestand und natürliche Felsen. Hübsche Gartenanlagen, vor allem mit Rhododendrons und Azaleen, gehören dazu. — **Allgemeine Beschreibung**

Der Masterplan ist für eine Veröffentlichung nicht freigegeben worden, sieht aber wohl die Weiterpflege der Stärken des Tierparks bei afrikanischen und asiatischen Tierarten vor. Vermutlich werden Gorillas, Nashörner, Malaienbären und evtl. später Eisbären in die Sammlung aufgenommen. — **Masterplan**

Tropenhaus „Dschungel", Affenhaus, Reptilienhaus, Löwenhaus, Gepardhaus, Giraffen- und Huftierhaus, Haus für tropische Vögel; die Orang-Utan-Anlage hat ein überdachtes Schaufenster — **Begehbare Häuser**

Sibirische Tiger, Luchse, Geparde, Löwen, Fischotter, Vielfraße, Wölfe, Polarfüchse, Elche, Kattas, Tamarine — **Besonderheiten**

Opel-Zoo Kronberg

Kontakt	Georg von Opel - Freigehege für Tierforschung Opel-Zoo Kronberg, Am Opel-Zoo 3 61476 Kronberg im Taunus, DE Tel: +49 (0) 6173 3259 030 Fax: +49 (0) 6173 78 994 info@opel-zoo.de www.opel-zoo.de
Inhaber	gemeinnützige Stiftung 100 % von Opel Hessische Zoostiftung
Fläche	27 ha
Gründungsjahr	1956
Besucherzahl	780.000
Dienstleistungen	Gastronomie: verpachtet Restaurant Lodge, Café, Kioske, Picknickplatz Läden: Zooshop (zooeigen) Streichelzoo: Ja Pony- und Kamelreiten: Ja Spielplatz: Ja
Bildung	Zooschule: Ja Zooführer: Ja Sprache der Beschilderung: Deutsch Beurteilung: ✶ ✶

Tierbestand am 31. 12. 2015

	Anzahl	Arten
Säugetiere	394	53
Reptilien	238	38
Vögel	266	54

Hunde	Ja
Schaufütterungen	Ja
Vorführungen etc	Nein
Zoofreunde	Ja, Freunde & Förderer des Opel-Zoo e.V.; 110 Mitglieder
Freiwillige	Nein

OPEL-ZOO KRONBERG

Nordwestlich Frankfurts liegt der Opel-Zoo inmitten der landschaftlich reizvollen Hänge des Vordertaunus. Steine und Felsen wurden eindrucksvoll bei der Gestaltung der Gehege genutzt. Für die Besucher ergeben sich reizvolle Einblicke in die großzügigen Freianlagen. Auch wenn das Gelände auf Seen oder Wasserläufe weitgehend verzichten muss, lässt die gelungene Wegeführung und eine geschickte Landschaftsgestaltung nichts vermissen.	Allgemeine Beschreibung
Es gibt keinen richtigen Masterplan, aber Pläne für ein neues Flusspferdhaus und ein neues Gibbonhaus liegen in der Schublade. Zwischen 2010 und 2015 sind das imposante Elefantenhaus samt Außenanlagen (2013) sowie neue Anlagen für Löffelhunde, Zwergmangusten, Buschschliefer, Prinz-Alfred-Hirsche und Papageien entstanden. Zum 60. Jubiläum des Opel-Zoos wurde 2016 eine hervorragende Brillenpinguinanlage eingeweiht.	Masterplan

Elefantenhaus, Giraffenhaus, Reptilienhaus, Aquarium	Begehbare Häuser
Elefanten, Giraffen, Mesopotamische Damhirsche, Rothirsche, Elche, Nyala-Antilopen, Mufflons, Zebras, Löffelhunde, Katzenbären, Eulen, begehbare Voliere	Besonderheiten

ZOO DE LA FLÈCHE

Kontakt	Zoo de La Flèche, Le Tertre Rouge, 72200 La Flèche, FR Tel: +33 (0) 243 48 19 19 Fax: +33 (0) 243 48 19 18 info@zoo-la-fleche.com www.zoo-la-fleche.com
Inhaber	private Gesellschaft 100 % Da Cunha Company
Fläche	15 ha (20 ha im Besitz)
Gründungsjahr	1946
Besucherzahl	230.000 (340.000 in 2015)
Dienstleistungen	Gastronomie: (zooeigen) Restaurant, Café, Kioske, Picknickplatz Hütten: acht gut ausgebaute Hütten, mit Blick auf Tiergehege- Läden: Zooshop (zooeigen) Streichelzoo: Ja, kleiner Bauernhof Spielplatz: Ja
Bildung	Zooschule: Nein Zooführer: Ja Sprache der Beschilderung: Französisch und Englisch Beurteilung: ✶ ✶ ✶

Tierbestand am 31. 12. 2014		Anzahl	Arten
	Säugetiere	286	48
	Reptilien	59	19
	Vögel	174	47

Hunde	Nein
Schaufütterungen	Ja
Vorführungen etc.	Ja, von April bis September, Greifvögel, Marine World, Papageien
Zoofreunde	Nein
Freiwillige	Nein

ZOO DE LA FLÈCHE

Das Gelände in Anjou in der Region Loire ist mal flach, mal leicht hügelig, ideal für eine Vielfalt an Gehegen. Die begehbare Maki-Anlage aus dem Jahre 2012 ist besonders gelungen. Schön bepflanzt, vor allem mit Bambus, gibt es auch hübsche kleine Gewässer, darunter Wasserfälle. Es fehlt an zugänglichen Innengehegen, aber die neuen Lodges mit Blick auf Eisbären, Tiger, Makis und andere beliebte Tiere sind für Übernachtungen begehrt.	Allgemeine Beschreibung
Der Masterplan für die Jahre 2016 bis 2025 dürfte wegen eines gesteigerten Besucherverkehrs und dank der freien Publicity, die eine beliebte Fernsehsendung dem Zoo gebracht hat, wohl gut zu finanzieren sein. Das wichtigste Projekt 2016 war Phase 1 des neuen Asienbereichs mit Anlagen für Panzernashörner, Gibbons und Sumatratiger; Phase 2 sollte 2017 vollendet sein. Zurzeit werden die Anlagen für Geparde, weiße Löwen und Kamtschatka-Braunbären renoviert. In der mittleren Zukunft wird eine „Afrikanische Savanne", ein Tropen- und Reptilienhaus und eine Seelöwenanlage in Angriff genommen.	Masterplan
Vivarium	Begehbare Häuser
Begehbare Maki-Anlage „Nosy Komba" mit vier Arten, Tamarine, Krallenäffchen, Klammeraffen, Kamtschatka-Braunbären, Eisbären, Polarwölfe, Sumatratiger, Ozelots, Fischkatzen, Katzenbären	Besonderheiten

Zoo Landau

Zoo Landau in der Pfalz

Kontakt	Zoo Landau in der Pfalz, Hindenburgstrasse 12, 76829 Landau in der Pfalz, DE Tel: +49 (0) 6341 13 7010 Fax: +49 (0) 6341 13 7009 zoo@landau.de www.zoo-landau.de
Inhaber	städtisch 100 % Stadt Landau
Fläche	4.5 ha
Gründungsjahr	1904 (seit 1920 am Ort)
Besucherzahl	300.000
Dienstleistungen	Gastronomie: verpachtet Restaurant (neu 2011), Kiosk, Picknickplatz Läden: Zooshop (zooeigen) Streichelzoo: Ja (Erneuerung geplant 2016) Spielplatz: Ja
Tierbestand am 31. 12. 2015	
Hunde	Ja
Schaufütterungen	Nein
Vorführungen etc.	Ja, kommentiertes Training bei den Seebären am Wochenende
Zoofreunde	Ja, Freundeskreis des Landauer Tiergartens e.V. 3,250 Mitglieder
Freiwillige	Ja, ca 15

	Anzahl	Arten
Säugetiere	206	36
Reptilien	113	26
Vögel	205	30

ZOO LANDAU

Zooschule: Ja Zooführer: Nein (letzte Ausgabe 2004) Sprache der Beschilderung: Deutsch Beurteilung: ✶	Bildung
Der kleine Zoo am Rand der Altstadt liegt hübsch auf einem kompakten aber vielfältigen Gelände mit gutem Baumbestand. Sehr familienfreundlich, und die Gehege sind alle von einem hohen Standard.	Allgemeine Beschreibung
Ein nichtzitierfähiger Masterplan sieht Verbesserungen für die Prinz-Alfred-Hirsche und die Raubtiere vor, sowie eine Erweiterung der Huftieranlage „Afrika" und einen Umbau der Freiflughalle.	Masterplan
Affen- und Reptilienhaus	Begehbare Häuser
Sibirische Tiger, Waldhunde, Weißhandgibbons, Tamarine, Seidenäffchen, Zwergrüssel, Grüne Leguane vergesellschaftet mit Schildkröten, Geckos vergesellschaftet mit Schildkröten, begehbare Flughalle mit afrikanischen Vögeln	Besonderheiten

ZOO DE LA PALMYRE

Kontakt	Zoo de la Palmyre, 6 Avenue de Royan, 17570 Les Mathes, FR Tel: +33 (0) 546 22 46 06 Fax: +33 (0) 546 23 62 97 admin@zoo-palmyre.fr www.zoo-palmyre.fr
Inhaber	Private Gesellschaft Familie, Mehrheit hält Patrick Caillé
Fläche	18 ha
Gründungsjahr	1966
Besucherzahl	760.000
Dienstleistungen	Gastronomie: (zooeigen) Kioske, Picknickplatz Läden: Zooshop (zooeigen) Streichelzoo: Ja Spielplatz: Nein
Bildung	Zooschule: Nein, aber Workshops Zooführer: Ja Sprache der Beschilderung: Französisch

Tierbestand am 31. 12. 2015

	Anzahl	Arten
Säugetiere	727	69
Reptilien	103	16
Vögel	712	31

Hunde	Nein
Schaufütterungen	Nein
Vorführungen etc.	Ja, Seelöwen, Papageien (April bis Oktober)
Zoofreunde	Nein
Freiwillige	Nein

Beurteilung: ✶ ✶

ZOO DE LA PALMYRE

Der Zoo im Dorf Les Mathes 130 km nördlich von Bordeaux liegt besonders schön an der Atlantikküste. Das Gelände ist flach und sandig, und zum alten Baumbestand gehören Strandkiefer. Der Standort wird zum Teil von einem Wald beschützt. In vielen Anlagen gehört Sand zum Untergrund. Der Eingangsbereich überwältigt gleich mit Flamingos unter Trauweiden und einem Wasserfall. Die Besucher sind zu 90% Touristen, vor allem in den Sommermonaten; es herrscht eine schöne Atmosphäre. Es gibt einen empfohlenen, gut ausgeschilderten und sehr sauberen Rundweg. Ungewöhnlich heutzutage kann man vielen großen Pflanzenfressern, sogar Giraffen, mit Futter aus Automaten was geben; es macht sie neugierig, und Besucher kommen näher an sie heran. Die Sammlung ist gut, und die üblichen beliebten Tierarten gehören zum größten Teil dazu. Besonders bemerkenswert ist das Menschenaffenhaus mit Außenanlagen aus dem Jahr 2009.

Allgemeine Beschreibung

Masterplan – gibt es so nicht, aber ständige Investitionen

Masterplan

Menschenaffenhaus, Affenhaus, Maki- und Kapuzinerhaus, Tamarinhaus, Fledermaushaus, Nashornhaus, Reptilienhaus

Begehbare Häuser

Schimpansen, Gorillas, Orang-Utans, Geparde, Oryxantilopen, Pelikane, Flamingos, Gänsegeier, Aras, Rote Sichler, Weißstörche, Grauhalskronenkraniche

Besonderheiten

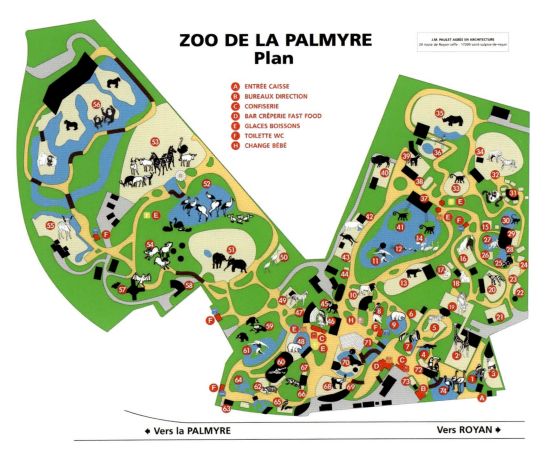

ZOO LEIPZIG

Kontakt	Zoo Leipzig GmbH, Pfaffendorfer Strasse 29, 04105 Leipzig, DE Tel: +49 (0) 341 59 33 500 Fax: +49 (0) 341 59 33 303 office@zoo-leipzig.de www.zoo-leipzig.de	
Inhaber	städtisch Company Zoo Leipzig GmbH 100 % Stadt Leipzig	
Fläche	27 ha	
Gründungsjahr	1878	
Besucherzahl	1.900.000	
Dienstleistungen	Gastronomie: verpachtet Restaurants, Café, Kioske, Picknickplatz Läden: Zooshop (zooeigen) Streichelzoo: Ja Spielplatz: Ja	
Bildung	Zooschule: Ja Zooführer: Ja, Deutsch und Englisch Sprache der Beschilderung: Deutsch und Englisch Beurteilung: ✳ ✳ ✳	

Tierbestand am 31. 12. 2015

	Anzahl	Arten
Säugetiere	509+	90
Reptilien	238+	67
Vögel	820+	130

Hunde	Nein
Schaufütterungen	Ja
Vorführungen etc.	Ja
Zoofreunde	Freundes- und Förderverein des Zoo Leipzig e.V. 1,200 Mitglieder
Freiwillige	Ja, inklusive Scouts, ca 50

Zoo Leipzig

Allgemeine Beschreibung

Das Gelände des traditionsreichen Leipziger Zoos ist über die Jahre immer wieder erweitert worden zu einer Oase in der Stadt. Schön gelegen und von einem Fluss durchzogen, ist es flach mit altem Baumbestand, hübschen Gartenanlagen und einer vielfältigen Bepflanzung. Der historische Eingangsbereich ist mit der 2015 vollendeten Renovierung der alten Kongresshalle zu einem neuen Anziehungspunkt für Zoobesucher und Veranstaltungsteilnehmer geworden. Der Zoo befindet sich jetzt in der letzten Phase des Programms „Zoo der Zukunft", das mit dem Bau des Menschenaffenkomplex' „Pongoland" in Zusammenarbeit mit der Max-Planck-Gesellschaft eingeläutet wurde. Die Dokusoap „Elefant, Tiger & Co." hat den Zoo landesweit bekannt gemacht. Die für 67 Millionen € errichtete, 2011 eingeweihte, größte Tropenhalle in einem Zoo in Europa, das „Gondwanaland", beherbergt Tiere und Pflanzen aus Asien, Afrika und Südamerika.

Masterplan

Das Projekt „Zoo der Zukunft", für den Zeitraum 2000 bis 2020 konzipiert, ist jetzt in seiner letzten Phase – und im Plan. Es ist vielleicht einmalig unter Tiergärten, dass ein solch langfristiger Masterplan ohne große Abweichungen und Terminverschiebungen durchgeführt werden konnte. Das neue Koalahaus wurde 2016 eingeweiht, im darauffolgenden Jahr wird voraussichtlich der neue Himalajabereich mit Schneeleoparden, Katzenbären und zentralasiatischen Geiern und gegen Ende des Jahrzehnts der neue Südamerikabereich mit „Pantanal", „Pampas", „Patagonien" und „Feuerland" (für Robben und Pinguine) sowie die „Inseln Asiens" fertiggestellt.

Begehbare Häuser

„Gondwanaland", „Pongoland", Elefantenhaus, Giraffenhaus, Koalahaus, Vogelhaus, Aquarium mit Terrarium

Besonderheiten

„Gondwanaland", Gorillas, Schimpansen, Bonobos und Orang-Utans im „Pongoland", Giraffen, Nashörner, Zebras, Antilopen, Geparde, Hyänen, Strauße und Flamingos auf der „Kiwara-Kopje", ferner Elefanten, Koalas Zwergflusspferde, Schuppentiere, Brüllaffen, Husarenaffen, Klippschiefer, Erdmännchen, Riesenotter, Lippenbären, Amurleoparden, Pelikane, Krokodiltejus, Stumpfkrokodile, Stirnlappenbasilisken

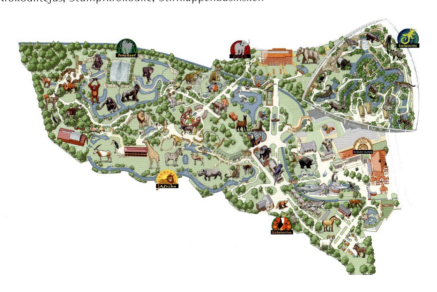

Zoo Liberec

Kontakt	Zoologicka zahrada Liberec, Masarykova 1347/31, 46001 Liberec, CZ Tel: +420 (0) 482 710 616-17 Fax: +420 (0) 482 710 618 info@zooliberec.cz www.zooliberec.cz
Inhaber	städtisch 100 % Stadt Liberec
Fläche	13 ha
Gründungsjahr	1919
Besucherzahl	380.000
Dienstleistungen	Gastronomie: verpachtet Restaurant, Kiosk, Picknickplatz Läden: Zooshop (zooeigen) Streichelzoo: Ja (eingeschränkt) Spielplatz: Ja
Bildung	Zooschule: Ja, in erster Linie im "Divizna" Umweltzentrum, und teilweise in der Auffangstations "Archa" Zooführer: Ja Sprache der Beschilderung: Tschechisch Beurteilung: ★

Tierbestand am 31. 12. 2015

	Anzahl	Arten
Säugetiere	225	56
Reptilien	69	19
Vögel	320	74

Hunde	Nein
Schaufütterungen	Nein
Vorführungen etc.	Nein
Zoofreunde	Nein
Freiwillige	Ja, ca 16

Zoo Liberec

Der älteste Tiergarten der Tschechischen Republik liegt am Rande eines Gebirgszugs nahe den Grenzen zu Deutschland und Polen. Das Gelände ist hügelig wenn nicht gar steil, aber mit gutem Baumbestand. In den letzten Jahren ist der Zoo erkennbar unterfinanziert geblieben, wenn auch 2014 ein neuer Haupteingang eröffnet wurde. — **Allgemeine Beschreibung**

Der Masterplan sieht nach Fertigstellung des neuen Haupteingangs und einer Rettungs- und Zuchtstation für Vögel vor allem neue Investitionen ins Elefantenhaus, die „Afrikanische Steppe" und die Greifvogel-Zuchtstation sowie Neubauten für Großkatzen, Paviane, Humboldt-Pinguine und langfristig auch Schimpansen vor. — **Masterplan**

Elefanten- und Tapirhaus, Giraffenhaus, Löwen- und Tigerhaus, Affenhaus, Tropenhaus — **Begehbare Häuser**

Blauschafe, Schraubenziegen, Karpatenluchse, Katzenbären, Bindenwarane, Greifvögel, Pelikane — **Besonderheiten**

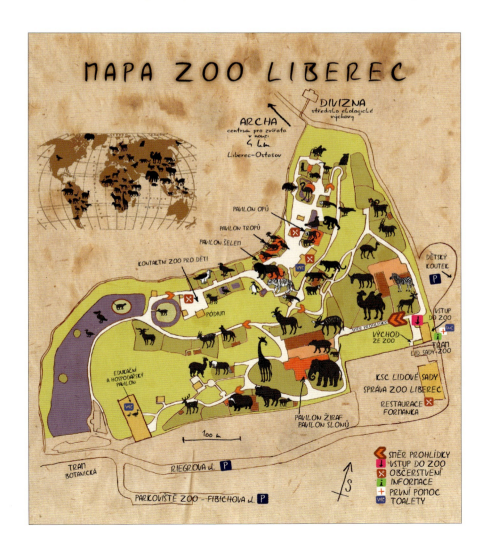

Zoo Lissabon

Kontakt	Jardim Zoologico de Lisboa, Estrada de Benfica 155-160, 1549-004 Lissabon, PT Tel: +351 (0) 217 232 900 Fax: +351 (0) 217 232 901 info@zoo.pt www.zoo.pt
Inhaber	private Gesellschaft, gemeinnnützige Einrichtung mit städtischer Unterstützung
Fläche	26 ha
Gründungsjahr	1884
Besucherzahl	675.000
Dienstleistungen	Gastronomie: (zooeigen) Savannah Restaurant (ohne Eintritt) Gastronomie (verpachtet): Andere Restaurants, Café, Kioske (ohne Eintritt) Picnic Fläche (im Zoogelände) Läden: 2 Zooshop (zooeigen) Zoozug (kostenpflichtig) Straßenbahn (kostenlos) Streichelzoo: Ja

Tierbestand am 31. 12. 2015		
	Anzahl	Arten
Säugetiere	514	94
Reptilien	338	48
Vögel	770	127

Hunde	Nein
Schaufütterungen	Ja
Vorführungen etc.	Ja, Flugshow, Delfine und Seelöwen, Reptilienpräsentation
Zoofreunde	Ja, Amigos do Zoo Lisboa 650 Mitglieder
Freiwillige	Ja, ca 85

ZOO LISSABON

Zooschule: Ja
Zoo Guided Bildung Tours: Ja (mit Voranmeldung)
Zooführer: Nein
Sprache der Beschilderung: Portugiesisch, Englisch
Beurteilung: ★ ★ ★

Bildung

Der Zoo der portugiesischen Hauptstadt ist ein schöner, traditionsreicher, klassischer zoologischer Garten auch mit farbenfrohen Pflanzen sowohl der gemäßigten als auch der subtropischen Klimazonen. Das Gelände ist vielfältig, zum Teil leicht hügelig, die Sammlung hervorragend, die Beschilderung ausgezeichnet, und die Atmosphäre überhaupt stimmig. Es gibt kaum Innengehege, zu denen Besucher Zutritt haben, aber die Außengehege sind einfallsreich gestaltet und die Informationen zu den einzelnen Tierarten und zu deren Artenschutz sind gut vermittelt. Die Tiere kann man meistens gut sehen. Wasser wird geschickt eingesetzt, zum Beispiel für Inselgräben. Das Tierkrankenhaus ist außergewöhnlich gut ausgestattet mit über 500 Quadratmetern Zimmerfläche.

Allgemeine Beschreibung

Es gibt keinen richtigen Masterplan, aber sollte die Finanzierung stehen, gibt es schon Pläne, eine „Afrikanische Steppe" mit den schon vorhandenen Elefanten, Flusspferden und Giraffen anzulegen, sowie eine große begehbare Voliere und ein neues Reptilienhaus zu bauen. Die Außenanlagen für die Gorillas und Schimpansen sollen vergrößert werden, nachdem schon 2013 dies für die Orang-Utans getan wurde.

Masterplan

„Affentempel", Reptilienhaus, Delfinarium

Begehbare Häuser

Katzenbären, Erdmännchen, Löwen, Schimpansen, Orang-Utans, Gibbons, Totenkopfaffen, Stachelschweine, Freiflugschau, Delfinvorstellung

Besonderheiten

Zoo Ljubljana

Kontakt	Zoo Ljubljana, Vecna Pot 70, 1000 Ljubljana, SI Tel: +386 (0) 1 2442 188 Fax: +386 (0) 1 2442 185 info@zoo.si www.zoo.si	
Inhaber	städtisch 100 % Stadt Ljubljana	
Fläche	20 ha	
Gründungsjahr	1949	
Besucherzahl	300.000	
Dienstleistungen	Gastronomie: verpachtet Restaurant, Kiosk, Picknickplatz Läden: Zooshop (zooeigen) Streichelzoo: Ja, inklusive Reitbahn für Ponys, Pferde und Kamele, Spielplatz: Ja	
Bildung	Zooschule: Ja Zooführer: Nein Sprache der Beschilderung: Slovenisch Beurteilung: ✳ ✳	

Tierbestand am 31. 12. 2015

	Anzahl	Arten
Säugetiere	216	36
Reptilien	65	23
Vögel	110	29

Hunde	Ja
Schaufütterungen	Ja
Vorführungen etc.	Ja, inklusive Elefanten, Seelöwen
Zoofreunde	Nein
Freiwillige	Ja, ca 20

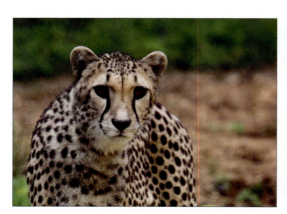

Zoo Ljubljana

Der Zoo der Hauptstadt Sloweniens liegt sehr günstig in einer Grünzone neben dem städtischen Tivoli-Park und nur zwei Kilometer von der Altstadt entfernt. Das Gelände, zum Teil in Hanglage, bildet eine vielfältige Landschaft mit Mischwald. Die Pflanzendecke vertritt gut die Heimatflora, aber es gibt keine botanischen Anlagen. Was wirklich fehlt sind Gewässer irgendwelcher Art. Immerhin hat der Zoo Aussicht auf Erweiterung.

Allgemeine Beschreibung

Einen detaillierten Masterplan „Neuer Zoo Ljubljana" wurde 2007 veröffentlicht, die Finanzierung dafür aber leider nie gesichert. Dennoch konnten Teile des Masterplans verwirklicht werden, seit 2010 sind Neubauten für Tiger, Geparde, Erdmännchen und Wildschweine, sowie ein neuer Kinderzoo in Form eines Bauernhofs entstanden. Die Prioritäten jetzt sind eine neue Löwenanlage, Ausbau einer „Afrikanischen Steppe" und ein Neubau für Makis.

Masterplan

Elefantenhaus, Giraffenhaus, Schimpansenhaus, Vivarium

Begehbare Häuser

Sibirische Tiger, Geparde, Katzenbären, Erdmännchen, Totenkopfaffen, Kängurus, Steinböcke, Gämsen, Bergziegen, Letschwes vergesellschaftet mit Straußen

Besonderheiten

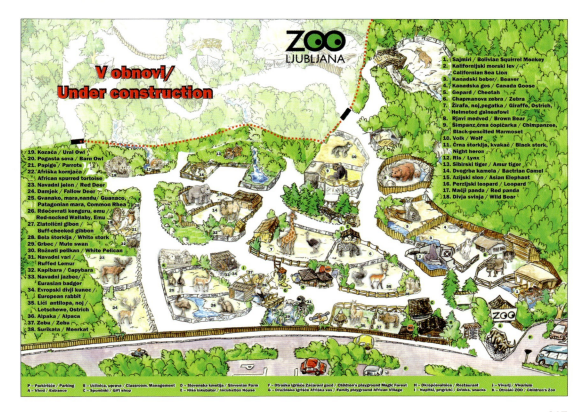

LONDON ZOO

ZSL

Kontakt	ZSL London Zoo, Regent's Park, London NW1 4RY, UK Tel: +44 (0) 207 722 3333 Fax: +44 (0) 207 586 5743 info@zsl.org www.zsl.org
Inhaber	registrierte, gemeinn. Gesellschaft 100 % Zoological Society of London (ZSL)
Fläche	15 ha (36 acres)
Gründungsjahr	1828
Besucherzahl	1.250.000
Dienstleistungen	Gastronomie: zooeigen Restaurant (erneuert 2013), Café, Kioske, Picknickplatz Läden: Zooshop (zooeigen) (2011 vergrößert) Streichelzoo: Ja (neue Attraktion, 2009) Spielplatz: Ja
Bildung	Zooschule: Ja, sehr groß Zooführer: Ja Sprache der Beschilderung: Englisch Beurteilung: ✶ ✶

Tierbestand am 31. 12. 2014	Anzahl	Arten
Säugetiere	396	61
Reptilien	209	60
Vögel	574	112

Hunde	Nein
Schaufütterungen	Ja
Vorführungen etc	Ja, täglich "Meet the Animals"
Zoofreunde	Nein, aber Angebote für Mitglieder der ZSL
Freiwillige	Ja, ca 300

London Zoo

Der traditionsreiche, weltberühmte Londoner Zoo umfasst ein flaches Gelände innerhalb des großen Regent's Park. Er wird vom Regent's Canal und der Outer Circle Road durchzogen. Der Tiergarten hat viele Häuser, die unter Denkmalschutz stehen, zum Beispiel das schön renovierte Blackburn-Vogelhaus, einst das Reptilienhaus. Es gibt viele alte Bäume und ausreichend Wasser, zu sehen vor allem in den Volieren. Es wird stetig gebaut und umgebaut um vor allem größeren Säugetieren mehr Platz zu bieten. Die Informationsschilder über die Tiere und deren Artenschutz sind von sehr hohem Standard. — **Allgemeine Beschreibung**

Einen Masterplan als solchen gibt es nicht, aber in naher Zukunft könnte das Aquarium umgebaut und die Snowdon-Voliere in eine begehbare Anlage für Stummelaffen umgewandelt werden. In den letzten fünf Jahren sind neben einem neuen Restaurant und Zooshop 2010 das Kleinsäugetierhaus mit neuen Konzept umgebaut worden, 2011 Englands größter Pinguinteich am „Pinguinstrand" angelegt worden, 2013 das neue „Tigerterritorium" entstanden, 2014 eine neue Anlage für Riesensalamander eingeweiht und 2015 eine begehbare Maki-Anlage eröffnet worden. Im Jahre 2016 wurde das „Land der Löwen" eröffnet. — **Masterplan**

Reptilienhaus, Aquarium, „Blackburn Pavillion" für Vögel, Regenwald- und Nachttierhaus, Wirbellosenhaus „BUGS", Gorillahaus, Giraffenhaus, Okapihaus, Zwergflusspferdhaus, „Casson Pavillion" für Tapire und Bartschweine, Komodowaranhaus, Schmetterlingshaus — **Begehbare Häuser**

Sumatratiger, Zwergotter, begehbare Katta-Anlage, begehbare Totenkopfaffenanlage, Kleine Ameisenbären, Zweifingerfaultiere, Malaientapire, Zwergflusspferde, Komodowarane, Riesenschildkröten, Nashornleguane, Pinguine, Gänsegeier, Pelikane, begehbare Voliere für afrikanische Vögel, Blackburn-Vogelhaus, Regenwald- und Nachttierhaus — **Besonderheiten**

319

LORO PARQUE

Kontakt	Loro Parque, Punta Brava, 38400 Puerto de la Cruz, Teneriffa, Kanarische Inseln, ES Tel: +34 (0) 922 373 841 Fax: +34 (0) 922 375 021 loroparque@loroparque.com www.loroparque.com
Inhaber	Private Gesellschaft 100 % Kiessling Familie
Fläche	13.5 ha
Gründungsjahr	1972
Besucherzahl	1.125.000
Dienstleistungen	Gastronomie: zooeigen Restaurants, Cafés, Kioske Läden: Zooshop (zooeigen) Streichelzoo: Nein Spielplatz: Ja, "Kinderlandia"
Bildung	Zooschule: Nein, aber es gibt Dozenten, die Schulklassen betreuen Zooführer: Ja Sprache der Beschilderung: Spanisch, Deutsch, Englisch, Russisch Beurteilung: ★ ★ ★

Tierbestand am 31. 12. 2014

	Anzahl	Arten
Säugetiere	110	18
Reptilien	59	11
Vögel	4.418	377

Hunde	Nein
Schaufütterungen	Nein
Vorführungen etc	Ja, Papageien, Seelöwen, Delfine, Orcas
Zoofreunde	Ja
Freiwillige	Ja

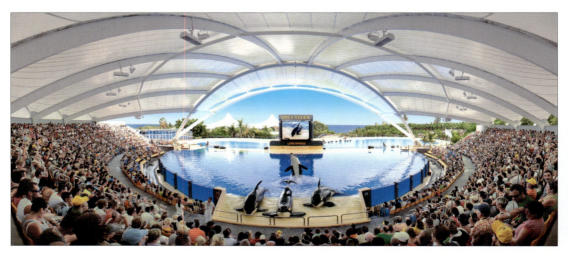

LORO PARQUE

Der „Papageienpark" ist einmalig, anders als alle anderen Zoos in dieser Studie. Er liegt nahe dem Strand in der schönen, geneigten Ebene Orotava im Norden der kanarischen Insel Teneriffa. Das durchgehend warme Klima macht es möglich, subtropische und sogar tropische Pflanzen, darunter Palmen, anzupflanzen. Der Zoo ist weltberühmt für seine 4.000 Papageien in etwa 350 Arten, wofür er ursprünglich angelegt worden ist und noch heute den mittlerweile irreführenden Namen trägt. Das „Orquidario" ist eine sehr schöne, überdachte Orchideenallee. Der „Orca Ocean" mit 2.900 Sitzplätzen, die größte Arena für Meeressäugervorführungen in Europa, und das Delfinarium mit 1.800 Sitzplätzen sind besonders beliebt. Der „Planet Penguin" aus dem Jahre 1999 ist das größte Haus für Pinguine in Europa und eine besonders beeindruckende Anlage für u. a. antarktische Pinguine in einer schön simulierten Polarlandschaft mit rotierender Laufbahn parallel zum Gehweg. Die „Katandra Treetops" ist eine gewaltige, begehbare Voliere mit hängender Brücke und Aussichtspunkten auf verschiedenen Ebenen.

Allgemeine Beschreibung

Loro Parque

Masterplan	Es gibt keinen richtigen Masterplan, aber knapp 10 ha sind neulich als Erweiterungsgelände erworben worden. Wegen anderer Großprojekte der Muttergesellschaft – vor allem des Baus eines Großaquariums auf Gran Canaria – wird es wohl noch paar Jahre dauern, bis das Grundstück erschlossen werden kann. Zuletzt sind 2015 Katzenbären in eine neue Anlage hinzugekommen und in naher Zukunft sind Koalas geplant.
Begehbare Häuser	„Planet Penguin", Aquarium; drinnen finden auch Papageienflugschauen und Filmvorführungen statt.
Besonderheiten	„Planet Penguin" mit Königspinguinen und vier weiteren Arten, „Katandra Treetops" mit südostasiatischen und australischen Vögeln, Papageien, Schwertwale, Große Tümmler, Gorillas, Schimpansen, Tamarine, Krallenäffchen, Erdmännchen, Jaguare, Grüne Leguane, Spornschildkröten, Riesenschildkröten

LORO PARQUE

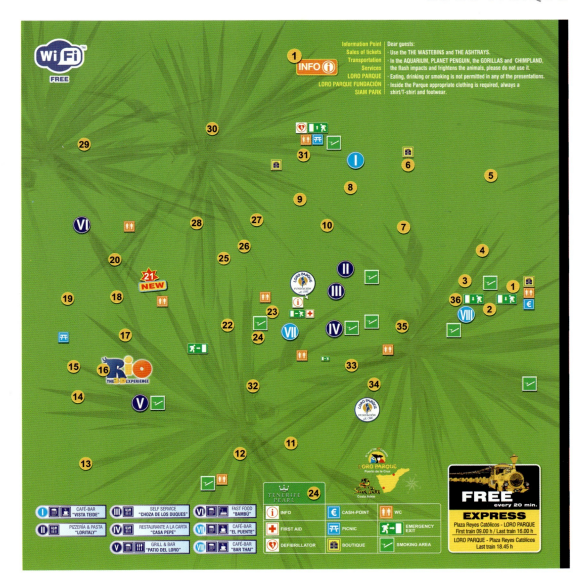

Madrid Faunia

Kontakt	Faunia, Avda. De las Communidades 28, 28032 Madrid, ES Tel: +34 (0) 913 016 210 Fax: +34 (0) 917 513 553 faunia@faunia.es www.faunia.es
Inhaber	private Gesellschaft 100 % Parques Reunidos
Fläche	14 ha
Gründungsjahr	2001
Besucherzahl	400.000

Tierbestand am 31. 12. 2014	Anzahl	Arten
Säugetiere	719	65
Reptilien	50	20
Vögel	337	70

Dienstleistungen	Gastronomie: zooeigen Restaurant, Kioske, Picknickplatz Läden: Zooshop (zooeigen) Streichelzoo: Ja, "La Granja" Spielplatz: Ja
Hunde	Nein
Schaufütterungen Vorführungen etc	Ja, Vögel und Seelöwen
Zoofreunde	Nein
Freiwillige	Ja, bis zu 200
Bildung	Zooschule: Ja Zooführer: Ja (Spanisch/Englisch) Sprache der Beschilderung: Spanisch, Englisch Beurteilung: ✶✶

MADRID FAUNIA

Allgemeine Beschreibung

Der jüngere der beiden Zoos in Spaniens Hauptstadt ist spezialisiert auf naturähnlichen Freisichtanlagen, in denen sich Besucher wie eingetaucht fühlen können. Man kommt den Tieren, die alle eher klein sind, sehr nahe. Das Gelände ist verhältnismäßig flach mit kleinen Gewässern, und da jung bepflanzt ohne alte Bäume. Der Tiergarten ist in drei Zonen aufgeteilt: „Afrikanischer Wald", „Polares Ökosystem", „Dschungel". Das Pinguinhaus ist ausgezeichnet, es ähnelt dem im Loro Parque; beide hatten den gleichen Architekt.

Masterplan

Einen Masterplan gibt es nicht. Als nächstes Projekt ist eine große Anlage für Komodowarane vorgesehen.

Begehbare Häuser

Pinguinhaus „Los Polos", Südamerika-Regenwaldhaus „Jungla", Gifttierhaus, Krokodilhaus, Nachttierhaus, Schmetterlingshaus, Haus für Höhlenbewohner

Besonderheiten

Königspinguine und vier weitere Arten, Papageien, Rote Sichler, Pelikane, Flamingos, Tukane, Erdmännchen, Varis, Kattas, Große Makis, Sakis, Totenkopfaffen, Riesenschildkröten

ZOO MADRID

Kontakt	Zoo-Aquarium de Madrid, Casa de Campo, s/n – 28011, Madrid, ES Tel: +34 (0) 91 512 3770 Fax: +34 (0) 91 711 8163 comzoo@zoomadrid.com www.zoomadrid.com
Inhaber	private Gesellschaft 100 % Parques Reunidos städtisch lizensiert Gelände im Besitz der Stadt
Fläche	22 ha
Gründungsjahr	1774 (am Ort seit 1972)
Besucherzahl	1.000.000
Dienstleistungen	Gastronomie: zooeigen Restaurant, Café, Kioske, Picknickplatz Läden: Zooshop (zooeigen) Streichelzoo: Ja, La Granja Farm Spielplatz: Ja
Bildung	Zooschule: Ja Zooführer: Ja Sprache der Beschilderung: Spanisch Beurteilung: ✶✶

Tierbestand am 31. 12. 2014		Anzahl	Arten
	Säugetiere	532	78
	Reptilien	222	69
	Vögel	506	80

Hunde	Nein
Schaufütterungen	Ja, tägliches Programm
Vorführungen etc.	Ja, Delfine, Flugshow, Seelöwen, Papageien
Zoofreunde	Nein
Freiwillige	Ja, ca 70

Zoo Madrid

Inmitten eines 1.700 ha großen Stadtparks liegt Madrids älterer Tiergarten in einer schönen Hanglage mit guter Bepflanzung, Bäumen und einem Bach, der hindurch fließt. Die vielen Freigehege wirken sehr offen und gewähren eine gute Sicht auf die Tiere. Die älteren Anlagen werden nach und nach modernisiert. Begehbare Anlagen für Lemuren und für Kängurus sind stundenweise zugänglich. Der Zoo Madrid ist einer von nur vier in Europa, die sowohl Koalas als auch Große Pandas halten; letztere sind erfolgreich gezüchtet worden. Ungefähr 80 Paare Störche nisten frei im Zoo. Nach der Übernahme des Zoo Madrid 2015 durch die Firma Parques Reunidos, haben beide Tierparks in Madrid den gleichen Besitzer.	Allgemeine Beschreibung
Der Masterplan für die Jahre 2009 bis 2013, vom Stadtrat abgesegnet worden, hat noch Gültigkeit, da einige Projekte daraus noch nicht fertiggestellt worden sind. Zwischen 2010 und 2014 gab es Umbauten im Delfinarium, am Kinderzoo und –spielplatz, und an den Anlagen für Kragenbären, Schimpansen und Elefanten. Bis 2020 soll jetzt die „Afrikanische Savanne" um Nashörner, Flusspferde, Sitatungas und Dorkasgazellen erweitert werden; Projekte gibt es auch für Iberische Luchse, Seelöwen und Pinguine, und eine neue Voliere für afrikanische Vögel.	Masterplan
Delfinarium, Aquarium, Vivarium, Gorillahaus, Koalahaus	Begehbare Häuser
Delfine, Bambusbären, Gorillas, Takine, Flamingos, Pelikane, Kinder-Bauernhof, Vogelsee	Besonderheiten

Zoo Magdeburg

Kontakt	Zoologischer Garten Magdeburg,
	Zooallee 1,
	39124 Magdeburg, DE
	Tel: +49 (0) 391 28 090 0
	Fax: +49 (0) 391 28 090 5102
	info@zoo-magdeburg.de
	www.zoo-magdeburg.de

Inhaber	städtische Gesellschaft Zoologischer Garten Magdeburg gGmbH 90 % Stadt Magdeburg, 10 % Gemeinde Barleben
Fläche	20 ha
Gründungsjahr	1950
Besucherzahl	330.000
Dienstleistungen	Gastronomie: verpachtet Restaurant (neu: AFRICAMBO LODGE 2016), Café, Kioske, Picknickplatz
	Läden: Zooshop (zooeigen)
	Streichelzoo: Ja
	Spielplatz: Ja

Tierbestand am 31. 12. 2015

	Anzahl	Arten
Säugetiere	326	73
Reptilien	63	17
Vögel	413	77

Hunde	Ja
Schaufütterungen	Ja
Vorführungen etc.	Ja
Zoofreunde	Ja, Förderverein Zoofreunde Magdeburg e.V. 950 Mitglieder
Freiwillige	Nein
Bildung	Zooschule: Ja
	Zooführer: Nein
	Sprache der Beschilderung: Deutsch
	Beurteilung: ✶✶

Zoo Magdeburg

Allgemeine Beschreibung

Besucher betreten den Magdeburger Zoo durch die eindrucksvolle und gut gestaltete Eingangshalle „Zoowelle" mit Gastronomie, gehen am ausgezeichneten Erdmännchengehege vorbei durch eine Parklandschaft mit gut gepflegten und beschilderten Bäumen, bevor sie das Hauptgelände erreichen. Ein Nebenarm der Elbe fließt durch den Zoo, und wurde in die Landschaft gut integriert. Die großen Gehege sind so gestaltet, dass man an die Tiere dennoch nahe ran kommt. Naturstoffe, vor allem Holz, werden bei Neubauten bevorzugt verwendet, und ersetzen die Metallzäune und verkleiden Betonwände. Eine geschickte Bepflanzung des flachen Geländes und gut gestaltete Anlagen haben den Zoo der Hauptstadt Sachsen-Anhalts zu einem sehr guten zoologischen Garten gemacht. Die Neubauten passen sich gut in die Landschaft.

Masterplan

Der Masterplan „Visionen 2006 plus" wird vom Konzept „Zoo Magdeburg 2017 plus", gültig bis 2024, abgelöst. Zwischen 2006 und 2016 wurden 30 Millionen € verbaut; für den neuen Masterplan sind 12 Millionen € gebilligt worden. Die Investitionskosten sind eher bescheiden aber wirkungsvoll. Zuletzt sind 2008 der neue Haupteingang, die „Zoowelle", 2009 das Tapirhaus, 2010 „Africambo 1", 2014 die neue Schimpansenanlage, 2015 die neue begehbare Madagaskar-Anlage und 2016 „Africambo 2" und das Mandrillhaus entstanden. Anfang 2017 wird voraussichtlich das neue Elefantenhaus für bis zu acht Tiere eröffnet. Schwerpunkt des Masterplans „2017 plus" wird die Modernisierung schon vorhandener Tieranlagen und der Infrastruktur sein, Hyänenhunde und eine vierte Mangustenart sollen aber zur Sammlung hinzukommen.

Begehbare Häuser

Giraffenhaus, Nashornhaus, Tapirhaus, Mandrillhaus, Schimpansenhaus; das Elefantenhaus soll 2017 durch eine neues ersetzt werden

Besonderheiten

Schimpansen, Blutbrustpaviane, Mandrills, Mangaben, begehbare Madagaskar-Anlage, Erdmännchen, Mangusten, Nasenbären, Goldschakale, Tiger, Schneeleoparden, Luchse, Uhus, Rotmilane, Pelikane, Flamingos

Marwell Zoo

Kontakt	Marwell Wildlife Zoological Park, Thompsons Lane, Colden Common, Winchester, HANTS SO21 1JH, UK Tel: +44 (0) 1962 777 407 Fax: +44 (0) 1962 777 511 Marwell@marwell.org.uk www.marwell.org.uk
Inhaber	registrierte, gemeinn. Gesellschaft 100 % Marwell Wildlife
Fläche	50 ha (120 acres)
Gründungsjahr	1972
Besucherzahl	500.000
Dienstleistungen	Gastronomie: zooeigen Restaurant, Café, Kioske, Picknickplatz Läden: Zooshop (zooeigen) Zug „Marwell Express" Streichelzoo: Ja Spielplatz: Ja, mehrere
Tierbestand am 31. 12. 2013	
Hunde	Nein
Schaufütterungen	Ja,
Vorführungen etc	Ja
Zoofreunde	Nein, aber Angebote für Zoo-Mitglieder
Freiwillige	Ja, ca 120

	Anzahl	Arten
Säugetiere	340	72
Reptilien	57	17
Vögel	291	38

Marwell Zoo

Zooschule: Ja	Zooführer: Ja	Bildung
Sprache der Beschilderung: Englisch	Beurteilung: ✶✶	

Das Gelände ist groß und offen, ideal für die Haltung von Huftieren aus der Steppe. Die große „Afrikanische Savanne" wurde 2009 eingeweiht. Es gibt verhältnismäßig wenige Bäume und wenig Wasser. Das dorfähnliche „Encounter" sammelt viele entzückende Anlagen zusammen, darunter ein sehr schönes, begehbares Gehege für Rotnackenkängurus. Die „Welt der Makis" ist eine weitere reizvolle Anlage. — Allgemeine Beschreibung

Der Masterplan für das Jahrzehnt 2015 bis 2024 sieht bis 2018 Neubauten für Nashörner, Zwergflusspferde, Zebras und weitere Huftiere und für Große Ameisenbären vor. Zwischen 2010 und 2014 entstanden eine schöne, neue Pinguinanlage, ein Nasenbärenhaus mit Außengehege, eine Vari-Anlage und eine neue begehbare Voliere. — Masterplan

Giraffenhaus, Okapihaus, Nashornhaus, Flusspferd- und Tapirhaus, Tigerhaus, Makihaus, Pinguinhaus, Tropenhaus, Haus für Wüstentiere — Begehbare Häuser

Schneeleoparden, Amurleoparden, Sibirische Tiger, Geparde, Ozelots, Zwergotter, Löffelhunde, Erdmännchen, Zwergmangusten, begehbare Känguru-Anlage, Stummelaffen, Humboldt-Pinguine — Besonderheiten

A visit to Marwell Wildlife is a chance to get close to the wonders of the natural world - and play a big part in helping to save them. From ring-tailed coatis to poison arrow frogs, bird eating spiders to Amur leopards, bat-eared foxes to meerkats and giraffes - our 140 acre zoological park is home to over 220 exotic and charismatic species in beautiful, landscaped surroundings. What's more, simply by visiting us, you'll be making a big contribution to our projects to conserve endangered wildlife both in our park and overseas - so thank you.

more than just a walk in the park

Zoo Mulhouse

Kontakt	Parc Zoologique et Botanique de Mulhouse, 51, Rue du Jardin Zoologique, 68100 Mulhouse, FR Tel: +33 (0) 369 77 65 65 Fax: +33 (0) 369 77 65 80 Zoo@mulhouse-alsace.fr www.zoo-mulhouse.com	
Inhaber	städtisch/regional 100 % Stadt Mulhouse und 32 Städte in der Region.	
Fläche	25 ha (+ 2 ha geplant)	
Gründungsjahr	1868	
Besucherzahl	400.000	

Tierbestand am 13. 7. 2016

	Anzahl	Arten
Säugetiere	362	
Reptilien	171	
Vögel	434	

Dienstleistungen	Gastronomie: verpachtet Restaurant, Kioske, Picknickplatz Läden: Zooshop (zooeigen) (neu 2010) Streichelzoo: Ja Spielplatz: Ja	Hunde	Nein
		Schaufütterungen	Ja, täglich
		Vorführungen etc	Nein
		Zoofreunde	Ja, Amis du Zoo de Mulhouse 40 Mitglieder
Bildung	Zooschule: Ja Zooführer: Nein Sprache der Beschilderung: Französisch, Deutsch, Englisch Beurteilung: ✶ ✶	Freiwillige	Ja, 24 Zoobegleiter

Zoo Mulhouse

Allgemeine Beschreibung

Der zoologisch-botanische Garten im elsässischen Mülhausen liegt auf einem sehr schönen, abwechslungsreichen Gelände mit ungenutztem Waldabschnitt. Er grenzt an den Tannenwald Waldeck, hat aber selber viele ungewöhnliche Bäume. Der Standort hat Hanglage und verhältnismäßig wenig Wasser. Der Schwerpunkt der Sammlung liegt auf Makis – mehr Arten als in jedem anderen Zoo dieser Studie. Zu den frei herumfliegenden Vögeln im Zoo gehören über 70 Paare Graureiher und über 35 Paare Weißstörche.

Masterplan

Der neue Masterplan für den Zeitraum 2016 bis 2021 sieht ein neues Giraffenhaus und „Afrikanische Steppe" als Hauptprojekt vor, dazu kommen noch neue Anlagen für Katzenbären und Makaken und neue Veranstaltungsräumlichkeiten. Zwischen 2010 und 2014 ist als größtes Projekt der „Espace Grand Nord" mit Eisbären, Polarfüchsen und Moschusochsen entstanden; kleinere Projekte galten Erdmännchen, Waldhunden, Mähnenwölfen und australischen Tieren.

Begehbare Häuser

Affenhaus, Südamerika-Affenhaus, Erdmännchenhaus, Eisbärenhaus

Besonderheiten

Eisbären, Füchse, Waldhunde, Erdmännchen, Kattas, Kängurus, Flamingos, begehbare Voliere für Wassergeflügel, Strahlenschildkröten

Tierpark Hellabrunn München

Hellabrunn
DER MÜNCHNER TIERPARK

Kontakt	Münchener Tierpark Hellabrunn AG, Tierparkstrasse 30, 81543 München, DE Tel: +49 (0) 89 62 5080 Fax: +49 (0) 89 62 508 32 tierpark@hellabrunn.de www.hellabrunn.de	
Inhaber	städtische Gesellschaft Münchener Tierpark Hellabrunn AG 93 % Stadt München, 7 % private Aktionäre	
Fläche	40 ha	
Gründungsjahr	1911	
Besucherzahl	2.000.000	
Dienstleistungen	Gastronomie: verpachtet Restaurant, Pizzeria, Café, Kioske, Picknickplatz Läden: Zooshops (teilweise verpachtet) Streichelzoo: Ja, inklusive Meerschweinchendorf, Ziegenstreicheln Spielplatz: Ja	
Bildung	Zooschule: Ja Zooführer: Ja Sprache der Beschilderung: Deutsch Beurteilung: ★★★	

Tierbestand am 31. 12. 2015

	Anzahl	Arten
Säugetiere	1004	100
Reptilien	412	45
Vögel	1030	99

Hunde	Ja
Schaufütterungen	Ja, inklusive Tiger, Eisbären
Vorführungen etc.	Ja, inklusive Greifvögel, Tauben, Seelöwen, Begegnungen mit Nutztieren, Training der Elefanten u
Zoofreunde	Ja, neu formiert ca 300 Mitglieder
Freiwillige	Ja, ca 95 Freiwillige und Zoobegleiter

TIERPARK HELLABRUNN MÜNCHEN

Der Tierpark Hellabrunn besitzt ein wunderschönes Gelände in den Isar-Auen, beste Voraussetzungen, Wasser in den Anlagen zu integrieren. Der Standort ist sanft hügelig mit vielen alten Bäumen und anderen schönen Pflanzen. Der Tierpark ist eine echte Oase für die Stadtbewohner. Es gibt sowohl alte, historische als auch hochmoderne Tierhäuser, die gut in die Landschaft passen. Die begehbare Voliere ist spektakulär, mit sehr vielen Vogelarten unter einem hohen Netz über 5.000 Quadratmetern Grundfläche. Der Tierpark war eigentlich der erste, der mehr oder weniger durchgängig als Geozoo konzipiert wurde, und hat eine der besten Tiersammlungen Europas.	Allgemeine Beschreibung
Der neue Masterplan 2015 schloss sich dem alten an, der 2013 ein neues Giraffenhaus und zwischen 2011 und 2015 Verschönerungen an den Anlagen für Eisbären, Pinguine, Schimpansen, Gorillas und Erdmännchen hervorgebracht hat. Das größte Projekt des neuen Masterplans ist die Renovierung des alten Elefantenhauses für über 15 Millionen €, Mitte 2016 abgeschlossen. Bis 2020 sollen noch das Urwaldhaus umgebaut, die Robbenanlagen erweitert und die „Polarwelt" um Vielfraße, Polarfüchse und Schnee-Eulen ergänzt werden. Auch der Kinderzoo mit Farm soll bis dahin neu entstehen.	Masterplan
„Urwaldhaus" für Affen, Menschenaffen und Reptilien, „Dschungelzelt" für Großkatzen, „Orang-Utan-Paradies", Nashorn- und Tapirhaus, Riesenschildkrötenhaus, Giraffenhaus, Aquarium mit Terrarium, „Fledermausgrotte"; das Elefantenhaus soll Ende 2016 wiedereröffnet werden	Begehbare Häuser
Begehbare Voliere, Pelikane, Uhus, Schimpansen, Gorillas, Orang-Utans, Diana-Meerkatzen, Eisbären, Braunbären, Katzenbären, Fischkatzen, Schneeleoparden, Tüpfelhyänen, Vielfraße, Giraffen, Elche, Gämsen vergesellschaftet mit Murmeltieren, Schraubenziegen, Anakondas, Schienenechsen, Grüne Leguane, Spornschildkröten, Riesenschildkröten	Besonderheiten

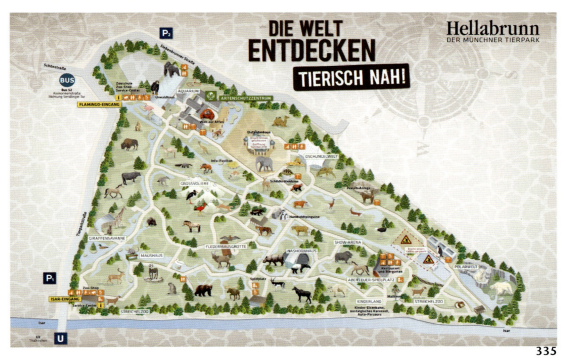

ALLWETTERZOO MÜNSTER

Kontakt	Allwetterzoo Münster, Sentruperstr. 315, 48161 Münster, DE Tel: +49 (0) 251 89040 Fax: +49 (0) 251 8904 130 info@allwetterzoo.de www.allwetterzoo.de
Inhaber	private Gesellschaft Westfälischer Zoologischer Garten Münster gGmbH Zoo-Verein: 51 %, Stadt Münster: 49 %
Fläche	30 ha
Gründungsjahr	1875, am Ort seit 1974
Besucherzahl	950.000
Dienstleistungen	Gastronomie: verpachtet Restaurant, Café, Kioske Läden: Zooshop (zooeigen) Streichelzoo: Ja Spielplatz: Ja
Bildung	Zooschule: Ja Zooführer: Ja Sprache der Beschilderung: Deutsch, Englisch Beurteilung: ✶✶

Tierbestand am 31. 12. 2015		Anzahl	Arten
	Säugetiere	431	65
	Reptilien	101	21
	Vögel	442	56

Hunde	Ja
Schaufütterungen	Ja
Vorführungen etc	Ja, Pinguinparade, Ausstellung „Europäische Geier", Pferdemuseum
Zoofreunde	Ja, Zoo-Verein Münster e.V. 8.600 Mitglieder
Freiwillige	Nein

ALLWETTERZOO MÜNSTER

Allgemeine Beschreibung

Der Allwetterzoo ist ein bezaubernder zoologische Garten nahe am Aasee, mit dem im Sommer er durch einen Wasserbus verbunden bleibt. Der Standort ist eine schöne Mischung aus Gartenanlagen, Seen und altem Baumbestand. Rindenmulch wird sowohl in vielen Tieranlagen als auch auf Gehwegen als Untergrund eingesetzt. Es gibt viele sehr gute Tierhäuser und begehbare Anlagen, darunter einmalig, zumindest unter den Tiergärten dieser Studie, ein begehbares Gehege für Stummelaffen. Das 2010 eingeweihte Afrikapanorama ist besonders gut gelungen, mit einem Bach, einem See, Felsen, und Bäumen in einer Hanglage. Am Haupteingang steht die „BioCity", eine kleine aber interessante Ausstellung über Artenschutz.

Masterplan

Mit einem neuen Direktor ab Januar 2016 wird auch ein neuer Masterplan entworfen. Schwerpunkt wird der Umbau der vorhandenen Anlagen für Großsäuger sein, die bisher die 2014 beschlossenen Mindeststandards noch nicht erfüllen. Langfristig wird wohl in die Reptiliensammlung investiert.

Begehbare Häuser

Elefanten- und Nashornhaus, Affenhaus, Menschenaffenhaus, Orang-Utan-Haus, Bärenhaus, Raubtierhaus, Giraffenhaus, Tropen- und Reptilienhaus, Aquarium, Pferdemuseum

Besonderheiten

Elefanten, begehbare Stummelaffenanlage, begehbare Katta-Anlage, Varis, Afrikapanorama mit Zebras, Antilopen und Straußen, Lorifütterung, Orang-Utans vergesellschaftet mit Zwerggottern, Gorillas, Geparde, Nasenbären, Malaienbären, Wölfe, Poitou-Esel, Trampeltiere, Pinguinmarsch, Flamingos, Webervögel, Nashornleguane, Würfelnatter

Zoo Neuwied

Kontakt	Zoo Neuwied, Waldstrasse 160, 56566 Neuwied, DE Tel: +49 (0) 2622 90460 Fax: +49 (0) 2622 904629 verwaltung@zooneuwied.de www.zooneuwied.de
Inhaber	gemeinnützige Gesellschaft mit städtischer Unterstützung 100 % Förderverein Zoo Neuwied e.V.
Fläche	13,5 ha
Gründungsjahr	1970
Besucherzahl	310.000
Dienstleistungen	Gastronomie: verpachtet Restaurant, Kiosk, Picknickplatz Läden: Zoohop (zooeigen) Streichelzoo: Ja Spielplatz: Ja
Bildung	Zooschule: Ja Zooführer: Nein Sprache der Beschilderung: Deutsch Beurteilung: ✶

Tierbestand am 31. 12. 2013	
Hunde	Nein
Schaufütterungen Vorführungen etc.	Ja, bei den Schimpansen, Robben, Pinguinen, Geparden Nein
Zoofreunde	Ja, Förderverein Zoo Neuwied e.V. 450 Mitglieder
Freiwillige	Ja, ca 17 Freiwillige und Zoobegleiter

	Anzahl	Arten
Säugetiere	429	45
Reptilien	116	41
Vögel	413	71

ZOO NEUWIED

Allgemeine Beschreibung

Der Zoo von Neuwied liegt hübsch oberhalb der Stadt und des Rheins auf einem sanft hügeligen Gelände. Er hat sowohl offene als auch bewaldete Abschnitte mit einer Vielfalt an Pflanzen. Im Waldbereich gibt es Raum für Erweiterungen. Allerdings ist der Boden recht trocken, was zu Problemen im Zoo führen könnte. Nur zwei Tierhäuser sind für Besucher zugänglich. Der Zoo ist vor allem bekannt für das 3,5 ha große, abwechslungsreiche Gehege am Hang für 120 Kängurus und zehn Emus. Als einziger Zoo dieser Studie gehört er einem Verein der Zoofreunde; die Stadt hat Vertreter im Beirat.

Masterplan

Bis 2020 wird vor allem in das Südamerikahaus „Prinz Maximilian zu Wied" investiert, mit Außenanlagen für Tapire, Große und Kleine Ameisenbären, Faultiere und Kapuzineraffen. Im Keller entsteht ein Nachttierhaus, und Volieren kommen wohl noch dazu. Die Anlage für afrikanische Steppentiere soll umgebaut und um Sitatungas erweitert werden; langfristig ab 2020 ist dort auch ein Giraffenhaus vorgesehen.

Begehbare Häuser

Schimpansenhaus, Exotarium

Besonderheiten

Graue Riesenkängurus und Rotnackenkängurus vergesellschaftet mit Emus, Schimpansen, Kapuzineraffen, Kaiserschnurrbarttamarine, Mähnenwölfe, Geparde, Nasenbären, Erdmännchen, Pelikane, Trauerschwäne, Gänsegeier, Kaimane, Schienenechsen, Leguane, Pazifikwarane

Tierpark Nordhorn

Kontakt	Tierpark Nordhorn gGmbH, Heseper Weg 140, 48531 Nordhorn, DE Tel: +49 (0) 5921 71200 0 Fax: +49 (0) 5921 71200 10 info@tierpark-nordhorn.de www.tierpark-nordhorn.de
Inhaber	städtische gemeinn. Gesellschaft Tierpark Nordhorn gGmbH 50 % Stadt Nordhorn, 50 % Landkreis Grafschaft Bentheim
Fläche	12 ha
Gründungsjahr	1949 als Privatzoo, 1994 mit den heutigen Eignern
Besucherzahl	410.000
Dienstleistungen	Gastronomie: zooeigen Restaurant, Café, Kiosk, Picknickplatz Läden: Zooshop (zooeigen) Streichelzoo: Ja, mit Vorführungen Spielplatz: Ja

Tierbestand am 31. 12. 2015

	Anzahl	Arten
Säugetiere	591	37
Reptilien	37	7
Vögel	1.041	38

Hunde	Ja
Schaufütterungen	Ja
Vorführungen etc.	Ja
Zoofreunde	Ja, Förderverein Tierpark Nordhorn e.V., 330 Mitglieder
Freiwillige	Ja, ca 60
Bildung	Zooschule: Ja (neu 2016) Zooführer: Ja Sprache der Beschilderung: Deutsch, Holländisch Beurteilung: ✹✹

TIERPARK NORDHORN

Der Nordhorner Tierpark liegt auf flachem Gelände nahe der niederländischen Grenze; die Besucher sind je zur Hälfte Deutsche und Niederländer. Der Standort hat eine schöne Pflanzendecke, guten Baumbestand und ausreichend viel Wasser. Der Tierpark gilt als besonders familienfreundlich mit einigen begehbaren Gehegen; man kommt den Tieren recht nahe. Er dient auch als regionales Naturschutzzentrum beiderseits der Grenze. Die Zoogastronomie und der Andenkenladen fördern regionale Produkte. Der Naturpfad Vechteaue entlang eines kleinen Flussarms bietet schöne Aussichten auf große Wildvögel.	Allgemeine Beschreibung
Der Masterplan wird nicht veröffentlicht, sieht aber offenbar Investitionen in schon vorhandenen Anlagen vor – vor allem für Persische Leoparden, Schimpansen und Robben – um die Haltungsbedingungen zu verbessern. Zuletzt entstanden 2014 bzw. 2015 eine neue Nasenbärenanlage, eine neue Zooschule und eine neue Futterküche. Zuletzt kamen Waldrappe, Erdmännchen und Fuchmangusten hinzu.	Masterplan
Amphibienhaus, Schimpansenhaus, Lehrbienenhaus	Begehbare Häuser
Steinböcke vergesellschaftet mit Gänsegeiern, begehbare Wellensittichvoliere, begehbare Eulenvoliere, begehbares Alpakagehege, Europäische Wildkatzen, Nasenbären, Präriehunde, Stachelschweine, Streichelzoo	Besonderheiten

Tiergarten Nürnberg

Kontakt	Tiergarten Nürnberg, Am Tiergarten 30, 90480 Nürnberg, DE Tel: +49 (0) 911 5454 6 Fax: +49 (0) 911 5454 802 tiergarten@stadt.nuernberg.de www.tiergarten.nuernberg.de
Inhaber	städtisch 100 % Stadt Nürnberg
Fläche	65 ha (75 ha im Besitz)
Gründungsjahr	1912
Besucherzahl	1.075.000
Dienstleistungen	Gastronomie: verpachtet Restaurant, Café, Kioske, Picknickplätze Läden: Zooshop (verpachtet) Streichelzoo: Ja Spielplatz: Ja
Bildung	Zooschule: Ja Zooführer: Nein (ausverkauft seit Ende 2015) Sprache der Beschilderung: Deutsch Beurteilung: ✲✲

Tierbestand am 31. 12. 2015	
Hunde	Nein
Schaufütterungen	Ja
Vorführungen etc.	Ja, Delfine, Seelöwen
Zoofreunde	Ja, Verein der Tiergartenfreunde Nürnberg e.V. 3.000 Mitglieder
Freiwillige	Nein

	Anzahl	Arten
Säugetiere	591	77
Reptilien	80	25
Vögel	474	49

Tiergarten Nürnberg

Allgemeine Beschreibung

Der Nürnberger Tiergarten liegt im Lorenzer Reichswald, einem schönen, großen, dicht bewaldeten Park im Südosten der Stadt. Er hat viele sehr schöne, alte Laubbäume, vor allem Eichen, Buchen, Hainbuchen und Linden. Das abwechslungsreiche Gelände bietet u. a. Wald, Strauchvegetation und Wiesen; die Vielfalt ermöglicht verschiedenartige Gehege, die den jeweiligen Tierarten, die dort gehalten werden, gut passen. Ein Teil des Geländes liegt am Hang mit viel Sandstein; Eisbären sind dort gut untergebracht. Die Wegführung und Perspektiven auf einzelne Anlagen sind sehr gelungen. Bei vielen Anlagen fällt auf, wie sehr man am Detail arbeitet – zum Beispiel beim Buntmardergehege. Die Delfinlagune und Manatihaus aus dem Jahre 2011 und das 2009 renovierte historische Löwen- und Tigerhaus sind besonders beachtenswert.

Masterplan

Ein 2008 verabschiedeter Entwicklungsplan brachte 2016 die begehbare Voliere für Bartgeier, Murmeltiere und andere Alpentiere hervor. Bis 2020 soll es ein Wüstenhaus, eine Anlage für Iltisse und einen Baumkronengang geben. Die häufig von Besuchern geforderte Wiederaufnahme der Elefantenhaltung ist auf die Zeit nach 2020 verlegt worden. Ansonsten werden ältere Anlagen laufend renoviert und modernisiert.

Begehbare Häuser

Delfinarium und Manatihaus, Giraffenhaus, Nashornhaus, Tapirhaus, Löwen- und Tigerhaus, Affenhaus; im Naturkundehaus werden Vorträge und Veranstaltungen angeboten

Besonderheiten

Große Tümmler, Karibische Manatis, Seelöwen, Buntmarder, Fischkatzen, Fischotter, Kleine Pandas, Eisbären, Tiger, Zwergmangusten, Totenkopfaffen, Kängurus, Bisons, Guanakos, Steinböcke, Takine, Mähnenschafe, Panzernashörner, Greifvögel, begehbare Volieren, Mediterraneum

ODENSE ZOO

Kontakt	Odense Zoo, Sdr. Boulevard 306, 5000 Odense C, DK Tel: +45 (0) 66 11 13 60 Fax: +45 (0) 65 90 82 28 odensezoo@odensezoo.dk www.odensezoo.dk
Inhaber	gemeinnützige. Gesellschaft Odense Zoologiske Have mit städtischer Unterstützung
Fläche	9 ha
Gründungsjahr	1930
Besucherzahl	380.000
Dienstleistungen	Gastronomie: zooeigen Restaurant, Café, Kioske, Picknickplatz Läden: Zooshop (zooeigen) Streichelzoo: Ja Spielplatz: Ja
Bildung	Zooschule: Ja Zooführer: Ja Sprache der Beschilderung: Dänisch, einige Englisch, Deutsch Beurteilung: ✱ ✱ ✱

Tierbestand am 31. 12. 2015

	Anzahl	Arten
Säugetiere	292	36
Reptilien	38	9
Vögel	379	31

Hunde	Nein
Schaufütterungen	Ja
Vorführungen etc.	Ja, Seelöwen, Tiger, Löwen, Pinguine
Zoofreunde	Nein
Freiwillige	Ja, 40

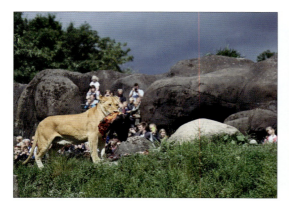

ODENSE ZOO

Der Tiergarten in Odense auf der Insel Fünen wird von einem Fluss durchzogen, hat ein größeres Seengebiet und überhaupt viele Gewässer. Der Standort ist flach mit einigen Laubbäumen. Die „Kiwara-Savanne" ist sehr gut gelungen mit besonders guten Sichtperspektiven. Die kontrollierte Fütterung der Giraffen durch Besucher kommt gut an. Die begehbare Kiwara-Voliere mit Flamingos und Pelikanen ist spektakulär. Das „Oceanium" mit Manatis und Pinguinen ist der Kern des Südamerikabereichs.	Allgemeine Beschreibung
Ein neuer Masterplan für die Jahre 2016 bis 2030 sieht den Umbau zum Geozoo vor, mit den fünf Zonen Afrika, Asien, Nordamerika, Südamerika und Skandinavien. Vor allem das Umwelt- und Artenschutzbewusstsein der Besucher soll verstärkt, und sie der Natur so nahe wie möglich gebracht werden. Der Schwerpunkt der Phase 1 bis 2020 wird Skandinavien sein, nach Möglichkeit mit einer Einsicht in den benachbarten Wald über die vorhandenen Gehege hinweg. Naturstoffe und Wasser werden wo möglich eingesetzt. Der alte Masterplan, der eine „Fishbone Bay" und einen „Zoo der Naturwissenschaft" vorsah, ist verworfen worden.	Masterplan
Schimpansenhaus, Afrikahaus, Tropenhaus, Giraffenhaus, „Oceanium", Riesenschildkrötenhaus	Begehbare Häuser
Giraffen, Zebras, Sitatungas, Rappenantilopen und Strauße auf der „Kiwara-Savanne", Kiwara-Voliere, Königs- und weitere Pinguine, Manatis, Schimpansen, Kattas, begehbare Totenkopfaffenanlage, Tamarine, Zweifingerfaultiere, Tiger, Tapire, Rote Sichler, Aras, Riesenschildkröten	Besonderheiten

Olomouc Zoo

Kontakt		Olomouc Zoological Garden DARWINOVA 29, 779 00 OLOMOUC-SVATÝ KOPECEK, CZECH REPUBLIC Tel: +420 585 151 601 info@zoo-olomouc.cz www.zoo-olomouc.cz
Inhaber		städtisch
Fläche		42,5 ha
Gründungsjahr		1953
Besucherzahl		370.000
Dienstleistungen		Gastronomie: zooeigen Bistro, Café, Kiosk privates Restaurant benachbart Läden: Zooshop (zooeigen) Streichelzoo Klettergarten für Kinder Spielplatz

Tierbestand am 1. 1. 2016

	Anzahl	Arten
Säugetiere	656	92
Reptilien	95	25
Vögel	355	63

Hunde	Ja
Schaufütterungen Vorführungen etc.	Ja
Zoofreunde	Nein, aber Mitgliedschaftsprogramm mit 100 Mitgliedern
Freiwillige	45
Bildung	Sprache der Beschilderung: Tschechisch Beurteilung: ✴ ✴

Olomouc Zoo

Der mährische Tiergarten liegt auf einem kleinen Berg neun Kilometer vom Standzentrum entfernt; das Gelände ist bewaldet und sanft hügelig. Es mangelt an Wasser für künstliche Gewässer und Wassergräben. Die Wegführung ist gut ausgeschildert. Das schöne neue Eingangsgebäude beinhaltet auch eine Katta-Anlage. Viele Aussichtsplattforme sind auf Stelzen und überdacht.	Allgemeine Beschreibung
Der Masterplan, gültig bis voraussichtlich 2022, sieht vor allem den neuen Pavillon „Kalahari" und ein „Safari Amerika" vor.	Masterplan
Raubtierhaus mit Aquarium, Giraffenhaus mit Terrarium, Affenhaus, Südamerikahaus, Fledermaushaus	Begehbare Häuser
Aussichtsturm, „Safari Eurasien" und „Safari Afrika", Baribals vergesellschaftet mit Polarwölfen, Greifvogelhaus, Karpatenluchse, Amurleoparden, Rentiere	Besonderheiten

Zoo Opole

Kontakt	Ul. Spacerowa 10,
	45-094 Opole, PL
	Tel: +48 77 454 2858
	Fax: +48 77 456 4264
	zoo@zoo.opole.pl
	www.zoo.opole.pl

Inhaber	städtisch
Fläche	20 ha (30 ha im Besitz)
Gründungsjahr	1953
Besucherzahl	280.000

Tierbestand am 1. 1. 2013

	Anzahl	Arten
Säugetiere	418	84
Reptilien	91	15
Vögel	406	83

Dienstleistungen	Gastronomie: verpachtet
	Restaurant, Kioske
	Läden: Zooshop
	run by Zoofreunde
	Streichelzoo
	Spielplatz

Hunde	Nein
Schaufütterungen	Nein
Vorführungen etc.	Nein
Zoofreunde	Ja. TPOZ 20 Mitglieder.
Freiwillige	5

Bildung	Zooschule: geplant
	Zooführer
	Sprache der Beschilderung: Polnisch, Tschechisch, Englisch, Deutsch
	Schautafeln
	Beurteilung: ✱ ✱ ✱

Zoo Opole

Nach einer katastrophalen Überschwemmung 1997 ist der größte Zoo Oberschlesiens, der auf einer Oderinsel liegt, beständig wiederaufgebaut und ausgebaut worden. Man sieht ihm an, dass man sich Gedanken gemacht hat, Gehege gut zu gestalten. Auch die Neubepflanzung schlägt Wurzeln. Wasser wird jetzt geschickt eingesetzt, Beton wird nach Möglichkeit vermieden, und hübsche Umzäunungen mit rustikalen Zweigen sieht man überall. Der Zoo Opole ist ein reizvoller Tiergarten.	Allgemeine Beschreibung
Der Masterplan für die Jahre 2008 bis 2012 ist im Verzug. Löwen und Tiger sollen in die Sammlung aufgenommen werden, das Nashornhaus umgebaut werden, und ein neues Vivarium und ein neues Tropenhaus „Sommer im Winter" für südamerikanische Tiere mit angeschlossener Zooschule und Forschungslabors entstehen.	Masterplan
Madagaskarhaus, Gorillahaus, Gibbonhaus, Giraffenhaus, Amphibienhaus	Begehbare Häuser
Gorillas, Kattas, Totenkopfaffen, Brüllaffen, Katzenbären, Erdmännchen, Pumas, Mähnenwölfe, Dingos, Seelöwen, Zwergflusspferde, Giraffen auf der „Afrikanischen Steppe", „Südamerika-Pampas"	Besonderheiten

ZOO OSNABRÜCK

Kontakt	Zoo Osnabrück gGmbH
	Klaus-Strick-Weg 12
	49082 Osnabrück, DE
	Tel: +49 (0) 541 951 050
	Fax: +49 (0) 541 951 0522
	zoo@zoo-osnabrueck.de
	www.zoo-osnabrueck.de
Inhaber	gemeinnützige Gesellschaft mit städtischer Unterstützung 95 % Zoogesellschaft Osnabrück e.V. und Stadt; 5 % Aktionäre (Ausgabe weiterer Aktien wird diskutiert)
Fläche	23,5 ha
Gründungsjahr	1935, eröffnet 1936
Besucherzahl	995.000
Dienstleistungen	Gastronomie: verpachtet Restaurant, Café, Kioske, Picknickplatz
	Läden: Zooshop (verpachtet)
	Streichelzoo: Ja
	Spielplatz: Ja

Tierbestand am 31. 12. 2015

	Anzahl	Arten
Säugetiere	624	86
Reptilien	119	27
Vögel	601	77

Hunde	Ja
Schaufütterungen	Ja
Vorführungen etc.	Ja
Zoofreunde	Zoogesellschaft Osnabrück e.V. 2.150 Mitglieder
Freiwillige	Ja, ungefähr 40
Bildung	Zooschule: Ja
	Zooführer: Nein, aber kostenloser Audioguide als App
	Sprache der Beschilderung: Deutsch

Beurteilung: ✶ ✶

Zoo Osnabrück

Allgemeine Beschreibung

Das Gelände ist schön, abwechslungsreich und zum Teil hügelig mit sehr gutem Baumbestand und natürlicher Vegetation. Neubauten wie am „Takamanda" und „Kajanaland" haben erhöhte Holzpfade von denen aus man schöne Perspektiven bekommt. In der Mitte des Zoos liegt „Asien" mit Gebäuden im Stil des Angkor Wat. Mülleimer aus Holz, hergestellt in der Region und den jeweiligen Themenbereichen angepasst, sind ein interessanter Aspekt dieses sauberen und gut geführten Tiergartens. Seit zehn Jahren entwickelt sich der Zoo ständig weiter; höhere Besucherzahlen und mehr Sponsoren sind das naheliegende Ergebnis. Er ist auch klimaneutral; der Zoo hat über zwei Millionen € in Energiesparmaßnahmen investiert, und verkauft den selbsterzeugten überschüssigen Strom an die Stadtwerke.

Masterplan

Der bis 2020 gültige Masterplan sieht die Erweiterung des „Angkor Wat" um eine Anlage für Orang-Utans und Gibbons 2016, eine neue Löwenanlage bis spätestens 2018 und einen Umbau des Elefantenhauses bis 2019 vor. Zwischen 2017 und 2019 soll ein neuer Nordamerikabereich mit erhöhten Holzstegen für 3,5 Millionen € entstehen. Modernisierungen an vielen vorhandenen Anlagen werden ebenfalls durchgeführt. Während der letzten fünf Jahre gab es größere Investitionen in „Kajanaland" für nordische Tiere, „Angkor Wat" für Sumatratiger, Katzenbären und Makaken und solch Projekte wie für Klammeraffen und Pinguine.

Begehbare Häuser

Giraffenhaus, Elefantenhaus, Affenhaus, Schimpansenhaus, Orang-Utan-Haus, Makakhaus, Klammeraffenhaus, Sandkatzenhaus, Südamerikahaus, Aquarium mit Terrarium, „Unterirdischer Zoo"

Besonderheiten

Schimpansen, Stummelaffen, Diana-Meerkatzen, Drills, Zebramangusten, Servale, Tüpfelhyänen und Rotbüffel im „Takamanda", Eisbären-Braunbären-Mischlinge, Vielfraße, Polarfüchse, Zwergotter, Nasenbären, Asiatische Rothunde, Sumatratiger, Mähnenwölfe, Katzenbären vergesellschaftet mit Schopfhirschen, Tamarine, Krallenäffchen, Grüne Leguane, „Südamerikapampas"

Zoo Ostrava

Kontakt	Ostrava Zoological Gardens MICHÁLKOVICKÁ 197, 71000 OSTRAVA, CZ Tel: +420 596 241 269 Fax: +420 596 243 316 info@zoo-ostrava.cz www.zoo-ostrava.cz
Inhaber	städtisch
Fläche	60 ha (100 ha im Besitz)
Gründungsjahr	1951
Besucherzahl	525.000
Dienstleistungen	Gastronomie: verpachtet Restaurant (Saola), Café, Kiosk Läden: Zooshop, verpachtet Spielplatz Streichelzoo Kinderzoo
Bildung	Zooschule Sprache der Beschilderung: Tschechisch, Polnisch, Englisch Beurteilung: ✷

Tierbestand am 1. 1. 2015

	Anzahl	Arten
Säugetiere	366	71
Reptilien	174	36
Vögel	598	129

Hunde	Nein
Schaufütterungen	Ja
Vorführungen etc.	Nein
Zoofreunde	Ja, approx. 40
Freiwillige	Ja, 40

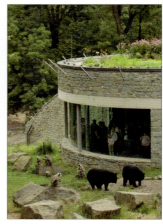

Zoo Ostrava

Allgemeine Beschreibung

Der große zoologische und botanische Garten in Tschechiens drittgrößter Stadt hat eine breite Vielfalt an gut beschilderten Bäumen und in einem Teil richtigen Urwald. Aus einem aufgegebenen Bergwerk entstanden, hat er auch große Seen in einer leicht hügeligen Landschaft. Fast 6.000 Rhododendrons und Azaleen schmücken die Gartenanlagen. Reizvoll ist der erhöhte Holzsteg durch 2 ha Moor mit seinen einheimischen Tieren und Pflanzen. Neu sind ein Rhododendrongarten und ein 6 ha großer Safaribereich, zu durchfahren mit einem Zug auf Rädern – Afrika, Iran und Indien.

Masterplan

Der Masterplan sieht neue Volieren für südamerikanische, für nordamerikanische und für australische Vögel vor. Im Zoo als neue Tierformen werden Tiger, Robben, Pinguine, Bartaffen, Mandrills und Gibbons sein. Auch in die Infrastruktur muss investiert werden.

Begehbare Häuser

Haus der Evolution, Raubtierhaus, Affenhaus, Elefantenhaus, Chitwan-(Nepal-)Haus, Tanganjikahaus, Papuahaus, „Kleinamazonien"

Besonderheiten

Kragenbären vergesellschaftet mit Hanumanlanguren, Westafrikanische Schimpansen, Diana-Meerkatzen, Binturongs vergesellschaftet mit Zwergottern, Katzenbären, Sikas, Milus, Neuguinea-Schnappschildkröten, Papuawarane, Blaue Baumwarane, Neuguineakrokodile, Weißnackenkraniche, Loris

OSTRAVA!!!

Paignton Zoo

Kontakt	Paignton Zoo Environmental Park, Totnes Road, Paignton, Devon TQ4 7EU, UK Tel: +44 (0)1803 697 500 Fax: +44 (0)1803 523 457 info@paigntonzoo.org.uk www.paigntonzoo.org.uk
Inhaber	gemeinnützige Stiftung und GmbH 100 % The Whitley Wildlife Conservation Trust, South West Environmental Parks Ltd.
Fläche	34 ha (83 acres)
Gründungsjahr	1923
Besucherzahl	515.000
Dienstleistungen	Gastronomie: zooeigen Restaurant, Café, Kioske, Picknickplatz Läden: Zooshop (zooeigen) Streichelzoo: Ja Spielplatzs: Ja Rollstuhlverleih
Tierbestand am 31. 12. 2015	

	Anzahl	Arten
Säugetiere	371	70
Reptilien	208	51
Vögel	990	136

Hunde	Nein
Schaufütterungen	Ja
Vorführungen etc	Ja, Flugshow (im Sommer)
Zoofreunde	Nein, aber Programm für Mitglieder
Freiwillige	Ja, ca 120+
Bildung	Zooschule: Ja Zooführer: Ja Sprache der Beschilderung: Englisch Beurteilung: ✶✶✶

Paignton Zoo

Der schöne Standort des Zoos Paignton liegt im Südwesten Englands nahe der Küste, einem Naturschutzgebiet angrenzend. Er ist zum Teil hügelig, hat gepflegte Wege und eine große Vielfalt an Laubbäumen. Der botanische Teil des „Umweltparks" ist besonders bemerkenswert mit seinen einheimischen, spektakulären, bedrohten, essbaren und Heilpflanzen. Die Lage ist meiner Meinung nach die schönste aller englischen Zoos dieser Studie. Der Tiergartenbereich ist in sechs Zonen aufgeteilt: Savanne, Wald, Feuchtgebiet, Tropenwald, Wüste und „Primley". Letzteres ist der historische Name für den ältesten Teils des Parks. Es macht Freude, den Zoo Paignton zu besuchen – nicht zuletzt wegen seines Bewusstseins für die Wechselbeziehung zwischen Tieren und Pflanzen, und die Notwendigkeit, für Tiere artgerechte Anlagen zu bauen.

Allgemeine Beschreibung

Der bis 2019 gültige Masterplan sieht zwar keine neuen großen Projekte vor, aber es ist geplant, die voneinander getrennt gehaltenen Giraffen, Zebras, Antilopen, Nashörner und Strauße auf eine „Afrikanische Savanne" zu versammeln. Ansonsten wird in die Infrastruktur und Instandhaltung vorhandener Anlagen investiert. Die Elefantenhaltung wird aufgegeben.

Masterplan

Affenhaus, Menschenaffenhaus, Elefanten- und Giraffenhaus, Nashornhaus, Wüstenhaus, „Krokodilsumpf", Reptilien- und Tropenhaus

Begehbare Häuser

Affenhaus, Weißhandgibbons, Katzenbären, Kusimansen, Mähnenwölfe, Pinselohrschweine, Kaukasische Steinböcke, Pudus, Kängurus, Pelikane, Kasuare, Mandschurische Kraniche, Halsbandwehrvögel, Netzpythons, Pazifikwarane

Besonderheiten

Pairi Daiza

Kontakt	Pairi Daiza S.A. Domaine de Cambron, 7940 Brugelette, BE Tel: +32 68 250 850 Fax: +32 68 455 405 info@pairidaiza.eu www.pairidaiza.eu
Inhaber	Private Gesellschaft 100 % Pairi Daiza S.A. majority shareholder Eric Domb
Fläche	72 ha (90 ha im Besitz)
Gründungsjahr	1994 (als Parc Paradisio) seit 2010: Pairi Daiza
Besucherzahl	1.800.000
Dienstleistungen	Gastronomie: zooeigen Restaurants, Cafés, Kioske, Picknickplätze Läden: Zooshop (zooeigen) Schmalspurbahn mit Dampf- lokomotive Streichelzoo: Ja Spielplatz: Ja

Tierbestand am 31. 12. 2014 (geschätzt)	

	Anzahl	Arten
Säugetiere	375	63
Reptilien	1.600	100
Vögel	2.800	320

Hunde	Nein
Schaufütterungen	Nein
Vorführungen etc.	Ja, Flugshow
Zoofreunde	Nein
Freiwillige	Nein
Bildung	Zooschule: Nein Zooführer: Ja Sprache der Beschilderung: Französisch, Flämisch, Englisch Beurteilung: ★★★

Pairi Daiza

Allgemeine Beschreibung

Der Pairi Daiza (angelehnt an das Wort Paradies) ist ein faszinierender Zoo in vielerlei Hinsicht, ein Geozoo in dem die einzelnen Bereiche nicht nur zoologisch sondern auch ethnographisch, kulturell, architektonisch und botanisch stimmen. Der Firmenspruch lautet „ein Garten der Welten". Er wächst am schnellsten unter den Tierparks dieser Studie, und hat vor, eine der größten Tiersammlungen Europas aufzubauen. Der Standort wurde 2010 von 55 auf 90 ha erweitert. Das Herz ist ein mittelalterliches Kloster aus dem 13. Jahrhundert, teils erhalten und unter Denkmalschutz, teils als interessante Ruine gehalten. Das Gelände ist sanft hügelig und überwiegend offen. Es gibt viele schöne Gartenanlagen mit Pflanzen aus aller Welt. Ein riesiger See ist Heimat der Flamingos, Pelikane und Wassergeflügel. Der Zoo ist zurzeit in acht „Welten" aufgeteilt. Die „Stadt der Unsterblichen" ist der größte chinesische (Tier-)Garten außerhalb Chinas, mit u. a. einem buddhistischen Tempel, 4.000 Teesträuchern, einem großen chinesischen Restaurant und Bambusbären natürlich dazu. Es gibt schon drei Elefantenhäuser und Pläne, die größte Herde Indischer Elefanten in Europa aufzubauen. Es gibt auch noch viele begehbare Tieranlagen; an nur einem Tag kann man den Zoo kaum besuchen.

Masterplan

Der Masterplan für den Zeitraum 2010 bis 2015 sah Investitionen in Höhe von 50 Millionen € für neue bzw. modernisierte Anlagen, eine bessere Infrastruktur und einen Parkplatz für 8.000 PKWs vor. Zwischen 2016 und 2020 sollen weitere 50 Millionen € für neue Anlagen ausgegeben werden, darunter für Riesensalamander, Chinesische Alligatoren, Komodowarane, Koalas und Zwergflusspferde, die alle schon 2016 fertiggestellt werden konnten, sowie für Gorillas, Orang-Utans und Gibbons bis 2017 und für Eisbären und andere nordische Tiere bis 2018.

Begehbare Häuser

Tropenhaus „Oase", Aquarium „Nautilus", Reptilienhaus „Mersus Emergo", Bambusbärenhaus, Vogelhaus „Tropicalia", Elefanten-Tempelhaus

Besonderheiten

Bambusbären, Katzenbären, Elefanten, Nacktmulle, Schneeleoparden, Riesenotter, Stummelaffen, Siamangs, Gürteltiere, Takine, Zebras, Riesenschildkröten, Brillenkaimane, Bindenwarane, Grüne Leguane, Flamingos, Pelikane, Schuhschnäbel, Greifvögel, Nandus, Papageien, begehbare Anlagen für Vögel, Totenkopfaffen, Makis und Kängurus und Lorifütterung in noch einer begehbaren Voliere

Zoo Palić

Kontakt	Zoo Palić, Krfska 4, 24413 Palić, RS Tel: + 381 (0)24 753 075 Fax: +381 (0) 24 753 303 office@zoopalic.co.rs www.zoopalic.co.rs
Inhaber	städtisch 100 % Stadt Subotica
Fläche	14 ha
Gründungsjahr	1950
Besucherzahl	200.000
Dienstleistungen	Gastronomie: verpachtet Kioske, Picknickplatz Läden: Zooshop (verpachtet) Streichelzoo: Ja Spielplatz: Ja
Bildung	Zooschule: Ja (sehr schöner Neubau mit einem Hörsaal mit 200 Plätzen) Zooführer: Nein Sprache der Beschilderung: Serbisch, Ungarisch Beurteilung: ✲ ✲

Tierbestand am 31. 12. 2014

	Anzahl	Arten
Säugetiere	337	52
Reptilien	206	29
Vögel	216	51

Hunde	Nein
Schaufütterungen	Nein
Vorführungen etc.	Nein
Zoofreunde	Nein
Freiwillige	Ja, 5

Zoo Palić

Der Zoo im Norden Serbiens nahe der ungarischen Grenze liegt in hübscher Lage mit besten Voraussetzungen, zu einem richtigen zoologischen Garten entwickelt zu werden. Sobald die Finanzierung steht, soll der Zoo um 6 ha erweitert werden. Es gibt einen schönen botanischen Teil und einige Gewässer, aber in den Tiergehegen mangelt es an Wasser. Das Gelände ist überwiegend flach und zum Teil bewaldet; es grenzt an einem Wald. Der Zoo hat einen großen Gnadenhof für gerettete Tiere, aber insgesamt wirken die Tierhäuser ärmlich. Es fehlt vor allem an Geld.	Allgemeine Beschreibung
Ein neuer Masterplan ist 2016 verkündet worden. Der Zoo soll in einen Geozoo verwandelt werden, mit zwei Bereichen für Asien und jeweils einem für Afrika, Australien, Südamerika und Europa. Priorität hat die Modernisierung vorhandener Tierhäuser wie Elefantenhaus, Reptilienhaus, Affenhaus und Papageienhaus. In den Jahren 2012 und 2013 wurden die Anlagen für Eisbären, Braunbären, Waschbären, Nasenbären, Zwergotter, Binturongs, Marderhunde, Rohrkatzen, Stachelschweine und Tapire alle ausgebessert. Eine neue, gute Anlage wurde für Persische Leoparden eingeweiht.	Masterplan
Giraffenhaus, Elefantenhaus, Affenhaus, Schimpansenhaus, Raubtierhaus, Reptilienhaus	Begehbare Häuser
Persische Leoparden, Braunbären, Zwergotter, Mantelpaviane, Wasserbüffel, Schmutzgeier, Seeadler	Besonderheiten

MÉNAGERIE PARIS

MUSÉUM
NATIONAL D'HISTOIRE NATURELLE

Kontakt	Ménagerie le Zoo du Jardin des Plantes, 57, Rue Cuvier, 75005 Paris, FR Tel: +33 (0) 1 40 79 3794 Fax: +33 (0) 1 40 79 3793 valhuber@mnhn.fr www.mnhn.fr
Inhaber	Staatlich, 100 % Museum National d'Histoire Naturelle (MNHN)
Fläche	5.5 ha
Gründungsjahr	1794
Besucherzahl	675.000
Dienstleistungen	Gastronomie: verpachtet Snack Bar, Picknickplatz Läden: Nein Streichelzoo: Ja Spielplatz: Nein
Bildung	Zooschule: Ja Zooführer: Ja Sprache der Beschilderung: Französisch Beurteilung: ★★

Tierbestand am 29.07.2016

	Anzahl	Arten
Säugetiere	188	45
Reptilien	83	22
Vögel	195	56

Hunde	Nein
Schaufütterungen	Ja
Vorführungen etc	Nein
Zoofreunde	Ja, SECAS Société d'Encouragement pour la Conservation des Animaux Sauvages ca 1,400 Mitglieder
Freiwillige	Nein

Ménagerie Paris

Allgemeine Beschreibung

Der zweitälteste Zoo der Welt, mitten in der Millionenstadt mit wirklich wenig Raum, hat über die Jahre alle seine großen Säugetiere abgegeben und konzentriert sich heute auf kleinere und seltene Tierarten. Der Schwerpunkt liegt auf die Tierwelt Asiens und Australiens; die anderen Erdteile werden im Schwesterzoo im Vorort Vincennes gepflegt. Die historischen Tierhäuser stehen unter Denkmalschutz, aber in den letzten fünf Jahren ist kaum noch investiert worden. Dennoch versprüht die Menagerie Atmosphäre; sie ist ein klassischer zoologischer Garten mit hübscher Vegetation, allerdings ohne Platz für Gewässer.

Masterplan

Der Masterplan für die Jahre 2013 bis 2020 sieht vor allem die Modernisierung unter der Norm liegender Anlagen vor. Obwohl einige kostengünstige Projekte wie 2015 die Renovierung der Anlage für Malaientapire, Muntjaks und Weißnackenkraniche vollendet werden konnte, und manche interessante, für die Menagerie neue Tierarten wie Tüpfelbeutelmarder, Goodfellow-Baumkängurus vergesellschaftet mit Riesenborkenratten, und Wiedehopfe eingeführt wurden, lässt die Unterfinanzierung des Pariser Naturkundemuseums, zu dem die Menagerie gehört, größere Bauprojekte zurzeit nicht zu. Diese wären die Renovierung des Affenhauses, vor allem für Orang-Utans und Gibbons, des Raubtierhauses und des Reptilienhauses. Diese Projekte, alle zugunsten historischer Tierhäuser, würden zusammen mindestens 35 Millionen € kosten.

Begehbare Häuser

Affenhaus, Raubtierhaus, Reptilienhaus, Vivarium, Riesenschildkrötenhaus „La Rotonde" (ehemaliges Dickhäuterhaus, zuletzt 2015 renoviert)

Besonderheiten

Katzenbären, Tüpfelbeutelmarder, Baumkängurus, Gürteltiere, Riesenborkenratten, Löwenäffchen, Pudus, Halsbandwehrvögel, Tukane, Große Voliere, Nashornleguane, Segelechsen, Kubanische Schlankboas

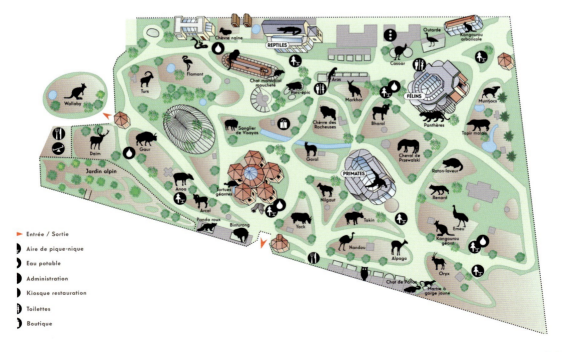

361

ZOO PARIS

Kontakt	Parc Zoologique de Paris, 51 Avenue Saint Maurice, 75012 Paris, FR Tel: +33 (0) 1 44 752 000 Fax: +33 (0) 1 43 435 473 pzp@mnhn.fr www.pzp.mnhn.fr
Inhaber	staatlich 100 % Museum National d'Histoire Naturelle (MNHN)
Fläche	13 ha (15 ha im Besitz)
Gründungsjahr	1934 (2014 wiedereröffnet)
Besucherzahl	1.000.000
Dienstleistungen	Gastronomie: verpachtet Restaurants, Cafés, Kioske, Picknickplatz Läden: Zooshop (verpachtet) Streichelzoo: Nein Spielplatz: Nein
Bildung	Zooschule: Ja Zooführer: Ja Sprache der Beschilderung: Französisch Beurteilung: ✶

Tierbestand am 31. 12. 2014

	Anzahl	Arten
Säugetiere	234	44
Reptilien	110	20
Vögel	283	54

Hunde	Nein
Schaufütterungen	Nein
Vorführungen etc	Nein
Zoofreunde	Ja, SECAS Société d'Encouragement pour la Conservation des Animaux Sauvages ca 1.400 Mitglieder
Freiwillige	Nein

Zoo Paris

Der Tierpark im Vorort Vincennes wurde 2014 nach mehrjährigem Umbau wiedereröffnet. Vom alten Tierpark ist nur noch der „Große Felsen" aus dem Jahr 1934 erhalten geblieben; er dient auch als Wasserturm. Das Konzept sieht einen Geozoo vor: Afrika, Amerika, Europa – Asien und Australien werden in der Menagerie vertreten. Das Gelände ist flach mit neuer Bepflanzung, aber einige alte Bäume stehen noch. Die Gehwege sind breit, hart und für einen Park etwas unnatürlich. Der Tierpark ist ein moderner Zoo im Sinne großer Gehege, wenig Tierarten und mit nur drei Tierhäusern, die den Besuchern offenstehen. Eine große Voliere, mit einem Netz überspannt, behaust Flamingos und anderes Wassergeflügel. Das Konzept sieht nach Möglichkeit auch Freisichtanlagen mit jeweils mehreren Tierarten vor.	Allgemeine Beschreibung
Masterplan – nach vorläufiger Vollendung des Generalumbaus gibt es zurzeit keinen neuen	Masterplan
Tropenhaus, Giraffenhaus, Vivarium	Begehbare Häuser
Löwen, Pumas, Fischotter, Vielfraße, Iberische Wölfe, Seelöwen, Große Ameisenbären, Zweifingerfaultiere, Flughunde, Varis, Kattas, Wollaffen, Tamarine, Sakis, Springäffchen, Giraffen, Mendesantilopen, Marabus, Kronenkraniche, Strauße, Geier, Aras, Grüne Leguane	Besonderheiten

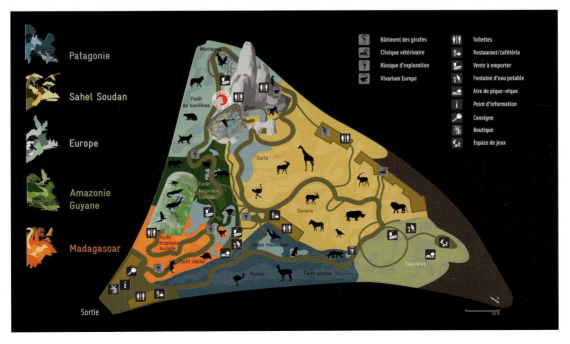

Zoo Pilsen

Kontakt	Plzeň Zoological and Botanical Gardens, Pod Vinicemi 9, 30116 Pilsen, CZ Tel: +420 (0) 378 038 325 Fax: +420 (0) 378 038 302 zoo@plzen.eu www.zooplzen.cz
Inhaber	städtisch 100 % Stadt Pilsen
Fläche	21 ha
Gründungsjahr	1926 (am Ort seit 1963)
Besucherzahl	460.000
Dienstleistungen	Gastronomie: verpachtet Restaurant, Café, Kioske, Picknickplatz Läden: Zooshop (verpachtet) Streichelzoo: Ja, inklusive Kamelreiten (bei gutem Wetter) Spielplatz: Ja

Tierbestand am 31.12.2013

	Anzahl	Arten
Säugetiere	1.834	245
Reptilien	2.328	279
Vögel	2.544	506

Hunde	Nein
Schaufütterungen	Ja
Vorführungen etc	Flugshow im großen Amphitheater, Luftnerka Bauernhaus
Zoofreunde	Nein, geplant
Freiwillige	Nein
Bildung	Zooschule: Ja Zooführer: Ja Sprache der Beschilderung: Tschechisch

Beurteilung: ✶ ✶

ZOO PILSEN

Allgemeine Beschreibung

Tschechiens ursprünglich kombinierter zoologisch-botanischer Garten liegt in der Brauerei- und Škodastadt Pilsen. Die Mies liegt südlich und hohe Felsen nördlich des Geländes. Der Zoo wird zurzeit konsequent zu einem Geozoo umgebaut. Ein Meilenstein war 2010 die Eröffnung mehrerer Anlagen für afrikanische Tiere, darunter einer für Steppentiere, eines Sees für Zwergflusspferde und Gehege für Geparde, Giraffen, Nashörner und Stummelaffen und weitere Säugetier- und Vogelarten. Es gibt auch einen schönen Japanischen Garten und einige interessante Gewächshäuser für Pflanzen und Tiere.

Masterplan

Der zurzeit gültige Masterplan für das Jahrzehnt 2011 bis 2020 hat schon das neue Amazonashaus, das Mittelmeerhaus, die Giftschlangenfarm und die renovierte Arena mit 5.000 Sitzplätzen hervorgebracht. Bis 2020 sollen noch das Madagaskarhaus, das Haus für afrikanische Affen, das Südamerikahaus mit Pampasanlage und das Mittelamerikahaus neu entstehen bzw. ausgebaut werden. Für den nächsten Masterplan ab 2020 ist schon ein ehrgeiziges Indonesienprojekt vorgemerkt, mit neuem Elefantenhaus und einer Bootsfahrt auf einem 13 ha großen Erweiterungsgelände.

Begehbare Häuser

Giraffenhaus, Nashornhaus, Zwergflusspferdhaus, Löwenhaus, Madagaskarhaus, Tropenhaus, Menschenaffenhaus, Haus für afrikanische Tiere, Afrika-Nachttierhaus, Mittelmeerhaus, Südamerika-Kleinsäugerhaus

Besonderheiten

Braunbären, Nordchinesische Leoparden, Nasenbären, Zwergmangusten, Stummelaffen, Kattas, Weißbüscheläffchen, Weißbauchigel, Philippinische Hirschferkel, Zwergflusspferde, Zebras, Pelikane vergesellschaftet mit Scharben, Geier-Voliere, Afrika-Asien-Voliere, Anlage für europäische Wasserschildkröten und Eidechsen, Anlage für Schildechsen, Agamen und Landschildkröten

Dierenpark Planckendael

Kontakt	Dierenpark Planckendael, Leuvensesteenweg 582, 2812 Muizen-Mechelen, BE Tel: +32 (0) 1541 4921 Fax: +32 (0) 1542 2935 info@planckendael.be www.planckendael.be

Inhaber	gemeinnützige Stiftung 100 % KMDA (Königliche Gesell- schaft für Zoologie Antwerpen) mit finanzieller Unterstützung der Region Flandern und der Stadt Antwerpen
Fläche	42 ha
Gründungsjahr	1956
Besucherzahl	950.000
Dienstleistungen	Gastronomie: (zooeigen) Restaurant, Café, Kioske Läden: Zooshop (zooeigen) Streichelzoo: Ja, Streichelzoo Spielplatz: Ja, fünf verschiedene Spielplätze inklusive Karussell

Tierbestand am 31. 12. 2015		
	Anzahl	Arten
Säugetiere	400	71
Reptilien	6	4
Vögel	850	115

Hunde	Nein
Schaufütterungen	Ja, an verschiedenen Orten
Vorführungen etc	Ja, Flugshow
Zoofreunde	Nein, aber Programm für Mitglieder of KMDA
Freiwillige	Ja

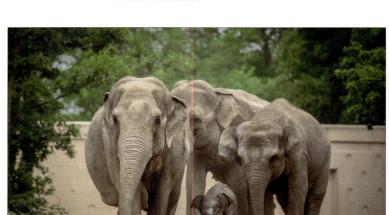

DIERENPARK PLANCKENDAEL

Zooschule: Nein but organised guided school visits — Bildung
Zooführer: Nein
Sprache der Beschilderung: Flämisch, Französisch, Englisch
Beurteilung: ✯✯

Als Außenzoo des Antwerpener Tiergartens, nur etwa eine Dreiviertelstunde entfernt, wird der Tierpark Planckendael zu einem Tierpark für Arten ausgebaut, die viel Platz beanspruchen. In den letzten fünf Jahren ist die neue Elefantenanlage „Kai-Mook" eröffnet worden und die Geozonen Amerika, Afrika und Asien entstanden. Tamarine, Seidenäffchen und Nasenbären können sich jetzt frei im Tierpark bewegen. Das Gelände umfasst einen ehemaligen Landsitz, ist flach und hat viele alte Bäume und gut gestaltete Gewässer. Zum Umweltschutz tragen Recycling und Pflanzenkläranlagen bei. — Allgemeine Beschreibung

Der Masterplan für das Jahrzehnt 2011 bis 2020 sieht den weiteren Umbau zum Geozoo und die Instandsetzung vorhandener Anlagen und Tierhäuser vor. — Masterplan

Elefantenhaus, Giraffenhaus, Bonobohaus, Koalahaus, Asiatisches Gewächshaus, Bienenhaus — Begehbare Häuser

Indische Elefanten, Wapitis vergesellschaftet mit Bisons, Bonobos, Tamarine, Seidenäffchen, Schneeleoparden, Waldhunde, Tüpfelhyänen, Zwergotter, Katzenbären, Nasenbären vergesellschaftet mit Pekaris und Maras, Pinguine, Flamingos, Greifvögel — Besonderheiten

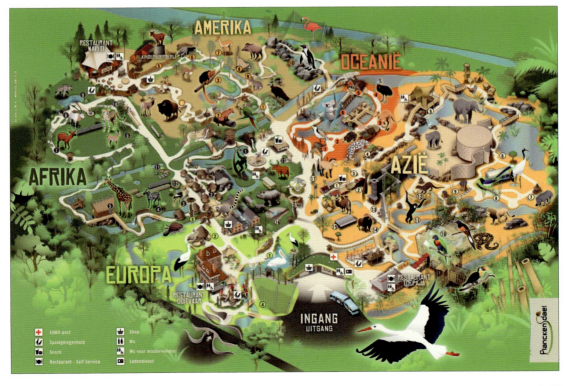

Zoo Poznań (Alter und Neuer Zoo)

Kontakt	Ul. Browarna 25, 61-063 POZNAŃ, PL
	Tel: +48 61 87 68 209
	Fax: +48 61 87 73 533
	sekretariat@zoo.poznan.pl
	www.zoo.poznan.pl
Inhaber	städtisch
Fläche	4,4 ha Alter Zoo
	116 ha Neuer Zoo
Gründungsjahr	1874 Alter Zoo
	1974 Neuer Zoo
Besucherzahl	400.000
Dienstleistungen	Gastronomie: verpachtet (beide) Restaurant (beide), Kiosk (beide), Picknick-Platz (nur Neuer Zoo) Läden: Zooshop, verpachtet (nur Neuer Zoo), Streichelzoo mit Bauernhof (nur Neuer Zoo) Spielplatz (nur Neuer Zoo)

Tierbestand am 31. 12. 2015

	Anzahl	Arten
Säugetiere	839	102
Reptilien	233	45
Vögel	398	95

Hunde	Nein
Schaufütterungen	Nein
Vorführungen etc.	Nein
Zoofreunde	Nein
Freiwillige	Ja
Bildung	Zooschule
	Zooführer
	Sprache der Beschilderung : Polnisch
	Beurteilung: ✶

Lemuren-Insel(Alter Zoo)

Elefanten (Neuer Zoo)

Zoo Poznań (Alter und Neuer Zoo)

Unter gemeinsamer Verwaltung pflegt Poznań zwei Tiergärten, die hundert Jahre getrennt von einander entstanden sind. Im kleinen alten, ursprünglich deutschen Zoo ist bis auf das ausgezeichnete Aquarium und Terrarium der Eintritt frei. Bis Ende 2016 entsteht ein neues Affenhaus. Der neue Tierpark liegt am Stadtrand etwa 3,5 km vom alten Zoo entfernt. Das Gelände ist sanft hügelig und hat sowohl bewaldete als auch offene Flächen mit einigen recht großen Seen. Gut markierte und gepflegte Gehwege und eine Bimmelbahn lassen einen Besuch gut bewältigen.	Allgemeine Beschreibung
Einen neuen Masterplan soll es frühestens Ende 2016 unter dem neuen Direktor geben. Priorität hat die Renovierung vorhandener Strukturen, vor allem der Anlagen für Giraffen und Nashörner im neuen Tierpark und der Siamanganlage im alten Zoo.	Masterplan
Aquarium mit Terrarium, Affenhaus und Vogelhaus im alten Zoo; Elefantenhaus (eins der größten in Europa) und Nachttierhaus im neuen Tierpark	Begehbare Häuser
Komodowarane, Hornvögel und Turakos im alten Zoo; Afrikanische Steppenelefanten, Braunbären, Tiger, Luchse, Löffelhunde, Nasenbären, Europäische Nerze, Feuerwiesel, Klammeraffen, Bartgeier im neuen Tierpark	Besonderheiten

Old Zoo

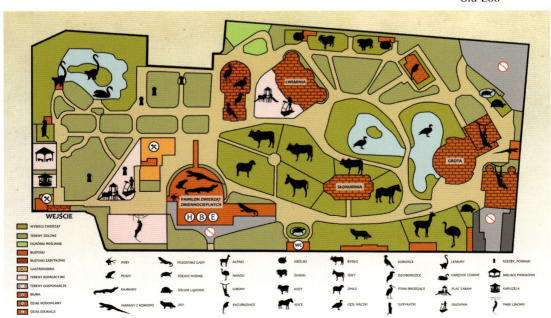

Zoo Prag

Kontakt	The Prague zoological garden, U Trojskéno Zamku 3/120, Troja 171 00 Prag 7, CZ Tel: +420 (0) 296 112 230 Fax: +420 (0) 233 540 287 pr@zoopraha.cz www.zoopraha.cz	
Inhaber	städtisch 100 % Stadt Prag	
Fläche	50 ha (60 ha im Besitz)	
Gründungsjahr	1931	
Besucherzahl	1.325.000	
Dienstleistungen	Gastronomie: verpachtet Restaurants, Café, Kioske, Picknickplatz Läden: Zooshop (verpachtet) Streichelzoo: Ja, sehr schön (wiedereröffnet 2015) Spielplatz	
Bildung	Zooschule: Ja Zooführer: Ja Sprache der Beschilderung: Tschechisch, Englisch, Russisch Beurteilung: ✲ ✲	

Tierbestand am 31. 12. 2014		Anzahl	Arten
	Säugetiere	1.008	160
	Reptilien	1.087	129
	Vögel	1.527	291

Hunde	Ja
Schaufütterungen Vorführungen etc.	Ja, bei gutem Wetter Ja, Besucherfütterung bei den Giraffen
Zoofreunde	Nein, aber Förderkreis mit 50 Mitgliedern
Freiwillige	Ja, 735 Freiwillige und Zoobegleiter

Zoo Prag

Die Überschwemmungen 2002 und wieder 2013 haben die Entwicklung des hervorragenden Prager Tiergartens nur kurz aufgehalten. Der Standort liegt – wenn nicht immer hoch genug – über der Moldau in schöner Hanglage. Etwa 20 Millionen € sind jetzt für den Hochwasserschutz vorgesehen. Das Gelände ist vielfältig und hat genug Wasser um schöne Wassergräben und Anlagen auf künstlichen Inseln bauen zu lassen, viele Bäume und andere Pflanzen und auch felsige Ecken. Die begehbare Anlage für Makis und Enten ist besonders gut gelungen. Das Indonesienhaus ist schlicht spektakulär, und das Gavialhaus und Haus für Riesensalamander allein einen Besuch wert. Mit seinem hohen Standard gehört der Prager Zoo zu den zehn besten dieses Vergleichs und hat eine der besten Tiersammlungen in Europa.	Allgemeine Beschreibung
Der flexible Masterplan für das Jahrzehnt 2016 bis 2025 hat als Prioritäten das neue Gorillahaus, Rakos' Pavillon für Aras und andere Großpapageien, ein Häuschen für Beutelteufel, eine neue Anlage für Polar- und nordische Tiere wie Eisbären, und womöglich eine Anlage für Bambusbären. Längerfristig wird der Umbau eines Großsäugerhauses zum Amazonashaus anvisiert. In den letzten fünf Jahren sind das neue Elefanten- und Flusspferdhaus und der Riesensalamanderpavillon entstanden. Der Kinderzoo ist jetzt viel schöner geworden.	Masterplan
Indonesienhaus,, Elefantenhaus, Flusspferdhaus, Giraffenhaus, Großkatzenhaus mit Terrarium, Gorillahaus, Afrikahaus, Gavialhaus, Sichuan-(China-)Vogelhaus, Pinguinhaus, Riesenschildkrötenhaus und das einzige Riesensalamanderhaus Europas	Begehbare Häuser
Elefanten, Flusspferde, Indische Löwen, Nordamerikanische Fischotter, Zwergotter, Katzenbären, Nasenbären, Seebären, Giraffen, begehbare Maki-Anlage, Orang-Utans, Klammeraffen, Stummelaffen, Silbergibbons, Schopfmakaken, Gaviale, Komodowarane, Riesensalamander, Riesenschildkröten, Enigmablattschildkröten, Leguane, begehbare Okavango-Voliere, begehbare Pantanal-Voliere, Greifvogelvoliere, Schuhschnäbel, Pelikane, Flamingos	Besonderheiten

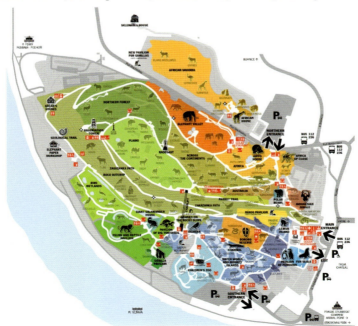

NaturZoo Rheine

Kontakt	NaturZoo Rheine, Salinenstr. 150, 48432 Rheine, DE Tel: +49 (0) 5971 161 480 Fax: +49 (0) 5971 161 4820 info@naturzoo.de www.naturzoo.de
Inhaber	gemeinnützige Stiftung 100 % NaturZoo Rheine e.V. mit finanzieller Unterstützung der Stadt Rheine
Fläche	13 ha
Gründungsjahr	1937
Besucherzahl	300.000
Dienstleistungen	Gastronomie: verpachtet Restaurant, Kiosk, Picknickplatz Läden: Zooshop (zooeigen) Streichelzoo: Ja, nicht nur für Kinder Spielplatz: Ja

Tierbestand am 31. 12. 2015	
Hunde	Ja
Schaufütterungen	Ja
Vorführungen etc.	Ja
Zoofreunde	Ja, NaturZoo Rheine e.V. 400 Mitglieder
Freiwillige	Ja

	Anzahl	Arten
Säugetiere	359	40
Reptilien	28	5
Vögel	690	38

NaturZoo Rheine

Zooschule: Ja	Bildung
Zooführer: Ja	
Sprache der Beschilderung: Deutsch	
Beurteilung: ★★★	

Der NaturZoo liegt auf flachem aber hübschem Gelände mit vielen Bäumen und viel Wasser. Er strahlt eine angenehme Atmosphäre aus und zeigt einen hohen Standard bei der Gestaltung der Anlagen. Die klassischen großen Säugetiere fehlen zum größten Teil. Die Wildpopulation an Weißstörchen mit mindestens hundert Paaren ist außergewöhnlich groß. Eine ausgezeichnete begehbare Anlage, der große „Affenwald", lässt Besucher sich unter mindestens 20 Berberaffen mischen.	Allgemeine Beschreibung
Ja, ein Masterplan mit offenem Ende von 2003 wurde 2014 überarbeitet und aktualisiert. In den kommenden Jahren sollen ein Nachttierhaus als größtes Projekt sowie ein Haus und Insel für südamerikanische Affen, ein neues Haus für die Bartaffen und eine neue Anlage für die Zwergotter entstehen. Höhepunkte der Bautätigkeiten der letzten zehn Jahre waren neue Anlagen für Pinguine, Flamingos, Störche, Gibbons, Bären und Sumatratiger sowie ein neuer Streichelzoo. Eine sehr schöne, begehbare Anlage für Makis, acht Gehege, die ineinander übergehen, wird bis spätestens Ende 2016 eröffnet werden können.	Masterplan
Vogelhaus, Affenhaus, Makihaus, Dscheladahaus, Tigerhaus, Streichelzoostallungen	Begehbare Häuser
Begehbare Berberaffenanlage, begehbare Voliere, begehbare Anlage für Pinguine und Inkaseeschwalben, Vogelhaus, Blutbrustpaviane (etwa 60 bis 70), Weißhandgibbons, Lippenbären vergesellschaftet mit Goldschakalen, Sumatratiger, Sitatungas vergesellschaftet mit Kronenkranichen, Präriehunde, Webervögel, begehbare Storchvoliere, Griechische Landschildkröten	Besonderheiten

Zoo Rhenen

Kontakt	Ouwehands Dierenpark, Grebbeweg 111, 3911 AV Rhenen, NL Tel: +31 (0) 317 650 200 Fax: +31 (0) 317 613 727 info@ouwehand.nl www.ouwehand.nl	
Inhaber	gemeinnützige Gesellschaft 100 % Van Ouwehands Dierenpark B.V.	
Fläche	21 ha	
Gründungsjahr	1932	
Besucherzahl	995.000	
Dienstleistungen	Gastronomie: zooeigen Restaurants, Café, Kioske Läden: Zooshop (zooeigen) Streichelzoo: Ja Spielplatz: Ja, inklusive Ravot Aapia, Europas größter Indoorspielplatz mit einer Größe von 0,4 ha	
Bildung	Zooschule: Ja Zooführer: Ja Sprache der Beschilderung: Holländisch Beurteilung: ✴ ✴	

Tierbestand am 31. 12. 2015

	Anzahl	Arten
Säugetiere	230	47
Reptilien	45	14
Vögel	349	61

Hunde	Ja
Schaufütterungen	Ja, im Sommer
Vorführungen etc.	Ja, Seelöwen
Zoofreunde	Nein
Freiwillige	Ja, ca 50

Zoo Rhenen

Allgemeine Beschreibung

Der interessante Zoo Rhenen in der Provinz Utrecht liegt auf flachem aber gut bewaldetem Gelände mit vielen alten Laubbäumen. Besonders bemerkenswert sind der riesiger Kinderspielplatz unter Dach und der 2 ha große Bärenwald, gesponsert von einem Verein, der sich um missbrauchte Bären kümmert. Besucher können von einem erhöhten Gehweg aus die Bären mit Wölfen in natürlicher Umgebung beobachten, und kommen auch an andere Tiere wie Eisbären und Gorillas nahe dran.

Masterplan

Einen ausgewiesenen Masterplan gibt es nicht, aber bis Ende 2017 soll „Pandasien" entstehen, eine neue Anlage für Bambusbären, Malaienbären, Katzenbären, Nebelparder und Muntjaks. Bis 2018 sollen neue Anlagen für Bonobos und für Zwergflusspferde und Okapis fertig sein. Unter den Baumaßnahmen der Jahre 2010 bis 2014 sind das neue Gorillahaus von 2013 und die 2014 errichtete Buntmarderanlage hervorzuheben, ferner die Modernisierung des Elefantenhauses und Anlagen für Robben, Erdmännchen, Warzenschweine, Wasserschweine und Pinguine.

Begehbare Häuser

Elefantenhaus, Giraffenhaus, Gorillahaus, Orang-Utan-Haus, „Umkhosi" für afrikanische Säugetiere, „Passaro" – Tropische Vögel, Aquarium

Besonderheiten

Bären vergesellschaftet mit Wölfen, Eisbären, Zwergotter, Seehunde, Gorillas, Weißhandgibbons, Warzenschweine, Pinguine, Hornvögel, Sattelstörche, Kaffernadler, Fasanen, Pfauen, Tropenvogelvoliere

Zoo Riga

RĪGAS
NACIONĀLAIS ZOOLOĢISKAIS DĀRZS

Kontakt	Riga National Zoological Garden Meza Prospekts 1, Riga LV 1014 Tel.: +371 (0) 6751 84 09 Fax: +371 (0) 6754 00 11 info@rigazoo.lv www.rigazoo.lv
Inhaber	städtisch (private Gesellschaft) 100 % Stadt Rigal
Fläche	22 ha
Gründungsjahr	1912, ursprünglich deutsch sprachige Gesellschaft
Besucherzahl	325.000
Dienstleistungen	Gastronomie: verpachtet Cafés, Kioske, Picknickplätze Läden: Zooshop (zooeigen) Strichelzoo: Ja Spielplatz
Bildung	Zooschule: Ja Zooführer: Nein Sprache der Beschilderung: Lettisch, Russisch Beurteilung: ✦ ✦

Tierbestand am 31. 12. 2015

	Anzahl	Arten
Säugetiere	504	79
Reptilien	234	50
Vögel	227	66

Hunde	Nein
Schaufütterungen	Ja
Vorführungen etc	Nein
Zoofreunde	Nein
Freiwillige	10

Zoo Riga

Der Staatszoo Lettlands liegt auf überwiegend flachem Gelände im Kaiserwald am Kischsee im Nordosten der Hauptstadt. Das Gelände ist eher trocken, hat aber einen recht guten Baumbestand. Viele Tierhäuser müssten renoviert werden, aber seit Ausbruch der Wirtschafts- und Finanzkrise 2008 hat sich hier wenig getan. Der vorgesehene Bau eines neuen Elefantenhauses ist auf unbestimmte Zeit verschoben worden. — **Allgemeine Beschreibung**

Der Masterplan bis 2020 beschränkt sich auf eine neue Zooschule, die Vollendung der „Afrikanischen Steppe", Anlagen für Geparde und für Stummelaffen und kleinere Ausbesserungen an vorhandenen Tierhäusern. — **Masterplan**

Giraffenhaus, Flusspferdhaus, Nachttierhaus, Tropenhaus, Aquarium, Insektarium — **Begehbare Häuser**

Giraffen, „Afrikanische Steppe", Schraubenziegen, Waldrentiere, Wölfe aus Nordamerika, Luchse, Nasenbären, Springtamarine, Seidenäffchen, Wasseragamen — **Besonderheiten**

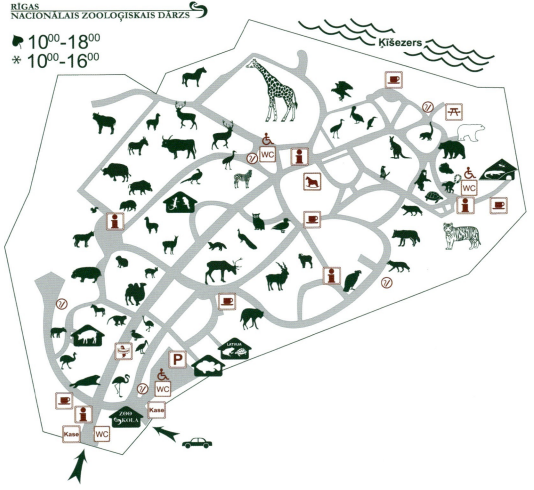

Zoo Rom

Kontakt	Bioparco di Roma,
	Viale Giardino Zoologico 20,
	00197 Roma, It
	Phone: +39 06 360 82 11
	Fax: +39 06 320 73 89
	info@bioparco.it
	www.bioparco.it
Inhaber	städtisch
	100 % Stadt Rom
Fläche	18 ha
Gründungsjahr	1911
Besucherzahl	510.000
Dienstleistungen	Gastronomie: verpachtet
	Restaurant, Cafés
	Läden: Zooshop (zooeigen)
	Streichelzoo: Ja, mit fünf italienischen Eselrassen, kleiner Bauernhof mit italienischen Nutztieren
	Spielplatz: Ja, verschiedene Spielplätze und Seminarräume

Tierbestand am 31. 12. 2011

	Anzahl	Arten
Säugetiere	319	45
Reptilien	316	64
Vögel	380	65

Hunde	Nein
Schaufütterungen	Ja, meistens an Wochenenden und Feiertagen
Vorführungen etc	Nein
Zoofreunde	in Gründung
Freiwillige	Nein

Zoo Rom

Zooschule: Nein	Bildung
Zooführer: Ja	
Artenschutzzentrum: "Biodiversitalia" für indigene Arten	
Sprache der Beschilderung: Italienisch, Englisch	
Beurteilung: ✶✶	

Die Grundfläche des Römer Zoos im berühmten Villa-Borghese-Park ist leider in den letzten Jahren verkleinert worden. Ursprünglich nach Vorbild des Tierparks Hagenbeck entstanden, ist er immer noch ein klassischer Großstadtzoo mit botanischen Aspekten. Es gibt über tausend Bäume, einige von ihnen sehr alt und sehr selten. Die subtropische Pflanzendecke mit vielen Bambusarten gibt dem Zoo einen üppigen Anstrich. Pfauen sieht man überall! — Allgemeine Beschreibung

Masterplan – soviel ich weiß, gibt es keinen — Masterplan

Reptilienhaus, Haus der Artenvielfalt — Begehbare Häuser

Voliere, Vogelseen, Braunbären, Wölfe, Schimpansen, Orang-Utans, Heilige Ibisse, Löffler — Besonderheiten

Zoo Rostock

Kontakt	Zoologischer Garten Rostock gGmbH Rennbahnallee 21, 18059 Rostock, DE Tel: +49 (0) 381 20 820 Fax: +49 (0) 381 493 4400 office@zoo-rostock.de www.zoo-rostock.de
Inhaber	städtisch (gemeinnützige GmbH) 99,56 % Stadt Rostock, 0,44 % Rostocker Zooförderverein e.V.
Fläche	42 ha (56 ha im Besitz)
Gründungsjahr	1899
Besucherzahl	635.000
Dienstleistungen	Gastronomie: (zooeigen und verpachtet) Restaurant (Darwineum), Cafés, Kioske, Picknickplatz Läden: Zooshop (zooeigen) Streichelzoo: Ja Spielplatz: Ja, mit Bezügen zu den Themen Bionik, Umweltschutz und den Zootieren

Tierbestand am 31. 12. 2015

	Anzahl	Arten
Säugetiere	399	79
Reptilien	76	22
Vögel	471	77

Hunde	Ja
Schaufütterungen	Ja
Vorführungen etc.	Ja
Zoofreunde	Ja, Rostocker Zooförderverein e.V. 200 Mitglieder
Freiwillige	Ja, 30
Bildung	Zooschule: Ja Zooführer: Ja Sprache der Beschilderung: Deutsch Beurteilung: ✶ ✶

ZOO ROSTOCK

Der Rostocker Zoo liegt in einem großen Park mit altem Baumbestand und vielfältiger Vegetation. Die Gartenanlagen glänzen mit Rhododendrons und Dahlien. Das Gelände ist überwiegend flach, aber die Landschaft ist schön und es gibt genug Wasser. Ein Meilenstein in der Entwicklung war die Eröffnung des „Darwineum" 2012, errichtet zum Teil auf einem Erweiterungsgelände. Der Komplex ist ein „Muss", verbindet er doch außergewöhnlich gute Gehege für Gorillas und Orang-Utans mit einer ausgezeichneten musealen Ausstellung zur Evolution.	Allgemeine Beschreibung
Der Masterplan für die Jahre 2016 bis 2020 hat als Priorität den Bau des „Polariums" bis 2018 für Eisbären und Pinguine. Für den Zoo neue Tierarten sollen Sibirische Tiger und Giraffen werden. Zu einem späteren Zeitpunkt wird gehofft, nach dem Tod des letzten Elefanten die Tierart unter besseren Bedingungen wieder halten zu können. Der Erfolg des „Darwineum" lässt hoffen, dass andere, dem Konzept passende Tierarten dort auch gehalten werden können.	Masterplan
Darwineum, Regenwaldpavillon, Zwergflusspferdhaus, Vogel- und Reptilienhaus, Löwenhaus, Krokodilhalle, Südamerikahaus, Aquarium	Begehbare Häuser
Gorillas, Orang-Utans, Gibbons, Brazzameerkatzen im Darwineum, Afrikanische Huftieranlage, begehbare Watvogelvoliere, Seebären, Seelöwen, Fischotter, Hyänenhunde, Jaguare, Erdmännchen, Kapuzineraffen, Zweifingerfaultiere, Pelikane, Rote Sichler, Riesenschildkröten	Besonderheiten

Zoo Rotterdam

Kontakt	Diergaarde Blijdorp/ Rotterdam Zoo Address Blijdorpplaan 8, 3041 JG Rotterdam, NL Tel.: +31(0) 10 443 1431 Fax: +31(0) 10 467 7811 info@rotterdamzoo.nl www.rotterdamzoo.nl
Inhaber	gemeinnützige Stiftung 100 % Königliche Zoologischer Gesellschaft Rotterdam mit finanzieller Unterstützung der Stadt Rotterdam
Fläche	28 ha
Gründungsjahr	1857
Besucherzahl	1.450.000
Dienstleistungen	Gastronomie: (zooeigen) Restaurants, Café, Kioske, Picknickplatz Läden: Zooshop (zooeigen) Streichelzoo: Ja Spielplatz
Bildung	Zooschule: Ja Zooführer: Ja Sprache der Beschilderung: Holländisch, Englisch Beurteilung: ✶ ✶

Tierbestand am 31. 12. 2012

	Anzahl	Arten
Säugetiere	641	72
Reptilien	476	69
Vögel	1341	130

Hunde	Nein
Schaufütterungen Vorführungen etc	Ja
Zoofreunde	Ja, Freunde des Zoo Rotterdam 5,600 Mitglieder; Zakenkring (Sponsorenkreis) 160 Mitglieder
Freiwillige	Ja, 400

Zoo Rotterdam

Der königliche zoologische mit botanischem Garten in Rotterdam liegt auf flachem Gelände mit vielfältiger Vegetation, darunter vielen Arten von Bambus und einem Chinesischen Garten. In den letzten 15 Jahren ist der Tiergarten zu einem überwiegend geografisch geordneten Zoo umgebaut worden, mit vielen neuen Tierhäusern und großen, naturnahen Gehegen. Das Gelände wird durch eine Eisenbahnlinie zweigeteilt, mit Eingängen an beiden Enden. Ein schöner Anblick sind freifliegende Weißstörche, die auf Eisenbahnmasten nisten. — **Allgemeine Beschreibung**

Wegen der Wirtschafts- und Finanzkrise ab 2008 hat sich bis 2013 im Tiergarten kaum was getan. Ein neuer Masterplan sieht jetzt vor allem die Wiederinstandsetzung der Infrastruktur und Ausbesserungen an vorhandenen Tierhäusern vor. Immerhin ist Ende 2015 ein neues Löwenhaus fertiggestellt worden, und die Häuser für Okapis und Zebras sind schön renoviert worden. — **Masterplan**

Aquarium „Oceanium", Amazonashaus, „Rivierahalle", Elefantenhaus, Giraffenhaus, Okapihaus, Löwenhaus, Tigerhaus, Eisbärenhaus, Menschenaffenhaus, Krokodilhaus, Komodowaranhaus — **Begehbare Häuser**

Aquarium „Oceanium", Amazonashaus mit neotropischen Vögeln, Reptilien und Schmetterlingen, begehbare Volieren, Lunden, Königspinguine, Pelikane, Nandus, Halsbandwehrvögel, Weißnackenkraniche, Riesenseeadler, Giraffen, Okapis, Pudus, Zebras, Pinselohrschweine, Seelöwen, Mähnenwölfe, Eisbären, Polarfüchse, Swiftfüchse, Amurleoparden, Manule, Fischkatzen, Fuchsmangusten, Klippschliefer, Elefantenspitzmäuse, Nilkrokodile, Kaimane — **Besonderheiten**

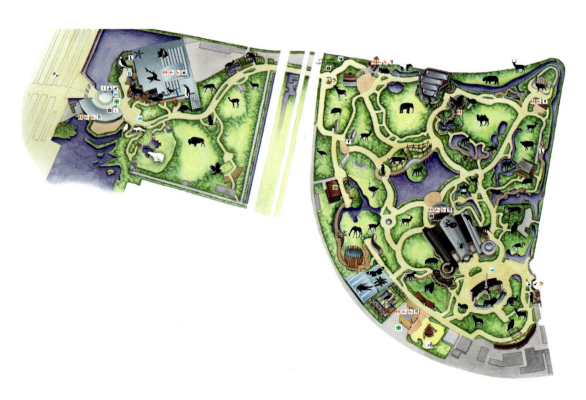

Salzburg Zoo

Kontakt	Hellbrunnerstr. 60, 5081 ANIF, AT
	Tel: +43 662 820 17611
	Fax: +43 662 820 1766
	office@salzburg-zoo.at
	www.salzburg-zoo.at
Inhaber	städtisch/regional
Fläche	13 ha
Gründungsjahr	1962
Besucherzahl	450.000
Dienstleistungen	Gastronomie: verpachtet
	Café, Kiosk
	Läden: Zooshop, verpachtet
	Streichelzoo
	Spielplatz
Bildung	Zooschule
	Sprache der Beschilderung:
	Deutsch, Englisch
	Beurteilung: ✱ ✱ ✱

Tierbestand am 31. 12. 2015

	Anzahl	Arten
Säugetiere	438	50
Reptilien	244	33
Vögel	176	26

Hunde	Ja
Schaufütterungen	Ja, am Wochenende
Vorführungen etc.	Nein
Zoofreunde	Ja, Förderverein Zoo Salzburg, 100 Mitglieder
Freiwillige	Nein

SALZBURG ZOO

Der Salzburger Zoo liegt im schönen Schlosspark Hellbrunn, umgeben von einer Mauer und einem steilen bewaldeten Hang, am Rand der Stadt. Das Gelände ist vielfältig mit guter Vegetation. Alte Bäume, kleine Seen und Klippen sind in manchen Gehegen integriert worden.

Allgemeine Beschreibung

Ein Masterplan für das Halbjahrzehnt 2016 bis 2020 sieht neben der Wiederinstandsetzung der Infrastruktur den weiteren Ausbau des Gibbonhauses auch für Reptilien und Amphibien, eine neue Pinguinanlage und eine begehbare Voliere für Wassergeflügel vor.

Masterplan

Löwenhaus, Jaguarhaus, Gibbonhaus, Nashornhaus, Tropenhaus, Südamerikahaus, Alpakahaus

Begehbare Häuser

Jaguare, Schneeleoparden, Geparde, Weißhandgibbons, Diana-Meerkatzen, Kapuzineraffen, Braunbären, Wölfe, Sitatungas, Steinböcke, Gämsen, Pekaris, Alpakas, Wasserschildkröten, Gänsegeier

Besonderheiten

385

EAZA Kandidat # SOFIA ZOO

Kontakt	HLADLINKA, 1 SREBAMA STR., 1407 SOFIA, BG Tel: +359 2 868 2043 Fax: +359 2 868 3202 office@zoosofia.com www.zoosofia.bg
Inhaber	städtisch
Fläche	35 ha
Gründungsjahr	1888 (am Ort seit 1988)
Besucherzahl	760.000
Dienstleistungen	Gastronomie: verpachtet Café & Kiosk Streichelzoo: Ja Spielplatz: Ja, Amphitheater mit offener Bühne für Kindervorstellungen
Bildung	Zooschule Sprache der Beschilderung: Bulgarisch, Englisch Beurteilung: ★ ★ ★ (Hervorragendes Wikipedia Projekt)

Tierbestand am 31. 12. 2015

	Anzahl	Arten
Säugetiere	500	64
Reptilien	100	30
Vögel	500	57

Hunde	Nein
Schaufütterungen	Nein
Vorführungen etc.	Nein
Zoofreunde	Nein
Freiwillige	Nein
Masterplan	Ein neuer Masterplan wird vorbereitet. Priorität dürfte die Modernisierung der Altlasten sein, zunächst des Großkatzen- und des Affenhauses.

EAZA Kandidat   SOFIA ZOO

Der Zoo der bulgarischen Hauptstadt ist vor 30 Jahren aus der Stadtmitte an einen neuen Ort südlich von Sofia verlegt und mehr oder weniger gleich zubetoniert worden. Man blickt auf das schöne Witoschagebirge, aber der Zoo ist jetzt unterfinanziert. Das Gelände ist groß und flach und voller Obstbäume, aber von einem See umgeben von schönen Weiden abgesehen, mangelt es auch an Wasser. Die an sich engagierten Mitarbeiter leiden darunter, unter veralteten Bedingungen arbeiten zu müssen.	Allgemeine Beschreibung
Ein neuer Masterplan wird vorbereitet. Priorität dürfte die Modernisierung der Altlasten sein, zunächst des Großkatzen- und des Affenhauses.	Masterplan
Dickhäuterhaus, zwei Affenhäuser, Großkatzenhaus mit Terrarium	Begehbare Häuser
Geier- und Greifvogelvoliere, Wölfe, Erdmännchen	Besonderheiten

Sósto Zoo

Kontakt	Nyíregyházi Állatpark Neinnprofit Kft. 4431 Sóstófürd, Sóstói út, HU Tel.: +36 20 297 68 62 +36 20 297 89 38 Fax: +36 42 402 031 info@sostozoo.hu office@sostozoo.hu www.sostozoo.hu
Inhaber	städtische Gesellschaft 100 % Stadt Nyiregyhaza
Fläche	40 ha
Gründungsjahr	1996
Besucherzahl	450.000
Dienstleistungen	Gastronomie: verpachtet Restaurant, Café, Kioske, Picknickplätze Hotel: zooeigen Läden: Zooshop (verpachtet) Schulbauernhof: Ja Spielplatz: Ja

Tierbestand am 1. 1. 2011

	Anzahl	Arten
Säugetiere	811	126
Reptilien	323	68
Vögel	1.009	138

Hunde	Nein
Schaufütterungen	Ja
Vorführungen etc	Nein
Zoofreunde	Nein
Freiwillige	20

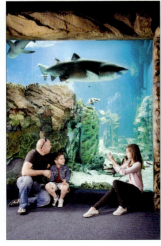

Sóstó Zoo

Zooschule: Ja	Bildung
Zooführer: Ja	
Sprache der Beschilderung: Ungarisch, Englisch, Rumänisch, Slowakisch, Ukrainisch, Polnisch	

Beurteilung: ✶ ✶ ✶

Der Tierpark der Stadt Nyíregyháza im äußersten Nordosten Ungarns liegt im 700 ha großen Eichenwald Sóstó auf überwiegend flachem Gelände mit sowohl offener als auch bewaldeter Landschaft. Ein botanischer Garten wurde 2004 angelegt und wird ständig erweitert. Der Zoo ist recht jung, hat aber schon eine beachtliche Tiersammlung. Meilensteine der Entwicklung sind die imposante, 4.000 Quadratmeter große „Grüne Pyramide" mit einem simulierten indonesischen Regenwald auf vier Ebenen, und der „Tarzan-Pfad" und „Afrikanische Savanne" aus dem Jahr 2010. Besucher kommen gut an große Tiere in natürlicher Umgebung ran.   **Allgemeine Beschreibung**

Der Masterplan für den Zeitraum 2015 bis 2020 sieht Investitionen in Höhe von insgesamt 30 Millionen € für das 2016 fertiggestellte „Andenabenteuer" mit Jaguaren, Nasenbären, Kapuzineraffen und weiteren südamerikanischen Tiere, die „Eiszeit" für Eisbären, Seelöwen, Pinguine und andere Tiere der Polar- und Subpolarwelt, ein Panzernashornhaus, die Renovierung des Tropenhauses und einer Großvoliere, eine neue Zooschule, einen neuen Haupteingang mit Verwaltungsbüros, und ein Studentenheim vor.   **Masterplan**

„Grüne Pyramide" mit Aquarium, Viktoriahaus, Südamerikahaus, Tropenhaus, Elefantenhaus   **Begehbare Häuser**

Orang-Utans, Komodowarane, Gibbons, Haie und Rochen in der „Grünen Pyramide", Giraffen, Zebras, Antilopen und Pelikane auf der „Afrikanischen Savanne", Klammeraffen, Katzenbären, Braunbären, Nasenbären, Zwergflusspferde, begehbare Australien-Voliere   **Besonderheiten**

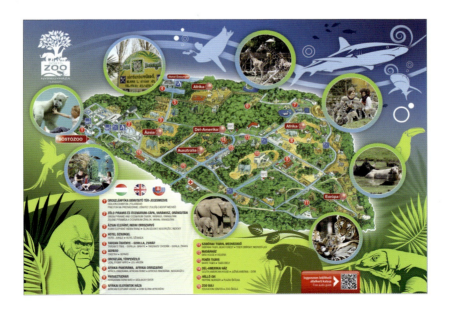

Wilhelma Stuttgart

Kontakt	Wilhelma – Zoologisch-Botanischer Garten Stuttgart, Wilhelma 13, 70376 Stuttgart, DE Tel: +49 (0) 711 540 20 Fax: +49 (0) 711 540 2222 info@wilhelma.de www. Wilhelma.de
Inhaber	staatlich 100 % Land Baden-Württemberg
Fläche	30 ha
Gründungsjahr	1949 (Botanischer Garten: 1837)
Besucherzahl	2.250.000
Dienstleistungen	Gastronomie: verpachtet Restaurant, Kioske, Picknickplatz Läden: Zooshop (verpachtet, neu 2010) Streichelzoo: Ja, Ponyreiten im Sommer Spielplatz: Ja, inklusive Abenteuerspielplatz (2011)

Tierbestand am 31. 12. 2015	Anzahl	Arten
Säugetiere	646	90
Reptilien	335	100
Vögel	1.122	212

Hunde	Nein
Schaufütterungen	Ja
Vorführungen etc	Ja
Zoofreunde	Ja, Verein der Freunde und Förderer der Wilhelma e.V. with 32.700 Mitglieder (größter in Deutschland)
Freiwillige	Ja, ca 50

WILHELMA STUTTGART

Zooschule: Ja, großer Neubau (2011)
Zooführer: Ja
Sprache der Beschilderung: Deutsch   Beurteilung: ✶

Bildung

Allgemeine Beschreibung

Der berühmte zoologische und botanische Garten in Bad Cannstadt nimmt das Gelände der Schlossanlagen eines im maurischen Stil gehaltenen Ensembles ein, das der württembergische König Wilhelm I. einst hat anlegen lassen. Er profitiert noch heute von den gut erhaltenen Palmenhäusern aus dem 19. Jahrhundert. Der ehemalige Schlossgarten umfasst auch den Pavillon Belvedere und die Subtropen-Terrassen. Makellos instandgehalten, macht alles die Wilhelma zum beliebten Ziel eines Botanikers und Fotografen. Baulich noch von den Betonbauten der 1960er und 1970er Jahre geprägt, werden die Tierhäuser nach und nach durch neue, zeitgemäße Anlagen ersetzt, aber vieles steht noch im Masterplan. Die Hanglagen im bewaldeten Oberteil eignen sich gut für schöne Außengehege, wie auch die hübschen Gewässer im unteren Bereich der Wilhelma. Nicht ohne Grund ist die Wilhelma die bestbesuchte kostenpflichtige Attraktion in Baden-Württemberg.

Masterplan

Für die Projekte des neuen Masterplans für die Jahre 2016 bis 2035 wurden über 100 Millionen € bewilligt. Die Wilhelma soll von Grund auf modernisiert werden. Die größten Bauprojekte bis 2020 sind ein neues Elefantenhaus mit Außengehegen, der Umbau des „Maurischen Landhauses" in ein Haus für Koalas und andere australische Tiere, der Umbau des botanischen Langhauses in ein Vogel- und Kleinsäugerhaus, und schon 2016 eine neue Schneeleopardenanlage.

Begehbare Häuser

Affenhaus, Haus für afrikanische Menschenaffen, Amazonashaus, Aquarium, Terrarium mit Krokodilhalle, Raubtierhaus, Giraffen- und Okapihaus, Flusspferd- und Tapirhaus, Elefanten- und Nashornhaus, Schmetterlingshaus mit Insektarium, Tropenhaus, Palmenhaus mit tropischen Vögeln

Besonderheiten

Gorillas, Bonobos, Amazonashaus, begehbare Voliere, Okapis, Steinböcke, Mähnenschafe vergesellschaftet mit Blutbrustpavianen, Erdmännchen, Fenneks, Waldhunde, Tamarine, Seidenäffchen, Flamingos, Pelikane, Kongopfauen, Leguane, Bartagamen, Papua-Weichschildkröten

Szeged Zoo

Kontakt	SZEGEDI VADASPARK, Pf. 724,
	6701 SZEGED, HU
	Tel: +36 62 542 530
	info@zoo.szeged.hu
	www.zoo.szeged.hu

Inhaber	städtisch
Fläche	45 ha
Gründungsjahr	1989
Besucherzahl	225.000

Dienstleistungen	Gastronomie: zooeigen
	Café & Kiosk
	Streichelzoo: Ja
	Spielplatz: Ja
	Läden: Zooshop (zooeigen)

Bildung	Zooschule: Ja
	Zooführer: Ja
	Sprache der Beschilderung:
	Ungarisch
	Beurteilung: ✶

Tierbestand am 31. 12. 2015

	Anzahl	Arten
Säugetiere	359	85
Reptilien	177	37
Vögel	181	59

Hunde	Nein
Schaufütterungen	Ja
Vorführungen etc.	Ja
Zoofreunde	Nein
Freiwillige	Ja

Szeged Zoo

Das große Gelände des Szegeder Tierparks mit alten Laub- und Nadelbäumen ist flach aber abwechslungsreich, dicht bewaldet und angenehm zu durchwandern. Platz für eine Erweiterung ist vorhanden. Es gibt paar schöne Seen für Wassergeflügel, aber die meisten Gehege haben kein sichtbares Wasser. Einige der Tierhäuser haben drinnen schön bemalte Wände. Eine kleine „Afrikanische Savanne" ist vorhanden, und ein Gnadenhof für verletzte und beschlagnahmte Vögel. — Allgemeine Beschreibung

Ja. 2015-2020. Europäische Säugetiere und Reptilien (Teil 2), neue Arten inklusive Spitzmaulnashörner und Orang-Utans und vielleicht Asiatischer Elefanten — Masterplan

Giraffenhaus, Affenhaus, Asienhaus, Südamerikahaus, Reptilienhaus — Begehbare Häuser

Vielfraße, Geparde, Schneeleoparden, Pumas, Luchse, Schopfgibbons, Große Ameisenbären, Weißnackenmoorantilopen, Alpakas, Grünflügelaras, Pelikane, Schlangenadler — Besonderheiten

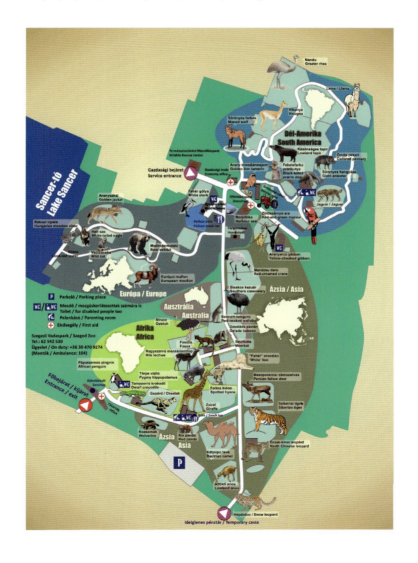

Zoo Tallinn

Kontakt	Ehitajate tee 150
	13517 Tallinn, EE
	Tel: +372 (0) 694 33 00
	Fax: +372 (0) 657 89 90
	zoo@tallinnzoo.ee
	www.tallinnzoo.ee

Inhaber	städtisch
	100 % Stadt Tallinn
Fläche	66 ha (89 ha im Besitz)
Gründungsjahr	1939 (am Ort seit 1983)
Besucherzahl	365.000
Dienstleistungen	Gastronomie: (zooeigen)
	Restaurant (neu 2014)
	Cafés, Kioske, Picknickplätze
	Läden: Zooshop (zooeigen)
	(neu 2014)
	Streichelzoo: Ja, mit Bauernhof
	Spielplatz: Ja
Bildung	Zooschule:
	Ja (Neubau 2014)
	Zooführer: Nein
	Sprache der Beschilderung:
	Estnisch Russisch, Englisch
	Beurteilung: ✱ ✱ ✱

Tierbestand am 31. 12. 2015		
	Anzahl	Arten
Säugetiere	1.108	102
Reptilien	157	43
Vögel	665	119

Hunde	Nein
Schaufütterungen	Ja
und	Ja, Kegelrobben, Krallenaffen,
Vorführungen etc.	Wassergeflügel, Frösche
Zoofreunde	Ja, Freunde des Zoo Tallinn
	ca 400 Mitglieder
Freiwillige	Ja

Zoo Tallinn

Der Tierpark der Hauptstadt Estlands liegt am Stadtrand auf einem großen, flachen, zum Teil bewaldeten Gelände mit einem Seengebiet mit vielen einheimischen Vögeln. Die Außengehege sind zum größten Teil schön groß, aber die Innenbehausungen sind fast alle renovierungsbedürftig. Die Tiersammlung ist ungewöhnlich groß, mit Schwerpunkten bei den Wildschafen und –ziegen, Greifvögeln und Kranichen aus den gemäßigten und kalten Klimazonen. Der Masterplan sieht vor, den Tierpark auf Geozoo umzustrukturieren. Eine Besonderheit ist die Forschungs- und Zuchtanstalt für den Europäischen Nerz, wovon es hier um die hundert gibt.	Allgemeine Beschreibung
Die Priorität des Masterplans für das Halbjahrzehnt 2015 bis 2020 ist die erste Phase des neuen "Polariums", eine Eisbärenanlage, die 2017 fertiggestellt werden soll. Weitere Projekte sind Ausbesserungen an den Anlagen für Zwergflusspferde und für Sibirische Tiger. Es wird gehofft, auch schon mit dem ersten Bauabschnitt einer neuen „Afrikanischen Steppe" mit Giraffen beginnen zu können.	Masterplan
Elefantenhaus, Tropenhaus, Kinderzoo; die Zooschule und Tagungsgebäude beherbergt auch eine für Besucher zugängliche Bibliothek und Ausstellungsraum	Begehbare Häuser
Europäische Nerze, Amurleoparden, Karakals, Elefanten, Bergziegen und –schafe, Pelikane, Hornraben, Kraniche, Störche, Wassergeflügel	Besonderheiten

Zoo Tîrgu-Mureș

Kontakt	Zoo Tîrgu-Mureș,
	Str. Verii 57,
	540080 Tîrgu-Mureș, RO
	Tel: +40 (0) 265 236 408
	Fax: +40(0) 265 236 408
	office@zootirgumures.ro
	www.zootirgumures.ro

Inhaber	städtisch
	100 % Stadt Tîrgu-Mureș

Fläche	44 ha
Gründungsjahr	1964
Besucherzahl	300.000
	(inklusive 100.000 freie Eintritte)
Dienstleistungen	Gastronomie: verpachtet
	Kioske
	Läden: keine
	Streichelzoo: Nein
	Spielplatz: Ja, aber außerhalb in unmittelbarer Nachbarschaft

Tierbestand am 31. 12. 2015		Anzahl	Arten
	Säugetiere	311	58
	Reptilien	106	18
	Vögel	295	50

Hunde	Nein
Schaufütterungen	Nein
Vorführungen etc.	Nein
Zoofreunde	Nein
Freiwillige	Ja, 30
Bildung	Zooschule: Ja
	Zooführer: Nein
	Sprache der Beschilderung: Rumänisch, Ungarisch
	Beurteilung: nicht enthalten

Zoo Tîrgu-Mureș

Der Tierpark in der einst Tîrgu-Mureș genannten rumänischen Kreisstadt ist EAZA-Kandidat. Das Gelände ist groß, flach und bewaldet und grenzt an einem 400 ha großen Stadtwald, hat aber außer paar kleinen Seen kaum Wasser. Man sieht kaum Blumen oder Gartenanlagen. Viele der Anlagen sind eher mangelhaft, sind aber alle für eine gründliche Renovierung vorgesehen. Drei große Tierhäuser – für Elefanten und Giraffen, für Katzenartige und für Wassergeflügel – sind alle 2011 errichtet worden, bestehen aber überwiegend aus Beton und müssten umgebaut werden. Die Lage ist aber vielversprechend, und ein guter Zoo könnte noch entstehen. Neue Tierhäuser und Infrastrukturmaßnahmen sind immerhin im Gange. — **Allgemeine Beschreibung**

Ein Masterplan wird vorbereitet. Die Priorität bis 2017 dürfte die Renovierung des Affenhauses und des Tropenhauses sein, ferner neue Stallungen für afrikanische Huftiere und ein neues Bisonhaus. Auch in die Infrastruktur muss investiert werden. Langfristig ist geplant, Anlagen für Eisbären und für Pinguine zu bauen. — **Masterplan**

Elefanten- und Giraffenhaus, Haus für Katzenartige (280m lang), Wassergeflügelhaus, Affenhaus, Tropenhaus mit Aquarium — **Begehbare Häuser**

Indische Elefanten, Braunbären, Wölfe, Luchse, Sibirische Tiger, Rothirsche, Damhirsche — **Besonderheiten**

ZOOM TURIN

Kontakt	Bioparco Zoom Torino, Strada Piscina 36, 10040 Cumiana (To) IT Tel: +39 011 907 0419 Fax: +39 011 907 1229 info@zoomtorino.it www.zoomtorino.it
Inhaber	private Gesellschaft
Fläche	16 ha (20 ha im Besitz)
Gründungsjahr	2009
Besucherzahl	300.000
Dienstleistungen	Gastronomie: (zooeigen) Restaurant, Pizzeria, Café, Kiosk Läden: Zooshop (zooeigen) Streichelzoo : Ja Spielplatz: Ja
Bildung	Zooschule: Ja Zooführer: Ja Sprache der Beschilderung: Italienisch (wird überarbeitet) Beurteilung: ✱

Tierbestand am 31. 12. 2015

	Anzahl	Arten
Säugetiere	153	34
Reptilien	8	3
Vögel	239	47

Hunde	Nein
Schaufütterungen	Ja, an zahlreichen Stellen, Erläuterungen durch Tierpfleger
Vorführungen etc	Arena mit 1.000 Plätzen, Flugshow
Zoofreunde	Nein
Freiwillige	Nein

Zoom Turin

Als Geozoo gedacht – zurzeit mit Madagaskar, (Rest-)Afrika, Asien – wird der Biopark Zoom Turin zügig ausgebaut. Es ist vorgesehen, afrikanische und asiatische Tiere im großen Umfang zu halten, darunter die üblichen Kandidaten. Das Gelände ist überwiegend flach, hat aber schöne Gewässer und hübsche Vegetation. Artenvielfalt und Artenschutz sind Themen bei der Beschilderung, und die Kunst, Musik und Kultur der jeweiligen Herkunftsländer werden bei den einzelnen Anlagen angesprochen. Zurzeit gibt es kaum begehbare Tierhäuser, aber der Zoo ist ohnehin im Winter geschlossen. Um Besucher in den warmen Sommermonaten anzulocken, wurde eine Badeanstalt mit künstlichem Strand mitten in den Zoo versetzt. Einen zusätzlichen Eintrittspreis dafür wird nicht erhoben.
Allgemeine Beschreibung

Bis zu 30 Millionen € sollen für Projekte des Masterplans für das Halbjahrzehnt 2015 bis 2020 ausgegeben werden können. Der neue Tierpark wird zügig ausgebaut; der Biopark Valencia scheint ein Vorbild zu sein. Flusspferde und Nashörner kamen 2014, Katzenbären, Zwergotter und einige Reptilienarten 2015. Als nächste neue Tierarten sind Indische Elefanten, Panzernashörner, Geparde, Löwen und die eine oder andere Menschenaffenart vorgesehen.
Masterplan

Reptilienhaus, Riesenschildkrötenhaus
Begehbare Häuser

Brillenpinguine, Saruskraniche, begehbare Maki-Anlage, „Afrikanische Savanne" mit 15 Arten, Flusspferde, Siamangs, Aldabra-Riesenschildkröten
Besonderheiten

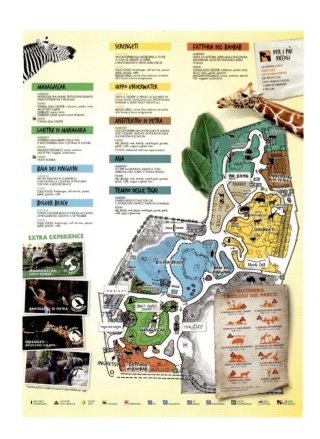

Twycross Zoo

Kontakt	Burton Road, Atherstone, Warwickshire CV9 3PX Tel: +44 (0) 844 474 1777 Fax: +44 (0) 844 474 1888 info@twycrosszoo.org www.twycrosszoo.org
Inhaber	registrierte gemeinn. Gesellschaft 100 % East Midlands Zoological Society
Fläche	20 ha (36 ha im Besitz)
Gründungsjahr	1963
Besucherzahl	500.000
Dienstleistungen	Gastronomie: verpachtet Restaurant (large), Café, Kioske, Picknickplatz Läden: großer Zooshop (zooeigen) Streichelzoo und Bauernhof: Ja Spielplatz: Ja
Bildung	Zooschule: Ja Zooführer: Ja Sprache der Beschilderung: Englisch Beurteilung: ★★★ (neu)

Tierbestand am 31. 12. 2012

	Anzahl	Arten
Säugetiere	500	75
Reptilien	60	20
Vögel	350	75

Hunde	Nein
Schaufütterungen	Ja
Vorführungen etc.	Nein
Zoofreunde	Nein, aber Mitglieder der Twycross Zoo Association
Freiwillige	62

Twycross Zoo

Der Zoo Twycross in Mittelengland, wegen seiner Primatensammlung bekannt, liegt auf flachem Gelände mit zum Teil schöner Bepflanzung und einigen Gewässern, darunter einer Pflanzenkläranlage. Das Projekt Feuchtgebiet verbindet eine Reihe von Seen über 4 ha. Zurzeit tut sich viel, um den Zoo wieder auf Vordermann zu bringen.	Allgemeine Beschreibung
Zuletzt sind eine „Giraffensavanne", ein „Gibbonwald", eine Lorivoliere und ein Schmetterlingshaus entstanden, die Orang-Utan-Anlage ist ausgebaut, und die Riesenschildkrötenanlage umgebaut worden. Im Rahmen des Masterplans für das Doppeljahrzehnt 2015 bis 2034 soll eine neue Schimpansenanlage gebaut werden, die „Giraffensavanne" soll um Antilopen und Zebras erweitert, und ältere Affenhäuser renoviert werden.	Masterplan
Tropenhaus, Himalajahaus, „Borneo-Langhaus", Elefantenhaus, Giraffenhaus, Schmetterlingshaus, „Lorilandung", mehrere Primatenhäuser	Begehbare Häuser
Klammeraffen, Siamangs, Tamarine, Schneeleoparden, Amurleoparden, Waldhunde, Indische Elefanten, Allfarbloris	Besonderheiten

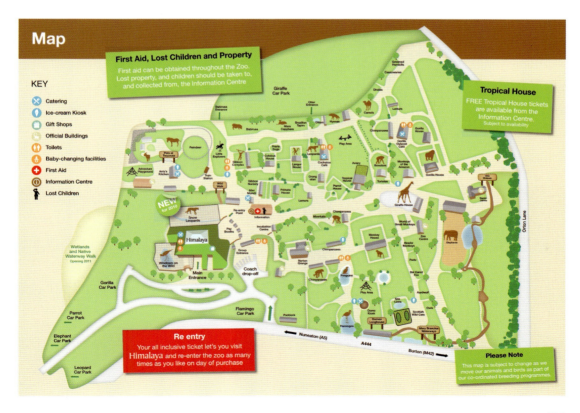

Bioparc Valencia

Kontakt	Avenida Pio Baroja 3, 46015 Valencia, ES Tel: +34 (0) 902 250 340 Fax: +34 (0) 902 875 350 info@bioparcvalencia.es www.bioparcvalencia.es	
Inhaber	Private Gesellschaft (Rainforest) Gelände im Besitz der Stadt Valencia	
Fläche	10 ha (16 ha im Besitz)	
Gründungsjahr	2008	
Besucherzahl	500.000	
Dienstleistungen	Gastronomie: (zooeigen) Restaurants, Café, Kioske, Picknickplatz Läden: Zooshop (zooeigen) Streichelzoo: Nein Spielplatz: Ja	
Bildung	Zooschule: Ja Zooführer: Nein Sprache der Beschilderung: Spanisch, Valencianisch, Englisch Beurteilung: ✶✶	

Tierbestand am 31. 12. 2015

	Anzahl	Arten
Säugetiere	313	52
Reptilien	34	9
Vögel	406	48

Hunde	Nein
Schaufütterungen	Ja, reguläres Programm
Vorführungen etc.	Nein
Zoofreunde	Nein
Freiwillige	Nein

Bioparc Valencia

Allgemeine Beschreibung

Das Konzept des Bioparks Valencia sieht das Eintauchen des Besuchers in den Lebensraum der Tiere vor. Auf die üblichen Barrieren wird nach Möglichkeit verzichtet, und die Tieranlagen werden so artgerecht wie machbar gestaltet. Allerdings wirken die Gehege häufig größer als sie in Wirklichkeit sind. Zurzeit ist der Biopark in vier Zonen aufgeteilt: Savanne, Äquatorialafrika, Madagaskar, Kitumhöhle. Das gesamte Gelände ist von einem eher hässlichen Areal zu einem großartigen und spektakulären Zoo verwandelt worden, der nur afrikanische Tierarten zeigt. Er umfasst schöne Gartenanlagen, riesige Kunstfelsen und viele Wasserfälle und Seen. Überall ist sauber, und alles wirkt umweltbewusst.

Masterplan

Der Masterplan steht für eine Veröffentlichung nicht zur Verfügung, dürfte aber vor allem den Bau von Anlagen für nordafrikanische Tiere vorsehen, sobald die Finanzierung steht. Es wurde entschieden, sich phasenweise zu entwickeln. Auf 8 ha sind Anlagen für afrikanische Steppen- und Regenwaldtiere schon entstanden, auf weiteren 2 ha zu einem späteren Zeitpunkt sind Anlagen für südostasiatische und neotropische Tiere vorgesehen. Auch für die Infrastruktur, vor allem für die Tierklinik und einen Wirtschaftshof, muss Geld noch abgezweigt werden.

Begehbare Häuser

Häuser für Gorillas, Schimpansen, Flusspferde, Krokodile und andere Reptilienarten, Termitenhügel und Kitumhöhle

Besonderheiten

Afrikanische Steppenelefanten, Giraffen, Zebras, Breitmaulnashörner, Zwergflusspferde, Rotbüffel, Dromedare, Pinselohrschweine, Thomson-Gazellen, Gorillas vergesellschaftet mit Mangaben und Meerkatzen, Drills vergesellschaftet mit Zwergmeerkatzen, Erdferkel, Klippspringer vergesellschaftet mit Klippschliefern, Angolalöwen, Zebramangusten, begehbare Maki-Anlage, begehbare Voliere

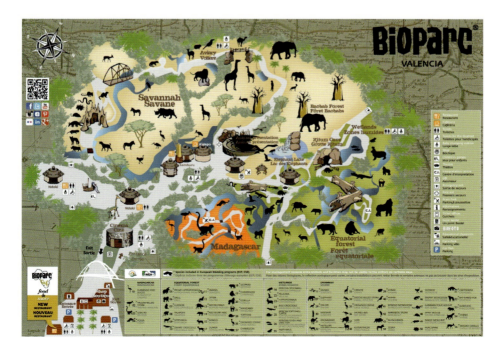

Zoo Veszprém

Kontakt	Kittenberger u. 17,
	8200 Veszprém, HU
	Tel: +36 88 566 140
	Fax: +36 88 327 002
	info@veszpremzoo.hu
	www.veszpremzoo.hu
Inhaber	gemeinnützige Gesellschaft
	Stadt Veszprém (97 %)
	Staat (3 %)
Fläche	30 ha, bestehend aus zwei verbundenen Flächen (Fejes Tal: 23 ha und Gulya Hill (neu): 7 ha)
Gründungsjahr	1958
Besucherzahl	250.000
Dienstleistungen	Gastronomie: verpachtet Restaurant, Kiosk, Picknickplatz
	Läden: Zooshop (zooeigen)
	Streichelzoo: Ja,
	mit „Kinder-Dschungel"
	Spielplatz: Ja

Tierbestand am 31. 12. 2012

	Anzahl	Arten
Säugetiere	292	55
Reptilien	43	17
Vögel	86	35

Hunde	Nein
Schaufütterungen	Nein
Vorführungen etc	Nein
Zoofreunde	Ja
Freiwillige	Nein
Bildung	Zooschule: Ja
	Zooführer: Ja
	Sprache der Beschilderung: Ungarisch
	Beurteilung: ✶

Zoo Veszprém

Der Zoo Veszprém, als Pflanzen- und Wildpark Kittenberger Kalman gegründet worden, liegt 15 Kilometer vom Plattensee entfernt. Er besteht grob aus zwei Teilen: der alte, größere Teil liegt in einem Tal mit guter Vegetation und vielen Bäumen, während der Oberteil eher offen ist und für afrikanische Steppentiere und andere Großtiere besser geeignet ist. Der neue Haupteingang liegt jetzt im Oberland. Es fällt auf, dass in vielen Gehegen man kein Wasser sieht. — **Allgemeine Beschreibung**

Das Projekt „ZooEvolution" für den Zeitraum 2014 bis 2018 ist mitten in der Verwirklichung. Ende 2014 wurde der neue Elefantenpark eingeweiht; im Bau sind jetzt Anlagen für Robben und Pinguine, eine begehbare Voliere und neue Häuser für Nashörner und für Antilopen. — **Masterplan**

Elefantenhaus, Schimpansenhaus, Giraffenhaus, Terrarium, „Kinderschungel" — **Begehbare Häuser**

Afrikanische Steppenelefanten, „Afrikanische Steppe", Kattas, Luchse, Katzenbären, Rotwangenschmuckschildkröten — **Besonderheiten**

Zoo Warschau

Kontakt	Warschau Zoological Gardens, Ul. Ratuszowa 1/3, 03-461 Warschau, PL Tel: +48 (0) 22 619 4041 Fax: +48 (0) 22 619 5898 zoo@zoo.waw.pl www.zoo.waw.pl
Inhaber	städtisch 100 % Stadt Warschau
Fläche	40 ha
Gründungsjahr	1928
Besucherzahl	735.000
Dienstleistungen	Gastronomie: verpachtet Restaurant, Café, Kioske, Picknickplatz Läden: Zooshop (verpachtet) Streichelzoo: Ja, das Konzept des Phantasie-Zoo ermöglicht es Kindern, als Teil einer imaginären Geschichte, Tieren zu begegnen und diese zu füttern. Spielplatz: Ja

Tierbestand am 31. 12. 2014

	Anzahl	Arten
Säugetiere	751	70
Reptilien	275	76
Vögel	795	166

Hunde	Nein, nur Begleithunde
Schaufütterungen	Ja
Vorführungen etc	Ja, gelegentlich, zu Themen wie: CITES, Tierschutz, EAZA-Kampagnen
Zoofreunde	Ja. Freunde des Zoo Warschau 85 Mitglieder
Freiwillige	Ja, 50

ZOO WARSCHAU

Zooschule: Ja
Zooführer: Ja, einschließlich sehr guter englischer Ausgabe
Sprache der Beschilderung: Polnisch
Beurteilung: ✶✶

Bildung

Der Tiergarten der polnischen Hauptstadt hat sich seit 1995 stark verbessert. Es gibt jetzt sehr schöne Gehege und viele wertvolle alte Bäume. Der Zoo ist eine echte Oase in der Millionenstadt mit gepflegten Rasen und farbenfrohen Blumenbeeten. Das Menschenaffenhaus aus dem Jahr 2008 und das Flusspferdhaus (2009) machen den Zoo stolz. Schon 2003 entstand das Elefantenhaus mit seiner prächtigen tropischen Bepflanzung und Sichtperspektiven auf zwei Ebenen. Ein Rettungs- und Reha-Zentrum für Vögel und CITES-Tiere, 2014 fertiggestellt, liegt im unteren Teil des Geländes.

Allgemeine Beschreibung

Ein neuer Masterplan muss bei Redaktionsschluss noch genehmigt werden. Die Aussicht auf eine private Finanzierung des sogenannten Oceanariums lässt Änderungswünsche offen. Ein neues Aquarium wurde 2015 eröffnet, mit einem Amazonasbecken von 40.000 Litern Fassungsvermögen, einem 30.000 Liter großem Becken für Arapaimas und drei Korallenrifftanks.

Masterplan

Menschenaffenhaus, Affenhaus, Giraffenhaus, Elefantenhaus, Flusspferdhaus, Nashornhaus, Vogelhaus, Reptilienhaus, Wirbellosenhaus, Aquarium

Begehbare Häuser

Gorillas, Schimpansen, Flusspferde, Przewalski-Wildpferde, Blauschafe, Lamas, Katzenbären, Klippschliefer, Weißstörche, Marabus, Emus

Besonderheiten

WHIPSNADE ZOO

Kontakt	ZSL Whipsnade Zoo, Whipsnade, Dunstable, Beds LU6 2LF, UK Tel: +44 (0) 1582 872 171 Fax: +44 (0) 1582 872 649 info@zsl.org www.zsl.org
Inhaber	gemeinnützige Gesellschaft 100 % Zoological Society of London (ZSL)
Fläche	84 ha (200 acres), aber 260 ha (600 acres) im Besitz
Gründungsjahr	1931
Besucherzahl	600.000
Dienstleistungen	Gastronomie: zooeigen Restaurant, Café, Kioske, Picknickplatz Läden: Zooshop (zooeigen) (renoviert 2014) Streichelzoo: Ja, und Bauernhof (2012) Spielplatz: Ja, Abenteuerspielplatz (2012)

Tierbestand am 31. 12. 2014		
	Anzahl	Arten
Säugetiere	704	69
Reptilien	105	26
Vögel	361	73

Hunde	Nein
Schaufütterungen	Ja
Vorführungen etc.	Ja, Flugshow, Elefanten, Discovery Centre
Zoofreunde	Nein, aber Aktionen für ZSL-Mitglieder
Freiwillige	Ja, mit ZSL London
Bildung	Zooschule: Ja Zooführer: Ja Sprache der Beschilderung: Englisch Beurteilung: ★★

Whipsnade Zoo

Die Außenstelle des Londoner Zoos vor allem für große Tiere mit hohem Platzanspruch, so groß, dass Besucher mit ihren eigenen PKWs im Park herumfahren können, liegt nördlich von London in den Chiltern Hills. Das Gelände ist überwiegend flach, offen und häufig windig; Bäume und Wasser sind Mangelwaren. Der Tierpark eignet sich vor allem für Huftiere. Viele der Gehege sind trotz der Widrigkeiten recht gut gelungen. In letzter Zeit werden verstärkt große Säugetiere, die in Großbritannien ausgestorben sind, gehalten und gezeigt – eine sinnvolle Ergänzung zur Sammlung um das Artenschutzbewusstsein zu stärken. Eine Schmalspurdampfeisenbahn fährt durch den Tierpark. — Allgemeine Beschreibung

Einen Masterplan als solchen gibt es nicht. Bis Ende 2016 sollte der Umbau des Innenbereichs des Elefantenhauses abgeschlossen sein. Es wird mehr große Gehege mit mehreren Tierarten zusammen geben, und evtl. eine Aufwertung des asiatischen Bereichs mit Anlagen für Gaure und andere Großtiere. In den letzten fünf Jahren ist in Projekte wie einen neuen Haupteingang neben Zooshop und Restaurant investiert worden; größere Bauvorhaben waren auch ein Umbau der Giraffenanlage 2013 und im Jahr zuvor ein neuer Kinderzoo namens „Farmyard Fun" (etwa „Spaß am Bauernhof") und der Kinderspielplatz „Adventure Play Centre". — Masterplan

Elefantenhaus, Giraffenhaus, Nashornhaus, Flusspferdhaus, Schimpansenhaus, „Discovery Centre" — Begehbare Häuser

Geparde, Sibirische Tiger, Luchse, Vielfraße, Braunbären, Indische Elefanten, Panzernashörner, Schimpansen, begehbare Katta-Anlage, Pinguine — Besonderheiten

Tiergarten Schönbrunn Wien

Kontakt	Schönbrunner Tiergarten GmbH Maxingstr. 13b, 1130 Wien, AT Tel: +43 (0) 1 877 92940 Fax: +43 (0) 1 877 9641 info@zoovienna.at www.zoovienna.at	
Inhaber	staatliche Gesellschaft (100 %) Schönbrunner Tiergarten Gesellschaft mbH	
Fläche	17 ha	
Gründungsjahr	1752	
Besucherzahl	2.500.000	
Dienstleistungen	Gastronomie: zooeigen Restaurants, Cafés, Kioske, Picknickplatz Läden: Zooshop (verpachtet, Wild Republic) Streichelzoo: Ja und Tirolerhof Spielplatz: Ja	
Bildung	Zooschule: Ja (neu in der ORANG.erie) Zooführer: Ja Sprache der Beschilderung: Deutsch, Englisch Beurteilung: ★ ★ ★	

Tierbestand am 31. 12. 2014

	Anzahl	Arten
Säugetiere	828	95
Reptilien	391	62
Vögel	938	93

Hunde	Nein
Schaufütterungen	Ja
Vorführungen etc.	Ja
Zoofreunde	Ja, Verein der Freunde des Tiergarten Schönbrunn 5.000 Mitglieder (2014)
Freiwillige	Ja, ca,. 150 im "Team Zoo Aktiv"

TIERGARTEN SCHÖNBRUNN WIEN

Allgemeine Beschreibung

Im Südwesten der ehemaligen Sommerresidenz der Habsburger ist der älteste Zoo der Welt eine großartige Mischung aus hervorragenden Tierhäusern und Außengehegen und bezaubernden Gartenanlagen und Gehölz auf einem teilweise leicht hügeligen Gelände. Schön restaurierte Tierhäuser aus dem 18. Jahrhundert im UNESCO-geschützen Schlosspark verleihen dem Weltklassezoo seine einmalige Atmosphäre. Feierabend wird wie vor 250 Jahren mit dem Kaiserglöckerl eingeläutet. Früher wurde die Glocke auch eingesetzt, um die Ankunft des Kaisers oder des Erzherzogs bekanntzugeben. Tafeln überall erinnern an Jahrhunderte Geschichte – eine unvergessliche Erfahrung für Besucher. Es gibt in dieser Studie keinen besseren Tiergarten. Unter den zoologischen Errungenschaften gehört die in Europa einmalig erfolgreiche Zucht von Bambusbären auf natürlicher Art, also ohne künstliche Befruchtung. Bisher sind drei in Wien zur Welt gekommen.

Masterplan

Die „Perspektiven 2011" sehen sowohl kurz- als auch mittelfristige Bauprojekte vor. Zwischen 2010 und 2014 sind das neue Südamerikahaus mit Pampasanlage, das Rattenhaus, „Franz-Josef-Land" mit Eisbären und eine neue Nasenbärenanlage eröffnet worden. In der Zeit wurde auch das alte Affenhaus schön restauriert. Bis 2017 sollen das Giraffenhaus renoviert und die Anlage dazu erweitert, und das Innengehege für Flusspferde und das Außengehege für Elefanten umgebaut werden. Ein 5 ha großes Erweiterungsgelände ist dem Tiergarten in Aussicht gestellt worden, damit neue Tier- und Pflanzenarten gehalten werden können. Der ältere Bereich am Hügel soll umgebaut werden, und langfristig ist ein neues Vivarium vorgesehen.

Tiergarten Schönbrunn Wien

Begehbare Häuser „ORANG.erie", Affenhaus, „Polardom", Regenwaldhaus, Bambusbärenhaus, Koalahaus, Elefantenhaus, Nashornhaus, Giraffenhaus, Flusspferdhaus, Löwenhaus, Südamerikahaus, Rattenhaus, Pinguinhaus, Vogelhaus, Vivarium, Terrarium, Insektarium, Wüstenhaus, Tirolerhaus

Besonderheiten Bambusbären, Katzenbären, Eisbären, Brillenbären, Nasenbären, Erdmännchen, Zwergotter, Geparde, Tiger, Seelöwen, Orang-Utans, Stummelaffen, Kattas, Weißhandgibbons, Biberratten, Seraue, Panzernashörner, Große Ameisnebären, Waldrappen, Flamingos, Pelikane, Pinguine, Greifvögel, Mandschurische Kraniche, Nashornleguane, Gould-Warane, Anakondas, Tirolerhof

Tiergarten Schönbrunn Wien

Zoo Wrocław

Kontakt	Zoo Wrocław sp.z.o.o Ul. Wroblewskiego 1-5, 51-618 Wrocław, PL Tel: +48 71 348 30-24 Fax: +48 71 348 37-68 lutra@zoo.wroc.pl www.zoo.wroclaw.pl
Inhaber	städtische GmbH Zoo Wrocław LLC, 100 % Stadt Wrocław
Fläche	33 ha
Gründungsjahr	1865
Besucherzahl	1.950.000 (nach der Eröffnung des Afrykarium)
Dienstleistungen	Gastronomie: verpachtet Restaurants, Café, Kioske, Picknickplatz Läden: Zooshop (verpachtet) Streichelzoo: Ja Spielplatz: Ja
Bildung	Zooschule: Ja Zooführer: Ja, und Chronik zum 150jährigen Zoojubiläum (Polnisch und Deutsch) Sprache der Beschilderung: Polnisch Beurteilung: ✱

Tierbestand am 31. 12. 2015

	Anzahl	Arten
Säugetiere	708	130
Reptilien	747	229
Vögel	862	209

Hunde	Nein
Schaufütterungen	Ja
Vorführungen etc.	Nein
Zoofreunde	Ja, 25+ Mitglieder
Freiwillige	Ja, 50

Zoo Wrocław

Durch die Eröffnung des großartigen Tropenhauses „Afrykarium" mit den Robben- und Pinguinanlagen im Oktober 2014, ist dieser Zoo schlagartig zum führenden Tiergarten Polens geworden, und einem der bestbesuchten in Europa. Im Osten der Stadt liegt der älteste Zoo Polens auf flachem Gelände mit Raum für Erweiterungen. In den letzten fünf Jahren hat sich viel getan, alte, eher minderwertige Anlagen zu modernisieren und die Wege neu anzulegen. Dazu ist eine neue Attraktion rund um den Fluss Oder entstanden. Neue Tierarten im Zoo sind solch aufregende wie das Okapi, der Komodowaran und das Panzernashorn; dazu kommen noch die vielen neuen im „Afrykarium". Ein Merkmal des Zoos sind die ungewöhnlich vielen Arten – zwölf zurzeit –, die vom Zoo aus in die Bäume der unmittelbaren Nachbarschaft klettern können, darunter Gibbons und andere Affen.	Allgemeine Beschreibung
Ein Masterplan für die Jahre 2015 bis 2020 sieht neue Anlagen wie die „Drachen Indonesiens" (Eröffnung noch 2016), Zwergflusspferde (2017), Mandrills, Nebelparder und Schneeleoparden vor. Eine Ausstellung über den Klimawandel wurde auch 2016 fertiggestellt. Das alte Elefantenhaus aus dem 19. Jahrhundert soll von Grund auf renoviert und die Außengehege erweitert werden.	Masterplan
Das „Afrykarium", aufgeteilt in sechs afrikanischen Geozonen, das Terrarium mit einer wirklich beeindruckenden Reptiliensammlung, das Madagaskarhaus, das Haus für Tiere aus der Sahara, sowie das Elefantenhaus, Affenhaus und Vogelhaus	Begehbare Häuser
Das oben erwähnte „Afrykarium" mit u. a. Flusspferden, Nilkrokodilen, Manatis, Südafrikanischen Seebären und Brillenpinguinen; Braunbären, Gibbons, Kattas, Varis, Schwarze Brüllaffen, Luchse, Katzenbären, Zweifingerfaultiere, Schwarze Riesenhörnchen, Seeadler sowie die Reptiliensammlung	Besonderheiten

Zoo Wuppertal

Kontakt	Der Grüne Zoo Wuppertal, Hubertusallee 30, 42117 Wuppertal, DE Tel: +49 (0) 202 563 3600 Fax: +49 (0) 202 563 8005 kontakt@zoo-wuppertal.de www.zoo-wuppertal.de

Inhaber	städtisch, 100 % Stadt Wuppertal
Fläche	24 ha
Gründungsjahr	1881
Besucherzahl	545.000

Tierbestand am 31. 12. 2014		Anzahl	Arten
	Säugetiere	372	60
	Reptilien	95	43
	Vögel	848	148

Dienstleistungen	Gastronomie: verpachtet Restaurant, Restaurant "Okavango", Kioske (betrieben vom Zoo-Verein), Picknickplatz Läden: Zooshop (betrieben vom Zoo-Verein) Streichelzoo: Ja („JuniorZoo") Spielplatz: Ja
Bildung	Zooschule: Ja Zooführer: Ja Sprache der Beschilderung: Deutsch Beurteilung: ✶ ✶

Hunde	Nein
Schaufütterungen	Ja, Elefanten, Wölfe, Pinguine
Vorführungen etc.	Ja, Seelöwen, Pinguine, Löwen und Raubtiere
Zoofreunde	Ja, Zoo-Verein Wuppertal e.V., 1.800 Mitglieder
Freiwillige	mehr als 100

Zoo Wuppertal

Allgemeine Beschreibung

Der Wuppertaler Zoo im Stadtteil Elberfeld ist eine schöne Großstadtoase in einer steilen Parklandschaft mit altem Baumbestand und gut gepflegten Gehwegen. In den letzten zwölf Jahren sind in neue schöne Anlagen für Löwen, Tiger, Okapis, Esels- und Königspinguine viel investiert worden. Am Haupteingang wird gerade das alte Gesellschaftshaus aus der Gründerzeit als Carl-Fuhlrott-Zentrum für Tiermedizin, Zooschule, Tagungszentrum, Verwaltungssitz und womöglich noch ein Aquarium umgebaut.

Masterplan

Der Masterplan für das Halbjahrzehnt 2015 bis 2020 sieht mehrere Projekte vor. Bis Ende 2017 sollten umgebaute Anlagen für Schneeleoparden, Milus und Takine vergesellschaftet mit Katzenbären fertig sein, und bis 2018 eine neue Anlage für Rote Varis und eine große begehbare Voliere für Flamingos, Aras und andere Großpapageien, „Aralandia" genannt. Auch im Plan sind eine Umgestaltung des Vogelhauses, die Erweiterung der Außengehege des Elefantenhauses, eine Anlage für Weißhandgibbons vergesellschaftet mit Hirschebern, Zwergottern und Prinz-Alfred-Hirschen, und hier und da einige kleinere Verschönerungen.

Begehbare Häuser

Elefantenhaus, Tapirhaus, Affenhaus, Menschenaffenhaus, Haus für asiatische Katzenartige, Kleinkatzenhaus, Okapihaus, Vogelhaus, Pinguinhaus, Aquarium mit Terrarium

Besonderheiten

Pinguine (drei Arten), Kolibris, Klunkerkraniche, Afrikanische Steppenelefanten, Mittelamerikanische Tapire, Okapis, Sibirische Tiger, Wölfe, Braunbären, Orang-Utans, Bonobos, Zweifingerfaultiere

ZAGREB ZOO

Kontakt	MAKSIMIRSKI PERIVOJ BB, 10000 ZAGREB, HR Tel: +385 1 2302 198 Fax: +385 1 2302 199 zoo.zagreb@zg.htnet.hr www.zoo.hr
Inhaber	städtisch
Fläche	7 ha
Gründungsjahr	1925
Besucherzahl	350.000
Dienstleistungen	Gastronomie: verpachtet Restaurant, Café, Kiosk Streichelzoo Spielplatz Läden: Zooshop (zooeigen)
Bildung	Zooschule : Ja Zooführer: Ja Sprache der Beschilderung : Kroatisch Beurteilung: ✶✶
Allgemeine Beschreibung	Das heutige kleine Gelände des Zagreber Zoos im Maksimir-Park ist flach. Es ist vorgesehen, ihn an anderer Stelle mit einem sogenannten Biopark Zagreb zu ersetzen. Von einigen kleinen Seen abgesehen sieht man wenig Wasser in den Anlagen. Der Baumbestand ist vielfältig und macht den kleinen Tiergarten etwas attraktiver.
Masterplan	Ein Masterplan sieht kurzfristig den Bau eines neuen Haupteingangs mit Zooshop und Informationszentrum sowie mehrere Infrastrukturmaßnahmen vor. Der zweite Abschnitt der „Afrikanischen Steppe" mit einer neuen Anlage für Giraffen, eine begehbare Voliere, eine neue Pelikananlage und ein Haus für Tiere aus Madagaskar gehören auch zu den nächsten Bauvorhaben. Langfristig werden am neuen Standort Anlagen für große Säugetiere entstehen.
Begehbare Häuser	Löwenhaus, Affenhaus, Flusspferdhaus, Tropenhaus, Südostasienhaus, Nachttierhaus, „Altes kroatisches Haus"
Besonderheiten	Löwen, Chinesische Leoparden, Zwergotter, Nasenbären vergesellschaftet mit Haubenkapuzinern, Kattas, Klippschliefer, Reeves-Muntjaks, Jägerlieste, Dottertukane, Kaimane, Kubaleguane

Tierbestand at 1. 1. 2015

	Anzahl	Arten
Säugetiere	416	76
Reptilien	453	97
Vögel	305	76

Hunde	Nein
Schaufütterungen	Ja
Vorführungen etc.	Nein
Zoofreunde	Nein
Freiwillige	45

Zoo Zlín

Kontakt	Zoo a zamek Zlín, Lukovska 112, 76314 Zlín 12, CZ Tel: +420 577 577 103 Fax: +420 577 577 133 office@zoozlin.eu www.zoozlin.eu
Inhaber	städtisch 100 % Stadt Zlín
Fläche	48 ha (52 ha im Besitz). weitere 21 ha wurden 2015 hinzugefügt
Gründungsjahr	1948
Besucherzahl	635.000
Dienstleistungen	Gastronomie: (zooeigen) Restaurants, Café, Kioske, Picknickplatz Läden: Zooshop (zooeigen) Streichelzoo: Ja Spielplatz: Ja
Bildung	Zooschule: Ja Zooführer: Ja Sprache der Beschilderung: Tschechisch, Slowakisch, Englisch Beurteilung: ✶✶

Tierbestand am 31. 12. 2015

	Anzahl	Arten
Säugetiere	246	47
Reptilien	51	16
Vögel	580	109

Hunde	Nein
Schaufütterungen	Ja
Vorführungen etc.	Nein
Zoofreunde	Nein
Freiwillige	Nein

Zoo Zlín

Allgemeine Beschreibung

Der Zoo Zlín hat eine wunderbare Atmosphäre. Er liegt in einem Englischen Garten, der um ein Jugendstilschloss aus dem 19. Jahrhundert an Stelle eines alten mährischen Schlosses gebaut worden ist. Der Zoo profitiert von den alten Schlossgärten mit ihren über tausend alten Bäumen, Sträuchern – vor allem Rhododendrons und Azaleen – und exotischen Pflanzen. Er ist in jeder Hinsicht ein zoologischer und botanischer Garten. Das Gelände liegt am Hang, unten mit einem kleinen Fluss; es gibt einige große Seen und Waldabschnitte. Ein reizvoller Japanischer Garten mit 20 Pflanzenarten, Bonsaibäumchen, Skulpturen und Felsen wurde 2014 eingeweiht. In den letzten fünf Jahren wurden einige neue Anlagen eröffnet, darunter ein äthiopischer Bereich und die „Hala-Bala-Bucht" für Rochen; mehr ist geplant. Zurzeit liegt der Zoo Zlín an zweiter Stelle bei den Besucherzahlen tschechischer Tiergärten.

Masterplan

Bis etwa 2020 sieht ein Masterplan vor allem die Erschließung des 21 ha großen Erweiterungsgeländes vor. Das Meilensteinprojekt heißt „Karibuni" und ist der Tierwelt Zentral- und Westafrikas gewidmet. Es wird über drei Phasen gestreckt; in Phase 1 wird ein Elefantenhaus mit Zuchtstation errichtet. Spätere Phasen sehen den Bau von Anlagen für Primaten, Löwen, Hyänenhunde, Huftiere und andere Tiere vor. Es werden Bootsfahrten angeboten, und ein „Afrikanisches Lager" angelegt. Schon 2017 soll eine neue Kiwi-Anlage stehen.

Begehbare Häuser

Yucatán-Tropenhaus, Elefantenhaus, Giraffenhaus, Affenhaus, Gorillahaus, Arahaus, Vivarium, Schwanzlurchhaus; die „Hala-Bala-Bucht" ist eine außerordentlich gute Anlage um Rochen (die in meiner Artenübersicht nicht berücksichtigt werden) nicht nur zu sehen, sondern auch anfassen zu können

Besonderheiten

Blutbrustpaviane, Totenkopfaffen, Zwei- und Dreifingerfaultiere, Zwergmangusten, Gambiamangusten, Riesenotter, Lippenbären, Malaientapire, Große Kudus, begehbare Känguru- und Emu-Anlage, Pelikane, Störche, Klaffschnäbel, Mandschurische Kraniche, Saruskraniche, Geierfalken, begehbare Aravoliere, begehbare Geiervoliere, begehbare Fluss-Oms-Anlage, Wassergeflügel

Zoo Zürich

Kontakt	Zoo Zürich AG, Zürichbergstrasse 221, 8044 Zürich, CH Tel: +41 (0) 44 254 2500 Fax: +41 (0) 44 254 2510 zoo@zoo.ch www.zoo.ch
Inhaber	gemeinnützige Aktiengesellschaft Zoo Zürich AG, 70 % private Aktionäre (10.000+), 12,5 % jeweils bei der Stadt und dem Kanton Zürich, 5 % Tiergarten-Gesellschaft Zürich (TGZ)
Fläche	28 ha
Gründungsjahr	1929
Besucherzahl	1.425.000 (geänderte zählweise seit 2014)
Dienstleistungen	Gastronomie: (zooeigen) Restaurants, Café, Kioske, Picknickplatz Läden: Zooshop (zooeigen) Streichelzoo: Zoolino (sehr gut) Spielplatz: Ja

Tierbestand am 31. 12. 2015

	Anzahl	Arten
Säugetiere	406	65
Reptilien	471	46
Vögel	1.079	110

Hunde	Nein
Schaufütterungen	Ja, täglich 10
Vorführungen etc.	Nein, verschiedene Ausstellungen
Zoofreunde	Ja, TGZ mit 40.000 Mitglieder (inklusive Jahreskarteninhaber)
Freiwillige	300+
Bildung	Zooschule: Ja Zooführer: Ja (hervorragend) Sprache der Beschilderung: Deutsch, Französisch, Italienisch, Englisch Beurteilung: ★★★

Zoo Zürich

Auf einem kleinen Berg mit Blick über Zürich ist der Zoo der höchstgelegene dieser Studie. Das Gelände ist sanft hügelig und vielfältig. Gelungene Bepflanzungen, darunter viel Bambus, geben dem Zoo ein üppiges Gefühl. Er ist ein sehr gut geführter Tiergarten mit hohen Standards bei den Anlagen und Besucherinformation. Die Gehege simulieren gut die natürlichen Lebensräume der Insassen. Im letzten Vierteljahrhundert hat der Züricher Zoo sich von einem herkömmlichen Tiergarten mit Käfigen zum modernen Zoo mit großzügigen naturnahen Anlagen verwandelt. Er ist wahrhaftig ein bildungsintensiver und kulturbewusster zoologischer Garten. Es gibt zwei weltberühmte Tierhäuser: das Masoala Regenwaldhaus, 2003 eröffnet, und der Kaeng Krachan Elefantenpark" aus dem Jahr 2014. Die beiden außergewöhnlichen Anlagen kosteten 52 bzw. 57 Millionen Schweizer Franken – alles privat finanziert.	Allgemeine Beschreibung
Ein neuer Masterplan für die Jahre 2015 bis 2030 sieht bis 2018 die Umwandlung des jetzigen Afrikahauses in ein Australienhaus, u. a. für Koalas, bis 2020 die Eröffnung der „Lewa-Savanne" für afrikanisches Großwild einschließlich Giraffen, und bis 2024 ein neues Gorillahaus vor. Schon 2016 wurde das Aquarium umgebaut und modernisiert.	Masterplan
Kaeng Krachan Elefantenpark, Masoala Regenwaldhaus, Riesenschildkrötenhaus, Löwenhaus, Menschenaffenhaus, Antilopenhaus, Exotarium (Aquarium mit Terrarium)	Begehbare Häuser
Asiatische Elefanten, Indische Löwen, Sibirische Tiger, Schneeleoparden, Kleine Pandas, Fischotter, Brillenbären vergesellschaftet mit Nasenbären, Makis, Blutbrustpaviane, Totenkopfaffen, Yaks vergesellschaftet mit Trampeltieren, Chilenische Flamingos, begehbare Wassergeflügelvoliere, begehbare „Pantanal-Anlage", Galapagos-Riesenschildkröten	Besonderheiten

KAPITEL 22

RANGLISTEN: DIE „STARS" UNTER DEN TIERARTEN

In den letzten fünf Jahre haben sich bedeutende Änderungen bei der Haltung der beliebtesten Tierarten in den 115 Zoos meiner Untersuchung ergeben. Im Vergleich mit den 80 Zoos, die 2010 berücksichtigt wurden, haben sich folgende Änderungen ergeben:

1. Im Vergleich zu vorher zeigen mehr Zoos Erdmännchen, Kleine Pandas, Kattas, Ameisenbären und Gibbons, bei den Vögeln sind häufig Laufvogelarten und Aras hinzugekommen und der Bestand an Reptilien wurden durch Riesenschildkröten und Komodowarane ergänzt. Die Anzahl der Zoos, die Eisbären halten, ist konstant geblieben, die Zahl derer, die Menschenaffen und Meeressäugetiere in ihrem Bestand haben, wächst nur langsam.

2. Überraschenderweise halten 18 der untersuchten Zoos weiterhin keine Erdmännchen und nur drei haben geplant, diese bis zum Jahr 2020 in den Tierbestand aufzunehmen. Erdmännchen stechen als beliebteste aller kleineren Säugetieren hervor, besonders bei Kindern, und sollten daher eigentlich in jedem Zoo vorhanden sein. Zudem sind sie günstig im Unterhalt und benötigen relativ wenig Platz.

3. Während einige wenige Zoos planen, eine oder mehrere verschiedene Arten von Menschenaffen in ihren Tierbestand aufzunehmen, wollen andere sich von Arten trennen. Ein Grund für diese Entwicklung liegt sicherlich in den erhöhten Mindestanforderungen an die Haltung von Menschenaffen in Deutschland.

4. Viele der größeren Zoos planen sehr sorgfältig, welche der beliebtesten Tierarten sie neu in ihre Bestände aufnehmen, um einen möglichst hohen Zuwachs an Besuchern und damit Einnahmen zu erreichen. Dies spiegelt sich im vermehrten Interesse an Großen Pandas (trotz der hohen Kosten), Koalas, Eisbären und Komodowaranen wider.

Aalborg, Eisbär

Ranglisten: Die „Stars" unter den Tierarten

5. Für den Zeitraum von 2016 bis 2020 sind in mehreren Zoos, unter anderem in Lodz, Budapest, Bukarest, Emmen, Zürich und dem Tierpark Berlin sehr große Investitionen geplant, um die Voraussetzungen für die Haltung neuer attraktiver Tierarten zu schaffen.

6. Es ist eine zunehmende Entwicklung hin zu begehbaren Gehegen zu beobachten, die für den Zoo einerseits größeren Arbeitsaufwand, mehr Personal und engere Besucherbetreuung, andererseits aber für die Besucher einige potentiell unvergessliche Erfahrungen bedeuten.
Der enge Kontakt mit exotischen Tieren in deren natürlicher Umgebung ist sicherlich ein außergewöhnliches und packendes Erlebnis. Empfehlenswert sind die begehbaren Gehege mit folgenden Säugetierarten: Guerezas in Münster, Berberaffen in Erfurt und Rheine, Totenkopfaffen in Pairi Daiza und Leipzig sowie Kattas in Münster, Opole und Duisburg. Spektakuläre Vogelvolieren finden sich in München, im Loro Parque, in Pairi Daiza und Odense.

7. Ich erwarte, dass Gemeinschaftshaltungen noch weitere Verbreitung finden werden. Ein wunderbares Beispiel dafür, was ein solches Gehege auch für die Besucher leisten kann, findet sich in Leipzig. Die Kiwara Savanne beherbergt mehr als zehn verschiedene Tierarten und ist mit üppiger, naturnaher Vegetation ausgestattet. Die Besucher sind eingeladen, diese faszinierende Szenerie von einer Safari-Lodge aus zu beobachten und so ganz in das Gefühl einzutauchen, sich in der Savanne zu befinden. Weitere gute Savannen gibt es in Arnheim und Odense sowie in Borås und Beauval.

8. In Verbindung mit dem Artenschutz und dem großen öffentlichen Interesse an europäischen Säugetieren planen mehr Zoos als bisher, für diese neue Gehege einzurichten bzw. die schon bestehenden zu verbessern und ihnen eigene Bereiche zu widmen.

9. Die bereits spürbare Entwicklung, die Anzahl der gehaltenen Arten zu reduzieren, um so höhere Haltungsanforderungen speziell für Säugetierarten zu erfüllen, wird sich fortsetzen. Dies gilt insbesondere für die Verbesserungen bei der Haltung von Menschenaffen. Viele Zoos reduzieren die Anzahl der gehaltenen Arten, um den Tieren im Innen- und Außenbereich mehr Platz zur Verfügung stellen zu können. Aktuelle Beispiele sind Wien, Basel, Rostock, Stuttgart, Osnabrück, Rhenen, Amnéville, Hannover und Gelsenkirchen. Pongoland in Leipzig wird wohl auch zukünftig eine Ausnahme darstellen, indem es für alle vier Arten der Menschenaffen vorzügliche Haltungsbedingungen bietet.

10. Der zunehmende Widerstand gegen das Kupieren bei Vögeln wird die Haltung und Präsentation einiger großer Vogelarten beeinflussen.

11. Durch die höheren Wasserstandards, die künftig Voraussetzung für die Haltung von Meeressäugetieren wie Seelöwen und Robben sind, werden wohl weniger Zoos in der Lage sein, solche Tiere zu halten.

12. Es wird noch üblicher werden, eine Verbindung zwischen den im Zoo gezeigten Tieren und den In-situ-Artenschutzprojekten, die für diese Tierarten bestehen, herzustellen. Diese Entwicklung ist wichtig, um die Besucher auf die Projekte aufmerksam zu machen und sie zu Spenden anzuregen. Eines von vielen Beispielen für eine bereits gelungene Verbindung ist die Haltung der Schimpansen im Zoo von Edinburgh mit dem Artenschutzprojekt im Budongo Regenwald in Uganda.

RANGLISTEN: DIE „STARS" UNTER DEN TIERARTEN

Die in der Tabelle gezeigte Bewertung der Haltungen der beliebtesten Tierarten umfasst alle 115 untersuchten Zoos aus 28 Ländern, eingeteilt in die Gruppen A bis E. Die Tabelle ist so angelegt, dass sie dem Rezipienten einen Überblick bietet und sich schnell erkennen lässt, ob sich eine bestimmte Tierart in einem bestimmten Zoo befindet (eine „0" bedeutet, dass die Tierart Ende 2015 in diesem Zoo nicht vorhanden war). Die vergebene Punktezahl steht für meine persönliche, subjektive Bewertung der Tiergehege, wobei 6 Punkte die höchste erreichbare Punktzahl darstellt. Am Ende der Tabelle findet sich in der Zusammenfassung die Gesamtzahl der Zoos, die die jeweilige Tierart oder -gruppe hält.

Hinsichtlich der Tabellen sollten zusätzlich folgende Punkte beachtet werden:

1. Die Zoos sind in alphabetischer Reihenfolge nach Ländern und dann nach Gruppenzugehörigkeit (A, B, C, D, und E) geordnet. Innerhalb der Gruppe erfolgt wiederum eine alphabetische Reihenfolge. In getrennten Spalten werden das internationale Länderkürzel und die Gruppe des jeweiligen Zoos angegeben.

2. Ich habe 44 Tierarten oder Gruppen von Tierarten - 34 Säugetiere, 6 Vögel und 4 Reptilien - als beliebteste Tiere ausgewählt. Die Gruppe der „Laufvögel" beinhaltet den Strauß, Kasuare, Emus und Nandus; zu den „Greifvögeln" zählen der Kondor, der Geier und der Adler. Die in der Tabelle angegebene Bewertung bezieht sich jeweils auf das beste Laufvogel- bzw. Raubvogelgehege des Zoos.

3. Die vergebenen Punkte basieren auf meinen persönlichen Eindrücken bei Besuchen in den Zoos vom Frühjahr 2011 bis Frühjahr 2016 und dienen dazu, die Angemessenheit und Qualität der Innen- und/oder Außenanlagen zu bewerten, sowohl aus der Sicht der Tiere als auch der Besucher. Auch die Anzahl der Tiere wurde bei der Bewertung berücksichtigt.

4. Es wurden Punkte von 1 bis 6 vergeben, wobei 6 die höchste Punktzahl ist. Halbe Punkte sind in dieser Tabelle aufgerundet worden.

5. Zoos, bei denen ich davon ausgehe, dass die finanziellen Mittel vorhanden und die Planungen so weit gediehen sind, dass bis zum Jahr 2020 bereits existierende Gehege verbessert werden können oder die Tierart neu in den Bestand aufgenommen werden wird, sind grün hinterlegt.

6. Bei Zoos in Ländern mit warmen Klimaverhältnissen habe ich Zugeständnisse bei Innenanlagen von etwas schlechterer Qualität gemacht.

7. Wenn ein Zoo bekanntlich eine Tierart besitzt, die ich nicht gesehen oder nicht bewertet habe, oder die hinter den Kulissen gehalten wird, ist diese mit "?" markiert.

8. In meinem vorherigen Buch und auch in der Aktualisierung des Buches waren der Große Panda, der Koala, das Walross, der Delfin und die Seekuh nicht in der Tabelle erfasst, sondern getrennt in Fußnoten behandelt worden. Jetzt sind diese Tierarten auch in der Tabelle zu finden.

Ranglisten: Die „Stars" unter den Tierarten

Zoo Rostock, Zweifinger-Faultier im Darwineum

Gesamtpunktzahl der beliebtesten Tierarten

Die Punkte, die jeder der 115 Zoos insgesamt bei der Bewertung der beliebtesten Tierarten erhalten hat, sind für jeden Zoo addiert worden. Die sich daraus ergebende Gesamtpunktzahl setzt sich aus der Anzahl der im Zoo vorhandenen Arten beliebter Tiere und der insgesamt bei der Bewertung der Haltung dieser Tierarten erreichten Punktzahl zusammen. Die besten 30 Zoos, die alle mehr als 100 Punkte erhalten haben, sind folgende:

1	Wien	153
2	Beauval	150
3	Prag	142
4	Leipzig	141
5	Chester	131
6	München	128
7	Pairi Daiza	127
8	Berlin Zoo	126
9	Rotterdam	123
10	Colchester	118
11	Köln	117
12	Duisburg	116
12	Sóstó	116
14	Wrocław	115
15	Amnéville	112

16	Arnheim	111
16	Basel	111
16	La Palmyre	111
19	Osnabrück	110
20	Münster	106
20	Zürich	106
22	Nürnberg	105
23	Hamburg	104
24	Doué la Fontaine	103
25	Kolmården	103
26	Rostock	102
27	Budapest	101
27	Lissabon	101
27	London	101
27	Stuttgart	101

Diese 30 Zoos stammen aus zwölf verschiedenen Ländern und 14 von ihnen sind Mitglied des VdZ (deutschsprachig).

Ranglisten: Die „Stars" unter den Tierarten

Höchste Bewertung im Punktedurchschnitt (Qualität der Anlagen)

Die höchste durchschnittliche Punktzahl (mit 6 Punkten als höchster erreichbarer Wert) bei der Bewertung der beliebtesten Tierarten im Zoo haben folgende Einrichtungen erzielt:

1	Wien	5,10
2	Leipzig	4,86
3	Odense	4,82
4	Hamburg	4,73
5	Münster	4,61
6	Prag	4,58
7	Loro Parque	4,53
8	Doué la Fontaine	4,48
8	Kolmården	4,48

Am häufigsten gehaltene Tierarten/ Artengruppen

Die Tabelle zeigt die Arten bzw. Artengruppen, die in den 115 Zoos am häufigsten gehalten werden:

1	Laufvogel*	108
2	Anakonda oder Python	107
3	Zebra	106
4	Flamingo	102
5	Löwe	99
6	Krokodil/Alligatoren	98
7	Erdmännchen	97
7	Ara	97
9	Tiger	94
10	Pelikan	93
11	Greifvogel	91
12	Giraffe	87

*Die Gruppe der Laufvögel setzt sich aus Nandus, Straußen, Kasuaren und Emus zusammen. Daher ist die Position an erster Stelle ungerechtfertigt.

Die Anzahl der Arten beliebter Tiere, die in diese Tabelle aufgenommen werden, ist seit 2011 stetig gewachsen. Zukünftige Erweiterungen sind gut vorstellbar, angefangen bei der Bongo-Antilope und dem Buntmarder.

Diese Tabellen zeigen eindeutig, dass die Besucher in mehreren europäischen Zoos fantastische Erlebnisse erwarten dürfen. Während sich der Tiergarten Schönbrunn beständig auf dem ersten Platz der Rangliste hält und auch bei den beliebtesten Tieren ganz oben steht, bieten auch viele andere führende Zoos Highlights, die den Besucher einladen, zu verweilen und die Tiere in ihren natürlich gestalteten Gehegen zu beobachten.

Ranglisten: Die „Stars" unter den Tierarten

Länderkennung	ZOO	Gruppe	Elefant	Giraffe	Okapi	Löwe	Tiger	Schneeleopard	Gepard	Afrikanischer Wildhund	Hyäne	Schimpanse / Bonobo	Gorilla	Orang-Utan	Eisbär	Flusspferd	Zwergflusspferd	Nashorn	Delfin	Manati	Walross	Seelöwe / Seehund
AT	SALZBURG	B	0	0	0	4	0	5	5	0	0	0	0	0	0	0	0	3	0	0	0	0
AT	WIEN	A	4	2	0	4	5	0	5	0	0	0	6	6	4	0	6	0	0	0	5
BE	ANTWERPEN	A	3	2	2	5	2	0	0	0	3	3	0	0	4	0	0	0	0	0	0	4
BE	PAIRI DAIZA	A	5	3	0	4	4	6	4	0	3	0	0	0	0	4	0	4	0	0	0	3
BE	PLANKENDAEL	B	6	3	0	3	0	5	4	0	5	5	0	0	0	0	0	3	0	0	0	0
BG	SOFIA	D	2	0	0	3	2	0	0	0	2	0	0	0	0	2	0	2	0	0	0	0
CH	BASEL	A	2	2	3	4	0	4	6	6	0	6	6	6	0	5	4	4	0	0	0	2
CH	ZÜRICH	A	6	0	0	6	6	6	0	0	0	0	3	2	0	2	2	0	0	0	0	3
CZ	DVŮR KRÁLOVÉ	B	3	3	2	5	2	0	4	4	5	4	4	5	0	0	3	3	0	0	0	0
CZ	LIBEREC	C	1	2	0	3	3	4	0	0	0	1	0	?	0	0	0	0	0	0	0	2
CZ	OLOMOUC	C	0	2	0	2	2	0	4	0	0	0	0	0	0	0	1	0	0	0	0	0
CZ	OSTRAVA	B	3	4	0	2	1	0	0	0	0	5	0	0	0	3	0	0	0	0	0	0
CZ	PILSEN	C	0	4	0	3	3	4	3	0	0	3	4	0	0	0	4	3	0	0	0	0
CZ	PRAG	A	6	5	0	3	3	0	3	0	4	0	4	5	3	6	0	0	0	0	0	6
CZ	ZLÍN	B	4	3	0	3	3	0	0	0	4	0	2	0	0	0	0	4	0	0	0	4
DE	AACHEN	E	0	0	0	0	0	0	6	0	0	0	0	0	0	0	0	0	0	0	0	0
DE	AUGSBURG	B	1	0	0	3	3	0	0	3	2	0	0	0	0	0	4	0	0	0	0	4
DE	BERLIN Tierpark	A	3	4	0	3	3	2	4	0	3	0	0	0	4	0	2	0	0	1	0	0
DE	BERLIN Zoo	A	3	4	4	4	4	0	0	6	0	4	5	4	4	6	6	1	0	0	0	5
DE	DORTMUND	C	0	5	0	2	2	0	0	5	0	0	0	5	0	0	0	3	0	0	0	3
DE	DRESDEN	B	3	5	0	4	0	5	3	0	0	0	3	0	0	0	0	0	0	0	0	0
DE	DUISBURG	A	3	4	0	3	3	0	0	3	0	0	4	2	0	0	3	2	6	0	0	2
DE	ERFURT	B	6	1	0	4	0	0	5	0	6	0	0	0	0	0	4	0	0	0	0	0
DE	FRANKFURT	B	0	2	2	4	4	0	0	3	0	5	6	5	0	1	0	1	0	0	0	4
DE	GELSENKIRCHEN	B	0	4	0	6	6	0	0	3	6	0	6	6	4	0	3	0	0	0	0	6
DE	HALLE	C	3	0	0	3	3	0	0	0	4	0	0	0	0	4	0	0	0	0	0	3
DE	HAMBURG Hagenbeck	A	6	2	0	2	4	0	0	0	0	0	0	6	4	0	0	0	0	0	6	5
DE	HANOVER	A	5	3	0	4	4	0	0	0	?	5	4	2	6	5	0	3	0	0	0	4
DE	HEIDELBERG	B	5	0	0	4	4	0	0	0	5	2	2	0	0	0	0	0	0	0	0	3

Ranglisten: Die „Stars" unter den Tierarten

Riesenotter	Andere Otterarten	Gibbon / Siamang	Katta	Klammeraffe	Stummelaffe	Giant Panda	Großer Panda	Koala	Ameisenbär	Tamandua	Nasenbär	Erdmännchen	Zebra	Pinguin	Laufvogel	Pelikan	Flamingo	Ara	Greifvogel	Krokodil / Alligator	Komodowaran	Riesenschildkröte	Anakonda / Python	Gesamtpunktzahl	Durchschnittliche Punktzahl
0	4	5	4	0	0	0	4	0	0	0	0	4	0	2	5	3	3	4	4	0	5	3		67	3,94
0	5	6	6	0	6	6	5	4	5	0	6	6	3	6	4	6	6	4	5	6	0	6	5	153	5,10
0	0	2	1	2	1	0	4	0	0	?	6	4	3	5	?	3	2	1	4	4	5	0	2	77	3,08
5	3	4	5	0	5	5	4	0	4	0	0	3	5	3	6	6	6	5	6	3	0	5	4	127	4,38
0	5	3	0	0	0	0	5	4	4	0	6	0	3	6	3	5	6	2	6	0	0	0	4	96	4,36
0	3	2	2	0	0	0	0	0	0	0	3	3	1	0	2	3	1	1	4	3	0	0	3	44	2,32
0	4	0	4	3	0	0	0	0	0	0	5	4	4	5	6	6	0	0	6	0	0	0	4	111	4,44
0	5	4	0	0	0	0	0	6	0	5	4	6	0	2	4	4	0	5	5	5	5	0	6	106	4,42
0	0	0	5	0	4	0	0	0	0	0	5	6	0	4	6	2	2	0	4	0	4	3		92	3,83
0	0	2	0	0	0	5	0	0	0	1	3	2	2	0	5	2	2	3	2	0	0	0	2	47	2,47
0	0	2	2	0	0	0	0	3	2	3	2	2	0	?	0	4	0	5	4	0	0	0	2	42	2,63
0	4	2	5	0	0	0	5	0	0	0	0	3	0	4	5	3	3	6	5	0	0	0	3	66	3,67
0	0	3	5	3	5	0	3	0	0	0	5	0	5	4	5	5	2	2	5	3	2	4	4	96	3,69
0	6	6	6	5	5	0	5	0	2	0	5	3	4	4	4	5	5	2	6	5	5	5	6	142	4,58
5	0	3	4	2	0	0	4	0	3	0	2	4	3	4	5	5	4	5	5	4	0	0	1	90	3,60
0	5	0	0	0	0	0	4	0	0	0	6	4	3	5	3	5	5	4	5	0	0	4	2	61	4,36
0	0	0	5	0	0	0	0	0	4	4	4	4	6	5	0	0	0	0	0	0	0	0	3	59	3,69
0	0	5	3	0	0	4	0	0	0	0	0	3	3	4	6	5	3	4	3	0	3	6		81	3,52
0	6	2	0	2	0	0	0	0	3	0	5	3	4	5	5	6	6	4	5	4	0	0	6	126	4,34
5	3	5	0	0	0	5	0	5	4	3	5	4	5	4	0	4	3	3	4	0	0	5		92	4,00
0	4	0	6	0	5	0	5	4	0	0	0	5	3	4	4	4	5	4	4	0	0	4	1	96	4,00
5	4	3	6	0	4	0	4	4	2	6	6	6	3	2	3	4	4	4	4	3	0	4	0	116	3,74
0	0	3	5	4	4	0	0	0	0	0	0	6	5	0	6	0	5	2	4	0	0	0	2	75	4,17
0	5	5	3	2	5	0	0	0	0	5	0	4	2	2	3	4	2	?	4	5	0	0	3	91	3,50
0	6	0	0	0	0	4	0	0	0	0	5	3	0	3	4	2	0	3	0	0	0	0		80	4,44
0	0	0	0	0	0	0	0	0	3	0	2	3	2	3	5	3	4	2	4	5	0	0		59	3,28
3	6	0	4	0	0	0	5	0	0	0	5	0	2	6	6	5	6	6	0	0	0	4	5	104	4,73
0	0	3	0	1	0	0	6	0	0	0	2	3	4	5	4	5	4	4	5	0	0	0	2	93	3,88
0	4	0	0	0	0	0	5	0	0	0	0	5	2	0	0	4	4	4	5	0	0	4	2	64	3,76

Ranglisten: Die „Stars" unter den Tierarten

Länderkennung	ZOO	Gruppe	Elefant	Giraffe	Okapi	Löwe	Tiger	Schneeleopard	Gepard	Afrikanischer Wildhund	Hyäne	Schimpanse / Bonobo	Gorilla	Orang-Utan	Eisbär	Flusspferd	Zwergflusspferd	Nashorn	Delfin	Manati	Walross	Seelöwe / Seehund
DE	KARLSRUHE	A	3	3	0	2	0	6	0	0	0	3	0	0	6	3	0	0	0	0	5
DE	KÖLN	A	6	2	2	4	4	6	5	0	0	6	5	5	0	5	0	1	0	0	0	2
DE	KREFELD	C	2	0	0	0	3	2	3	0	0	3	5	3	0	0	1	1	0	0	0	3
DE	KRONBERG Opel	B	6	5	0	0	0	0	3	0	1	0	0	0	0	0	0	0	0	0	0	0
DE	LANDAU	E	0	0	0	0	5	0	4	0	0	3	0	0	0	0	0	0	0	0	0	2
DE	LEIPZIG	A	6	6	3	4	4	2	6	0	6	6	6	6	0	5	5	0	0	0	5
DE	MAGDEBURG	C	2	5	0	4	4	4	0	0	3	6	0	0	0	0	4	0	0	0	0
DE	MÜNCHEN Hellabrunn	A	3	6	0	2	4	5	4	4	5	6	5	5	5	0	0	2	0	0	0	4
DE	MÜNSTER	B	6	3	0	4	3	0	4	0	0	0	6	6	0	0	3	0	0	0	3
DE	NEUWIED	E	0	0	0	4	3	0	5	0	0	5	0	0	0	0	0	0	0	0	0	4
DE	NORDHORN	E	0	0	0	0	0	0	0	0	0	2	0	0	0	0	0	0	0	0	0	2
DE	NÜRNBERG	A	0	4	0	4	5	4	4	0	0	0	4	0	5	0	0	4	6	6	0	5
DE	OSNABRÜCK	B	3	4	0	3	5	0	0	3	6	6	0	2	5	0	0	3	0	0	0	3
DE	RHEINE	E	0	0	0	0	5	0	0	0	0	0	0	0	0	0	0	0	0	0	0	4
DE	ROSTOCK	B	0	0	0	4	0	4	4	5	0	0	6	6	2	0	6	0	0	0	0	5
DE	STUTTGART Wilhelma	A	3	3	4	0	3	5	2	0	0	6	6	2	3	2	2	1	0	0	0	4
DE	WUPPERTAL	B	3	0	5	5	5	2	4	0	0	5	4	5	2	0	0	0	0	0	0	2
DK	AALBORG	C	1	4	0	3	4	0	0	4	0	3	0	1	6	0	5	0	0	0	0	2
DK	KOPENHAGEN	A	6	4	2	2	2	0	0	0	0	3	0	0	6	6	0	4	0	0	0	4
DK	ODENSE	C	0	6	0	3	6	0	0	0	0	6	0	0	0	0	0	0	0	0	5	0	2
EE	TALLINN	C	4	0	0	3	2	5	0	0	3	2	0	0	0	1	0	3	3	0	0	1
ES	BARCELONA	A	4	2	0	1	2	0	2	0	5	4	3	4	0	3	5	2	2	0	0	3
ES	LORO PARQUE	A	0	0	0	0	5	0	0	0	0	5	6	0	0	0	0	0	5	0	0	3
ES	MADRID	A	3	2	0	1	2	0	0	0	0	2	4	3	0	2	0	2	4	0	0	2
ES	MADRID Faunia	C	0	0	0	0	0	0	0	0	0	0	0	0	0	0	0	0	0	0	0	4
ES	VALENCIA	B	5	5	0	4	0	0	0	3	4	5	0	0	6	5	4	0	0	0	0
FI	HELSINKI	B	0	0	0	3	5	6	0	0	0	0	0	0	0	0	0	0	0	0	0	0
FR	AMNÉVILLE	B	3	3	0	3	3	3	3	0	3	0	6	6	5	0	3	3	0	0	0	3
FR	BEAUVAL	A	5	4	4	4	3	6	0	0	6	5	5	4	0	0	0	5	0	5	0	4

Ranglisten: Die „Stars" unter den Tierarten

Riesenotter	Andere Otterarten	Gibbon / Siamang	Katta	Klammeraffe	Stummelaffe	Giant Panda	Großer Panda	Koala	Ameisenbär	Tamandua	Nasenbär	Erdmännchen	Zebra	Pinguin	Laufvogel	Pelikan	Flamingo	Ara	Greifvogel	Krokodil / Alligator	Komodowaran	Riesenschildkröte	Anakonda / Python	Gesamtpunktzahl	Durchschnittliche Punktzahl
0	5	0	3	3	0	0	6	0	0	0	6	3	2	4	3	5	3	4	?	0	4	5	2	89	3,87
0	6	4	0	0	1	0	6	0	4	0	0	6	3	4	3	6	6	3	5	6	0	0	1	117	4,18
0	5	1	0	0	4	0	4	0	2	4	0	4	3	6	5	5	4	0	4	0	4	0	3	88	3,38
0	0	2	0	0	0	0	5	0	0	0	1	4	5	0	4	4	3	0	0	2	0	0	2	47	3,36
0	0	5	2	4	0	0	0	0	0	0	0	3	3	4	2	0	4	2	0	3	0	0	2	48	3,20
6	5	0	0	0	0	0	4	0	0	0	4	6	6	3	5	6	6	2	4	6	5	0	3	141	4,86
0	0	1	5	0	5	0	0	4	2	5	6	4	2	0	5	5	5	3	5	4	0	0	0	90	3,91
0	4	4	5	4	0	0	5	0	4	0	0	3	4	5	5	4	4	2	?	4	0	6	5	128	4,27
0	6	0	6	0	6	0	0	0	0	6	4	6	4	6	4	5	4	4	4	0	0	0	3	106	4,61
0	0	0	0	0	4	0	0	0	5	5	4	4	2	5	4	4	2	5	6	0	0	0	4	74	4,35
0	0	0	0	0	0	0	0	0	0	0	5	4	2	0	2	0	0	0	6	0	0	0	0	23	3,29
0	5	4	0	0	0	0	5	0	0	0	0	4	4	4	4	6	4	3	6	2	0	0	3	105	4,38
0	6	2	0	4	3	0	5	0	0	0	6	4	4	4	4	5	4	4	3	0	3	3	3	110	3,93
0	0	5	6	0	0	0	0	0	0	0	4	0	3	6	4	0	5	3	0	0	0	0	1	46	4,18
0	6	6	4	0	0	0	0	0	0	0	4	5	5	2	2	6	4	0	5	3	0	6	2	102	4,43
0	2	4	0	3	0	0	0	0	2	0	4	5	3	3	5	4	5	2	4	6	0	3	2	101	3,48
0	2	4	0	1	0	0	0	0	0	0	0	4	2	6	5	4	3	2	3	3	0	0	2	83	3,46
0	0	0	3	4	0	0	6	0	4	0	3	4	5	2	4	0	2	2	0	4	0	0	2	78	3,39
0	6	2	2	2	0	0	4	0	2	0	0	0	4	2	4	4	5	4	3	3	0	0	2	89	3,56
0	0	0	5	0	0	0	5	0	0	0	4	0	5	6	5	5	5	5	0	0	0	6	3	82	4,82
0	0	0	0	0	0	0	0	0	0	0	1	2	0	0	4	5	3	2	2	0	0	0	0	51	2,68
0	3	2	2	3	0	0	2	0	4	0	0	3	2	3	2	4	3	3	4	6	4	3	3	99	3,09
0	4	0	0	0	0	0	4	0	0	0	0	6	0	6	4	3	4	6	0	3	0	4	0	68	4,53
3	0	3	3	0	1	4	3	2	3	0	1	2	2	2	2	4	5	1	2	3	0	2	2	77	2,48
0	4	5	0	0	0	0	?	0	0	?	2	6	0	6	3	5	4	5	?	5	4	5	3	61	4,36
0	4	0	0	0	0	0	0	0	0	0	4	5	0	5	3	3	0	0	5	0	0	0	2	78	4,33
0	5	0	0	0	4	0	0	0	0	0	0	0	4	0	3	5	3	0	0	2	0	0	0	40	4,00
0	5	4	4	4	0	0	4	0	4	3	4	5	0	5	4	4	4	6	3	0	0	2	0	117	3,77
0	3	3	5	5	5	6	6	5	4	0	5	3	3	6	4	4	5	4	4	3	1	3	4	151	4,31

Ranglisten: Die „Stars" unter den Tierarten

Länderkennung	ZOO	Gruppe	Elefant	Giraffe	Okapi	Löwe	Tiger	Schneeleopard	Gepard	Afrikanischer Wildhund	Hyäne	Schimpanse / Bonobo	Gorilla	Orang-Utan	Eisbär	Flusspferd	Zwergflusspferd	Nashorn	Delfin	Manati	Walross	Seelöwe / Seehund
FR	CERZA Lisieux	C	0	3	0	5	4	0	4	4	5	0	0	0	0	0	3	4	0	0	0	0
FR	DOUÉ LA FONTAINE	C	0	2	5	6	6	6	4	0	0	0	0	0	0	0	5	4	0	0	0	0
FR	LA FLÉCHE	C	3	1	0	4	5	0	3	0	0	2	0	0	5	1	3	0	0	0	0	2
FR	LA PALMYRE	B	2	3	0	2	2	2	5	4	0	5	5	5	4	3	0	2	0	0	0	3
FR	MULHOUSE	C	0	0	0	2	2	4	0	0	0	0	0	5	0	0	0	0	0	0	0	2
FR	PARIS Menagerie	B	0	0	0	0	0	4	0	0	0	0	0	3	0	0	0	0	0	0	0	0
FR	PARIS Zoo	A	0	5	0	6	0	0	0	0	0	0	0	0	0	0	0	4	0	0	0	5
GR	ATHEN Attica	C	0	3	0	4	2	0	5	4	0	3	0	0	0	0	4	4	0	0	0	2
HR	ZAGREB	C	0	0	0	5	0	2	2	0	0	3	0	0	0	0	3	0	0	0	0	1
HU	BUDAPEST	A	3	4	0	4	3	0	0	0	3	0	5	3	0	2	0	3	0	0	0	3
HU	SÓSTÓ	C	3	4	0	3	4	2	3	0	0	0	3	5	2	0	5	4	0	0	0	3
HU	SZEGED	C	0	4	0	4	5	5	4	0	3	0	0	0	0	0	3	0	0	0	0	3
HU	VESZPRÉM	C	4	4	0	2	2	3	0	0	4	0	0	0	0	0	4	0	0	0	0	?
IE	DUBLIN	A	6	4	3	3	4	3	0	5	0	4	5	1	0	4	0	4	0	0	0	4
IT	BUSSOLENGO	C	0	3	0	4	6	6	5	0	4	4	0	0	0	5	0	5	0	0	0	0
IT	ROM	B	1	2	0	4	4	0	0	3	0	4	0	4	0	2	4	0	0	0	0	3
IT	TURIN Zoom Torino	C	0	4	0	0	4	0	0	0	0	0	0	0	0	5	0	4	0	0	0	0
LT	KAUNAS	D	0	2	0	2	2	3	0	0	0	0	0	0	0	1	0	0	0	0	0	2
LV	RIGA	C	0	5	0	2	3	0	0	0	0	0	0	0	0	1	0	0	0	0	0	4
NL	AMERSFOORT	B	4	3	0	2	2	0	1	0	5	2	0	0	0	0	0	3	0	0	0	0
NL	AMSTERDAM Artis	A	1	4	0	2	0	0	0	4	0	3	4	0	0	0	0	0	0	0	0	3
NL	ARNHEIM Burgers	A	3	6	0	6	5	0	5	0	0	4	4	0	0	4	4	6	0	4	0	3
NL	BEEKSE BERGEN	B	2	3	3	3	5	0	5	5	6	3	4	0	0	0	?	3	0	0	0	0
NL	EMMEN	B	3	3	0	5	5	0	0	0	0	0	0	0	0	2	0	2	0	0	0	4
NL	KERKRADE	C	0	3	0	5	0	0	5	5	0	5	0	0	0	0	4	2	0	0	0	0
NL	RHENEN	B	4	3	0	3	4	0	0	0	0	0	6	3	5	0	0	0	0	0	0	6
NL	ROTTERDAM	A	4	5	6	5	3	0	0	0	3	0	4	0	5	0	0	3	0	0	0	5
NO	KRISTIANSAND	B	0	3	0	5	6	0	5	0	0	4	0	4	0	0	0	0	0	0	0	0
PL	GDAŃSK	C	1	5	0	5	2	0	4	0	0	2	0	2	0	0	2	1	0	0	0	4

RANGLISTEN: DIE „STARS" UNTER DEN TIERARTEN

Riesenotter	Andere Otterarten	Gibbon / Siamang	Katta	Klammeraffe	Stummelaffe	Giant Panda	Großer Panda	Koala	Ameisenbär	Tamandua	Nasenbär	Erdmännchen	Zebra	Pinguin	Laufvogel	Pelikan	Flamingo	Ara	Greifvogel	Krokodil / Alligator	Komodowaran	Riesenschildkröte	Anakonda / Python	Gesamtpunktzahl	Durchschnittliche Punktzahl
0	4	4	5	0	0	0	3	0	0	0	0	0	4	0	4	4	0	6	0	4	0	0	3	73	4,06
6	5	4	0	6	0	6	0	4	0	0	0	2	5	0	4	5	5	6	2	0	3	2		103	4,48
0	3	4	5	5	2	0	4	0	3	0	3	2	0	2	3	4	4	2	2	1	0	0	1	79	2,93
0	3	3	2	0	3	0	3	0	0	0	4	3	4	4	4	6	5	5	6	3	0	3	3	111	3,58
0	1	3	5	3	0	0	4	0	0	0	6	2	3	3	2	3	6	3	4	3	0	3	3	70	3,33
0	0	0	0	0	0	0	4	0	0	0	0	0	0	4	0	3	3	3	2	0	2	4		32	3,20
0	5	5	0	0	0	0	0	5	0	0	0	0	4	4	5	0	3	6	3	6	3	0	0	66	4,40
0	2	5	4	0	0	0	0	0	4	0	4	4	3	3	3	4	3	5	4	2	4	2	2	89	3,42
0	4	4	4	0	2	0	3	0	0	0	5	3	3	0	3	3	0	0	0	5	0	0	3	58	3,22
5	3	0	6	0	0	5	5	4	0	0	2	6	2	4	3	4	2	5	4	2	2	0	4	101	3,61
0	3	6	4	5	4	0	5	0	3	0	5	2	5	3	3	5	4	3	3	4	5	0	3	116	3,74
0	2	5	0	3	0	0	2	0	4	0	4	4	3	3	4	5	0	5	5	2	0	0	1	83	3,61
0	?	0	3	0	3	0	5	0	0	0	3	1	4	?	4	1	3	0	3	0	0	0	2	55	3,06
0	2	5	3	3	0	0	3	0	0	0	0	2	4	5	4	0	5	1	0	3	0	0	3	93	3,58
0	0	0	5	0	0	0	6	0	0	?	4	2	3	0	6	4	6	4	4	3	0	4	3	96	4,36
0	0	4	5	0	0	0	0	0	0	0	4	3	3	0	4	3	3	2	3	4	3	4	3	79	3,29
0	?	4	5	0	0	0	?	0	0	0	0	3	4	6	4	0	0	0	3	?	0	4	?	50	4,17
0	3	0	0	0	0	0	0	0	0	0	0	0	2	0	0	4	0	3	4	1	0	0	2	31	2,38
0	0	0	3	0	0	0	0	0	0	4	3	2	2	0	3	3	3	2	1	3	0	3	2	49	2,72
0	4	2	3	0	0	0	0	0	0	0	5	3	4	6	6	4	2	6	2	0	0	0	0	69	3,45
0	2	2	5	2	0	0	2	0	4	4	3	3	4	5	4	5	3	5	6	6	4	3	0	96	3,56
0	5	4	5	0	0	0	0	0	0	0	6	4	6	3	0	3	6	2	4	4	0	0	5	111	4,44
0	?	4	3	0	3	0	5	0	0	0	3	5	5	5	5	6	0	3	?	0	3	0	0	89	4,05
0	6	3	3	3	4	0	0	0	0	0	4	3	?	4	3	6	5	0	4	0	0	0	4	76	3,80
0	5	0	0	5	0	0	0	0	0	0	0	4	4	0	3	0	0	0	4	0	0	0	2	56	4,00
0	5	4	4	0	0	0	3	0	0	0	0	4	4	3	4	3	3	5	4	0	3	4		91	3,96
0	5	5	3	0	4	0	4	0	0	0	0	4	5	5	4	5	4	4	6	5	4	4	5	123	4,39
0	5	1	5	4	0	4	0	0	0	0	0	3	3	0	3	0	3	0	2	0	0	2		64	3,56
0	0	5	0	0	4	0	0	0	0	0	?	5	3	4	0	3	4	3	4	1	0	0	1	65	3,10

435

Ranglisten: Die „Stars" unter den Tierarten

Länderkennung	ZOO	Gruppe	Elefant	Giraffe	Okapi	Löwe	Tiger	Schneeleopard	Gepard	Afrikanischer Wildhund	Hyäne	Schimpanse / Bonobo	Gorilla	Orang-Utan	Eisbär	Flusspferd	Zwergflusspferd	Nashorn	Delfin	Manati	Walross	Seelöwe / Seehund
PL	KRAKAU	C	1	5	0	4	4	4	0	?	0	1	0	0	0	0	1	0	0	0	0	1
PL	OPOLE	C	0	4	0	0	0	3	4	0	0	0	5	0	0	0	4	4	0	0	0	5
PL	POZNAŃ	C	6	3	0	0	5	0	0	0	0	0	0	0	0	0	0	2	0	0	0	4
PL	WARSCHAU	B	4	3	0	3	3	3	3	2	0	5	5	0	0	5	0	3	0	0	0	3
PL	WROCŁAW	B	2	3	4	3	3	0	2	?	0	3	0	0	0	2	5	5	0	4	0	6
PT	LISSABON	B	2	2	4	5	4	3	3	0	0	4	4	0	2	2	3	4	0	0	0	3
RO	BRAȘOV	D	0	0	0	3	3	0	0	0	0	0	0	0	0	0	0	0	0	0	0	0
RO	BUKAREST	D	0	0	0	3	4	0	0	0	0	0	0	0	0	0	0	0	0	0	0	0
RO	TÎRGU-MUREȘ	D	4	3	0	3	4	0	0	0	0	0	0	0	0	0	0	0	0	0	0	0
RS	PALIĆ	D	1	3	0	2	1	0	0	0	1	0	0	3	0	0	0	0	0	0	0	3
SE	BORÅS	C	4	0	0	4	0	4	6	5	3	0	3	0	0	0	0	5	0	0	0	3
SE	ESKILSTUNA	C	0	0	0	3	5	0	4	0	0	0	0	0	0	0	5	0	0	0	0	0
SE	KOLMARDEN	B	2	4	0	4	6	5	0	4	0	4	3	0	0	0	0	3	6	0	0	6
SI	LJUBLJANA	C	2	3	0	0	6	0	5	0	0	1	0	0	0	0	0	0	0	0	0	3
SK	BOJNICE	C	1	0	0	3	0	0	0	0	0	0	0	3	0	0	0	0	0	0	0	0
SK	BRATISLAVA	C	0	1	0	2	2	0	0	2	3	4	0	5	0	0	2	3	0	0	0	0
SK	KOSICE	D	0	0	0	2	1	0	0	0	0	0	0	0	0	0	0	0	0	0	0	2
UK	BELFAST	C	3	3	0	3	5	0	2	0	3	4	4	0	0	0	0	0	0	0	0	4
UK	BLACKPOOL	C	2	2	0	3	3	0	0	0	0	4	4	0	0	0	0	0	0	0	0	5
UK	BRISTOL	B	0	0	4	6	0	0	3	0	0	0	5	0	0	0	2	0	0	0	0	5
UK	CHESTER	A	5	3	3	4	6	0	4	4	0	4	0	5	0	0	0	3	0	0	0	0
UK	COLCHESTER	B	3	2	0	3	4	0	4	2	5	3	0	4	0	0	3	2	0	0	0	4
UK	EDINBURGH	B	0	0	0	5	2	0	0	4	3	5	0	0	0	0	3	2	0	0	0	0
UK	MARWELL	B	0	4	3	0	5	6	5	0	0	0	0	0	0	0	2	2	0	0	0	0
UK	PAIGNTON	B	3	3	0	4	3	0	3	0	0	3	4	0	0	0	3	0	0	0	0	0
UK	TWYCROSS	B	5	3	0	0	0	4	0	3	3	3	2	0	0	0	0	0	0	0	0	0
UK	ZSL LONDON	A	0	2	2	4	6	0	4	0	0	4	0	0	0	0	5	0	0	0	0	0
UK	ZSL WHIPSNADE	B	4	4	0	4	5	0	5	0	0	4	0	0	0	3	3	4	0	0	0	3
	Anzahl der Halter		74	87	21	99	94	41	56	28	34	64	47	47	25	33	43	66	7	6	1	79

Ranglisten: Die „Stars" unter den Tierarten

Riesenotter	Andere Otterarten	Gibbon / Siamang	Katta	Klammeraffe	Stummelaffe	Giant Panda	Großer Panda	Koala	Ameisenbär	Tamandua	Nasenbär	Erdmännchen	Zebra	Pinguin	Laufvogel	Pelikan	Flamingo	Ara	Greifvogel	Krokodil / Alligator	Komodowaran	Riesenschildkröte	Anakonda / Python	Gesamtpunktzahl	Durchschnittliche Punktzahl
0	2	3	3	0	1	0	2	0	0	0	3	4	2	4	2	3	1	2	4	1	0	0	2	60	2,50
0	4	4	6	0	4	0	6	0	4	4	3	4	4	0	6	5	4	3	?	0	0	0	0	90	4,29
0	3	2	3	4	0	0	0	2	2	4	3	0	4	5	4	0	5	3	5	0	2			75	3,57
0	4	4	4	0	0	5	0	4	0	0	4	3	3	5	4	4	3	3	3	0	0	3		98	3,63
5	2	6	6	0	3	0	5	0	0	0	3	2	6	5	3	3	5	5	4	3	3			115	3,83
0	0	5	3	4	4	0	5	4	2	0	?	4	2	2	2	2	2	2	2	3	2	0	2	101	3,06
0	0	0	0	0	0	0	0	0	0	0	0	0	1	0	0	0	2	?	0	0	3			12	2,40
0	?	0	2	0	0	0	0	0	0	0	3	2	2	0	4	2	2	4	3	2	0	0	2	35	2,69
0	1	0	0	0	0	0	0	0	0	1	1	3	0	4	3	0	0	3	1	0	0	1		32	2,46
0	5	0	1	3	0	0	0	0	0	4	4	3	0	3	0	0	3	5	1	0	0	0	2	48	2,67
0	0	5	0	0	0	0	4	0	0	0	0	5	3	5	0	4	0	0	0	0	0	0		73	4,06
6	5	4	0	5	0	0	6	0	4	4	0	0	0	4	0	2	0	0	5	5	4	3		79	4,39
0	0	4	0	0	0	0	5	0	0	0	0	5	4	6	5	0	0	4	3	5	0	0	6	94	4,48
0	3	3	0	0	0	0	5	0	0	0	0	5	2	0	5	3	0	2	3	0	0	0	3	54	3,38
0	0	2	0	0	3	0	0	0	0	0	2	3	3	0	5	5	4	2	3	1	0	0	2	42	2,80
0	0	1	2	0	1	0	4	0	0	0	4	2	0	4	4	4	1	2	2	0	0	0		59	2,57
0	0	0	2	0	0	0	0	0	0	2	2	3	2	4	4	4	2	4	1	0	0	0		38	2,53
0	4	3	3	3	3	0	4	0	3	0	5	3	3	3	3	5	4	?	5	0	0	0	1	86	3,44
0	4	3	4	3	2	0	3	0	3	0	0	4	2	2	3	5	4	4	0	2	0	2	3	76	3,17
0	4	3	0	4	0	5	0	0	0	0	5	3	4	3	4	4	4	3	0	3	0	5	2	80	3,81
6	6	5	4	5	0	0	6	0	4	0	6	3	2	4	3	3	5	4	6	6	5	4	3	131	4,37
0	6	3	5	3	4	0	3	0	4	3	2	5	2	4	2	3	4	2	4	4	4	6	4	5	119	3,61
0	6	4	3	0	0	3	0	5	?	0	0	5	4	6	2	3	4	3	6	0	0	3		81	3,86
0	6	3	3	0	3	0	4	0	2	0	4	5	4	6	3	0	2	0	0	0	0	0	1	76	3,62
0	0	5	4	3	4	0	6	0	0	0	4	3	4	0	6	6	4	3	0	0	0	3	5	90	3,91
0	4	5	4	4	2	0	0	0	0	0	5	4	3	4	3	4	3	4	0	1	0	4	0	77	3,50
0	6	3	5	2	3	0	0	0	2	5	0	4	1	6	3	3	5	0	3	6	5	3	101	3,88	
0	5	0	4	0	0	0	?	0	0	0	0	3	3	5	3	0	2	0	?	?	3	0	0	3	70	3,68
12	81	80	80	41	39	5	76	9	42	19	67	97	107	82	108	93	102	96	91	98	21	45	107		

Ranglisten: Die „Stars" unter den Tierarten

Legende zur Tabelle der beliebtesten Tierarten

▓▓▓	Geplante Optimierung oder Ergänzung von Tierarten bis 2020
?	Im Tierbestand aufgeführt, aber nicht öffentlich einsehbar
Bemerkungen	Informationen berücksichtigt bis Ende 2015 Geplante Verbesserungen oder Eröffnungen neuer Anlagen können seit Ende 2015 stattgefunden haben
Laufvogel	Strauß, Kasuar, Emu, Nandu
Greifvogel	Kondor, Geier, Adler

KAPITEL 23

Ranglisten 2015 – Europas führende Tiergärten

Die vierte Auflage meiner Ranglisten wurde am 17. 9. 2015 veröffentlicht und kurze Zeit später, am 25. 9. 2015 im Zoo Rostock offiziell der Presse vorgestellt. Bereits 2009 waren die ersten Ranglisten erschienen, gefolgt von einer zweiten Auflage im Jahr 2011 im Rahmen meines Buches "What Zoos Can Do" / "Das A und O im Zoo". Eine dritte Aktualisierung der Listen erfolgte schließlich 2013 mit dem Titel "Update 2013" / "Aktualisierung 2013". Dabei beziehen sich die Angaben in den Listen immer auf das Ende des Vorjahres. In diesem Buch habe ich zwei weitere Zoos aufgenommen, Cerza Lisieux und Faunia Madrid, die ich beide besuchen konnte, seit die Ranglisten von 2015 veröffentlicht worden sind.

Die Ranglisten von 2015 umfassen auf folgenden Gebieten mehr Daten:

- 115 Zoos aus 28 europäischen Ländern wurden aufgenommen, eine Steigerung zu 2011, als 80 Zoos aus 21 Ländern behandelt wurden.
- Die Zoos werden jetzt in fünf Gruppen eingeteilt, zwei Gruppen sind im Vergleich zu 2011 hinzugekommen
- Die Bewertung erfolgte anhand 40 festgelegter Faktoren in drei Gruppen, 2011 waren es nur 26 Faktoren

Rangliste von 2015 - kurzgefasst:

- Der Gewinner in Gruppe A (1 Million und mehr Besucher) und bester europäischer Zoo ist wie auch in den drei bisherigen Ranglisten Wien. Daher wird die prestigeträchtige Mats Jonasson Elefanten-Trophäe aus Kristallglas dauerhaft im Wiener Zoo verbleiben.
- Die größten Herausforderer in Gruppe A sind die Zoos in Leipzig und Zürich, auch dies hat sich seit den letzten Ranglisten nicht verändert. Meiner Meinung nach sind Wien, Leipzig und Zürich heute die herausragenden und besten Tiergärten Europas.
- Der Gewinner in Gruppe B (500.000 und mehr Besucher) ist Rostock, dicht gefolgt von Frankfurt, Münster und Osnabrück.
- In Gruppe C (250.000 und mehr Besucher) teilen sich drei Zoos den ersten Platz: Aalborg, Odense und Sóstó.
- In Gruppe D sind die Zoos zusammengefasst, die sich gerade um eine Vollmitgliedschaft in der EAZA bewerben, der beste unter ihnen ist der Zoo Palić (Serbien).
- In der neuen Gruppe E finden sich mittelgroße, deutsche Zoos, hier ist Landau führend.

Ranglisten 2015

Ausführliche Bemerkungen zu den Tabellen der Ranglisten 2015:

1. Gesamtpunktzahl im Vergleich zu den vorherigen Jahren

Gesamtpunktzahl aller in den drei Kategorien vergebenen Punkte

Kategorie	2009		2011		2013		2015	
	Punkte	%	Punkte	%	Punkte	%	Punkte	%
Besucher	93	46,5	108	49,5	124	48,2	130	46,6
Bildung/Artenschutz	34	17,0	35	16,1	39	15,2	44	15,8
Witschaft/Organisation	73	36,5	75	34,4	94	36,6	105	37,6
Gesamtpunktzahl	200	100	218	100	257	100	279	100

2. Gesamtanzahl der Zoos in der Rangliste

	2009	2011	2013	2015
Gruppe A	40	30	30	30
Gruppe B	In A enthalten	50	36	37
Gruppe C	0	0	26	36
Gruppe D	0	0	0	7
Gruppe E	0	0	0	5
Anzahl der Zoos	40	80	92	115
Anzahl der Länder	16	21	23	28

3. Neue Fakoren der Ranglisten 2015

Folgende Faktoren sind für die Erstellung der Ranglisten 2015 in die Bewertung mit eingeflossen: Historische Gebäude, Verbindung zwischen Gehege und In-situ-Projekten, zoointerne veterinärmedizinische Einrichtungen, Auffangstationen, Zoolotsen, Soziale Netzwerke, Förder- und Freundesvereine

4. Neue Gruppen in den Ranglisten 2015

Gruppe D (Kandidaten für eine Vollmitgliedschaft in der EAZA): Im Magazin „Tiergarten" (2015-2, S. 70-71) wurden bereits sechs Zoos vorgestellt, die sich um eine Vollmitgliedschaft in der EAZA bemühen. Zusätzlich zu diesen sechs habe ich auch noch den Zoo Bukarest aufgenommen. Zwar handelt es sich hierbei um einen kleinen und relativ alten Zoo, doch mit der Anlage des neuen Bioparc Bukarest, der auf der nahegelegenen 43 ha großen Waldfläche entstehen (beratend tätig ist Koen Bouwer) und dann in den jetzigen Stadtzoo integriert werden soll, wird sich die Situation in Bukarest in den nächsten Jahren grundlegend ändern.

Gruppe E (deutsche Zoos mittlerer Größe): Nach eingehenden Überlegungen und Beratungen habe ich mich dazu entschlossen, fünf kleinere, aber sehr erfolgreiche und angesehene deutsche Zoos für diese Kategorie auszuwählen. Von ihren Besucherzahlen wären sie eindeutig der Gruppe C zuzuordnen, doch aufgrund ihrer beschränkten Größe fehlen in ihrem Tierbestand

Ranglisten 2015

die meisten großen Säugetierarten, die in den größeren Zoos der Gruppe C selbstverständlich anzutreffen sind. Da Deutschland in ganz Europa sowohl die meisten lizensierten Zoos als auch die meisten Zoobesucher hat, habe ich mich dazu entschieden, hier diese Ausnahme zu machen.

5. Veränderungen der Gruppenzugehörigkeit seit 2013

Diese Verschiebungen innerhalb der Gruppen berücksichtigen die Entwicklung der Besucherzahlen im Zeitraum der letzten fünf Jahre (2010 bis 2014).

Gruppe A
neu hinzugekommen: Loro Parque, Paris Zoo
aufgestiegen aus Gruppe B zu Gruppe A: Beauval, Pairi Daiza
abgestiegen von Gruppe A zu Gruppe B: Emmen, Frankfurt, Gelsenkirchen, Münster

Gruppe B
neu hinzugekommen: Beekse Bergen, Kristiansand
aufgestiegen aus Gruppe C zu Gruppe B: Ostrava
abgestiegen von Gruppe A zu Gruppe B: Emmen, Frankfurt, Gelsenkirchen, Münster
abgestiegen von Gruppe B zu Gruppe C: Bussolengo, Dortmund, Sóstó
abgestiegen von Gruppe B zu Gruppe D: Sofia

Gruppe C
neu hinzugekommen: Athen, Borås, Cerza Lisieux, Fauna Madrid, Kerkrade, Liberec, Turin, Veszprém
abgestiegen von Gruppe B zu Gruppe C: Bussolengo, Dortmund, Sóstó

6. Zusätzliche europäische Länder

Seit 2013 sind Zoos aus Griechenland, Litauen, Norwegen, Rumänien und Serbien in die Ranglisten aufgenommen worden.

7. Zusätzliche europäische Zoos

Im Vergleich zum Jahr 2013 enthalten die Ranglisten von 2015 jetzt 23 zusätzliche Zoos:
Gruppe A: Loro Parque, Paris
Gruppe B: Beekse Bergen, Kristiansand
Gruppe C: Athen, Borås, Cerza Lisieux, Fauna Madrid, Kerkrade, Liberec, Turin, Veszprém
Gruppe D: Brașov, Bukarest, Kaunas, Kosice, Palić, Tîrgu-Mureș
Gruppe E: Aachen, Landau, Neuwied, Nordhorn, Rheine

Ranglisten 2015

8. Starke Veränderungen innerhalb der Gruppen seit 2013

Gruppe A: Beide Neuzugänge aus Gruppe B konnten bei der Bewertung hoch punkten und finden sich so in der oberen Hälfte der Gruppe: Beauval an elfter Stelle und Pairi Daiza auf Platz 15. Auch Bukarest hat große Fortschritte gemacht (verbessert sich um sechs Plätze und liegt nun auf Rang 14), ebenso Dublin. Unter den besten zehn Zoos dieser Gruppe sind sieben Mitglieder des VdZ!

Gruppe B: Dank des „Darwineums" ist der Zoo Rostock hier an erster Stelle, dicht gefolgt von Frankfurt, Münster und Osnabrück. Aber auch Wrocław konnte sich durch die Eröffnung des „Afrycariums" 32 Extrapunkte sichern und liegt jetzt auf Platz sieben, eine Verbesserung um 16 Plätze. Gute Entwicklungen sind auch in Zlín, Rhenen und Planckendael zu beobachten. Der Zoo Emmen, jetzt auf Platz 14, wird seinen Platz auf der Rangliste sicherlich bald wieder verbessern, wenn die erste Phase der groß angelegten Umbaumaßnahmen ab März 2016 eröffnet ist.

Gruppe C: Hier teilen sich gleich drei Zoos den ersten Platz. Odense (der Gewinner von 2013) liegt mit Aalborg und Sóstó gleich auf. Leider kann daher in diesem Jahr kein Preis in dieser Kategorie vergeben werden. Mit dem Biopark Turin (8. Platz), Kerkrade (10. Platz) und Athen (13. Platz) hat die Gruppe jetzt neuen, starken Zuwachs bekommen. Gute Fortschritte verzeichnen Zagreb, Bojnice, Tallinn, Mulhouse und Aalborg.

Gruppe D: Der Zoo Palić, der in dieser Gruppe auf dem ersten Platz liegt, kann erfreulicherweise damit rechnen, in naher Zukunft als Vollmitglied in der EAZA aufgenommen zu werden. Im Vergleich mit allen anderen 27 Ländern der Studie schneiden die rumänischen Zoos leider immer noch schwach ab. Dennoch erwarte ich innerhalb der nächsten zwei bis drei Jahre deutliche Fortschritte bei allen dreien, der hier berücksichtigten Zoos. In allen sieben Zoos, mit Ausnahme von Bukarest und Kosice, wurde im Geschäftsjahr 2014-15 ein neuer Zoodirektor eingesetzt.

9. Zoos mit den größten Fortschritten 2011 bis 2015

Diese Zoos haben die größte Anzahl an Sonderpunkten erhalten: Wrocław (+57), Leipzig und Pairi Daiza (beide +56), Beauval und Zürich (beide +54), Rostock (+51), Basel, München und Wien (jeweils +50)

RANGLISTEN 2015

10. Führende osteuropäische Zoos und deren Fortschritte 2011 bis 2015

Prag	199 Punkte (+44)
Budapest	186 Punkte (+42)
Wrocław	167 Punkte (+57)
Warschau	151 Punkte (+24)
Zlín	151 Punkte (+38)
Sóstó	148 Punkte (+35)
Dvůr Králové	144 Punkte (+31)
Ostrava	141 Punkte (+19 seit 2013, 2011 noch nicht berücksichtigt)
Pilsen	139 Punkte (+20)
Tallinn	126 Punkte (+28)

Man beachte, dass es sich bei der Hälfte aller Zoos dieser Tabelle um tschechische Zoos handelt.

11. Bemerkungen zu Ausnahmen bei den Hauptkriterien

EU/EEA Länder. Palić (Serbien) in Gruppe D. Diese Ausnahme erscheint mir gerechtfertigt zu sein, da Palić (Subotica) nahe der ungarischen Grenze gelegen ist und der Zoo Szeged, der Palić als Mentor im Programm der EAZA betreut, liegt nur etwa 35 km entfernt in Ungarn. Ein großer Teil des Zoopersonals in Palić spricht ungarisch.

Besucherzahlen. Für alle Zoos wurden die Werte der letzten fünf Jahren berücksichtigt (2010 bis 2014), der Pariser Zoos wurde jedoch erst im April 1014 eröffnet. Bereits im ersten Jahr konnte man in Paris mindestens 1,6 Million Besucher verzeichnen und ich denke, es ist nicht zu abwegig, dort mit einer jährlichen Besucherzahl von durchschnittlich 1 Million zu rechnen.

Kristiansand (Norwegen) und Eskilstuna (Schweden). Diese beiden Zoos sind zwar Teil von größeren Vergnügungsparks, haben aber dennoch jeweils einen eigenen Direktor, der nur für den zoologischen Bereich zuständig ist. Da ich den Zoo von den anderen Attraktionen eindeutig abgrenzen konnte, spricht nichts dagegen, beide hier aufzunehmen.

Kolmarden/Tropicarium (Schweden). Wie bereits zuvor habe ich mich dazu entschieden, auch das Tropicarium (hauptsächlich Reptilien) in meine Untersuchung aufzunehmen. Obwohl beide Einrichtungen unterschiedliche Besitzer haben, befinden sie sich dennoch am gleichen Standort und ihr Tierbestand ergänzt sich.

Unabhängige zoologische Gesellschaften. Wie zuletzt auch habe ich die In-situ-Artenschutzprojekte der KMDA (Antwerpen), ZGF (Frankfurt) und ZSL (London) ihren jeweiligen Zoos zugeordnet.

12. Besucherzahlen

Dieses Thema bleibt nach wie vor schwierig. Um vergleichbare Daten zu erhalten, versuche ich, in jedem Zoo alle Besucher zu erfassen, unabhängig von ihrem Alter, und davon, ob Eintritt gezahlt wurde oder nicht. Allerdings zählen viele Zoos für ihre Statistik eben jene Besucher nicht, für die kein Eintritt anfällt, d. h. meistens für Kinder im Alter bis zu drei, vier, fünf oder sechs Jahren. Aufgrund verlässlicher Informationen einiger Zoos erscheint es mir realistisch, eine Quote von 8 bis 10 % der zahlenden Tagesbesucher zusätzlich für unbezahlten Eintritte anzusetzen, für Kinder eine etwas höhere Quote von 12 bis 13 %. Auch die Frage nach der Verwendung von Jahreskarten ist noch nicht befriedigend gelöst. Bisher richte ich mich nach den zur Verfügung stehenden Informationen, habe aber dabei berücksichtigt, dass die Mitglieder des VdZ möglicherweise ihre Berechnungsformel ändern.

Fazit

Die Schwierigkeit der Erstellung von Ranglisten sind mir durchaus bewusst! Ich bemühe mich, meine Vorgehensweise mit jeder neuen Rangliste zu verbessern und zu verfeinern. Wie schon zuvor werden insgesamt vier Ranglisten veröffentlich. Eine für die Besucherfaktoren, eine für den Bereich Bildung und Artenschutz, eine für den Themekomplex Wirtschaft und Organisation sowie eine Rangliste, in der alle Faktoren zu einem Gesamtergebnis zusammengefasst sind.

Die große Akzeptanz mit der mein Projekt, einen objektiven Leistungsvergleich zwischen den europäischen Zoos durchzuführen, aufgenommen wurde, sowie die großartige und enge Zusammenarbeit mit den allermeisten der Zoodirektoren, haben mich bei meiner Arbeit immer wieder ermutigt.

Im November 2015 wurden die Ranglisten sogar in der Printausgabe und auf der Webseite des deutschen Verbrauchermagazins *Stiftung Warentest* veröffentlicht und lobend kommentiert:
„Das Sheridan Zoo-Ranking gilt als die wichtigste Bewertung europäischer Zoos."
Seitdem *Stiftung Warentest* 1964 in der Bundesrepublik Deutschland gegründet wurde, ist sie als unabhängig und zuverlässig allgemein anerkannt. Inzwischen ist sie die größte europäische Organisation für die Vertretung von Verbraucherinteressen. Genau wie ihr britisches Pendant *Which?* ist *Stiftung Warentest* Mitglied im Dachverband der Verbraucherschutzorganisationen *International Consumer Research & Testing*.

Zoo Prag, Schuhschnabel

Ranglisten 2015

Zoo Basel, Flamingos

Zoo Berlin, Gorilla mit Verhaltensbereicherung

RANGLISTEN 2015

Ranking 31. 12. 2014	Länder-kennung		Besucher-faktoren	Bildung und Natur- und Artenschutz	Wirtschaftliche und organisato-rische Faktoren	Gesamt
			130	44	105	279
	30	Gruppe A 1.000.000 + Besucher				
1	AT	WIEN	109	36	91	236
2	DE	LEIPZIG	101	35	91	227
3	CH	ZÜRICH	95	41	89	225
4	CH	BASEL	95	28	89	212
5	DE	BERLIN Zoo	104	23	77	204
5	DE	MÜNCHEN Hellabrunn	102	27	75	204
7	UK	CHESTER	88	39	74	201
8	CZ	PRAG	102	24	73	199
9	NL	ROTTERDAM	97	29	72	198
9	DE	STUTTGART Wilhelma	91	27	80	198
11	FR	ST AIGNAN BEAUVAL	101	27	68	196
12	DE	KÖLN	99	29	67	195
13	NL	ARNHEIM Burgers	98	26	69	193
14	HU	BUDAPEST	90	30	66	186
14	BE	PAIRI DAIZA	95	19	72	186
16	NL	AMSTERDAM Artis	89	26	68	183
17	DE	HAMBURG Hagenbeck	96	24	62	182
17	DE	HANOVER	83	21	78	182
19	DK	KOPENHAGEN	81	37	63	181
19	DE	NÜRNBERG	92	26	63	181
21	UK	ZSL LONDON	77	38	65	180
22	BE	ANTWERPEN	73	35	67	175
22	DE	BERLIN TIERPARK	85	20	70	175
24	DE	DUISBURG	89	22	60	171
25	ES	BARCELONA	79	33	58	170
26	IE	DUBLIN	82	25	61	168
27	ES	LORO PARQUE	86	30	48	164
28	DE	KARLSRUHE	77	19	51	147
28	FR	PARIS Zoo	72	27	48	147
30	ES	MADRID	73	24	43	140

Ranglisten 2015

Edinburgh Zoo, Erdmännchen

Zoo Gelsenkirchen, Braunbärr

Ranglisten 2015

Ranking 31. 12. 2014	Länder-kennung		Besucher-faktoren	Bildung und Natur- und Artenschutz	Wirtschaftliche und organisatorische Faktoren	Gesamt
	37	**Gruppe B** **500.000+ Besucher**				
1	DE	ROSTOCK	89	18	69	176
2	DE	FRANKFURT	82	36	57	175
3	DE	MÜNSTER	86	30	57	173
3	DE	OSNABRÜCK	85	19	69	173
5	BE	MECHELEN Planckendael	83	25	62	170
6	PT	LISSABON	84	30	53	167
6	PL	WROCŁAW	83	19	65	167
8	UK	BRISTOL	74	39	53	166
8	UK	PAIGNTON	80	36	50	166
10	NL	RHENEN	86	27	52	165
11	UK	COLCHESTER	80	29	55	164
12	SE	KOLMARDEN/Tropicarium	85	21	57	163
13	UK	EDINBURGH	69	34	59	162
14	NL	EMMEN	84	20	52	156
15	ES	VALENCIA	86	24	44	154
15	DE	WUPPERTAL	81	24	49	154
17	DE	HEIDELBERG	74	28	51	153
18	DE	DRESDEN	79	14	59	152
19	FR	AMNÉVILLE	86	24	41	151
19	PL	WARSCHAU	82	23	46	151
19	UK	ZSL WHIPSNADE	71	29	51	151
19	CZ	ZLÍN	79	18	54	151
23	DE	GELSENKIRCHEN	81	15	53	149
24	CZ	DVŮR KRÁLOVÉ	78	22	44	144
25	CZ	OSTRAVA	75	12	54	141
26	UK	TWYCROSS	61	27	50	138
27	DE	ERFURT	74	15	48	137
27	FR	LA PALMYRE	82	17	38	137
29	DE	AUGSBURG	75	15	45	135
29	UK	MARWELL	63	33	39	135
31	NL	AMERSFOORT	71	17	46	134
32	DE	KRONBERG OPEL	65	17	49	131
33	NO	KRISTIANSAND	62	14	51	127
34	NL	BEEKSE BERGEN	71	18	35	124
35	FI	HELSINKI	54	22	43	119
36	IT	ROM	74	14	26	114
37	FR	PARIS - MENAGERIE	49	23	35	107

Ranglisten 2015

Zoo Krefeld, Blasskopfsaki

Zoo Salzburg, Breitmaulnashorn mit Kalb

RANGLISTEN 2015

Ranking 31. 12. 2014	Länder-kennung		Besucher-faktoren	Bildung und Natur- und Artenschutz	Wirtschaftliche und organisato-rische Faktoren	Gesamt
	36	Gruppe C 250.000+ Besucher				
1	DK	AALBORG	77	20	51	148
1	DK	ODENSE	83	14	51	148
1	HU	SÓSTÓ	83	15	50	148
4	IT	BUSSOLENGO	81	27	39	147
5	FR	DOUE LA FONTAINE	80	31	31	142
6	DE	KREFELD	69	16	55	140
7	CZ	PILSEN	79	18	42	139
8	IT	TURIN	72	15	50	137
9	DE	MAGDEBURG	74	15	46	135
10	ES	FAUNIA MADRID	75	16	39	130
11	UK	BELFAST	80	17	32	129
11	NL	KERKRADE	68	20	41	129
13	UK	BLACKPOOL	64	21	43	128
14	GR	ATHEN	75	24	28	127
14	DE	DORTMUND	76	16	35	127
16	SE	ESKILSTUNA	70	20	36	126
16	FR	MULHOUSE	62	26	38	126
16	EE	TALLINN	65	19	42	126
19	FR	CERZA Lisieux	64	20	37	121
20	DE	HALLE	69	15	36	120
21	AT	SALZBURG	72	12	35	119
21	SK	BOJNICE	58	20	41	119
23	SE	BORÅS	69	16	32	117
23	FR	LA FLECHE	73	14	30	117
25	PL	OPOLE	70	8	37	115
26	HR	ZAGREB	51	17	46	114
27	SL	LJUBLJANA	59	14	37	110
28	HU	SZEGED	60	19	30	109
29	PL	POZNAŃ	66	12	30	108
30	CZ	LIBEREC	50	20	37	107
31	LV	RIGA	54	14	38	106
32	PL	GDAŃSK	61	16	28	105
32	CZ	OLOMOUC	59	10	36	105
34	PL	KRAKAU	56	14	29	99
35	HU	VESZPRÉM	50	6	30	86
36	SK	BRATISLAVA	45	13	27	85

Ranglisten 2015

Ranking 31. 12. 2014	Länder-kennung		Besucher-faktoren	Bildung und Natur- und Artenschutz	Wirtschaftliche und organisatorische Faktoren	Gesamt
	7	**Gruppe D** **EAZA KANDIDATEN**				
1	SB	PALIĆ	56	11	32	99
2	BG	SOFIA	42	9	33	84
3	LT	KAUNAS	43	7	29	79
4	SK	KOSICE	35	10	30	75
5	RO	BUKAREST	38	5	27	70
6	RO	TÎRGU-MUREŞ	38	7	24	69
7	RO	BRAŞOV	28	4	24	56

Zoo Sofia, Mähnenspringer

Ranglisten 2015

Ranking 31. 12. 2014	Länder-kennung		Besucher-faktoren	Bildung und Natur- und Artenschutz	Wirtschaftliche und organisatorische Faktoren	Gesamt
	5	**Gruppe E DEUTSCHLAND SPEZIAL**				
1	DE	LANDAU	59	23	39	121
2	DE	NORDHORN	56	11	53	120
3	DE	RHEINE	71	14	33	118
4	DE	AACHEN	67	11	34	112
5	DE	NEUWIED	58	13	29	100

Tierpark Nordhorn, Prairiehund

KAPITEL 24

INTERESSANTE ZOO-FAKTEN

Besucherzahlen

Mein Ziel ist es, fair zu sein und Gleiches mit Gleichem zu vergleichen. Dies ist nicht immer einfach, da Zoos ihre Besucherzahlen mit unterschiedlichen Methoden erheben: während die einen nur bezahlte Tickets erfassen, berücksichtigen andere auch jene Besucher, denen freier Eintritt gewährt wird. Auch die Darstellung von Jahreskarten wird in den Statistiken sehr unterschiedlich gehandhabt.

Um ein möglichst genaues Bild des Besucheraufkommens zu machen, habe ich bei der Berechnung der untenstehenden Tabelle alle Besucher berücksichtigt, sowohl die, die bezahlt haben, als auch die mit freiem Eintritt. Dies erscheint mir sehr wichtig, um den Medien, Sponsoren, Politikern und allen anderen, die sich mit den hier untersuchten Zoos beschäftigen, die tatsächliche Anzahl der Besucher zu verdeutlichen und zu zeigen, dass die Zoos meist die wichtigste kostenpflichtige Sehenswürdigkeit in ihrer Stadt oder Umgebung darstellen, dennoch aber auch in Konkurrenz mit anderen Besucherattraktionen stehen.

Hunde und ihre Besitzer beim Zoobesuch in Münster – in den wenigsten Zoos meiner Erhebung sind Hunde an der Leine erlaubt. Die Zoodirektoren sind geteilter Meinung darüber, ob die Begleitung verantwortungsvoller Halter eine Bereicherung für die Tiere darstellt oder es sich dabei um eine potenzielle Gesundheits- und Besuchergefährdung handelt.

Interessante Zoo-Fakten

In den Fällen, in denen die Zoos Besucher mit freiem Eintritt nicht selbst in ihre Statistik aufnehmen, habe ich bei Zoos, die Kindern unter 3 Jahren freien Eintritt gewähren nochmals 8 %, und bei Zoos, die Kindern unter 6 Jahren freien Eintritt gewähren, zusätzlich 12 % addiert, ausgehend von der Zahl der bezahlten Tickets pro Tag. Grundlage dieser Zahlen sind Werte anderer Zoos, in denen Besucher mit freiem Eintritt gezählt werden.

Im Falle von Jahres- oder Saisonkarten habe ich pro Kartenbesitzer in Stadtzoos mit zehn Besuchen pro Jahr gerechnet, falls keine anderen Werte erfasst wurden. Dieser Wert erscheint mir dem typischen Durchschnitt entsprechend.

Mitgliedzoos des VDZ befinden sich in einem Übergang, da einige noch die alte Formel zur Berechnung der Besucher mit Jahreskarten und freiem Eintritt verwenden, andere aber bereits die neue Berechnungsformel eingeführt haben oder gar keine Formel mehr nutzen und stattdessen auch die tatsächlichen Besucher dieser beiden Kategorien zählen. Auswirkungen dieser unterschiedlichen Methoden zeigen sich in der Tabelle bemerkenswert deutlich an den Beispielen von Zürich und Basel. Während die Gesamtanzahl der Besucher in Zürich deutlich zurückgegangen ist, seitdem dort wieder das ursprüngliche Zählverfahren eingeführt wurde, nutzte man in Basel 2015 noch die alte Berechnungsformel.

Die unten angegebenen Zahlen beziehen sich auf ein gutes Jahr, zumeist 2014 oder 2015, weil ich diese als realistisch betrachte oder davon ausgehe, dass diese Zahlen in den nächsten Jahren noch übertroffen werden können. Insgesamt hatten die 115 Zoos meiner Untersuchung 87,81 Millionen Besucher, davon entfielen 36,5 Millionen (41,6 %) auf die Mitglieder des VdZ, d. h. die deutschsprachigen Zoos, 8,5 Millionen (9,7 %) besuchten BIAZA Zoos in Großbritannien und Irland, 8 Millionen (9,1 %) wurden in den niederländischen NVD Zoos registriert und 5,4 Millionen Besucher zählten die AFdPZ Mitgliedzoos in Frankreich.

Im Zeitraum von 2010 bis 2015 haben folgende Zoos den höchsten Zuwachs bei den Besucherzahlen verzeichnet:

Wrocław	+1.300.000
Pairi Daiza	+ 900.000
Beauval	+ 600.000
München	+ 500.000
Karlsruhe	+ 400.000

Zoos, deren Besucherzahl sich um mehr als 200.000 Besucher gesteigert hat, sind unter anderem Basel, Chester, ZSL London, der Berliner Zoo und der Berliner Tierpark.

INTERESSANTE ZOO-FAKTEN

GRUPPE	ZOO	LAND	BESUCHER (000)
A	BERLIN ZOO	DEUTSCHLAND	3.300
A	WIEN	ÖSTERREICH	2.500
A	STUTTGART Wilhelma	DEUTSCHLAND	2.250
A	MÜNCHEN Hellabrunn	DEUTSCHLAND	2.000
B	WROCŁAW	POLEN	1.950
A	BASEL	SCHWEIZ	1.950
A	LEIPZIG	DEUTSCHLAND	1.900
A	PAIRI DAIZA	BELGIEN	1.800
A	HAMBURG Hagenbeck	DEUTSCHLAND	1.700
A	KÖLN	DEUTSCHLAND	1.650
A	CHESTER	GROßBRITANNIEN	1.600
A	ARNHEIM Burgers	NIEDERLANDE	1.450
A	ROTTERDAM	NIEDERLANDE	1.450
A	ZÜRICH	SCHWEIZ	1.425
A	KARLSRUHE	DEUTSCHLAND	1.400
A	HANNOVER	DEUTSCHLAND	1.350
A	AMSTERDAM Artis	NIEDERLANDE	1.350
A	PRAG	TSCHECHIEN	1.325
A	ZSL LONDON	GROßBRITANNIEN	1.250
A	BERLIN TIERPARK	DEUTSCHLAND	1.200
A	KOPENHAGEN	DÄNEMARK	1.150
A	ST AIGNAN BEAUVAL	FRANKREICH	1.150
A	BARCELONA	SPANIEN	1.150
A	LORO PARQUE	SPANIEN	1.125
A	DUBLIN	IRLAND	1.100
A	BUDAPEST	UNGARN	1.100
A	NÜRNBERG	DEUTSCHLAND	1.075
A	PARIS ZOO	FRANKREICH	1.000
A	DUISBURG	DEUTSCHLAND	1.000
A	MADRID	SPANIEN	1.000
B	OSNABRÜCK	DEUTSCHLAND	995
B	RHENEN	NIEDERLANDE	995
B	MECHELEN Planckendael	BELGIEN	950
B	MÜNSTER	DEUTSCHLAND	950
B	COLCHESTER	GROßBRITANNIEN	930
B	FRANKFURT	DEUTSCHLAND	910
B	GELSENKIRCHEN	DEUTSCHLAND	900
A	ANTWERPEN	BELGIEN	890
B	KRISTIANSAND	NORWEGEN	880
B	DRESDEN	DEUTSCHLAND	850
B	BEEKSE BERGEN	NIEDERLANDE	810
B	KRONBERG Opel	DEUTSCHLAND	780
D	SOFIA	BULGARIEN	760
B	LA PALMYRE	FRANKREICH	760
B	AMERSFOORT	NIEDERLANDE	760

Interessante Zoo-Fakten

GRUPPE	ZOO	LAND	BESUCHER (000)
B	EDINBURGH	GROßBRITANNIEN	750
B	WARSCHAU	POLEN	735
B	EMMEN	NIEDERLANDE	700
B	PARIS - MENAGÉRIE	FRANKREICH	675
B	LISSABON	PORTUGAL	675
B	AMNÉVILLE	FRANKREICH	650
B	HEIDELBERG	DEUTSCHLAND	650
B	KOLMÅRDEN	SCHWEDEN	650
D	BUKAREST	RUMÄNIEN	645
B	ZLÍN	TSCHECHIEN	635
B	ROSTOCK	DEUTSCHLAND	635
B	AUGSBURG	DEUTSCHLAND	600
B	ZSL WHIPSNADE	GROßBRITANNIEN	600
B	BRISTOL	GROßBRITANNIEN	585
B	WUPPERTAL	DEUTSCHLAND	545
B	OSTRAVA	TSCHECHIEN	525
C	KREFELD	DEUTSCHLAND	525
B	PAIGNTON	GROßBRITANNIEN	515
B	HELSINKI	FINNLAND	510
B	ROM	ITALIEN	510
B	DVŮR KRÁLOVÉ	TSCHECHIEN	500
B	ERFURT	DEUTSCHLAND	500
B	VALENCIA	SPANIEN	500
B	MARWELL	GROßBRITANNIEN	500
B	TWYCROSS	GROßBRITANNIEN	500
C	GDAŃSK	POLEN	495
C	BUSSOLENGO	ITALIEN	490
C	DORTMUND	DEUTSCHLAND	485
C	KERKRADE	NIEDERLANDE	470
C	PILSEN	TSCHECHIEN	460
C	BLACKPOOL	GROßBRITANNIEN	460
C	SALZBURG	ÖSTERREICH	450
C	SÓSTÓ	UNGARN	450
C	AALBORG	DÄNEMARK	420
E	NORDHORN	DEUTSCHLAND	410
C	MULHOUSE	FRANKREICH	400
C	POZNAŃ	POLEN	400
C	MADRID FAUNIA	SPANIEN	400
E	AACHEN	DEUTSCHLAND	390
C	KRAKAU	POLEN	390
C	LIBEREC	TSCHECHIEN	380
C	ODENSE	DÄNEMARK	380
C	OLOMOUC	TSCHECHIEN	370
C	BOJNICE	SLOWAKEI	370
C	TALLINN	ESTLAND	365

INTERESSANTE ZOO-FAKTEN

GRUPPE	ZOO	LAND	BESUCHER (000)
C	ZAGREB	KROATIEN	350
C	BRATISLAVA	SLOWAKEI	335
C	HALLE	DEUTSCHLAND	330
C	MAGDEBURG	DEUTSCHLAND	330
C	ATHEN Attica	GRIECHENLAND	330
C	RIGA	LETTLAND	325
E	NEUWIED	DEUTSCHLAND	310
E	LANDAU	DEUTSCHLAND	300
E	RHEINE	DEUTSCHLAND	300
C	ZOOM TURIN	ITALIEN	300
D	TÎRGU-MUREȘ	ROMÄNIEN	300
C	LJUBLJANA	SLOWENIEN	300
C	BELFAST	GROẞBRITANNIEN	300
C	CERZA Liseux	FRANKREICH	300
C	OPOLE	POLEN	280
C	BORÅS	SCHWEDEN	260
C	VESZPRÉM	UNGARN	250
C	ESKILSTUNA	SCHWEDEN	250
C	DOUÉ LA FONTAINE	FRANKREICH	230
C	LA FLÉCHE	FRANKREICH	230
C	SZEGED	UNGARN	225
D	KOSICE	SLOWAKEI	225
D	BRAȘOV	ROMÄNIEN	220
D	PALIĆ	SERBIEN	200
D	KAUNAS	LITHAUEN	180

Größe der Zoos

Diese Tabelle zeigt, gemessen in ha, wie groß das Gelände ist, das der Zoo aktuell einnimmt und wie viel Fläche dem Zoo insgesamt gehört, wenn dies von der genutzten Fläche abweicht. Wenn bereits Pläne zur Vergrößerung des Zoos vorliegen, wird dies in der letzten Spalte der Tabelle gekennzeichnet. Das ist besonders wichtig für die Stadtzoos, die in der Regel über die flächenmäßig kleinsten Gelände verfügen.

Dennoch ist es vielen der Zoos, die über eine relativ kleine Grundfläche verfügen, wie beispielsweise Aalborg, Antwerpen, Basel, Kopenhagen oder Odense, durch geschickte Landschaftsgestaltung gelungen, ihre Gelände für eine bemerkenswert große Anzahl verschiedener Tierarten herzurichten, darunter auch für viele große Säugetiere.

Bei der Erhebung der aktuell genutzten Fläche trifft man immer wieder auf unterschiedliche Auffassungen bei den Zoos, so kalkulieren einige auch die Parkgelegenheiten und Dienstleistungsbereiche, oder Flüsse und Seen in ihrem Besitz in diese Zahlen mit ein.

Interessante Zoo-Fakten

GRUPPE	ZOO	LAND	genutzte Fläche ha	tatsächliche Fläche ha	Vergröße-rungspläne ha
A	BERLIN TIERPARK	DEUTSCHLAND	160		
B	KOLMÅRDEN	SCHWEDEN	140	172	ja
C	GDAŃSK	POLEN	136		
C	POZNAŃ	POLEN	121		
B	BEEKSE BERGEN	NIEDERLANDE	120	140	
B	ZSL WHIPSNADE	GROßBRITANNIEN	84	260	
D	KOSICE	SLOWAKEI	75	288	
A	PAIRI DAIZA	BELGIEN	72	90	ja
B	DVŮR KRÁLOVÉ	TSCHECHIEN	70	78	
A	NÜRNBERG	DEUTSCHLAND	70		
C	TALLINN	ESTLAND	66	89	ja
C	LISIEUX CERZA	FRANKREICH	65	70	
B	ERFURT	DEUTSCHLAND	63		
B	OSTRAVA	TSCHECHIEN	60	100	
A	CHESTER	GROßBRITANNIEN	55	189	ja
A	PRAG	TSCHECHIEN	50	60	ja
B	MARWELL	GROßBRITANNIEN	50		ja
B	ZLÍN	TSCHECHIEN	48	52	ja
C	SZEGED	UNGARN	45		
C	BUSSOLENGO	ITALIEN	45		
A	ARNHEIM Burgers	NIEDERLANDE	45		
D	TÎRGU-MUREŞ	ROMÄNIEN	44		
C	OLOMOUC	TSCHECHIEN	43		ja
B	MECHELEN Planckendael	BELGIEN	42		
B	ROSTOCK	DEUTSCHLAND	42	56	ja
A	ST AIGNAN BEAUVAL	FRANKREICH	40	100	
A	MÜNCHEN Hellabrunn	DEUTSCHLAND	40		
C	SÓSTÓ	UNGARN	40		
B	KRISTIANSAND	NORWEGEN	40	60	ja
B	WARSCHAU	POLEN	40		
C	BORÅS	SCHWEDEN	38		20
D	SOFIA	BULGARIEN	35		
A	BERLIN ZOO	DEUTSCHLAND	35		ja
C	BRATISLAVA	SLOWAKEI	35	96	
B	EDINBURGH	GROßBRITANNIEN	34		
B	PAIGNTON	GROßBRITANNIEN	34		
B	WROCŁAW	POLEN	33		5
B	COLCHESTER	GROßBRITANNIEN	32	94	ja

INTERESSANTE ZOO-FAKTEN

GRUPPE	ZOO	LAND	genutzte Fläche ha	tatsächliche Fläche ha	Vergröße-rungspläne ha
A	DUBLIN	IRLAND	30		ja
B	GELSENKIRCHEN	DEUTSCHLAND	30		
B	MÜNSTER	DEUTSCHLAND	30		
A	STUTTGART Wilhelma	DEUTSCHLAND	30		
C	VESZPRÉM	UNGARN	30		
C	DORTMUND	DEUTSCHLAND	28		6
A	ROTTERDAM	NIEDERLANDE	28		
A	ZÜRICH	SCHWEIZ	28		ja
B	KRONBERG Opel	DEUTSCHLAND	27		
A	LEIPZIG	DEUTSCHLAND	27		
B	LISSABON	PORTUGAL	26		
C	MULHOUSE	FRANKREICH	25		2
B	OSNABRÜCK	DEUTSCHLAND	25		
C	KERKRADE	NIEDERLANDE	25		
B	WUPPERTAL	DEUTSCHLAND	24		
C	BELFAST	GROßBRITANNIEN	24		
B	HELSINKI	FINNLAND	23		4
B	AUGSBURG	DEUTSCHLAND	22		
A	HAMBURG Hagenbeck	DEUTSCHLAND	22		
A	HANNOVER	DEUTSCHLAND	22		
A	KARLSRUHE	DEUTSCHLAND	22		
A	KÖLN	DEUTSCHLAND	22		ja
C	RIGA	LETTLAND	22		
A	MADRID	SPANIEN	22		
C	PILSEN	TSCHECHIEN	21		14
B	RHENEN	NIEDERLANDE	21		
C	BOJNICE	SLOWAKEI	21	41	ja
C	MAGDEBURG	DEUTSCHLAND	20		
C	ATHEN Attica	GRIECHENLAND	20		5
C	KRAKAU	POLEN	20		
C	OPOLE	POLEN	20	30	
C	LJUBLJANA	SLOWENIEN	20		ja
B	TWYCROSS	GROßBRITANNIEN	20	36	ja
B	LA PALMYRE	FRANKREICH	18		
B	ROM	ITALIEN	18		
B	AMERSFOORT	NIEDERLANDE	18		
B	EMMEN	NIEDERLANDE	18		ja
A	WIEN	ÖSTERREICH	17		5
B	AMNÉVILLE	FRANKREICH	17	19	

Interessante Zoo-Fakten

GRUPPE	ZOO	LAND	genutzte Fläche ha	tatsächliche Fläche ha	Vergrößerungspläne ha
A	BUDAPEST	UNGARN	17		
A	DUISBURG	DEUTSCHLAND	16		
C	ZOOM TURIN	ITALIEN	16	20	ja
D	KAUNAS	LITHAUEN	16		
B	VALENCIA	SPANIEN	16		ja
C	LA FLÉCHE	FRANKREICH	15	20	ja
C	BLACKPOOL	GROßBRITANNIEN	15	22	
A	ZSL LONDON	GROßBRITANNIEN	15		
C	DOUÉ LA FONTAINE	FRANKREICH	14	21	ja
C	KREFELD	DEUTSCHLAND	14		ja
E	NEUWIED	DEUTSCHLAND	14		ja
A	AMSTERDAM Artis	NIEDERLANDE	14		ja
D	PALIĆ	SERBIEN	14		ja
A	LORO PARQUE	SPANIEN	14		ja
C	MADRID FAUNIA	SPANIEN	14		
A	PARIS ZOO	FRANKREICH	13	16	ja
C	SALZBURG	ÖSTERREICH	13		
C	LIBEREC	TSCHECHIEN	13		ja
B	DRESDEN	DEUTSCHLAND	13		ja
E	RHEINE	DEUTSCHLAND	13		
A	BARCELONA	SPANIEN	13		3
A	ANTWERPEN	BELGIEN	12		ja
B	FRANKFURT	DEUTSCHLAND	12		
B	HEIDELBERG	DEUTSCHLAND	12		ja
A	BASEL	SCHWEIZ	12		2
A	KOPENHAGEN	DÄNEMARK	11		ja
C	ESKILSTUNA	SCHWEDEN	11	14	
C	HALLE	DEUTSCHLAND	10		2
E	NORDHORN	DEUTSCHLAND	10		ja
C	AALBORG	DÄNEMARK	9		4
C	ODENSE	DÄNEMARK	9		ja
E	AACHEN	DEUTSCHLAND	9		
D	BRAȘOV	ROMÄNIEN	9		10
C	ZAGREB	KROATIEN	7		ja
B	PARIS - MENAGÉRIE	FRANKREICH	6		
D	BUKAREST	ROMÄNIEN	6		43
E	LANDAU	DEUTSCHLAND	5		ja
B	BRISTOL	GROßBRITANNIEN	5	55	ja

Interessante Zoo-Fakten

Gründungsdatum

Die in dieser Tabelle und den jeweiligen Zooprofilen angegebenen Jahreszahlen beziehen sich auf das ursprüngliche Gründungs- oder Eröffnungsjahr des Zoos, auch wenn einige Zoos seitdem umgezogen sind, wie z.B. die Zoos von Madrid (1972), Poznań (große Geländeerweiterung 1974) und Sofia (1988). In der Zusammenfassung ergibt sich folgendes Bild für die Gründungsdaten der 115 Zoos:

vor 1900	30
1901-1939	32
1946-1989	45
1990-1999	2
2000-2010	6

16 der 30 Zoos, die vor 1900 gegründet wurden, waren zur Zoogründung deutschsprachig. Von den 45 Zoos, die zwischen 1946 und 1989 neu gegründet wurden, lagen 19 im damals kommunistischen östlichen Teil Europas. Bei den sechs Zoos, die seit dem Jahr 2000 neu eröffnet wurden handelt es sich um die Zoos in Athen, Faunia in Madrid, in Kerkrade, Gelsenkirchen, Valencia und den „Zoom" in Turin.

GRUPPE	ZOO	LAND	GRÜNDUNG
A	WIEN	ÖSTERREICH	1752
A	MADRID	SPANIEN	1774
B	PARIS - MENAGÉRIE	FRANKREICH	1794
A	ZSL LONDON	GROßBRITANNIEN	1828
A	DUBLIN	IRLAND	1830
B	BRISTOL	GROßBRITANNIEN	1835
A	AMSTERDAM Artis	NIEDERLANDE	1838
A	ANTWERPEN	BELGIEN	1843
A	BERLIN ZOO	DEUTSCHLAND	1844
A	HAMBURG Hagenbeck	DEUTSCHLAND	1848
A	ROTTERDAM	NIEDERLANDE	1857
B	FRANKFURT	DEUTSCHLAND	1858
A	KOPENHAGEN	DÄNEMARK	1859
A	KÖLN	DEUTSCHLAND	1860
B	DRESDEN	DEUTSCHLAND	1861
A	HANNOVER	DEUTSCHLAND	1865
A	KARLSRUHE	DEUTSCHLAND	1865
B	WROCŁAW	POLEN	1865
A	BUDAPEST	UNGARN	1866
C	MULHOUSE	FRANKREICH	1868
C	POZNAŃ	POLEN	1874
A	BASEL	SCHWEIZ	1874
B	MÜNSTER	DEUTSCHLAND	1875
A	LEIPZIG	DEUTSCHLAND	1878
B	WUPPERTAL	DEUTSCHLAND	1881
B	LISSABON	PORTUGAL	1884
D	SOFIA	BULGARIEN	1888

Interessante Zoo-Fakten

GRUPPE	ZOO	LAND	GRÜNDUNG
B	HELSINKI	FINNLAND	1889
A	BARCELONA	SPANIEN	1892
B	ROSTOCK	DEUTSCHLAND	1899
C	HALLE	DEUTSCHLAND	1901
E	LANDAU	DEUTSCHLAND	1904
A	MÜNCHEN Hellabrunn	DEUTSCHLAND	1911
B	ROM	ITALIEN	1911
A	NÜRNBERG	DEUTSCHLAND	1912
C	RIGA	LETTLAND	1912
A	ARNHEIM Burgers	NIEDERLANDE	1913
B	EDINBURGH	GROßBRITANNIEN	1913
C	LIBEREC	TSCHECHIEN	1919
B	PAIGNTON	GROßBRITANNIEN	1923
C	ZAGREB	KROATIEN	1925
C	PILSEN	TSCHECHIEN	1926
B	WARSCHAU	POLEN	1928
C	KRAKAU	POLEN	1929
A	ZÜRICH	SCHWEIZ	1929
C	ODENSE	DÄNEMARK	1930
A	PRAG	TSCHECHIEN	1931
A	CHESTER	GROßBRITANNIEN	1931
B	ZSL WHIPSNADE	GROßBRITANNIEN	1931
B	RHENEN	NIEDERLANDE	1932
A	PARIS ZOO	FRANKREICH	1934
A	DUISBURG	DEUTSCHLAND	1934
B	HEIDELBERG	DEUTSCHLAND	1934
C	BELFAST	GROßBRITANNIEN	1934
C	AALBORG	DÄNEMARK	1935
B	EMMEN	NIEDERLANDE	1935
B	OSNABRÜCK	DEUTSCHLAND	1936
B	AUGSBURG	DEUTSCHLAND	1937
E	RHEINE	DEUTSCHLAND	1937
C	KREFELD	DEUTSCHLAND	1938
D	KAUNAS	LITHAUEN	1938
C	TALLINN	ESTLAND	1939
B	DVŮR KRÁLOVÉ	TSCHECHIEN	1946
C	LA FLÉCHE	FRANKREICH	1946
B	ZLÍN	TSCHECHIEN	1948
B	AMERSFOORT	NIEDERLANDE	1948
E	NORDHORN	DEUTSCHLAND	1949
A	STUTTGART Wilhelma	DEUTSCHLAND	1949
C	LJUBLJANA	SLOWENIEN	1949
C	MAGDEBURG	DEUTSCHLAND	1950
D	PALIĆ	SERBIEN	1950
B	OSTRAVA	TSCHECHIEN	1951
C	OLOMOUC	TSCHECHIEN	1953
C	DORTMUND	DEUTSCHLAND	1953
C	OPOLE	POLEN	1953
D	BUKAREST	RUMÄNIEN	1953

Interessante Zoo-Fakten

GRUPPE	ZOO	LAND	GRÜNDUNG
C	GDAŃSK	POLEN	1954
A	BERLIN TIERPARK	DEUTSCHLAND	1955
C	BOJNICE	SLOWAKEI	1955
B	MECHELEN Planckendael	BELGIEN	1956
B	KRONBERG Opel	DEUTSCHLAND	1956
C	ESKILSTUNA	SCHWEDEN	1956
C	VESZPRÉM	UNGARN	1958
B	ERFURT	DEUTSCHLAND	1959
D	BRAŞOV	RUMÄNIEN	1960
C	BRATISLAVA	SLOWAKEI	1960
C	DOUÉ LA FONTAINE	FRANKREICH	1961
C	SALZBURG	ÖSTERREICH	1962
C	BORÅS	SCHWEDEN	1962
B	COLCHESTER	GROSSBRITANNIEN	1963
B	TWYCROSS	GROSSBRITANNIEN	1963
B	KRISTIANSAND	NORWEGEN	1964
D	TÎRGU-MUREŞ	RUMÄNIEN	1964
B	KOLMÅRDEN	SCHWEDEN	1965
B	LA PALMYRE	FRANKREICH	1966
E	AACHEN	DEUTSCHLAND	1966
B	BEEKSE BERGEN	NIEDERLANDE	1968
C	BUSSOLENGO	ITALIEN	1969
E	NEUWIED	DEUTSCHLAND	1970
A	LORO PARQUE	SPANIEN	1972
C	BLACKPOOL	GROSSBRITANNIEN	1972
B	MARWELL	GROSSBRITANNIEN	1972
D	KOSICE	SLOWAKEI	1979
A	ST AIGNAN BEAUVAL	FRANKREICH	1980
B	AMNÉVILLE	FRANKREICH	1986
C	LISIEUX CERZA	FRANKREICH	1986
C	SZEGED	UNGARN	1989
A	PAIRI DAIZA	BELGIEN	1994
C	SÓSTÓ	UNGARN	1996
C	ATHEN Attica	GRIECHENLAND	2000
C	MADRID FAUNIA	SPANIEN	2001
B	GELSENKIRCHEN	DEUTSCHLAND	2005
C	KERKRADE	NIEDERLANDE	2005
B	VALENCIA	SPANIEN	2008
C	ZOOM TURIN	ITALIEN	2009

Die beliebtesten Tierarten

Ich habe jeden Zoodirektor gebeten, mir die fünf beliebtesten Säugetierarten und jeweils die beliebteste Vogel- und Reptilienart seines Zoos zu nennen. Die meisten der Antworten beruhten auf persönlichen Vorlieben, nur sehr wenige konnten sich auf Umfragen unter den Besuchern stützen. Dennoch überraschen die Ergebnisse nicht. Die Zoobesucher mögen die größeren und aktiven Säugetiere am liebsten.

Interessante Zoo-Fakten

Von 100 Zoos, das entspricht über 90 % der 115 untersuchten Zoos, habe ich eine Antwort erhalten. Im Vergleich zu meiner Umfrage aus dem Jahr 2012 sind 23 Zoos zusätzlich hinzugekommen, bei den meisten handelt es sich allerdings um kleinere Zoos, die weniger der großen und beliebten Tierarten in ihrem Bestand haben.

Bezieht man also die Umfrageergebnisse dieser 23 kleineren Zoos mit in die Analyse ein, ergibt sich eine größere Auswahl von Säugetierarten, die bei der Frage nach den fünf beliebtesten Säugetieren angegeben wurden. Nach den in der Tabelle aufgeführten 12 am häufigsten genannten Arten, werden folgende Arten ebenfalls in mindestens 10 % der Zoos bei der Aufzählung der beliebtesten fünf Arten genannt: Schneeleopard, Kleiner Panda, Gepard und Flusspferd/Zwergflusspferd. Auch der Braunbär, der in kleineren Zoos häufig das größte Säugetier darstellt, ist sehr beliebt und wird von 14 Zoos genannt.

Der Elefant ist nach wie vor das beliebteste Säugetier, Kattas hingegen sind zum ersten Mal unter den zwölf am häufigsten genannten Säugetierarten und nehmen die Stelle des Flusspferds/Zwergflusspferds ein.

Wie bereits zuvor nennen die wenigen Zoos, die Große Pandas, Delfine oder Walrösser und Seekühe in ihrem Tierbestand haben, auch eben diese Tiere regelmäßig an erster Stelle. Bei Zoos mit Koala-Haltung ist dies weniger häufig der Fall.

Bei den Vögeln liegen eindeutig die Pinguine auf Platz eins der beliebtesten Tierarten. Sie werden in 70 % aller befragten Zoos gehalten und von diesen auch als Publikumslieblinge angegeben, ihnen folgen die Flamingos und Aras.

Unter den Reptilien ist das Krokodil/der Alligator am beliebtesten, 60 % aller Zoos, die diese Tiere halten, nennen sie an erster Stelle. Es folgen Riesenschildkröten und Komodowarane.

Säugetier	Haltungen in den 115 Zoos	beliebteste Säugetierart		unter den Top Fünf der beliebtesten Säugetierarten	
Elefant	74	41	55 %	67	91 %
Gorilla	48	8	17 %	36	75 %
Giraffe	87	8	9 %	59	68 %
Eisbär	24	3	13 %	14	58 %
Tiger	93	10	11 %	52	56 %
Löwe	98	7	7 %	54	55 %
Schimpanse / Bonobo	63	2	3 %	30	48 %
Seelöwe / Seehunde	73	8	11 %	34	47 %
Orang-Utan	48	2	4 %	20	42 %
Erdmännchen	95	1	1 %	24	25 %
Nashorn	66	2	3 %	16	24 %
Katta	81	1	1 %	17	21 %

KAPITEL 25

DAS GIBBON-ARTENSCHUTZPROGRAMM IN VIETNAM

Der Südliche Gelbwangen-Schopfgibbon

Änderungen im Projekt 2016

Mein In-situ-Artenschutzprojekt, das in Verbindung mit meinem ersten Buch und meinen Engagements als Redner steht, entstand in Zusammenarbeit mit der „Stiftung Artenschutz", der deutschen In-situ-Artenschutz-Organisation, die von den meisten deutschsprachigen Zoos meiner Untersuchung unterstützt wird. Das von 2011 bis 2015 laufende Projekt in Nam Nung wurde vollständig von der Stiftung Artenschutz durchgeführt. Sein Nachfolger, das Kon Ka Kinh Projekt (zunächst 2016 und 2017), steht nun unter gemeinsamer Federführung der Stiftung Artenschutz und der Zoologischen Gesellschaft Frankfurt (ZGF).

Nam Nung Naturschutz Projekt

Dieses Projekt, das Ende 2011 seinen Anfang genommen hatte, konnte 2015 beendet werden. Es befasste sich mit dem Status, der Ökologie und den Maßnahmen zum Schutz des Südlichen Gelbwangen-Schopfgibbons (*Nomascus gabriellae*) im Waldaufforstungsgebiet des Nam Nung Naturschutzreservats im südlichen Vietnam, nahe der Grenze zu Kambodscha. Obwohl diese Art nicht die bedrohteste Gibbonart Vietnams darstellt, ist sie dennoch auf der Roten Liste der gefährdeten Arten der IUCN mit dem Status „stark gefährdet" verzeichnet.

Das Projekt wurde von Dong Thanh Hai, von der Abteilung für Wildtiermanagement an der Vietnamesischen Forstuniversität in Hanoi, geleitet. Nach einer ausführlichen Befragung der

Das Gibbonprojekt in Vietnam

lokalen Bevölkerung, deren Ergebnisse sorgfältig aufgezeichnet wurden, richtete man im Projektgebiet, das 10.000 ha umfasst, an beliebig ausgewählten Stellen 20 Horchposten ein, die mit hochspezialisiertem technischen Equipment ausgestattet waren. Größe und Dichte von Gibbonpopulationen mittels Horchposten zu bestimmen, gilt als sicherste Methode, da die Tiere in den Baumkronen 20 m über dem Boden wohnen und äußerst sensibel auf die Anwesenheit von Menschen reagieren.

An 14 von den 20 Horchposten konnten Aktivitäten von Gibbongruppen festgestellt werden, und mindestens 21 verschiedene Gruppen wurden identifiziert. Unter Berücksichtigung eines allgemein üblichen Berichtigungsfaktors bei der Berechnung, schätzt man nun, dass in dem untersuchten Gebiet 33 Gruppen mit etwa 100 bis 125 Tieren leben. Bezeichnenderweise alle in relativ ungestörten Waldabschnitten.

Sieben verschiedene Bedrohungsfaktoren konnten unter Hinzunahme der drei TRA („Threats Reduction Assessment"-Kriterien) herausgearbeitet werden. Dabei handelt es sich um die Folgenden, angeordnet nach dem Grad der Gefährdung für die Tiere:

- Jagd/Fallenjagd
- Abholzung/Waldrodung
- Waldbrände
- Nutzung der Forstwege
- Abbau von Nichtholzprodukten des Waldes
- Anpflanzung von Kaffeebüschen
- Domestizierte Viehbestände

Die ersten beiden der aufgelisteten Bedrohungsfaktoren stellen für die Gibbons die größte Gefahr dar. Durch die Jagd und den gezielten Abschuss wurde die Zahl der Tiere auch im Projektgebiet schon wesentlich dezimiert. Anreiz ist die immer noch hohe Nachfrage nach illegalen Wildtieren, der kommerzielle Handel mit Haustieren oder Souvenirs und die Jagd zum Verzehr als Bushmeat. Insgesamt hat sich auch die Jagd mit Fallen als ernstzunehmende Bedrohung erwiesen, so wurde ein Zaun, der sich über 5 km erstreckte, mit etwa 400 Fallen entdeckt.

Im Rahmen des Projekts wurden auch die Mitarbeiter des Naturschutzreservats vor Ort geschult und ausgebildet. 16 Teilnehmer nahmen an einem Freilandkurs teil, von denen vier mit Arbeiten zu projektverwandten Themen sogar den Masterabschluss erreichten. Alle zeichneten sich insbesondere durch ihre Motivation, ihr Wissen und Können aus. Die Schwerpunkte der Weiterbildung lagen hauptsächlich in der Vermittlung von Kenntnissen zur sicheren Identifizierung der Tiere, zur besseren Kommunikation und zur Bestandserhebung. Zudem wurden Prioritäten für zukünftige Naturschutzmaßnahmen erarbeitet. Auch die umliegenden Schulen wurden in das Projekt eingebunden. Durch die Verteilung von Infomaterial wird versucht, das Interesse der Menschen an ihrer Umwelt zu wecken. Die relativ kleinen umliegenden Gemeinden beteiligen sich bereits an den laufenden Schutzmaßnahmen, und unterstützen die Arbeit des ausgebildeten Personals im Naturschutzgebiet.

Das Gibbonprojekt in Vietnam

Lar oder Weißhandgibbon im Tiergarten Schönbrunn

Kon Ka Kinh Nationalpark Projekt

Dieses neue Projekt, das im Mai 2016 begonnen hat und im Kon Kah Kinh Nationalpark in Zentral Vietnam angesiedelt ist, baut im Wesentlichen auf dem vorherigen Projekt auf, handelt es sich doch um ein In-situ-Artenschutzprojekt für eine sehr ähnliche Tierart, den Nördlichen Gelbwangen Schopfgibbon (*Nomascus annamensis*). Die Bewertung des Gefährdungsstatus dieser Rasse fand ursprünglich schon im Jahr 2010 durch die Zoologische Gesellschaft Frankfurt (ZGF) im Rahmen eines Waldschutzprogrammes für das zentrale Hochland Vietnams statt. Dennoch besteht nach wie vor der dringende Bedarf eines nur auf diese Gibbonart ausgerichteten Programms, da *Nomascus annamensis* auf der Roten Liste der gefährdeten Arten der IUCN als „stark gefährdet" geführt wird.

Seit 2010 unterstützt die ZGF den Kon Kinh Nationalpark, um die Verwaltung und den Umgang mit diesem Schutzgebiet zu verbessern. Aufgrund seines Artenreichtums und der außergewöhnlichen Landschaft zählt Kon Ka Kinh zu Recht zu den Kulturerben Asiens. Die Erhaltung des Lebensraums steht im Fokus der Arbeit des ZGF. Sie unterstützt dazu die Arbeit der Park Ranger mit zusätzlicher Ausstattung, durch Weiterbildung und mehr Personal.

Laut der Erhebung der ZGF von 2011 lebt in Kon Kinh Ka vermutlich die größte Population dieser Gibbonart in ganz Vietnam. Trotzdem ist der Bestand stark gefährdet, hauptsächlich

Das Gibbonprojekt in Vietnam

durch die Abholzung des Waldes, um das Land anschließend durch Brandrodung urbar zu machen, illegalem Holzeinschlag von Harthölzern und durch die Jagd, auch mit Fallen. Dies hat schwerwiegende Auswirkungen auf mögliche Lebensräume der Gibbons in vielen Teilen des Nationalparks. Im Jahr 2011 schätze man den Bestand auf etwa 40 Gruppen, bestehend aus 140 Tieren, plus/minus 40 %.

Das neue Projekt, auf dem gleichen Weg wie zuvor jenes in Nam Nung finanziert, wird von der ZGF durchgeführt und von Dr. Ha Thang Long (Länderdirektor, ZGF Vietnam) geleitet werden. Für die Jahre 2016 und 2017 sind bereits Arbeitspläne beschlossen woren, die daruf abzielen, die noch vorhandenen Bestände von *Nomascus annamensis* im Kon Ka Kinh Nationalpark zu stabilisieren und deren Erholung zu fördern. Prioritäre Maßnahmen des Projekts sind:

- Eine Erhebung im Park und in dessen Puffergebieten, um die bisherigen Informationen (aus dem Jahr 2011) über Verteilung und Erhaltung der Art zu aktualisieren.
- Beobachtungsprogramme zu entwerfen.
- Ausgebildete Ranger sollen die Tiere beobachten und in Zusammenarbeit mit Supervisoren auswerten, mit dem Ziel, vierteljährlich Gibbon-Gesänge zu sammeln.
- Um das Bewusstsein der Bevölkerung für Artenvielfalt und speziell für den Schutz der Gibbons zu wecken, werden Poster, Postkarten und Infomaterialien erstellt und verteilt.
- In Zusammenarbeit mit dem vietnamesischen Fenrsehkanal TV1 wird ein Film über das Primatenschutzprojekt im Kon Ka Kinh Nationalpark produziert.
- Enge Zusammenarbeit mit zwei Schulen (Ayun und Dak Roong), mit etwa 1.000 Schulkindern soll etabliert werden. Ihnen wird in der Pufferzone des Parks mehr über die Lebensweise und den Schutz der Gibbons vermittelt. An dieser Arbeit sollen auch ca. 4.500 Erwachsene aus vier Kommunen beteiligt werden.

Um oben genannte Aktivitäten durchzuführen, hat das Team der ZGF in Vietnam noch einen zusätzlichen Feldbiologen als Projektkoordinator engagiert und wird zudem mit zwei Gruppen, bestehend aus je vier Rangern, zusammenarbeiten. Das Budget für die Jahre 2016 und 2017 ist bewilligt.

Die Ziele des Projekts sind:

- Die Verteilung und die Populationsdichte dieser Gibbonart innerhalb des Nationalparks durch neuere Erhebungen besser verstehen.
- Ein Beobachtungs- bzw. Überwachungsprogramm für diese Gibbonart zu konzipieren und einzurichten, das von den fachkundigen Rangern dauerhaft fortgeführt wird.
- Gemeinsame Anstrengungen, die lokale Bevölkerung über diese Gibbonart aufzuklären und diese in den Schutz der Art einzubeziehen.

Das Gibbonprojekt in Vietnam

Der Kon Ka Kinh Nationalpark

Fazit

Ich freue mich sehr, dass es mir möglich ist, diese charismatischen und wunderbaren Tiere weiterhin zu unterstützen. Ich hoffe, auch die Leser meines Buches und deren Freunde motivieren zu können, dieses Projekt weiterhin finanziell zu fördern.

Lar-oder Weißhandgibbon im Zoo Salzburg

KAPITEL 26

Danksagung

Anthony im Tierpark Hagenbeck

Viele Menschen haben mich in den vergangenen acht Jahren bei meinem Projekt unterstützt, die führenden europäischen Zoos zu analysieren, die nun Gegenstand dieses Buches sind. Ich danke allen Beteiligten – einigen hunderten, hauptsächlich der in diesem Buch aufgeführten 124 Zoos – für ihre Hilfe, Unterstützung und Zuspruch. Die in diesem Buch formulierten Ansichten sind meine eigenen und stimmen nicht zwangsläufig mit denen der hier genannten Personen überein.

H. Jörg Adler, ehemaliger Direktor des Allwetterzoo Münster
Dr. Cesare Avesani Zaborra, CEO Bussolengo
Dipl.-Kfm. Andreas Busemann, Direktor Zoo Osnabrück
Dr. Clemens Becker, Stellvertr. Direktor Zoo Karlsruhe
Haig Balian, Direktor Artis Amsterdam
Koen Brouwer, Zoo Consultant und ehemaliger Direktor der EAZA
Tim Brown, Vorsitzender der IZES
Romana Bujackova, Marketing-Leitung Zoo Zlín
Dana Canari, Vize-Präsident der Rumänischen Zoo und Aquarien Föderation
David Clark, Freund und Korrekturleser
Marc Damen, CEO Rotterdam Zoo
Françoise Delord, Präsident Zooparc de Beauval
Dr. Peter Dollinger, ehemaliger Direktor des VDZ und der WAZA
Julian Fennessy, Direktor GCF Giraffe Conservation Foundation
Wolfram Graf-Rudolf, CEO Aachener Tierpark

Danksagung

Bruno Hensel, President GDZ German Zoofriends Federation
Ray Heaton, Council Member ZSL
Dr. Stephan Hering-Hagenbeck, Tierpark Hagenbeck Hamburg
Dr. Alex van Hoof, Direktor Royal Burgers' Zoo Arnheim
Dipl-Biol. Jörg Jebram, EEP Co-ordinator Giraffe, Gelsenkirchen
Prof. Dr. Jörg Junhold, Direktor des Zoo Leipzig und ehemaliger Präsident der WAZA
Henrik Johansen, CEO Aalborg Zoo
Dr. Andreas Knieriem, CEO Zoo Berlin + Tierpark Berlin
Dr. Thomas Kölpin, Direktor der Wilhelma Stuttgart
Elke Koch, Stellvertretender Hauptaufsichtsrat des Tiergarten Wien
Anna Lubiatowska, Kurator des Reptilien-Zoos Poznań
Tim May, ZSL London
Udo Nagel, Direktor des Zoo Rostock
Prof. Theo Pagel, CEO Kölner Zoo
Prof. Dr. Helmut Pechlaner, ehemaliger Direktor, Tiergarten Wien
Prof. Dr. Miklos Persanyi, Direktor General Budapest Zoo
Dr. Kai Perret, Direktor des Zoo Magdeburg
Dr. Mark Pilgrim, Direktor General, Chester Zoo
Dr. Kirsten Pullen, CEO BIAZA
Herman Reichenbach, Grüner + Jahr AG Hamburg
Michael Richards MA, University of Salford
Radoslaw Ratajszczak, Direktor des Zoo Wrocław
Dr. Ivan Rehak, Kurator des Zoo Prag
Alan Roocroft, Elephant Consultant
Sean Rovai, Council Member ZSL
Dr. Alex Rübel, Direktor des Zoo Zürich
Tim Rowlands, Kurator Chester Zoo
Rita Schlegel, Media Manager Zoo Zürich
Harry Schram, ehemaliger Direktor der EAZA
Prof. Dr. Dagmar Schratter, CEO Tiergarten Wien
Daniela Schrudde, ehemaliger Direktor der Stiftung Artenschutz
Dr. Harald Schwammer, Stellv. Direktor des Tiergarten Wien
Dr. Jaroslav Simek, Stellv. Zool. Direktor, Zoo Prag
Erik Van Vliet, Zoo Design und Amersfoort Zoo
Petr Velensky, Kurator des Zoo Prag

Bildverzeichnis

Kapitel	Copyright ©	Foto
1. Einleitung	Ludger Seybering	Anthony und Jane Sheridan im Tierpark Nordhorn
2. Auswahl der zoologischen Gärten	Anthony Sheridan	Zoo Berlin, Flusspferdhaus
	Jane Sheridan	München Hellabrunn, Zwillinge bei den Eisbären
3. Zoologische und Botanische Gärten	Jane Sheridan	Wilhelma Stuttgart, Fuchsien
	Jane Sheridan	Wilhelma Stuttgart, Magnolien
	Jane Sheridan	Bristol Zoo
	Jane Sheridan	Zoo Chester
4. Bedeutung von Landschaftsarchitektur und Design	Jane Sheridan	Artis Amsterdam
	Jane Sheridan	Zoo Leipzig, Kiwara Savanne
	Jane Sheridan	Allwetterzoo Münster, Guerezas
	Jane Sheridan	Zooparc Beauval, Großer Panda
	Anthony Sheridan	Zooparc de Beauval, Großer Panda
	Jane Sheridan	Tiergarten Schönbrunn, Wien, Humboldt Pinguine
6. Vier herausragende Zoodirektoren	Françoise Delord	Françoise Delord, Direktorin des Zooparc de Beauval
	Eric BACCEGA	Françoise Delord, Porträt
	Jane Sheridan	Professor Dr. Jörg Junhold, Direktor Zoo Leipzig
	Radoslaw Ratajszczak	Radoslaw Ratajszczak, Direktor Zoo Wrocław
	Zoo Zürich	Dr. Alex Rübel, Direktor Zoo Zürich
7. Tierpfleger	Jane Sheridan	Krefelder Zoo
	Jane Sheridan	Zoo Opole
8. Bildung	Jane Sheridan	Athens Attica Zoo, Bildung
	Jane Sheridan	Lissabon, Bildung
	Zürich Zoo	Zoo Zürich, Zooführer (Cover)
	Wroclaw Zoo	Wrocław Zoo, Leonardo da Vinci Programme
	Jane Sheridan	Köln, Bildung
9. In-situ Artenschutz	Frankfurt Zoological Society	Gibbon
	Frankfurt Zoological Society	Landschaft Kon Ka Kinh
10 Ex-Situ Artenschutz	Jane Sheridan	Zoo Leipzig, Pongoland
	Jane Sheridan	Zoo Leipzig, Pongoland
	Zoo Dresden	Orang-Utan
	Anthony Sheridan	Zoo Rotterdam, Giraffenhaus
	Jane Sheridan	Zoo Leipzig, Kiwara - Giraffen
	Jane Sheridan	Zoo Leipzig, Kiwara - Giraffen
	Jane Sheridan	Anthony im Zoo Odense
	Jane Sheridan	München Hellabrunn, Giraffen
	Colchester Zoo	Colchester Zoo, Komodowaran
	Colchester Zoo	Colchester Zoo, Komodowaran
11 Beschilderung	Sósto Zoo	Beschilderung, Leoparden
	Anthony Sheridan	Zoo Wrocław, Zooschilder
	Tiergarten Wien	Beschilderung, Orang-utans
	Sósto Zoo	Beschilderung, Elefanten
	Alpenzoo Innsbruck	Beschilderung, Gämse
12. Micropia	Micropia, Maarten van der Wal	Entdecke deine eigenen Mikroben
	Micropia, Maarten van der Wal	Wand mit Petrischalen
	Micropia, Meike Hansen	Überblick über Micropia.
13 Zoofreunde	Jane Sheridan	Zoofreunde Krefeld, Logo
	Schüling Verlag	Cover der Zoozeitschriften für Mitglieder der Fördervereine
	Harald Loeffler/Eye of the Tiger	Geschäftsführerin Nicole Englert
	Claudia Poznik	Claudia Poznik, Leiterin Freiwilligenteam
	Bruno Hensel	Bruno Hensel
	Jane Sheridan	Magdeburg, Vereinshaus der Zoofreunde

14 Finanzierungs- und Marketingstrategie	Anthony Sheridan Jane Sheridan	Andreas Busemann vermarktet Buschi Zoo Arnheim, Banteng
15. Elefanten in europäischen Zoos	Jane Sheridan Jane Sheridan Jane Sheridan Jane Sheridan	Zoo Zürich, Kaeng Krachan Elephant Park Tiergarten Wien, Afrikanische Elefanten Zoo Poznań, Elefanten Chester Zoo, Elefanten
16. EAZA	Jane Sheridan Jane Sheridan	Artis Amsterdam, Schmetterlingshaus Artis Amsterdam, Begehbare Vari-Insel
17. Zooverbände	Jane Sheridan	Athens Attica Zoo
18. Die besten Zoos in Europa	Jane Sheridan Jane Sheridan Jane Sheridan Tiergarten Schönbrunn Jane Sheridan Jane Sheridan Jane Sheridan Jane Sheridan Anthony Sheridan Anthony Sheridan Anthony Sheridan Jane Sheridan Jane Sheridan Jane Sheridan	Tiergarten Schönbrunn, der kaiserliche Frühstückspavillon Tiergarten Schönbrunn, Kattas Tiergarten Schönbrunn, Nonja Zertifikat des Tiergarten Schönbrunn Zoo Leipzig, Löwe Zoo Leipzig, Zebras Zoo Zürich, Affen Zoo Zürich, Elefanten Zooparc de Beauval, Flamingos Zooparc de Beauval, Panda Zooparc de Beauval, Affen Pairi Daiza, Roter Ibis Pairi Daiza, Teehaus Pairi Daiza
19. Entwicklung osteuropäischer Zoos	Jane Sheridan Anthony Sheridan Jane Sheridan Jane Sheridan Jane Sheridan Anthony Sheridan	Zoo Prag, Ganges-Gavial Sóstó Zoo, Zwergotter Opole Zoo, Guereza Zoo Wrocław, Braunbär Zoo Prag, Elefanten Zoo Budapest, Katta
20. Spezialzoos von besonderer Bedeutung	Jane Sheridan Jane Sheridan Jane Sheridan	Alpenzoo Innsbruck, Bär Alpenzoo Innsbruck, Wolf Jersey Zoo
21. Zoo-Profile	Die Copyrights liegen bei den jeweiligen Zoos, ausgenommen:	
	Maria Saegebarth	Kiwara Savanne, Zoo Leipzig
Artis Amsterdam	Ronald van Weeren Ronald van Weeren Pia Cuijpers	Eingang Savanne Eule
Zoo Antwerpen	Jonas Verhulst Jonas Verhulst	Riffaquarium Aquarium
Zoo Budapest	Bagosi Zoltan Bagosi Zoltan	Anlage Gorilla
Zoo Cerza Lisieux	Michel Wieczoreck	Alligator
Colchester Zoo	David Marsay	Tiger
Zoo Dortmund	Karl-Rainer Ledvina	Großer Ameisenbär
Zoo Dresden	Simone Hofmann	Koala
Zoo Frankfurt	Detlef Möbius Jürgen Kircher	Zooeingang Aquarium
Tierpark Hagenbeck	Götz Berlik Hagenbeck Götz Berlik Hagenbeck Hagenbeck Götz Berlik Hagenbeck Mari Lehmonen Mari Lehmonen	Zooeingang Afrika Panorama Eisbären Tropenaquarium Großes Hai-Aquarium Historischer Torbogen Elefantenfüttern Schneeleoparden Anlegesteg
Zoo Krefeld	Hella Hallmann Hella Hallmann	Jaguare Nashornanlage
Zoo de La Palmyre	F. Perroux. F. Perroux.	Anlage Eisbär

Zoo Leipzig	Maria Saegebarth	Zooeingang
	Maria Saegebarth	Gepard
	Marcel Schauer	Tiger
Mulhouse Zoo	Guilhem-de-Lepinay	Zebras
	Thomas Itty	Frühjahrsblüher
Odense Zoo	Ard Jongsma	Zooeingang
	Ard Jongsma	Löwenfütterung
	Ard Jongsma	Giraffen
Paris Ménagerie	F-G Grandin MNHN	Zooeingang
	F-G Grandin MNHN	Wüstenluchs
	F-G Grandin MNHN	Kleine Pandas
Paris Zoo	Christian Matschei	Zooeingang
	F-G Grandin MNHN	Jaguar
	F-G Grandin MNHN	Gewächshaus
Dierenpark Planckendael	Jonas Verhulst	Zooeingang
	Jonas Verhulst	Elefanten
	Jonas Verhulst	Koala
Sofia Zoo	Marcel Fens	Zooeingang
Zoo Tallinn	Kaupo Kalda	Zooeingang
	Sergey Chichagov	Afrikanische Elefanten
	Maaja Kitsing	Pelikan
Zoo Wuppertal	Scheer	Historische Säule
	Scheer	Elefanten
22. Ranglisten:	Jane Sheridan	Aalborg, Eisbär
Die „Stars" unter den Tierarten	Jane Sheridan	Zoo Rostock, Zweifinger-Faultier im Darwineum
23. Ranglisten 2015	Jane Sheridan	Zoo Prag, Schuhschnabel
	Jane Sheridan	Zoo Basel, Flamingos
	Jane Sheridan	Zoo Berlin, Gorilla mit Verhaltensbereicherung
	Jane Sheridan	Edinburgh Zoo, Erdmännchen
	Jane Sheridan	Zoo Gelsenkirchen, Braunbär
	Jane Sheridan	Zoo Krefeld, Blasskopfsaki
	Jane Sheridan	Zoo Salzburg, Breitmaulnashorn mit Kalb
	Jane Sheridan	Zoo Sofia, Mähnenspringer
	Jane Sheridan	Tierpark Nordhorn, Prairiehund
24. Interessante Zoo-Fakten	Jane Sheridan	Allwetterzoo Münster, Hunde und ihre Halter
25. Das Gibbon-Artenschutz-	Frankfurt Zoological Society	Gibbon
programm in Vietnam	Jane Sheridan	Lar oder Weißhandgibbon im Tiergarten Schönbrunn
	Jane Sheridan	Lar oder Weißhandgibbon im Zoo Salzburg
	Frankfurt Zoological Society	Der Kon Ka Kinh Nationalpark
26. Danksagung	Dr. Stephan Hering-Hagenbeck	Anthony im Tierpark Hagenbeck

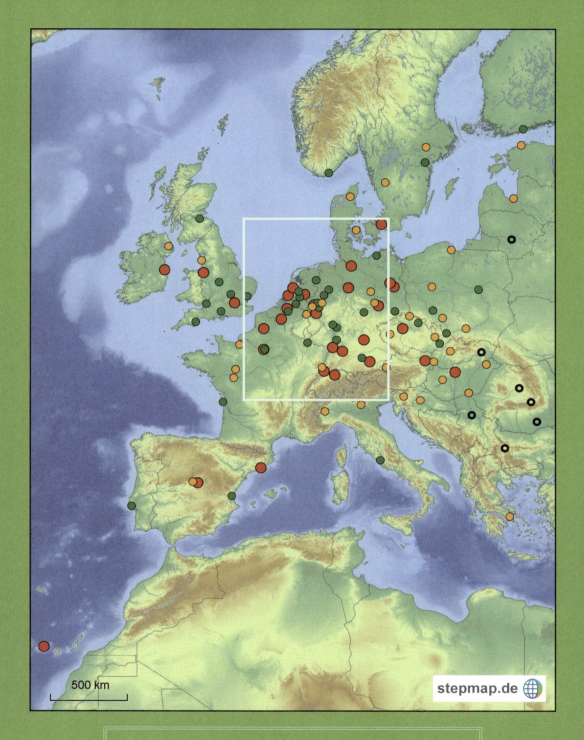

Legende

Rot	Gruppe A	1.000.000+ Besucher
Grün	Gruppe B	500.000+ Besucher
Orange	Gruppe C	250.000+ Besucher
Schwarz	Gruppe D	EAZA Anwärter